基础化学

周向葛　周　歌　主编

科学出版社

北　京

内 容 简 介

本书首先介绍了宏观物质的物理化学性质变化的基本原理，然后讲述了化学反应热力学、化学反应速率、化学平衡、解离平衡、沉淀溶解平衡、氧化还原与电化学的基本内容，最后讲述了微观物质的结构理论。此外，本书在系统讲述常见元素及化合物结构和性质的基础上，简单地介绍了相关知识的新应用，使化学基础理论与学科前沿、产业发展有机结合，体现了化学基本原理的实用性，以激发学生的学习兴趣。

本书可作为高等学校医药类、生物类、材料类等相关专业的本科生教材，也可供其他人员参考。

图书在版编目（CIP）数据

基础化学 / 周向葛，周歌主编. —北京：科学出版社，2024.6

ISBN 978-7-03-078558-9

Ⅰ. ①基…　Ⅱ. ①周…　②周…　Ⅲ. ①化学-高等学校-教材
Ⅳ. ①O6

中国国家版本馆 CIP 数据核字（2024）第 102000 号

责任编辑：赵晓霞 / 责任校对：杜子昂
责任印制：赵　博 / 封面设计：迷底书装

科学出版社 出版
北京东黄城根北街 16 号
邮政编码：100717
http://www.sciencep.com
天津市新科印刷有限公司印刷
科学出版社发行　各地新华书店经销
*
2024 年 6 月第　一　版　开本：787×1092　1/16
2025 年 1 月第二次印刷　印张：20 1/4　插页：1
字数：493 000

定价：79.00 元

（如有印装质量问题，我社负责调换）

《基础化学》编写委员会

主　编　周向葛　周　歌

副主编　秦　松　张广义　周　杰

编　委（按姓名汉语拼音排序）

杜　娟　杜　琳　李东文　秦　松

苏志珊　王　欣　许宗祥　于珊珊

张广义　郑保战　周　歌　周　杰

周向葛

前　　言

基础化学作为学习化学相关学科的一门专业基础课，也是许多高校学生进入大学后的第一门化学专业基础课。学生从中学到大学学习方式的转变，需要一个适应过程。因此，基础化学教材必须具有可读性，且内容由浅入深，循序渐进。

基于基础化学课程特点，编者结合自己在化学教学中的经验，在科学出版社的支持下编写了本书。

本书包括 14 章。首先从宏观物质的物理化学性质变化的基本原理出发，即从物质的状态开始讲述，然后讲述了化学反应热力学、化学反应速率、化学平衡、解离平衡、沉淀溶解平衡、氧化还原与电化学，最后介绍了微观物质的结构理论，即通过原子结构、分子结构、配位化合物揭示物质化学变化的本质。本书在系统讲述常见元素及化合物结构和性质的基础上，在合适的章节结合相关知识点，简单地介绍在此基础上发展出的新用途，使化学基础理论与学科前沿、产业发展有机结合，体现了基础知识的实用性，以激发学生的学习兴趣。

本书由周向葛、周歌主编，由四川大学、南方科技大学、云南大学和贵州大学等高校教师共同编写。其中，第 1、9 章由周向葛、许宗祥编写；第 2 章由周杰编写；第 3 章由李东文编写；第 4 章由周歌编写；第 5 章由苏志珊编写；第 6、7 章由张广义编写；第 8 章由秦松编写；第 10 章由王欣编写；第 11 章由杜琳编写；第 12 章由于珊珊编写；第 13 章由杜娟编写；第 14 章由郑保战编写。全书由周向葛、周歌、秦松和许宗祥修改和统稿。

由于编者水平有限，书中疏漏和不足之处在所难免，恳请读者和同行专家提出宝贵意见，以便改正！

编　者

2023 年 12 月于成都

目　　录

第1章 绪　　论

1.1 化学是一门中心的、实用的和创造性的科学

自然界是由各种物质组成的，包括地球上的矿物、空气中的气体、海洋中的水和盐，以及动植物体内的化学物质等。同时，人类也在不断地创造新的物质，并使用电场、磁场等技术手段研究这些新物质。而化学作为一门科学，不仅研究物质的组成、结构、性质和变化，还涉及对物质的分类、设计、合成、反应、分离、性质和结构表征以及应用等方面的研究。

化学家的工作不仅是研究自然界中已有物质的组成、性质和变化，更重要的是创造全新的化学物质，并开辟全新的化学变化途径。通过研究已有的自然界中的物质，化学家可以设计出具有新功能或特殊用途的全新材料；也可以通过改变反应条件或者结构设计等方式，创造出以前不存在的物质，这些都是化学家工作的重要内容。

人们出于对自然界物质的好奇心，很早就开始从自然界中分离出所需的化学物质。例如，古代人们从花卉和某些昆虫体内提取染料用于作画和染布。直至 19 世纪初，化学家才明确了这些染料的化学结构。在早期的历史中，人类通过化学反应创造需要的物质。例如，在加热铁矿石中加入木炭可以得到铁，并以类似方法获取大多数金属。除少数单质，如金、银等以天然矿物存在外，其他金属都需要类似的获取方式。古埃及时期人们就将一些矿物混合加热制造出了玻璃。

化学与许多科学领域息息相关，包括农学、电子学、药学、生物学、环境科学、计算机科学、工程学、地质学、物理学、冶金学等。化学在这些领域中都起到了重要作用。例如，化学家设计和制造新药品可以保障人类的健康；生产建筑材料、衣物和交通工具所需的材料也需要化学知识；发明新的粮食生产技术可以提高粮食产量，保证粮食供应，进而保障人类的基本生活需要。

在人类从古代穴居人的野蛮生活逐步进化为现代文明社会的漫长历程中，化学扮演了重要的角色。它不仅让人们更加适应自然环境，还使人们的美好生活愿景变为现实。化学涉足的工业领域如表 1-1 所示。

表 1-1　化学涉足的工业领域

工业领域	占比/%
涂料	4
塑料	4
医药、保健和生化制品	26
基础类、专用类和农业化学物质	21

续表

工业领域	占比/%
橡胶	2
电子	2
食品	3
石油和天然气	3
仪器和医用器件	6
肥皂和洗涤剂	2
非制造工业	14
其他制造工业	13

化学是为应用而进行的创造，其目的是探索自然并找出过去未知的具有实用价值的化学物质。因此，“实用性”和“创造性”是密不可分的。化学家通过对大量动植物体中的化学物质进行分离、提纯和结构测定等工作来进行创造，并将这些成果应用于人们的生产和生活中，以实现其实用价值。例如，在通常情况下，从动植物体中分离得到新药物的方法破坏性极强且造价昂贵，因此化学家采用其他简单化合物通过化学合成制备出新的化合物，将其广泛应用于临床实践。

化学中最具有创造性的工作是设计和创造新的分子。在古代，炼金家致力于将各种不同物质进行混合、反应，试图将它们变成黄金，以达到“点石成金”的目的。虽然这个梦想最终破灭了，但是却创造出许多有趣的新方法和新物质，并逐渐演化成为现代化学。这些古代炼金家持之以恒的探索精神和对实验方法的不断改进，最终开创了一条通往化学奥秘的道路。

1.2　基础化学概述

化学是最古老和应用范围最广的学科之一，具有广阔的发展前景。根据其研究方法、目标和目的的不同，化学可分为四大分支：无机化学、有机化学、物理化学和分析化学。每个分支都有其独特的研究对象、方法和应用领域，在自然界和人类社会中扮演重要角色，在现代科学和工业中发挥重要的作用。

无机化学研究的是无机物质及其性质、结构和相关反应。到目前为止，已经发现了110多种元素，它们组成了各种不同的化合物。其中，碳(C)是一种重要元素，而有机化学则是研究以碳为基础的有机化合物的结构、性质和反应的分支学科。由于在有机化学中使用的大部分化合物都包含碳元素，因此碳也被称为有机化学的基石。在有机化学和无机化学的交叉领域，衍生出元素有机化学(或金属有机化学)这一分支学科，主要研究有机化合物与金属(M)之间以金属-碳(C—M)键形成的化合物。而部分碳化学，包括碳的氧化物、含氧离子或碳化物等，则归属于无机化学的研究范畴。由于在这些学科之间并不存在严格的界限，也没有人试图规定这种界限，因此有机化学、无机化学和元素有机化学等学科之间具有相互渗透和融合的特点。

物理化学是研究化学现象的物理和物理化学性质的学科，包括能量变化、反应机理、分子的聚合及表面和界面反应等。与其他化学学科一样，物理化学与其他学科的分支之间也不存在严格的界限，并且许多令人振奋的研究成果往往出现在交叉领域。这些交叉领域包括地球化学、生物无机化学、材料科学和冶金学等。

分析化学是进行化学研究的基础，其主要任务是定性分析和定量测定，以及利用各种仪器和技术手段来分析化合物和元素。分析化学基础研究和实践应用具有广泛的范围和极高的价值，有助于更好地理解和掌握化学的规律和性质，进而推动化学领域的发展。

基础化学是一门现代化学概论课程，旨在使学生通过学习化学反应基本规律和物质结构理论，了解当代化学学科的概貌，并能够运用化学的理论、方法、观点来审视人们关注的环境、能源、材料、生命和健康等社会热点问题，深入了解化学对人类社会的作用和贡献。该课程着重将化学理论和方法及其应用结合起来，用化学的观点分析和解决化学问题。通过学习基础化学，学生可以深入探究化学的本质和基本原理，从而建立起扎实的化学基础，为日后深入学习其他化学分支学科打下坚实的基础。同时，基础化学还可以帮助学生理解和应用化学知识，从而更好地适应现代化学发展的需要。

第 2 章　物质的状态

2.1　气　　体

气体、液体和固体是物质常见的三种聚集状态。气体具有无限膨胀性和无限掺混性等基本特征，其结构和性质都比较简单，研究气体的实践和理论是化学从宏观走向微观发展过程中的一个重要里程碑。

2.1.1　理想气体状态方程

理想气体是人们以实际气体抽象而成的气体模型，人们将分子本身不占体积、分子之间没有相互作用力的气体称为理想气体。然而，通常情况下实际气体都有一定的体积，并且分子之间也具有一定的作用力，即实际情况下理想气体是不存在的。建立这种气体模型是为了将实际问题简化，在此基础上可做一定的修正，从而推广应用于实际气体。

在高温、低压的情况下，气体分子之间的距离很大，气体分子自身的体积可忽略不计，并且分子间的作用力也因分子之间的距离拉大而减小。因此，高温、低压下的实际气体接近理想气体，上述抽象是有实际意义的。

经常用来描述气体性质的物理量有压力(p)、体积(V)、温度(T)和物质的量(n)。科学家对气体性质经过两个多世纪的观察和总结，归纳出上述物理量之间的关系符合如下经验定律。

17 世纪中叶，英国科学家波义耳(Boyle)发现，当气体的 n 和 T 一定时，其 V 与 p 成反比，这就是波义耳定律。

$$V \propto \frac{1}{p} \tag{2-1}$$

18 世纪末，法国科学家查理(Charles)和盖 · 吕萨克(Gay-Lussac)做了大量实验，经过后人完善总结得出，当气体的 n 和 p 一定时，气体的 V 与 T 成正比，这就是查理-盖 · 吕萨克定律。

$$V \propto T \tag{2-2}$$

1811 年，意大利科学家阿伏伽德罗(Avogadro)发表了著名的阿伏伽德罗假说，也就是阿伏伽德罗定律。当 p 和 T 一定时，气体的 V 和 n 成正比，数学表达式为

$$V \propto n \tag{2-3}$$

合并以上三个经验定律的表达式，可表示如下：

$$V \propto \frac{nT}{p}$$

上述比例式，引入比例系数 R，可得

$$V=\frac{nRT}{p} \tag{2-4}$$

即

$$pV=nRT \tag{2-5}$$

式(2-5)称为理想气体状态方程，R 为摩尔气体常量。值得注意的是，在运用理想气体状态方程进行计算时，各变量的单位不同，R 的数值和单位也不一样。通常情况下，T 表示热力学温度，单位为开尔文(K)；n 的单位为摩尔(mol)；V 的单位为立方分米(dm^3)或立方米(m^3)；p 的单位为帕斯卡(Pa)或千帕斯卡(kPa)。已知，在标准状态[273.15K，101.325kPa(IUPAC 在 1982 年修改为 100kPa)]下，1mol 理想气体的体积为 $22.414\,dm^3$，则

$$\begin{aligned}R=\frac{pV}{nT}&=\frac{101.325\text{kPa}\times 22.414\text{dm}^3}{1\text{mol}\times 273.15\text{K}}\\&=8.314\text{kPa}\cdot\text{dm}^3\cdot\text{mol}^{-1}\cdot\text{K}^{-1}\\&=8.314\text{Pa}\cdot\text{m}^3\cdot\text{mol}^{-1}\cdot\text{K}^{-1}\\&=8.314\text{J}\cdot\text{mol}^{-1}\cdot\text{K}^{-1}\end{aligned}$$

此外，理想气体状态方程还可以用其他形式表示，如

$$pV=\frac{m}{M}RT \tag{2-6}$$

$$pM=\rho RT \tag{2-7}$$

式中，m 为气体质量；M 为摩尔质量；ρ 为气体密度。

【例 2-1】 一个敞口细颈瓶在室温下所盛的气体，需加热到多少温度时能使其 $\frac{1}{4}$ 的气体逸出瓶外？

解 依题意可知，该过程是在恒压、恒容下进行的，由 $pV=nRT$ 可得

$$n_1RT_1=n_2RT_2$$

即

$$T_2=T_1\frac{n_1}{n_2}$$

而

$$n_2=\left(1-\frac{1}{4}\right)n_1=\frac{3}{4}n_1$$

所以

$$T_2=\frac{4}{3}T_1=\frac{4}{3}\times 298.15\text{K}=397.53\text{K}$$

【例 2-2】 某恒压氢气温度计在 25℃和 100kPa 下的体积为 300mL，将其浸入沸腾的液氨后，体积变为 241mL，则液氨的沸点是多少？

解 设将该温度计浸入沸腾的液氨前后分别为状态 1 和状态 2，根据理想气体状态方程，依题意可得

$$\frac{V_1}{T_1}=\frac{V_2}{T_2}$$

即 $$T_2=\frac{V_2}{V_1}T_1=\frac{241\text{mL}}{300\text{mL}}\times 298.15\text{K}=239.51\text{K}$$

【例 2-3】 已知 O_2 在标准状态下的密度是 $1.43\text{g}\cdot\text{dm}^{-3}$，计算 O_2 在 17℃和 207kPa 时的密度。

解 根据理想气体状态方程可推导出

$$pM=\rho RT$$

依题意可得 $$\frac{p_1}{\rho_1 T_1}=\frac{p_2}{\rho_2 T_2}=\frac{R}{M}$$

即 $$\rho_2=\rho_1\times\frac{T_1}{T_2}\times\frac{p_2}{p_1}=1.43\text{g}\cdot\text{dm}^{-3}\times\frac{273.15\text{K}}{290.15\text{K}}\times\frac{207\text{kPa}}{100\text{kPa}}=2.79\text{g}\cdot\text{dm}^{-3}$$

2.1.2 气体分压定律

上节讨论的定律都是针对单一组分气体，而将多种彼此之间不发生化学反应的气体混合在同一容器中组成混合气体；组成混合气体的每种气体都称为该混合气体的组分气体。在相同温度下，假设某种混合气体由 i 种组分气体组成，混合气体中的各种组分气体如同单独存在时一样充满整个容器，而其具有的压力称为该组分气体的分压，用 p_i 表示。1801 年，英国科学家道尔顿(Dalton)在大量实验的基础上提出了混合气体的分压定律：混合气体的总压 $p_{总}$ 等于各组分气体的分压之和，数学表达式为

$$p_{总}=\sum p_i \tag{2-8}$$

该定律也称为道尔顿分压定律。

在混合气体中，组分气体是各自独立的，这就是分压定律的实质。理想气体混合后，由于气体分子之间无相互作用，即各组分气体分子在容器中碰撞器壁产生的压力与独立存在时是相同的。因此，各组分气体也满足理想气体状态方程，用 n_i 表示第 i 种组分气体的物质的量，可表示为

$$p_i=\frac{n_i RT}{V} \tag{2-9}$$

由于混合气体总的物质的量 $n_{总}=\sum n_i$，将式(2-9)代入式(2-8)可得

$$p_{总}=\frac{n_{总}RT}{V} \tag{2-10}$$

将式(2-9)与式(2-10)相比可得

$$\frac{p_i}{p_{总}}=\frac{n_i}{n_{总}} \tag{2-11}$$

若用 x_i 表示第 i 种组分气体的摩尔分数，则有

$$p_i=p_{总}\frac{n_i}{n_{总}}=p_{总}\times x_i \tag{2-12}$$

即组分气体的分压等于总压与该组分气体的摩尔分数之积。

根据分压定律的实质，与分压的概念相似，在相同温度下，组分气体单独存在且占有总压时具有的体积，称为混合气体的分体积，用 V_i 表示，其也满足理想气体状态方程：

$$p_{总}V_i = n_iRT \tag{2-13}$$

同样可推导出

$$\frac{V_i}{V_{总}} = \frac{n_i}{n_{总}} \tag{2-14}$$

以及

$$V_i = V_{总} \times x_i \tag{2-15}$$

在实验室中，对于不溶于水、不与水反应的气体，通常用排水集气法收集，这时所收集的气体就是一种包含了饱和水蒸气的混合气体，气体的总压 $p_{总} = p_{气体} + p_{水蒸气}$，因此气体的分压应该用总压减饱和水蒸气的分压。

【例 2-4】 实验室加热 $KClO_3$ 制取氧气，若需在 25℃和 100kPa 下用排水集气法收集 1.6dm³ 的 O_2，则至少要称取多少克 $KClO_3$？已知在 25℃时，饱和水蒸气压为 3.17kPa。

解

$$p_{O_2} = (100-3.17)\text{kPa} = 96.83\text{kPa}$$

$$n_{O_2} = \frac{p_{O_2}V}{RT} = \frac{96.83\text{kPa} \times 1.6\text{dm}^3}{8.314\text{kPa}\cdot\text{dm}^3\cdot\text{mol}^{-1}\cdot\text{K}^{-1} \times 298.15\text{K}} = 6.25\times10^{-2}\text{mol}$$

$$2KClO_3 \xlongequal{\triangle} 2KCl + 3O_2\uparrow$$

$$2\times123\text{g} \qquad\qquad 3\text{mol}$$

$$m_{KClO_3} \qquad\qquad 6.25\times10^{-2}\text{mol}$$

$$m_{KClO_3} = \frac{2\times123\text{g}\times6.25\times10^{-2}\text{mol}}{3\text{mol}} = 5.13\text{g}$$

【例 2-5】 打开图中两个容器中间的活塞并使气体混合均匀，计算恒温时混合气体的总压及 N_2 与 O_2 的分压和分体积。

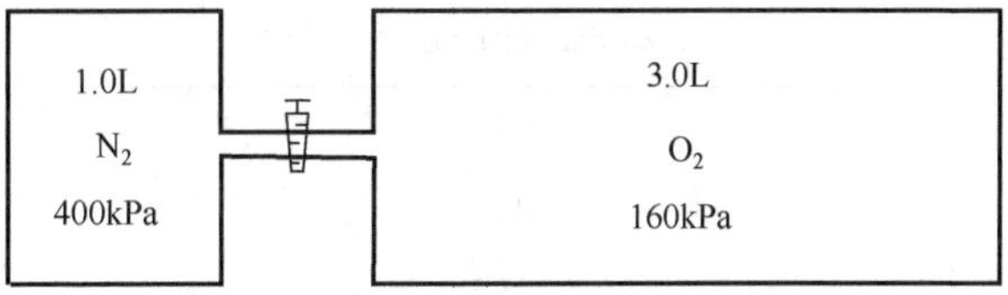

解 气体混合后的总体积为 4.0L，根据分压的定义以及波义耳定律可知，N_2 和 O_2 的分压分别为

$$p_{N_2} = \frac{400\text{kPa}\times1.0\text{L}}{4.0\text{L}} = 100\text{kPa}$$

$$p_{O_2} = \frac{160\text{kPa}\times3.0\text{L}}{4.0\text{L}} = 120\text{kPa}$$

混合气体的总压为

$$p = p_{N_2} + p_{O_2} = 220\text{kPa}$$

组分气体的分体积应该是单独存在并且占有总压时的体积，因此 N_2 和 O_2 的分体积分别为

$$V_{N_2} = V_{总}\times\frac{p_{N_2}}{p_{总}} = 4.0\text{L}\times\frac{100\text{kPa}}{220\text{kPa}} = 1.82\text{L}$$

$$V_{O_2} = V_{总}\times\frac{p_{O_2}}{p_{总}} = 4.0\text{L}\times\frac{120\text{kPa}}{220\text{kPa}} = 2.18\text{L}$$

2.1.3 实际气体

上述内容讨论的对象都是理想气体，理想气体完全忽略了气体分子的相互作用和自身的体积，是一种抽象的模型。实际气体与理想气体相比都有一定的偏差：一方面表现在实际气体分子之间存在吸引力，使得实验测得的压力比理想状态下小；另一方面，气体分子虽小，但会占据一定的空间体积，因此实验测得体积总是大于理想状态。因此，修正理想气体状态方程使之适用于实际气体具有重要的意义。

1873 年，荷兰科学家范德华(van der Walls)在研究了很多实际气体后，最早提出了一个修正的实际气体状态方程：

$$\left[p_{实}+a\left(\frac{n}{V}\right)^2\right](V_{实}-nb)=nRT \tag{2-16}$$

这个半经验性的方程称为范德华方程。式中，a、b 为实际气体的范德华常数；$p_{实}$ 和 $V_{实}$ 分别为实际气体的压力和体积。$a\left(\frac{n}{V}\right)^2$ 可以认为是对实际气体分子内压的校正项，而 nb 则校正了气体分子自身占有的体积。

对于 1mol 实际气体，即 $n=1$ 时，式(2-16)变成

$$\left(p_{实}+\frac{a}{V_{m,实}^2}\right)(V_{m,实}-b)=RT \tag{2-17}$$

显然，不同气体的范德华常数不同，表 2-1 列出了一些常见气体的范德华常数。

表 2-1 某些气体的范德华常数

气体	$a/(dm^6 \cdot kPa \cdot mol^{-1})$	$b/(dm^3 \cdot mol^{-1})$
He	3.46	0.0238
H_2	24.52	0.0265
O_2	138.2	0.0319
N_2	137.0	0.0387
CO_2	365.8	0.0429

常数 a 和 b 的数值越大，说明实际气体偏离理想气体的程度越大。比较上述数据可知，二氧化碳气体分子无论是其相互之间的作用力还是自身的体积，都更加偏离理想气体的模型。范德华方程比理想气体状态方程能够在更为广泛的温度和压力范围内得到应用，使用范德华方程计算得到的结果比较接近实际情况。

自从范德华方程提出后，人们又根据实际经验总结归纳出近 200 种状态方程，尽管它们的形式比较复杂，并且往往只适用于特定的气体，但能更准确地反映实际气体变化的情况，在实际生产中非常有用。

2.2 液　体

液体具有一定的流动性，无固定的外形，无显著的膨胀性，但在压力及温度不变的环境下有确定的体积。液体的性质介于气态物质和固态物质之间。气体、液体及固体这三种常见的物质存在的状态可以相互转化，称为相变。

2.2.1　气体的液化

气体分子之间的距离远大于液体分子之间的距离，气体分子的热运动使气体有扩散膨胀的倾向，而分子间的相互吸引又使气体有凝聚的倾向。一般地，温度越高，压力越低，液体就越容易气化；反之，降温、加压则增加了分子间的相互吸引力，气体就易于液化。例如，冬天戴眼镜进屋时，镜片会变得模糊，这是室内温度较高的水蒸气分子遇冷发生的液化现象。

不同的物质，分子间作用力不同。加压虽可减小分子间距离，增大分子间吸引力，但吸引力的增加并不是无限制的，当加压使分子间距离缩小到一定程度，仍不能克服气体分子热运动的扩散膨胀倾向时，只靠加压的办法气体是不能液化的。研究表明，每种气体液化时，都有一个特定温度，称为临界温度，记为 T_c。温度在 T_c 以上，无论怎样加大压力，都不能使气体液化。只有同时降温(降低气体分子的热运动)和加压(增加气体分子的吸引力)，才能使气体液化。在临界温度时，使气体液化所需的最低压力称为临界压力，记为 p_c。在 T_c 和 p_c 条件下，1mol 气体所占的体积称为临界体积，记为 V_c。用 T_b 表示物质的沸点，表 2-2 列出了一些物质的临界数据。

表 2-2　几种物质的临界数据

物质		T_b/K	T_c/K	p_c/100kPa	V_c/(cm^3·mol^{-1})
永久气体	He	4.22	5.19	2.27	57
	H_2	20.28	32.97	12.93	65
	N_2	77.36	126.21	33.9	90
	O_2	90.20	154.59	50.83	73
	CH_4	111.67	190.56	45.99	98.60
可凝聚气体	CO_2	194.65	304.13	73.75	94
	C_3H_8	231.1	369.83	42.48	200
	Cl_2	239.11	416.9	79.91	123
	NH_3	239.82	405.5	113.5	72
	n-C_4H_{10}	272.7	425.12	37.96	255
液体	n-C_5H_{12}	309.21	469.7	33.70	311
	n-C_6H_{14}	341.88	507.6	30.25	368
	C_6H_6	353.24	562.05	48.95	256
	n-C_7H_{16}	371.6	540.2	27.4	428
	H_2O	373.2	647.14	220.6	56

由表 2-2 的数据可见，He、H_2、N_2、O_2 等气体的沸点和临界温度都低于室温(298.15K)，在室温下，无论怎么加压都不能使它们液化，这些气体称为永久气体。而 CO_2、Cl_2、NH_3 等气体的沸点低于室温而临界温度高于室温，在室温加压可以使其液化，减压也可气化，这种气体称为可凝聚气体。而 C_6H_6、H_2O 等物质的沸点和临界温度都高于室温，在常温常压下已经为液体。我们也可以得到一个普遍性的规律，物质的沸点越低，其临界温度也就越低，则越难液化。

2.2.2　液体的气化

气化是指物质从液态变为气态的相变过程。蒸发和沸腾是液体气化的两种形式。

蒸发是在液体表面发生的气化现象。液体中的分子和气体分子一样，时刻都在做无规则的运动。然而，液体内部的分子受周边分子的吸引力比较均匀，液体表面的分子受周边分子的吸引力则不均匀。那些能量足够大、速率足够快的表层分子就可以克服分子间的吸引，逸出液面而变成气态分子。若液体装在敞口容器中，则蒸发出来的气体分子能很快扩散到周围空间，这称为蒸发。液体蒸发时需要吸热，可从周围环境吸收热量保持温度不变。蒸发在任何温度下都能发生，并且温度越高，蒸发越快。此外，表面积大、通风好也有利于蒸发。

若液体装在密闭的容器中，则随着蒸发的不断进行，液面上方的蒸气分子相互碰撞或者与液面碰撞，可以凝聚返回液相。当单位时间内发生蒸发的液体分子和发生凝聚的气体分子数目相等时，体系达到动态平衡。此时，密闭的容器上方气体分子的数目恒定，其碰撞容器器壁产生的压力也恒定，这时的蒸气称为饱和蒸气，其所产生的压力称为饱和蒸气压，简称蒸气压。

蒸气压属于液体的性质，不随容器的体积、液量的多少发生变化，只与温度有关。同一液体，在高温情况下蒸气压较大，而低温情况下蒸气压较小。表 2-3 列出了水在不同温度下的蒸气压数据，若用水的蒸气压对温度作图，则可得到图 2-1。

表 2-3　水在不同温度下的蒸气压

T/K	p/kPa	T/K	p/kPa
273	0.611	323	12.352
283	1.228	333	19.946
293	2.339	343	31.201
298	3.170	353	47.414
303	4.247	363	70.182
313	7.385	373	101.42

研究发现，若用水的蒸气压 p_{H_2O} 的对数 $\lg p_{H_2O}$ 对温度的倒数 $1/T$ 作图，可得到图 2-2 中的一条直线，直线关系可以用数学方程表示为

$$\lg p = \frac{A}{T} + B \tag{2-18}$$

式中，A 为直线的斜率；B 为截距。实验证明，在温度区间不太大的情况下，A 与液

体的摩尔蒸发热 $\Delta_{vap}H_m$ 有如下关系：

$$A = -\frac{\Delta_{vap}H_m}{2.303R} \tag{2-19}$$

式中，摩尔蒸发热 $\Delta_{vap}H_m$ 的常用单位为 $kJ \cdot mol^{-1}$。将式(2-19)代入式(2-18)，得

$$\lg p = -\frac{\Delta_{vap}H_m}{2.303R} \times \frac{1}{T} + B \tag{2-20}$$

很多液体(纯溶剂，如乙醇、乙醚、苯等)的蒸气压与温度的关系都符合上述方程式。

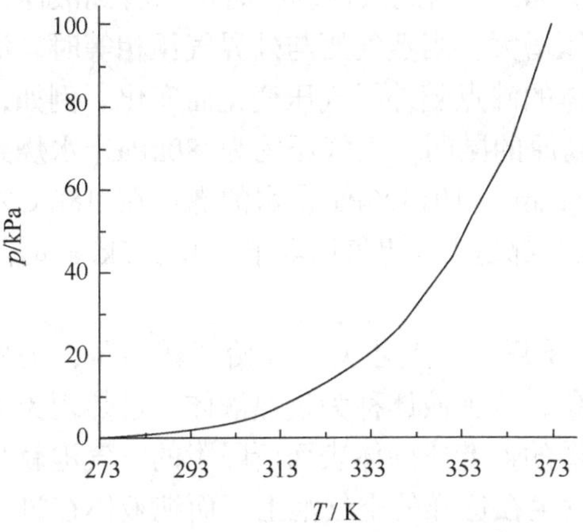

图 2-1　水的蒸气压与温度 T 的关系

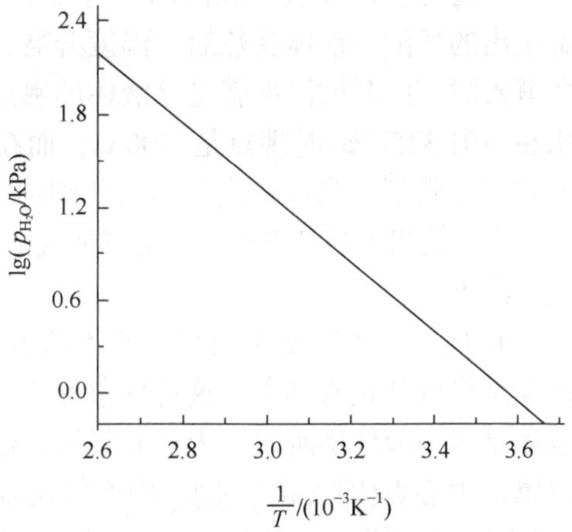

图 2-2　$\lg p_{H_2O}$ 与 $1/T$ 的关系

对于某一特定液体，可以测定其在不同温度(T_1 和 T_2)下的液体蒸气压(p_1 和 p_2)，分别代入式(2-20)，可得

$$\lg p_1 = -\frac{\Delta_{vap}H_m}{2.303R} \times \frac{1}{T_1} + B \tag{2-21}$$

$$\lg p_2 = -\frac{\Delta_{vap}H_m}{2.303R} \times \frac{1}{T_2} + B \tag{2-22}$$

两式相减，可得

$$\lg p_2 - \lg p_1 = -\frac{\Delta_{vap}H_m}{2.303R} \times \left(\frac{1}{T_2} - \frac{1}{T_1}\right) \tag{2-23}$$

或

$$\lg \frac{p_2}{p_1} = \frac{\Delta_{vap}H_m}{2.303R} \times \frac{T_2 - T_1}{T_2 \times T_1} \tag{2-24}$$

此时即可求出液体的摩尔蒸发热，式(2-24)也称为克拉佩龙-克劳修斯(Clapeyron-Clausius)方程。

【例 2-6】　某液体由 30℃升到 42℃时，其蒸气压增加一倍，试计算它的摩尔蒸发热。

解　根据克拉佩龙-克劳修斯方程，设 $T_1 = 303.15K$，此时蒸气压为 p_1；设 $T_2 = 315.15K$，此时蒸

气压为 p_2。

由 $\lg\frac{p_2}{p_1}=\frac{\Delta_{\text{vap}}H_{\text{m}}}{2.303R}\times\frac{T_2-T_1}{T_2\times T_1}$ 可得

$$\lg 2=\frac{\Delta_{\text{vap}}H_{\text{m}}}{2.303\times 8.314\times 10^{-3}\text{kJ}\cdot\text{mol}^{-1}\cdot\text{K}^{-1}}\times\frac{315.15\text{K}-303.15\text{K}}{315.15\text{K}\times 303.15\text{K}}$$

解得

$$\Delta_{\text{vap}}H_{\text{m}}=45.89\text{kJ}\cdot\text{mol}^{-1}$$

沸腾是在液体表面和内部同时发生的气化现象， 因此液体沸腾时可以看到液体内部逸出的气泡。液体受热后，温度升高，蒸气压增大，当蒸气压与外界气压相等时，液体就沸腾，此时的温度就是该液体的沸点。液体的沸点随外界气压变化而变化。例如，水在 101.325kPa 时沸点是 100℃；而在云贵高原的昆明，大气压约为 80kPa，水烧到 93℃就沸腾了。高压锅内气压可达到约 10atm(1atm = 101325Pa)，水的沸点在 180℃左右，食物就很容易“煮烂”。通常所说的“沸点”都是指外界气压等于 101.325kPa 时的正常沸点。

有时，液体温度达到沸点并不沸腾，而需要超过沸点才突然开始“暴沸”，随后温度又降低到正常沸点，这种现象称为过热现象，这种液体称为过热液体。过热现象的发生是因为液体沸腾时，内部有气泡，通常容器的器壁或固体表面所吸附的空气泡就是沸腾的中心点(即气化中心)，内部气化首先就发生在这样的空气泡上，而纯液体在过于“光滑”的容器内不容易形成小气泡，就容易产生过热现象。处于过热状态的液体是很不稳定的，当受到轻微扰动时，液体就会立刻剧烈沸腾而飞溅。因此，在实际生产中必须注意防止过热现象的发生，以免造成安全事故。例如，在有机化学中进行蒸馏实验时，一定要搅拌或者加入沸石这种多孔性的硅酸盐，以引入小气泡，产生气化中心，从而避免液体过热暴沸。

2.3 固　　体

固态物质简称固体，在固体中，组成固体的粒子(原子、分子、离子、原子团等)间具有很强的吸引力，从而被限定在固定的位置周围振动，所以固体有固定的形状和体积，有一定的刚性，难以被压缩。

按照组成固体质点的排列方式的不同，固体有晶态和非晶态之分。食盐、蔗糖、金刚石等内部的质点按一定的规律周期性重复地排列构成的物质称为晶体，其区别于玻璃、沥青、塑料、橡胶等物质内部质点无规律排列的非晶体。自然界绝大多数固体物质是晶体。晶体一般具有规则的几何外形；宏观上晶体各部分的密度、化学组成等是一样的，所以具有均匀性；而晶体内部的结构基元在不同方向上原子、分子的排列与取向不同，故晶体在不同方向的性质不同，具有各向异性。一般情况下，气体与液体在宏观上也具有均匀性，但不具有各向异性。此外，由于晶体内部微粒排列具有规律性，当加热晶体使之熔化时，各部分需要同样的温度，因而晶体具有固定的熔点。

一般地，结构决定性质，因此了解和掌握物质的结构非常重要。而晶体的周期性排列使得晶体对 X 射线产生衍射效应，利用 X 射线衍射法测定晶体结构已被广泛使用。该方法最早由德国科学家马克思 · 冯 · 劳厄(Max von Laue)于 1912 年提出，成为人们认识物质微观结构的重要途径。目前，已有成千上万种不同类型的晶体结构被测定出来，并被收集于各种不同的结构数据库内。

根据晶体中质点的类型和相互间作用力的不同，可以将晶体分成四种基本类型：离子晶体、分子晶体、原子晶体和金属晶体。

(1) 离子晶体。离子晶体中，有序排列的质点为带电荷的正负离子。正离子和负离子通过静电引力形成离子键，从而结合在一起。例如，在 $CaCO_3$ 晶体中，Ca^{2+} 和 CO_3^{2-} 可以看成是带电的小球，其在各个方向上吸引带相反电荷的离子的能力是相等的，只要空间允许，其可以吸引无限多的带相反电荷的离子。因此，离子键没有方向性和饱和性。在离子晶体中，带相反电荷的离子采取尽可能紧密的方式堆积。离子键的作用很强，因此离子晶体的熔点通常较高，一般用晶格能来衡量其大小，可通过玻恩-哈伯(Born-Haber)循环设计实验，间接求出离子晶体的晶格能的大小。离子晶体在固态时离子不能自由移动，所以离子晶体的导电性较差。只有在熔融状态和多数水溶液中，离子可以自由移动，才具有较好的导电性。

(2) 原子晶体。原子晶体中，组成晶胞的质点是原子。质点间的作用力是原子轨道相互重叠形成的共价键，所以原子晶体又称为共价晶体。原子晶体中的质点通过共价键向外“无限”延伸，整个晶体就是一个巨大的分子。原子晶体的典型代表是金刚石，金刚石中有序排列的质点是碳原子，碳原子通过共价键以正四面体与周围的 4 个碳原子连接，从而形成三维空间的连锁骨架结构。

(3) 分子晶体。分子晶体中有序排列的质点是共价分子。分子内部存在较强的共价键，而质点间的作用力是分子间作用力或氢键，这种作用力远小于离子键或共价键的强度。因此，分子晶体一般情况下熔点较低、硬度小、易挥发。一些在室温下以气体或液体存在的物质在较低的温度下才形成分子晶体。同时，电子在分子之间传递比较困难，因此分子晶体导电性能一般较差。有机化合物晶体大多是分子晶体。由于组成晶体的分子的结构、性质不同，分子晶体内质点的堆积方式更加多样化。

(4) 金属晶体。金属晶体中有序排列的质点是金属原子或金属离子。质点间的作用力是由可自由移动的电子与排列成晶格状的金属离子之间的相互作用形成的金属键。金属晶体中的价电子是离域的，不再属于某一个原子，而是为整个金属所共有，电子在阳离子阵列内可以自由流动从而形成“电子海”。由于金属键无方向性和饱和性，因此金属晶格的结构中要求金属质点以紧密的方式堆积。元素周期表中约 80%的元素为金属元素，除 Hg 在室温下为液体外，其他都是固体。金属晶体的共同特点是：具有金属光泽，能导电、传热，富有延展性。而金属键强弱的不同也导致了金属晶体的某些性质相差很大。例如，金属钠的熔点只有 97.72℃，质地柔软；而铬的熔点却高达 1907℃，非常坚硬。

习 题

1. 一玻璃烧瓶可以耐压 2.9×10^5 Pa，在温度为 20℃和压力为 100kPa 时，使其充满气体，在什么温度时，玻璃烧瓶将炸裂？

2. 20℃和 99kPa 下，2.0L 某气体质量为 2.60g，求它的相对分子质量。

3. 在 1000℃、99.1kPa 下，某无色硫蒸气的密度为 $1.20\text{g}\cdot\text{L}^{-1}$，此时该气态硫分子的分子式是什么？(S 的相对原子质量为 32.066)

4. 100kPa 下，将 2.0g 的 H_2、11.2g 的 N_2 和 19.2g 的 O_2 相混合。求各组分气体的分压。

5. 将 0.4L 20℃、100kPa 的 O_2 和 0.2L 125℃、160kPa 的 CO_2 装入一个 1.0dm^3 的容器中，温度保持不变。计算 O_2 与 CO_2 的分压、分体积及混合气体的总压。

6. NO_2 在室温下会部分聚合为 N_2O_4。若在高温下将 15.2g NO_2 充入 10.0L 容器中，然后冷却至 25℃，测得容器的压力为 50.0kPa。试计算此时容器中 NO_2 和 N_2O_4 的物质的量和它们的分压。(NO_2 的相对分子质量为 46.0)

7. 由 NH_4NO_2 分解制取氮气，在 20℃、96.66kPa 下，用排水集气法收集到 58.2mL 氮气，试计算：(1) 氮气的分压；(2)干燥后在相同压力下氮气占有的体积。(20℃时饱和水蒸气压为 2.34kPa)

8. 在 25℃和 101.32kPa 下，将 3.00g 锌粉与过量盐酸反应，用排水集气法收集得到 1.0L H_2。假设杂质不与盐酸反应，求锌粉中杂质的质量分数。(Zn 的相对原子质量为 65.4，25℃时水的饱和蒸气压为 3.17kPa)

9. 在 373.15K 时向 2.0L 容器中装入 0.05mol 苯蒸气和 0.05mol 水蒸气，如果将温度保持在 373.15K，将气体压缩为 1.0dm^3，试求容器中混合气体的总压。若在上述条件下分别装入的是 0.1mol 苯蒸气和 0.1mol 水蒸气，则经压缩后容器中混合气体的总压是多少？(373.15K 苯的饱和蒸气压为 174kPa)

10. 在珠穆朗玛峰的顶部水的沸点为 70 ℃，该处的大气压是多少？(已知水的摩尔蒸发热为 $41.2\text{kJ}\cdot\text{mol}^{-1}$)

11. 40.0℃，1mol CO_2(g) 在 1.20L 容器中，实验测定其压力为 2000kPa，试分别用理想气体状态方程和范德华方程计算其压力，并与实验值比较。

12. 某储罐中的丙烯以液体形式存在。若夏季储罐内的温度为 55℃，试估算该储罐必须承受多大的压力。(已知丙烯的正常沸点为−47℃，丙烯的摩尔气化热为 $19.9\text{kJ}\cdot\text{mol}^{-1}$)

13. 家庭用的液化气主要成分是丙烷、丁烷等烷烃，其经加压后变成液体储存于高压钢瓶中。在使用时，打开阀门减压即气化，但有时钢瓶还很重却不能点燃，原因是什么？

14. 工业和医疗上，通常将氧气装在蓝色的钢瓶中，钢瓶中的氧气是气体还是液体？

15. 查阅相关资料，思考几种常见的碳的同素异形体，如金刚石、石墨、C_{60} 等分别属于什么晶体。

第 3 章　溶液和胶体

3.1　分散系简介

混合物在自然界是一种常见的形态。如果将任一混合物作为系统来考虑，那么一种或多种物质分散在另一种物质中所形成的系统称为分散系(dispersed system)，如合金、云雾、聚苯乙烯分散在水中形成乳胶、各类溶液等。被分散的物质称为分散相(dispersed phase)，容纳分散相的连续介质称为分散介质(dispersed medium)。分散相及分散介质可以是气、液、固三相。分散介质通常是多量而且连续，分散相则是少量且分立。但也有习惯性的说法，如浓硫酸溶液。

相(phase)在物理化学中指系统中物理和化学性质完全均匀的一部分①，分散系可分为均相分散系(homogeneous dispersed system)和多相分散系(heterogeneous dispersed system)。而按照分散相粒子的大小，还可以分为粗分散系、胶体分散系、真溶液，分散相粒子直径为 0.1μm～1nm，称为胶体分散系；粒子直径大于 0.1μm，称为粗分散系；粒子直径小于 1nm，称为真溶液。一般而言，粗分散系是多相系统，真溶液是均相系统，但胶体分散系则比较复杂。例如，以蛋白质、橡胶等为代表的大分子化合物溶液中，按其粒子大小，属于胶体分散系，而因为其是单分子分散系，所以又属于均相分散系。1861 年，英国化学家格雷厄姆(Graham)首先提出胶体的概念，明确了此类物质在溶液中的扩散速度、渗透能力及析出后的无定形态等方面具有显著特征。胶体分散系在石油、冶金、橡胶、塑料等基础工业中，以及生物、土壤、医学、生化、气象、地质等诸多学科中均普遍存在，胶体化学已成为一门独立的学科。

3.2　难挥发性非电解质稀溶液的依数性

稀溶液的某些性质主要取决于其中所含溶质粒子的数目，而与溶质本身的性质无关。稀溶液的这些性质称为依数性(colligative properties)。从目前来看，应该是依溶液中单位体积内溶质质点数目变化而变化的某些物理性质。稀溶液的依数性包括溶液的蒸气压下降、沸点升高、凝固点降低和渗透压等。

---

① 早期的物理化学与目前的物理化学在这个问题上观点有所不同：早期注重物理实体，认为沉淀聚集体有多个界面，应为多相；目前注重理论统一，依据相律，判定同种沉淀为一相，同种界面属于一个自由度。但后者在推导中已经将同种物质归于一相作为前提，故二者实际并不矛盾。从物理实体有多个界面出发，我们采用前一种说法。对基础化学而言，含沉淀的溶液是多相系统，结论是相同的。

3.2.1　溶液的蒸气压下降

一定温度下，将液体放入一密闭容器中，由于液体分子的热运动，一部分动能足够大的分子克服液体分子间的引力逸出液面，形成气相分子，称为蒸发(evaporation)。随着液面上方气相分子数目的增加，某些气相分子不断运动因各种碰撞失去部分动能被液相俘获而成为液相的一部分，称为凝结(condensation)。例如，水的蒸发凝聚平衡可表示为

$$H_2O(l) \rightleftharpoons H_2O(g) \qquad (3\text{-}1)$$

从蒸发凝聚模型分析，初始时蒸发占优势，随着气相分子数目的加大，各类碰撞的概率增高，凝聚趋势增大。最终二者达到一个动态平衡。此时，宏观上看，气、液双方单位时间内越过气、液界面的分子数相等，即气相分子在此条件下保持恒定。这时蒸气所具有的对液面的压力称为该温度下的饱和蒸气压，简称蒸气压(vapor pressure)，用符号 p 表示，单位是 Pa 或 kPa。

通常情况下，蒸气压只与液体本性和温度有关，并不考虑涉及大的外压改变引起的微小改变(例如，在水的气液固三相点时，外压大幅降低产生的影响加上水中空气的溶解状况的影响，使水的凝固点的改变总计约 0.01K)。除液体外，固体也具有很小的蒸气压。例如，碘、冰、樟脑等的升华(sublimation)现象，即温度升高时，固体直接转化为气体形态，其过程并不经过液体状态。而固体的蒸气压与液体一样，通常都是随温度升高而增大的。常温下，蒸气压大者称为易挥发性物质，蒸气压小者称为难挥发性物质。本章中讨论依数性时，通常忽略难挥发性物质的蒸气压。不同温度下水的蒸气压见表 2-3。图 3-1 为乙醚、乙醇和水的蒸气压与温度的关系。

实践表明，含有难挥发性溶质溶液的蒸气压总是低于同温度纯溶剂的蒸气压。同等条件下，溶液中部分液面分子的位置被难挥发性的溶质分子占据，从而降低了蒸发-凝结平衡中的蒸发趋势，单位时间内溶剂分子越过界面逸出的数目减少，最终只能在一个较低的水平上重建平衡(图 3-2)。此时，气态分子数目相对较少，蒸气压降低是必然的。而且，可以预期的是溶液浓度越大，蒸气压下降越多(图 3-3)。

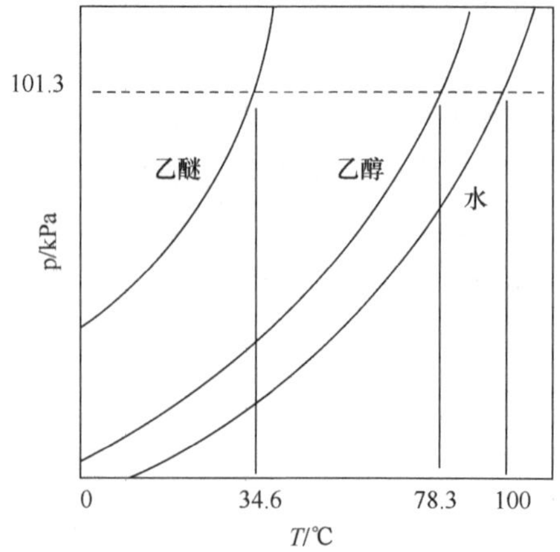

图 3-1　蒸气压与温度的关系

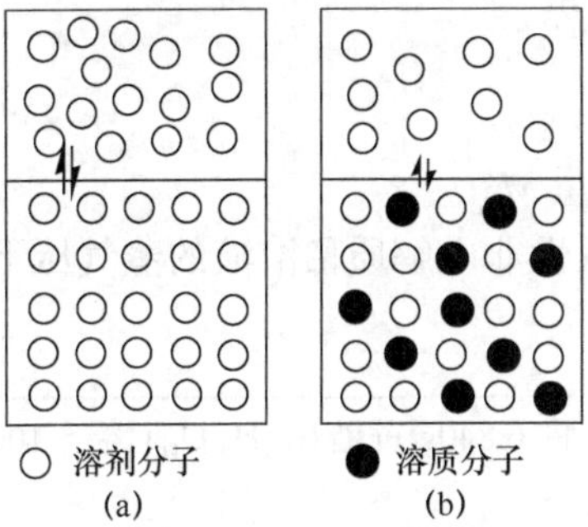

图 3-2　纯溶剂和溶液的蒸发-凝结示意图

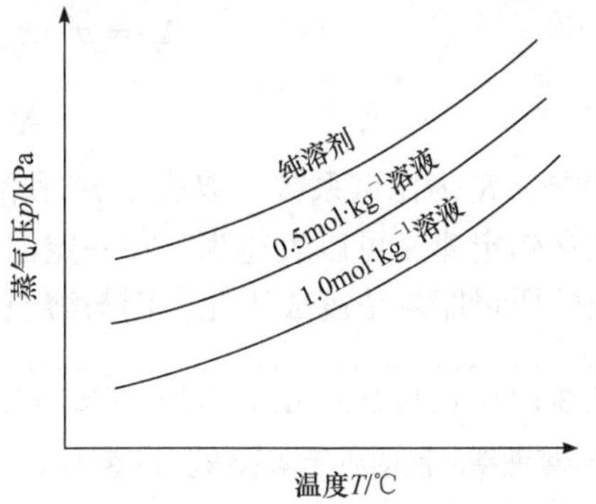

图 3-3　纯溶剂与不同质量摩尔浓度溶液的蒸气压曲线

1887 年，法国物理学家拉乌尔(Raoult)根据实验结果总结得出如下规律：在一定温度下，难挥发性非电解质稀溶液的蒸气压等于纯溶剂的饱和蒸气压与溶剂的摩尔分数的乘积。其数学表达式为

$$p = p^{\circ} \cdot x_A \tag{3-2}$$

式中，p 为溶液的蒸气压；p° 为纯溶剂的蒸气压；x_A 为溶液中溶剂的摩尔分数。

对于单一溶质、单一溶剂的二元稀溶液，设 x_B 为溶质的摩尔分数，因 $x_A + x_B = 1$，故有

$$p = p^{\circ} \cdot (1 - x_B)$$

$$p = p^{\circ} - p^{\circ} \cdot x_B$$

$$p^{\circ} - p = p^{\circ} \cdot x_B$$

$$\Delta p = p^{\circ} \cdot x_B \tag{3-3}$$

式中，Δp 为溶液的蒸气压下降。式(3-3)为拉乌尔定律的又一种表达形式。

拉乌尔定律的适用范围是难挥发性非电解质的稀溶液。因为在稀溶液中，溶剂分子之间的引力受溶质的影响很小，可忽略。溶剂的饱和蒸气压仅取决于单位体积内溶剂的分子数。如果溶液浓度变大，溶质的作用力就会逐渐显著，不可忽略，上述的定量关系就会偏离，甚至不成立。

拉乌尔定律也可导出稀溶液蒸气压下降与溶质的质量摩尔浓度 b_B 的关系式，稀溶液中，$n_A \gg n_B$，则

$$x_B = \frac{n_B}{n_A + n_B} \approx \frac{n_B}{n_A} = \frac{n_B}{m / M_A} = \frac{n_B}{m} \times M_A$$

式中，m 为溶剂的质量，g。若取 kg 为 m 的单位，并保持 x_B 的值不变，有

$$x_B \approx \frac{n_B}{m} \times \frac{1000\text{g}}{1\text{kg}} \times \frac{M_A}{1000} = b_B \times \frac{M_A}{1000}$$

所以

$$\Delta p = p^{\circ} \cdot x_{B} = p^{\circ} \times \frac{M_{A}}{1000} \times b_{B}$$

$$\Delta p = K \cdot b_{B} \tag{3-4}$$

式(3-4)中，K 为比例系数，取决于 p° 和溶剂的摩尔质量 M_{A}。

拉乌尔定律又可以表述为：在一定温度下，难挥发性非电解质稀溶液的蒸气压下降与溶质的质量摩尔浓度成正比，而与溶质的本性无关。

【例 3-1】 已知 293.15K 时水的饱和蒸气压为 2.3393kPa，将 6.840g 蔗糖 ($C_{12}H_{22}O_{11}$) 溶于 100.0g 水中，计算蔗糖溶液的质量摩尔浓度和蒸气压。

解 蔗糖的摩尔质量为 $342.0 g \cdot mol^{-1}$，因此溶液的质量摩尔浓度为

$$b(C_{12}H_{22}O_{11}) = \frac{6.840g}{342.0g \cdot mol^{-1}} \times \frac{1000g / kg}{100.0g} = 0.20mol \cdot kg^{-1}$$

水的摩尔分数为

$$x(H_2O) = \frac{\dfrac{100.0g}{18.02g \cdot mol^{-1}}}{\dfrac{100.0g}{18.02g \cdot mol^{-1}} + \dfrac{6.840g}{342.0g \cdot mol^{-1}}} = \frac{5.549mol}{(5.549 + 0.02)mol} = 0.9964$$

蔗糖溶液的蒸气压为

$$p = p^{\circ} \cdot x(H_2O) = 2.3393kPa \times 0.9964 = 2.331kPa$$

3.2.2 沸点升高

纯液体的沸点(boiling point)是指液体的蒸气压与外界大气压相等，液体开始沸腾时的温度。外界大气压为 101.3kPa 时，液体沸腾时的温度称为正常沸点(normal boiling point)，以 T_{b}° 表示，简称沸点。例如，水的正常沸点是 373.15K。

液体的沸点与外界气压有关。外界气压越大，沸点越高，反之亦然。因此，在实际工作中，对热不稳定的物质进行分离提纯时，常采用减压蒸馏或减压浓缩的方法以降低蒸发温度，防止因高温而产生的破坏。而高压锅在高原地区可以获得较高温度的沸水。

内壁光滑均匀的器皿，在其中加热纯液体时，加热温度达到或刚超过沸点时，液体并没有马上沸腾，称为过热(super heating)现象。过热现象易导致液体暴沸而发生危险。

难挥发性非电解质稀溶液的沸点总是高于纯溶剂的沸点的现象，称为溶液的沸点升高(boiling point elevation)，原因为溶液的蒸气压低于纯溶剂的蒸气压。如图 3-4 所示，横坐标表示温度，纵坐标表示蒸气压。*AA'*为纯溶剂的蒸气压曲线，*BB'*为稀溶液的蒸气压曲线。纯水的沸点 $T_{b}^{\circ} = 373.15K$，$p^{\circ} = 101.325kPa$。若使溶液的蒸气压等于 101.325kPa，则只有升高温度到 T_{b}，溶液才会沸腾。T_{b} 为溶液的沸点，溶液的沸点升高为 ΔT_{b}。

溶液的沸点升高与溶液蒸气压下降相关。难挥发性非电解质稀溶液的沸点升高与溶液的质量摩尔浓度之间的关系为

$$\Delta T_{b} = T_{b} - T_{b}^{\circ} = K_{b} \cdot b_{B} \tag{3-5}$$

式中，K_{b} 为溶剂的沸点升高常数。可见，此时沸点升高与溶质本性无关。

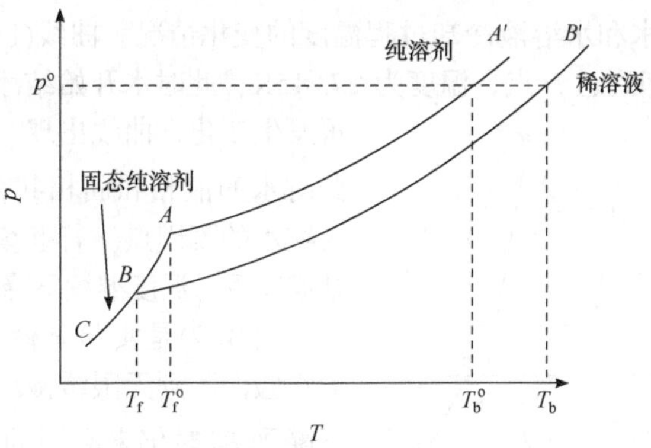

图 3-4　溶液的沸点升高和凝固点降低

常见溶剂的 T_b^o 、K_b 值见表 3-2。

表 3-2　常见溶剂的 T_b^o 、K_b 和 T_f^o 、K_f 值

溶剂	T_b^o /℃	K_b /(K·kg·mol^{-1})	T_f^o /℃	K_f /(K·kg·mol^{-1})
水	100	0.512	0	1.86
乙酸	118	2.93	17.0	3.90
苯	80	2.53	5.5	5.10
乙醇	78.4	1.22	−117.3	1.99
四氯化碳	76.7	5.03	−22.9	32.0
乙醚	34.7	2.02	−116.2	1.8
萘	218	5.80	80.0	6.9

3.2.3　凝固点降低

难挥发性非电解质稀溶液的凝固点比纯溶剂凝固点低的现象称为溶液的凝固点降低(freezing point depression)。凝固点降低同样是溶液的蒸气压下降所致。在图 3-4 中，*AC* 为固态纯溶剂的蒸气压曲线。*AA′*与 *AC* 相交于 *A* 点，蒸气压为 0.61115kPa，此时冰与水两相共存，*A* 点对应的温度即是纯水的凝固点 T_f^o(273.15K)。这时溶液的蒸气压低于 0.61115kPa，冰与水两相不能共存，冰蒸气压高于水蒸气压，冰将融化为水。进一步降低温度，冰的蒸气压曲线与溶液的蒸气压曲线相交到 *B* 点，这时溶液中溶剂的蒸气压与冰的蒸气压相等，溶液中冰和水能够共存，此时温度就是该溶液的凝固点 T_f 。

难挥发性非电解质稀溶液的凝固点降低与溶液的质量摩尔浓度之间的关系为

$$\Delta T_f = T_f^o - T_f = K_f \cdot b_B \tag{3-6}$$

式中，ΔT_f 为溶液的凝固点降低值；K_f 为溶剂的凝固点降低常数。此条件下凝固点降低也与溶质本性无关。常见溶剂的 T_f^o 、K_f 值见表 3-2。

图 3-5 显示了水和水溶液冷却过程温度的变化情况。曲线(1)是纯水的理想冷却曲线。从 a 点缓慢冷却到达 b 点，温度为 273.15K，此时水开始结冰。结冰过程中温度不再发生变化，曲线出现一段平台，即 bc 段，此时水的液相和固相共存，对应的温度 T_f^o 称为纯水的凝固点。若继续冷却，待全部的水都结成冰后，温度继续下降，即 cd 段。

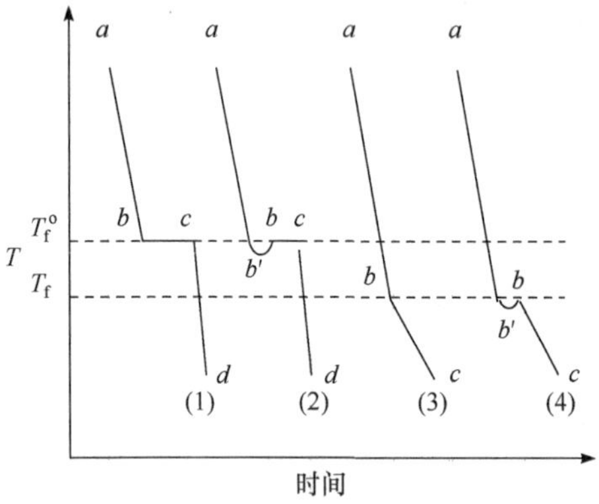

图 3-5　水和水溶液的冷却曲线

曲线(2)是实验条件下水的冷却曲线。因为实验做不到无限缓慢冷却，通常会出现温度下降到 T_f^o 时仍未凝固的过冷现象。而固相一旦出现，又会释放出凝固热，逐渐增大的凝固热会抵消甚至超过外界冷源单位时间内大致恒定的吸热，反映在冷却曲线(2)上形成 b'到 b 附近的降温减慢至温度回升的状况，最终进入平台。

曲线(3)是溶液的理想冷却曲线。与曲线(1)不同，溶液在温度下降至 T_f 时才开始结冰，$T_f < T_f^o$。随着冰的析出，溶液浓度不断增大，溶液的凝固点也不断下降，出现一段缓慢下降的斜线。此时，溶液的凝固点是指刚有溶剂固体析出(b 点)的温度 T_f。

曲线(4)是实验条件下的溶液冷却曲线。仍然会因凝固放热与冷源吸热的相反作用，出现类似曲线(2)的情况，当然，曲线幅度应该相对较小。温度回升达到最高点而非平台。

常用沸点升高和凝固点降低测定溶质的相对分子质量。但多数溶剂的 K_f 值大于 K_b 值，同一溶液的凝固点降低值比沸点升高值大，实验误差相对较小。而凝固点降低一般不会引起生物样品的变性或破坏，生物及医学实验中应用较广泛。

【例 3-2】　将 0.638g 尿素溶于 250g 水中，测得此溶液的凝固点降低值为 0.079K，试求尿素的相对分子质量。

解　水的 $K_f = 1.86\text{K}\cdot\text{kg}\cdot\text{mol}^{-1}$，因为

$$\Delta T_f = K_f \cdot b_B = K_f \times \frac{m_B}{m_A \times M_B}$$

$$M_B = \frac{K_f \times m_B}{m_A \times \Delta T_f}$$

式中，m_A 和 m_B 分别为溶剂和溶质的质量；M_B 为溶质的摩尔质量，$\text{kg}\cdot\text{mol}^{-1}$。代入有关数值得

$$M(\text{CON}_2\text{H}_4) = \frac{1.86\text{K}\cdot\text{kg}\cdot\text{mol}^{-1} \times 0.638\text{g}}{250\text{g} \times 0.079\text{K}} = 0.06\text{kg}\cdot\text{mol}^{-1} = 60\text{g}\cdot\text{mol}^{-1}$$

所以，尿素的相对分子质量为 60。

电解质稀溶液的依数性行为在实际工作中也有广泛的应用，当然其应用结果的准确性并没有非电解质那么高。电解质的正、负离子分别可以看成一个质点，并忽略其相互作用，引入校正因子范特霍夫(van’t Hoff)系数 i，有

$$\Delta T_b = i \cdot K_b \cdot b_B \tag{3-7}$$

$$\Delta T_f = i \cdot K_f \cdot b_B \tag{3-8}$$

溶液越稀，i 越趋近于电解质解离出的正离子和负离子的溶质质点的总数。例如，极稀溶液中，AB 型电解质($NaCl$、$MgSO_4$ 等)的 i 值趋近于 2；AB_2 或 A_2B 型电解质($CaCl_2$、Na_2SO_4 等)的 i 值趋近于 3。当然，浓度升高后，质点间的正负电荷的相互作用不可忽略。一些电解质水溶液的凝固点降低值见表 3-3。

表 3-3 一些电解质水溶液的凝固点降低值

b_B / (mol·kg^{-1})	ΔT_f (实验值)/K		ΔT_f (计算值)/K	ΔT_f (实验值) : ΔT_f (计算值)
	NaCl	$MgSO_4$		
0.01	0.03603	0.0300	0.01858	1.9 : 1～1.6 : 1
0.05	0.1758	0.1294	0.09290	1.9 : 1～1.4 : 1
0.10	0.3470	0.2420	0.1858	1.9 : 1～1.3 : 1
0.50	1.692	1.018	0.9290	1.8 : 1～1.1 : 1

3.2.4 渗透压

如图 3-6 所示，将一定浓度的稀溶液与纯溶剂用半透膜(semi-permeable membrane)隔开。起初使纯溶剂和溶液两者的液面高度相等[图 3-6(a)]；一段时间后，显示溶液一侧液面升高，溶剂一侧液面下降[图 3-6(b)]，说明溶剂分子不断通过半透膜转移到了溶

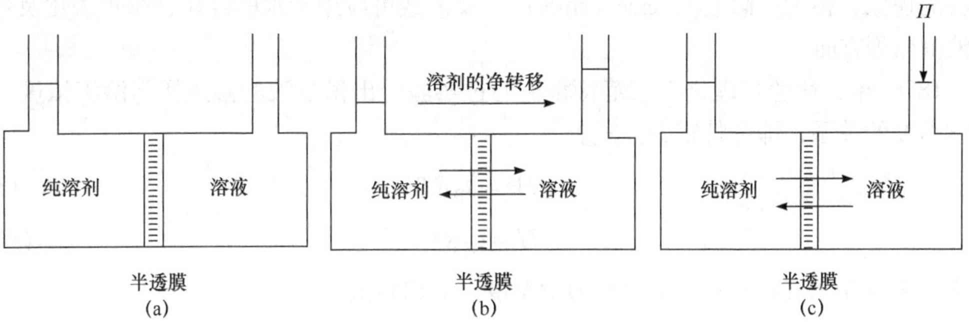

图 3-6 渗透现象

液一侧。这种溶剂分子自发通过半透膜进入溶液的过程称为渗透(osmosis)。不同浓度的两种溶液用半透膜隔开，也会有渗透现象发生。

半透膜的种类多种多样，一般按孔径大小区分选择性透过膜。图 3-6 中的半透膜的孔径设定为不允许比溶剂水分子大的粒子透过。膜两侧单位体积内溶剂分子数不等，溶质粒子(通常比溶剂水分子的直径大)不能通过半透膜，单位时间内由纯溶剂进入溶液的溶剂分子数要比由溶液进入纯溶剂的多，因此膜两侧渗透速度不等，溶液一侧的液面上升。可见，渗透现象的产生必须具备两个条件：存在半透膜；半透膜两侧单位体积内溶剂的分子数不相等。

图 3-6 中因渗透作用，溶液液面上升，纯溶剂液面下降，二者形成液面差。又因溶

液侧的较大液压，驱动溶液侧的溶剂加速迁移到纯溶剂侧，形成与渗透趋势相反的迁移趋势。随着液面差的增大，该迁移趋势也会进一步增大，最终与渗透趋势达到动态平衡。此时，单位时间内两方越过半透膜迁移到对侧的溶剂水分子数必然相等，液面差保持恒定，称为渗透平衡。当然，也可以在溶液侧施加外压，将纯溶剂与溶液液面恢复到起初的相同液面高度。此时，该外压即为溶液的渗透压(osmotic pressure)。渗透压指的是维持渗透平衡所需的压力，符号用 Π 表示，单位是 Pa 或 kPa。

溶液的渗透压具有依数性。如果半透膜两侧溶液的粒子浓度相等，则渗透压相等，这两种溶液互称等渗溶液(isotonic solution)。渗透压不相等的两种溶液，渗透压相对较高者称为高渗溶液(hypertonic solution)，渗透压相对较低者称为低渗溶液(hypotonic solution)。

医学上考虑到体液、血浆中有大量电解质，国际纯粹与应用化学联合会(IUPAC)和国际临床化学和实验室医学联合会(IFCC)推荐使用渗透浓度(osmotic concentration)，即渗透活性物质的浓度，渗透浓度单位为 $mol \cdot L^{-1}$，也可表示为 $mmol \cdot L^{-1}$，符号记作 c_{os}。一定条件下，凡能产生渗透效应的溶质粒子，包括分子、离子等称为渗透活性物质。特别需要指出的是：此时等渗、高渗、低渗是以血浆的总渗透压($303mmol \cdot L^{-1}$左右)为标准。临床上规定渗透浓度在 280～$320mmol \cdot L^{-1}$ 的溶液为等渗溶液，低于 $280mmol \cdot L^{-1}$ 为低渗溶液，高于 $320mmol \cdot L^{-1}$ 为高渗溶液。

若在图 3-6 中，溶液侧所施外压大于渗透压，溶剂水会整体上呈现从溶液向纯溶剂迁移的现象，称为反渗透(reverse osmosis)。反渗透可应用于水的纯化、海水淡化及药物溶液浓缩等方面。

1886 年，荷兰物理化学家范特霍夫通过实验得出稀溶液的渗透压与溶液浓度、热力学温度的关系，即范特霍夫公式。

$$\Pi V = n_B RT \tag{3-9}$$

$$\Pi = c_B RT \tag{3-10}$$

式中，R 为摩尔气体常量；T 为热力学温度。对稀溶液

$$\Pi \approx b_B RT \tag{3-11}$$

范特霍夫公式的意义是，一定温度下，溶液的渗透压与溶液的浓度成正比，即渗透压与单位体积溶液中溶质质点数目成正比，而与溶质的本性无关。

【例 3-3】 将 2.00g 蔗糖 ($C_{12}H_{22}O_{11}$) 溶于水，配成 50.0mL 溶液，求溶液在 37℃时的渗透压。

解 $C_{12}H_{22}O_{11}$ 的摩尔质量为 $342g \cdot mol^{-1}$，则

$$c(C_{12}H_{22}O_{11}) = \frac{n}{V} = \frac{2.00g}{342g \cdot mol^{-1} \times 0.05L} = 0.117mol \cdot L^{-1}$$

根据 $\Pi = c_B RT$，其中摩尔气体常量 R 的单位为

$$[R] = J \cdot K^{-1} \cdot mol^{-1} = Pa \cdot m^3 \cdot K^{-1} \cdot mol^{-1} = 10^3 Pa \cdot L \cdot K^{-1} \cdot mol^{-1} = kPa \cdot L \cdot K^{-1} \cdot mol^{-1}$$

$$\Pi = 0.117\text{mol}\cdot\text{L}^{-1}\times 8.314\text{kPa}\cdot\text{L}\cdot\text{K}^{-1}\cdot\text{mol}^{-1}\times(273.15+37)\text{K} = 302\text{kPa}$$

温度为 37℃，0.117 $\text{mol}\cdot\text{L}^{-1}$ 的蔗糖溶液产生的渗透压为 302kPa，相当于 30.8m 水柱高的压力，充分表明渗透压的强大。

对于电解质稀溶液产生的渗透压，计算公式为

$$\Pi = ic_{\text{B}}RT \tag{3-12}$$

式中，i 为范特霍夫系数。

【例 3-4】 临床上常用的生理盐水是 $9.0\text{g}\cdot\text{L}^{-1}$ 的 NaCl 溶液，求溶液在 37℃时的渗透压。

解 NaCl 在稀溶液中完全解离，$i\approx 2$，NaCl 的摩尔质量为 $58.5\text{g}\cdot\text{mol}^{-1}$。

根据 $\Pi = ic_{\text{B}}RT$，有

$$\Pi = \frac{2\times 9.0\text{g}\cdot\text{L}^{-1}\times 8.314\text{kPa}\cdot\text{L}\cdot\text{K}^{-1}\cdot\text{mol}^{-1}\times 310.15\text{K}}{58.5\text{g}\cdot\text{mol}^{-1}} = 7.9\times 10^{2}\text{kPa}$$

利用稀溶液的依数性可以测定溶质的相对分子质量，尤其适用于相对分子质量大的大分子化合物。

【例 3-5】 将 1.00g 血红素溶于适量纯水中，配制成 100mL 溶液，在 20℃时测得溶液的渗透压为 0.366kPa，求血红素的相对分子质量。

解 根据范特霍夫公式，有

$$\Pi V = n_{\text{B}}RT = \frac{m_{\text{B}}}{M_{\text{B}}}RT$$

$$M_{\text{B}} = \frac{m_{\text{B}}RT}{\Pi V}$$

代入相应数值，得

$$M(\text{血红素}) = \frac{1.00\text{g}\times 8.314\text{kPa}\cdot\text{L}\cdot\text{K}^{-1}\cdot\text{mol}^{-1}\times 293.15\text{K}}{0.366\text{kPa}\times 0.100\text{L}} = 6.66\times 10^{4}\text{g}\cdot\text{mol}^{-1}$$

血红素的浓度仅为 $1.50\times 10^{-5}\text{mol}\cdot\text{L}^{-1}$，凝固点降低为 2.79×10^{-5}℃，相对分子质量用其他方法很难测定。但此溶液渗透压相当于 37.4mmH_2O(1mmH_2O = 9.80665Pa)的压力，可准确测定。

临床常用浓度为 $0.15\text{mol}\cdot\text{L}^{-1}$ 的氯化钠溶液和浓度为 $0.28\text{mol}\cdot\text{L}^{-1}$ 的葡萄糖溶液，因为这两种溶液相对血浆渗透压而言都是等渗溶液。

图 3-7 显示红细胞在不同浓度 NaCl 溶液中的形态变化。将红细胞置于较低渗透浓度的溶液中，细胞会胀大乃至破裂，血红蛋白会染红溶液，称为细胞溶血(hemolysis)，如图 3-7(a)所示。此时，低渗溶液向红细胞内渗透溶剂水。若将红细胞置于较高渗透浓度的

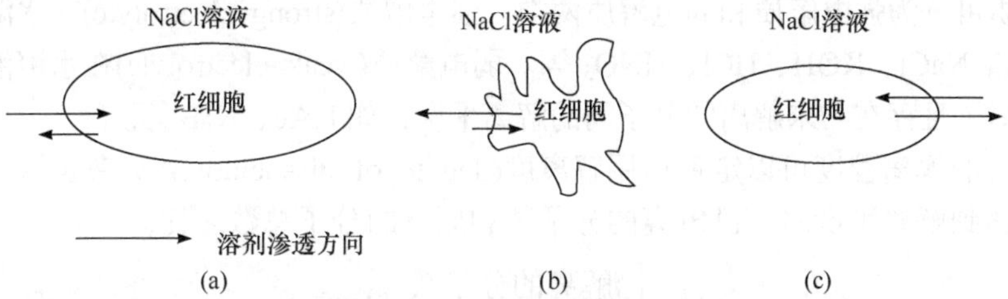

图 3-7　红细胞在不同浓度 NaCl 溶液中的不同形态示意图

溶液中，细胞会逐渐皱缩，聚集成块，在血管内形成“栓塞”，如图 3-7(b)所示。此时，红细胞向外界高渗溶液渗出溶剂水。若将红细胞置于生理盐水中，其形态如常，如图 3-7(c)所示，达渗透平衡。

一定温度下，稀溶液依然有

$$\Pi = c_{os}RT \tag{3-13}$$

【例 3-6】 计算医院补液用的 $50.0\text{g}\cdot\text{L}^{-1}$ 葡萄糖溶液和 $9.00\text{g}\cdot\text{L}^{-1}$ NaCl 溶液(生理盐水)的渗透浓度(以 $\text{mmol}\cdot\text{L}^{-1}$ 表示)。

解 葡萄糖 ($C_6H_{12}O_6$) 的摩尔质量为 $180\text{g}\cdot\text{mol}^{-1}$，故有

$$c_{os} = \frac{50.0\text{g}\cdot\text{L}^{-1}}{180\text{g}\cdot\text{mol}^{-1}} \times \frac{1000\text{mmol}}{1\text{mol}} \approx 278\text{mmol}\cdot\text{L}^{-1}$$

NaCl 的摩尔质量为 $58.5\text{g}\cdot\text{mol}^{-1}$，$Na^+$、$Cl^-$均为渗透活性物质。故有

$$c_{os} = \frac{9.00\text{g}\cdot\text{L}^{-1}}{58.5\text{g}\cdot\text{mol}^{-1}} \times \frac{1000\text{mmol}}{1\text{mol}} \times 2 = 308\text{mmol}\cdot\text{L}^{-1}$$

【例 3-7】 测得人体血液的凝固点降低值 $\Delta T_f = 0.56℃$，求在体温 37℃时的渗透压。

解 因为 $\Delta T_f = K_f b_B$，有

$$b_B = \frac{\Delta T_f}{K_f}$$

对于血浆，$c_B \approx b_B$，所以

$$\Pi = c_B RT = \frac{0.56}{1.86}\text{mol}\cdot\text{L}^{-1} \times 8.314\text{kPa}\cdot\text{L}\cdot\text{K}^{-1}\cdot\text{mol}^{-1} \times (273.15+37)\text{K} = 7.8\times10^2\text{kPa}$$

所以，人体血液在体温 37℃时的渗透压为 $7.8\times10^2\text{kPa}$。

3.3 电 解 质

在水溶液中或熔融状态下能够导电的化合物称为电解质(electrolyte)，其水溶液称为电解质溶液。人体体液中各种电解质离子的存在状态及含量关系到体液的渗透平衡和酸碱度，并对神经、肌肉等组织的生理、生化功能起着重要作用。生物体的细胞液及各种组织液有严格的酸碱范围，各种酶只在合适的 pH 条件下才能发挥效能。理解电解质溶液的基本理论、基本特性和变化规律，掌握酸碱平衡及溶液 pH 的计算方法等知识，对从事生物生命科学工作极为重要。

电解质可分为强电解质和弱电解质两类。强电解质(strong electrolyte)在水溶液中能完全解离，如 NaCl、KOH、HCl、HNO_3 等。弱电解质(weak electrolyte)在水溶液中只有部分解离成离子且存在与未解离的分子间的解离平衡，如 HAc、NH_3 等。

电解质的解离程度可以定量地用解离度(degree of dissociation) α 来表示，它是指电解质溶液达到解离平衡时，已解离的分子数和原有的分子总数之比。

$$\alpha = \frac{\text{已解离的分子数}}{\text{原有的分子总数}} \times 100\% \tag{3-14}$$

解离度可通过测定电解质溶液的依数性质或电导率等多种方法求得。

【例 3-8】 某电解质 HA 溶液的质量摩尔浓度 $b = 0.1\text{mol}\cdot\text{kg}^{-1}$，测得此溶液的 $\Delta T_f = 0.19\text{K}$，求该电解质的解离度。

解 HA 在水溶液中存在解离平衡，设其解离度为 α，那么已解离 HA 的质量摩尔浓度为 $0.1\text{mol}\cdot\text{kg}^{-1}$。

$$\text{HA(aq)} \rightleftharpoons \text{H}^+\text{(aq)} + \text{A}^-\text{(aq)}$$

初始时 $b/(\text{mol}\cdot\text{kg}^{-1})$　　0.1

平衡时 $b/(\text{mol}\cdot\text{kg}^{-1})$　　$0.1-0.1\alpha$　　0.1α　　0.1α

达解离平衡后，溶液中所含分子和离子的总浓度为

$$[(0.1-0.1\alpha)+0.1\alpha+0.1\alpha]\text{mol}\cdot\text{kg}^{-1} = 0.1(1+\alpha)\text{mol}\cdot\text{kg}^{-1}$$

根据 $\Delta T_f = K_f b_B$ 得

$$0.19\text{K} = 1.86\text{K}\cdot\text{kg}\cdot\text{mol}^{-1}\times 0.1(1+\alpha)\text{mol}\cdot\text{kg}^{-1}$$

$$\alpha = 0.022 = 2.2\%$$

因此，HA 的解离度为 2.2%。

解离度的大小取决于物质的本性、电解质溶液的浓度、溶剂性质及温度等因素。通常来说，对于 $0.1\text{mol}\cdot\text{kg}^{-1}$ 的电解质溶液，解离度大于 30%的称为强电解质，小于 5%的称为弱电解质，介于 5%～30%的称为中强电解质。而理论上，强电解质的解离度都为 100%，但实验测得的解离度却小于 100%，而且往往溶液浓度越大，离子电荷数越高，这种偏差越大。因此，实验测得的解离度并不代表强电解质在溶液中的实际解离度，故称之为表观解离度(degree of apparent dissociation)。理论的解释涉及德拜-休克尔(Debye-Hückel)的离子氛理论及物理化学中活度的概念。

3.4　胶体分散系

胶体分散系包括溶胶(sol)、大分子溶液(macromolecular solution)和缔合胶体(associated colloid)三类。胶体分散系的基本特征是分散相粒子扩散慢，分散相分散度高，具有某些特殊的物理化学性质。胶体分散系的基本特征及与其他分散系的一般区别见表 3-4。

表 3-4　各分散系的特征

分散相粒子大小	分散系统类型		分散相粒子组成	一般性质	实例
<1nm	真溶液		小分子或离子	均相；热力学稳定；分散相粒子扩散快，能透过滤纸和半透膜，形成真溶液	NaCl、NaOH、葡萄糖等水溶液
1～100nm	胶体分散系	溶胶	胶粒(分子、离子或原子的聚集体)	非均相；热力学不稳定；分散相粒子扩散慢，能透过滤纸，不能透过半透膜，形成溶胶	氢氧化铁、硫化砷、碘化银及金、银、硫等溶胶

续表

分散相粒子大小	分散系统类型		分散相粒子组成	一般性质	实例
1～100nm	胶体分散系	大分子溶液	大分子	均相；热力学稳定；分散相粒子扩散慢，能透过滤纸，不能透过半透膜，形成溶液	蛋白质、核酸等水溶液，橡胶的苯溶液
		缔合胶体	胶束	均相；热力学稳定；分散相粒子扩散慢，能透过滤纸，不能透过半透膜，形成胶束溶液	超过或达到临界浓度的十二烷基磺酸钠
> 100nm	粗分散系(乳状液、悬浊液)		粗粒子	非均相；热力学不稳定；分散相粒子不能透过滤纸和半透膜	乳汁、泥浆

溶胶是高度分散的多组分分散系统，高度分散使得分散相表面积急剧增大。例如，边长为 1cm 立方体的表面积为 $6cm^2$，当它分散为边长 1nm 的小立方体时，总面积变为 $6\times10^7cm^2$，增加了 1000 万倍。

分散相在介质中分散的程度称为分散度(degree of dispersion)，分散度常以比表面积来衡量及表示。比表面积定义为单位体积物质所具有的表面积。

$$S_0 = S / V \tag{3-15}$$

式中，S_0 为物质的比表面积；S 为物质的总表面积；V 为物质的体积。可见，一定体积的物质，分散相的分散程度越大，分散相粒子就越小，总表面积越大，其比表面积也相应增大。

对高度分散系统而言，表面积很大，表面性质就变得十分突出。通常相与相之间的接触面称为界面，常见有液-气、固-气、液-液、固-液等，习惯上将固相或液相与气相的界面称为表面。

任何两相的界面分子与其相内分子所处状况不相同，具有的能量也不同。例如，液-气两相中(图 3-8)，处于液体内部的 A 分子受到周围分子等同的引力，合力为零。但处于液体表层的 B 分子和 C 分子则各自受力不同，合力均垂直于界面指向液体内部。若要增大表面积，就必须克服液相内部分子的引力而做功，功以势能形式存储于表层分子。这种表层分子比内部分子多出的能量称为表面能(surface energy)。

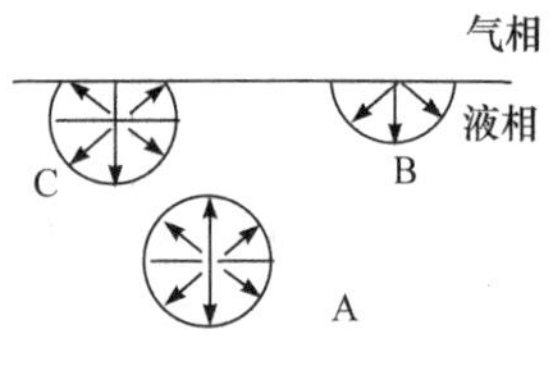

图 3-8　液体内部及表层分子受力情况示意图

液体表面有自动缩小表面积的趋势，以降低表面能，失重条件下水滴缩成球形即是一例。这个结果同样适用于固体。总之，高度分散的胶粒比表面积大、表面能高，于是它们有自动聚集成大颗粒而减小表面积的趋势，这称为聚结不稳定性，表明溶胶是热力学不稳定系统。

3.4.1　胶体的组成

虽然溶胶是热力学不稳定系统，但事实上很多溶胶却能在相当长的时间内保持表观上的稳定，这是由胶粒的动力学性质和电学性质决定的，其中以电学性质为主。

固态胶核表面会因解离或选择性吸附某种离子而荷电。胶粒中的胶核(原子、离子或分子的聚集体)有吸附其他物质而降低其界面能的趋势，称为胶核界面的选择性吸附。胶核常选择性地吸附分散系统中与其组成类似的离子，从而使其界面带有一定电荷。

例如，将 $FeCl_3$ 溶液缓慢滴加到沸水中，制备氢氧化铁溶胶。反应为

$$FeCl_3(aq)+3H_2O=\!=\!=Fe(OH)_3(溶胶)+3HCl(aq)$$

溶液中多个 $Fe(OH)_3$ 分子聚集成胶核，部分 $Fe(OH)_3$ 与 HCl 发生如下反应：

$$Fe(OH)_3(溶胶)+HCl(aq)=\!=\!=FeOCl(溶胶)+2H_2O$$

$$FeOCl(溶胶)\rightleftharpoons FeO^+(aq)+Cl^-(aq)$$

$Fe(OH)_3$ 胶核基本结构是含氧桥的多核配合物(桥基可以是 O^{2-}、OH^-、OH_2 等)，表面存在大量配位羟基，按上述反应推理，与 HCl 反应后其界面上可能存在 FeO^+ 残基。而对于保留在介质中的 Cl^-，由于静电作用及解离平衡的共同作用，部分 Cl^-结合到胶粒表面，形成吸附层，同时与介质中的部分 Cl^- (扩散层)形成吸附-扩散的动态平衡。吸附层的 Cl^- 并不能完全中和胶核的正电荷，胶核与吸附层合称胶粒，故此时胶粒带正电，而对应的扩散层带负电。固相胶粒与溶液扩散层间形成电性相反的两层结构称为扩散双电层(diffused electric double layer)。胶粒与扩散层合称胶团。扩散层外的介质称为胶团间液。溶胶就是所有胶团和胶团间液构成的整体。例如，氢氧化铁溶胶的胶团结构式可以表示为 $\{[Fe(OH)_3]_m\cdot nFeO^+\cdot(n-x)Cl^-\}^{x+}\cdot xCl^-$。图 3-9 为氢氧化铁溶胶胶团结构示意图。

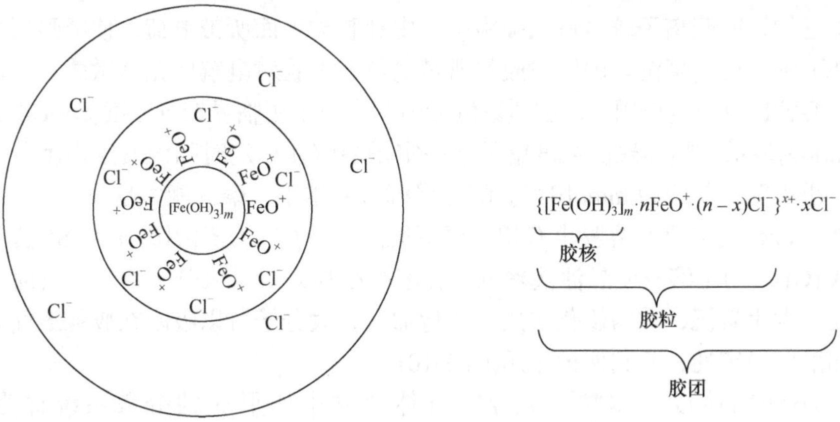

图 3-9　胶团结构示意图

如图 3-9 所示，胶粒移动时，胶团从吸附层和扩散层间界面断开，该界面称为滑动面。当向溶胶中加入一定量电解质，迫使一部分反离子由扩散层进入吸附层，扩散层从而变薄，胶粒带电荷减少。而当加入大量的电解质时，可能会中和胶粒所带电荷，导致胶体易于聚沉。当加入的电解质过多时，甚至可改变胶粒电性，这称为再带电现象。

例如，利用硝酸银和碘化钾制备碘化银溶胶的反应为

$$AgNO_3(aq) + KI(aq) \xlongequal{\quad} AgI(溶胶) + KNO_3(aq)$$

改变两种反应物的用量，当 KI 过量时，AgI 胶核吸附过量的 I^-带负电荷；当 $AgNO_3$过量时，AgI 胶核则吸附过量 Ag^+带正电荷。

又如，硅胶的胶核是由 $xSiO_2 \cdot yH_2O$ 构成的同多酸类多核配合物组成，表面上的 H_2SiO_3可以解离出 H^+。

$$H_2SiO_3(溶胶) \longrightarrow HSiO_3^-(溶胶) + H^+(aq)$$

$$HSiO_3^-(溶胶) \longrightarrow SiO_3^{2-}(溶胶) + H^+(aq)$$

H^+扩散到介质中，而 SiO_3^{2-} 仍是胶核表面的一部分，H^+在吸附层与扩散层间形成吸附-扩散平衡，结果使胶粒带负电，扩散层带正电。

溶胶的相对稳定性主要由以下因素决定：①胶粒带电，胶粒间的静电排斥作用会阻止胶粒相互接近，合并变大。②水合膜的保护，胶粒与扩散层匹配离子均溶剂化水合，且具有一定定向排列结构，胶粒的彼此接近会挤压此结构，水合膜因而表现出机械阻力，或称“弹性”，而且结合态水与游离水相比有更高的黏度。总之，胶粒的彼此接近表现出“水化膜斥力”。③布朗(Brown)运动，高分散度的溶胶胶粒存在布朗运动，趋向于胶粒的均匀分布，也造成胶粒的平均间距在一定浓度下的最大化。

1. 溶胶的聚沉现象

当溶胶的稳定因素受到破坏，胶粒因碰撞而合并变大，在重力场作用下沉降，称为聚沉(coagulation)。加热、辐射、加入电解质等均可导致聚沉，以加入电解质最为显著。

电解质的聚沉作用主要通过减少或消除双电层中胶粒侧所带电荷来实现。随着溶液中电解质增加，匹配离子较多进入吸附层，中和胶粒表面所带电荷，使吸附层变薄，溶胶稳定性下降，最终聚沉。因针对胶粒所带电荷，溶胶对电解质尤其敏感。当然适量的电解质对溶胶也有稳定作用。电解质聚沉能力的大小常用临界聚沉浓度(critical coagulate concentration)表示。临界聚沉浓度就是使一定量溶胶在一定时间内发生聚沉所需电解质溶液的最小浓度，单位为 $mmol \cdot L^{-1}$。临界聚沉浓度越小，聚沉能力越强。

此外，带相反电荷的溶胶也有相互聚沉能力。例如，使用明矾[$KAl(SO_4)_2 \cdot 12H_2O$]净水，$Al(OH)_3$的正溶胶使悬浊液聚沉。在溶胶中加入少量大分子物质，有时会降低溶胶稳定性，发生聚沉，称为敏化作用。适量加入，大分子可以吸附在胶粒表面并加以包裹，增加溶胶稳定性，起到保护作用(图 3-10)。

由极小的固体或液体粒子悬浮在气体介质中所形成的分散系统称为气溶胶(aerosol)，如烟、粉尘、雾等。各种方式形成的粉尘会长期漂浮在大气中形成气溶胶，其动力学性质和电学性质与溶液胶粒的性质类似。粉尘在大气中的稳定程度与分散相粒子大小及荷电状态直接相关。粒径 $\leqslant 2.5\mu m$ 的细颗粒物(particulate matter，$PM_{2.5}$)可达肺部无纤毛区，并可吸附携带病毒等，比大粒子对人体影响更大。另外，硅肺病也是由粉尘通过气溶胶的方式进入肺部引起的。甚至某些物质的高分散度的气溶胶(包括粉尘)会导致火灾、爆炸等。

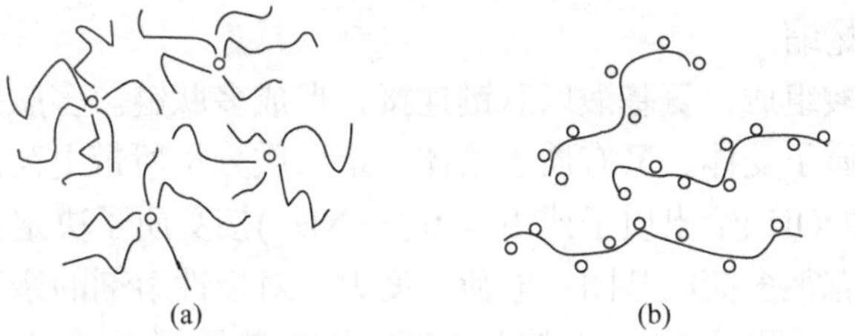

图 3-10　高分子物质对溶胶的保护作用(a)和敏化作用(b)示意图

2. 大分子[①]溶液

大分子化合物的相对分子质量很大，通常为 10^4～10^6，如蛋白质、核酸、糖原等，也涵盖天然橡胶、纤维素、聚乙烯、尼龙等高分子聚合物。斯陶丁格(Staudinger)将相对分子质量大于 10000 的物质称为大分子(macromolecule)。单个大分子的大小就能达到胶体颗粒大小的范围，因此表现出一些胶体的性质。但通常大分子溶液作为单分子分散系统，是均相系统，其结构同前面的三类典型胶体不同，故而性质也有差异。大分子溶液本质上是单分子分散的真溶液。

大分子化合物一般是由一种或多种重复结构单元连接而成的链状结构，每个结构单元称为链节，链节重复的次数称为聚合度，以 *n* 表示。例如，天然橡胶由数千个异戊二烯单元(—C_5H_8—)连接而成，其化学式可写为 $(C_5H_8)_n$。聚糖类大分子化合物，如纤维素、淀粉、糖原或高分子右旋糖酐，它们的分子由许多葡萄糖单位(—$C_6H_{10}O_5$—)连接而成，其通式可写为 $(C_6H_{10}O_5)_n$。蛋白质的结构单元则是氨基酸。类似于普通高分子化合物，大分子化合物是不同聚合度的同系物分子组成的混合物，其聚合度和相对分子质量指的都是平均值。

大分子化合物的链状结构可以是线状或分支状结构，不少高聚物因单元内含多个活性基团会发生交联反应，形成分支乃至网络状结构。大分子化合物的分子链中有许多单键，每个单键都能绕相邻单键的键轴旋转，称为内旋转(图 3-11)。内旋转可导致大分子化合物长链构象改变，长链两端的距离随之改变，称这种分子链具有柔性(flexibility)。大分子长链中随极性基团数增加，内旋转范围受限，其长链刚性增大，柔性降低。

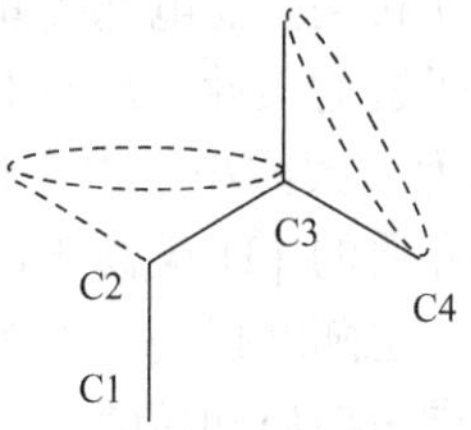

图 3-11　大分子化合物中碳链的内旋转

大分子化合物在形成溶液时，有一个溶胀(swelling)的过程，溶剂分子慢慢进入卷曲成团的分子链空隙中，导致大分子化合物舒展开来，体积成倍甚至几十倍地增长。继续发展，大分子化合物在强亲和力的溶剂中可以完全溶解，形成单分子溶液。不少大分子化合物与水分子有强亲和力，分子周围形成一层水合膜，这是大分子化合物水溶液具有稳定性的主要原因。大分子化合物在良溶剂中能自发溶解，故大分子溶液是稳定系统。大分子溶液的溶解性取决于介质与大分子化合物间亲和力的强弱，大分子在良溶剂中舒

① 关于生物大分子是否是高分子有不同观点，现采用物理化学的说法。

展，在不良溶剂中蜷缩。

蛋白质由氨基酸组成，氨基酸以肽键连接，形成多肽链。多肽链上可解离基团类型多、数量大，既有质子受体，又有质子给体。蛋白质分子所带电荷由酚羟基、胍基等提供，也由羧基(—COOH)给出质子或由氨基($—NH_2$)接受质子决定。蛋白质分子的特征是在每个分子链上有很多荷电基团、电荷密度大、对极性溶剂的亲和力强。

蛋白质等大分子化合物在水溶液中往往以离子形式存在，常称为聚电解质(polyelectrolyte)。在溶液中，蛋白质的电荷数量及电荷分布受溶液 pH 影响。使蛋白质所带正电荷与负电荷数量相等(净电荷为零)时溶液的 pH 称为该蛋白质的等电点(isoelectric point)，以 pI 表示。若溶液 pH > pI，羧基给出质子多，蛋白质带负电，形成 $^-OOC—R—NH_2$。若溶液 pH < pI，氨基接受质子多，蛋白质带正电，形成 $HOOC—R—NH_3^+$。若溶液 pH = pI，蛋白质处于等电状态，主要以两性离子 $^-OOC—R—NH_3^+$ 存在。蛋白质在不同 pH 溶液中的平衡移动可用下式表示：

$$\underset{pH>pI}{^-OOC-R-NH_2} \underset{OH^-}{\overset{H^+}{\rightleftharpoons}} {^-OOC-R-NH_3^+} \underset{OH^-}{\overset{H^+}{\rightleftharpoons}} \underset{pH<pI}{HOOC-R-NH_3^+}$$

$$^-OOC-R-NH_3^+ \ \overset{pI}{\rightleftharpoons}\ HOOC-R-NH_2$$

例如，人血白蛋白的等电点是 4.64，若将其置于 pH 为 6.0 的缓冲溶液中，则蛋白质以阴离子状态存在。若溶液的 pH 为 4.0，则蛋白质以阳离子状态存在。若调节溶液的 pH 至 4.64，则蛋白质处于等电状态。处于等电点的蛋白质在外加电场中即使不发生泳动，也容易发生聚沉。各种蛋白质的氨基酸组成及空间构型不同，等电点也各不相同。

蛋白质溶液的其他性质，如溶解度、黏度、渗透压等，也与蛋白质荷电状态及荷电数量密切相关。荷电基团间的静电引力和斥力、荷电量的高低等都影响蛋白质的水合程度及分子链的柔性，从而引起蛋白质溶液一些性质的改变。处于等电点时，蛋白质对水的亲和力大大减小，水合程度降低，蛋白质分子链相互靠拢并聚结在一起，溶解度降低。当介质的 pH 偏离蛋白质等电点时，蛋白质分子链上净电荷增多，分子链舒展开，水合程度也随之提高，因而蛋白质的溶解度也相应增大。

不同蛋白质和核酸的大小及荷电不同，在相同电场中泳动速度也不同。各种电泳技术，如聚丙烯酰胺凝胶电泳(PAGE)、十二烷基硫酸钠-聚丙烯酰胺凝胶电泳(SDS-PAGE)和等电聚焦电泳(IEF)等已被广泛用于分离和鉴定生物大分子。

蛋白质的水合作用是蛋白质溶液稳定的主要因素。若在蛋白质溶液中加入大量无机盐，如硫酸铵、硫酸钠等，则无机离子强烈的水合作用会使蛋白质的水合程度大为降低，稳定因素受破坏而沉淀。这种因加入大量无机盐使蛋白质从溶液中沉淀析出的作用称为盐析(salting out)。盐析过程实质上是蛋白质的脱水过程。盐析以硫酸铵为最佳，硫酸铵溶解度较大且随温度变化不大，同时是很温和的试剂，一般即使浓度很高也不会引起蛋白质生物活性丧失。

盐析中无机离子的价数不太重要，盐析能力主要与离子的种类有关，阴离子起主要作用。阴离子的盐析能力有如下的顺序：

$$SO_4^{2-} > C_6H_5O_7^{2-} > C_4H_4O_6^{2-} > CH_3COO^- > Cl^- > NO_3^- > Br^- > I^- > CNS^-$$

阳离子的盐析能力顺序为

$$NH_4^+ > K^+ > Na^+ > Li^+$$

这种按离子盐析能力排列起来的顺序也称为感胶离子序。

除无机盐外，向蛋白质溶液中加入与水作用强烈的有机溶剂(乙醇、甲醇、丙酮等)也能降低蛋白质的水合程度，蛋白质因脱水而沉淀。另外，温度、pH 变化等也会破坏蛋白质溶液的稳定性。

3. 大分子溶液的渗透压及膜平衡

将一定浓度的大分子溶液与溶剂用半透膜隔开，可产生渗透现象。通常线形大分子溶液的渗透压数值并不符合范特霍夫公式，浓度改变时渗透压的增加比浓度的增加大得多。产生这种现象的主要原因是呈卷曲状的大分子长链的空隙间包含和束缚着大量溶剂，随着浓度增大，单位体积内溶剂的有效分子数明显减少。另外，由于大分子的柔性，一个大分子可以在空间形成不同的结构域(即相当于较小分子的结构单元)，这些结构域具有相对独立性，可能使一个大分子产生相当于多个较小分子的渗透效应。因此，大分子溶液在低浓度范围内不是理想溶液，其渗透压 Π 与溶液的质量浓度 ρ_B (单位为 $g \cdot L^{-1}$)的关系近似地符合式(3-16)：

$$\frac{\Pi}{\rho_B} = RT\left(\frac{1}{M_r} + \frac{B\rho_B}{M_r}\right) \tag{3-16}$$

式中，M_r 为大分子化合物的相对分子质量；B 为常数。通过测定溶液的渗透压，以 $\frac{\Pi}{\rho_B}$ 对 ρ_B 作图得到一条直线(图 3-12)，外推至 $\rho_B \to 0$ 时的截距为 $\frac{RT}{M_r}$，即可计算出大分子化合物的相对分子质量。

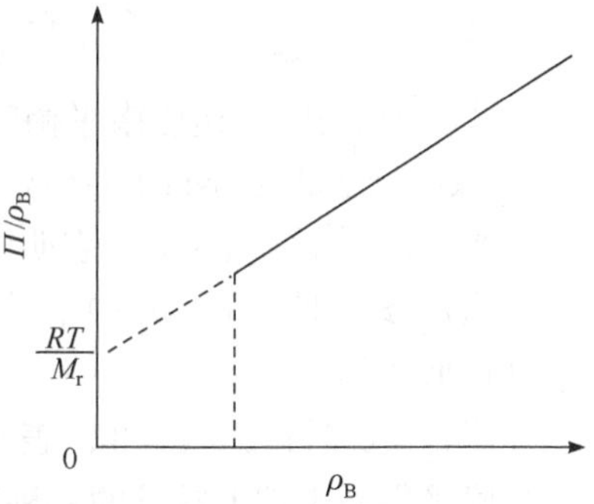

图 3-12 外推法计算大分子化合物的相对分子质量

生物体内，由蛋白质等大分子化合物引起的胶体渗透压对维持血容量和血管内外水、电解质的相对平衡起着重要作用。

用半透膜将蛋白质电解质溶液与小离子的电解质溶液隔开，小离子能透过半透膜而蛋白质离子不能透过，但受蛋白质电解质离子静电吸引力的影响，为保持溶液的电中性，平衡状态时小离子在膜两侧分布不均匀。这种现象称为膜平衡(membrane equilibrium)或唐南平衡(Donnan equilibrium)。膜平衡有助于理解小离子在细胞内外的分布。

如图 3-13(a)所示，用半透膜将蛋白质 NaP 溶液与 NaCl 溶液隔开，设膜左侧 Na^+、P^- 的初始浓度为 c_1，膜右侧 Na^+、Cl^- 的初始浓度为 c_2。小离子能透过半透膜而 P^- 不能，Cl^- 从膜右侧向膜左侧渗透。同时，为了保持溶液的电中性，相等数目的 Na^+ 必然同时进入膜左侧。若有 $x\,\text{mol}\cdot\text{L}^{-1}$ 的 Cl^- 和 $x\,\text{mol}\cdot\text{L}^{-1}$ 的 Na^+ 由膜右侧进入膜左侧，达平衡时各离子的浓度分布如图 3-13(b)所示。离子透过半透膜扩散的速率 v 与离子的浓度成正比：

$$v = kc(\text{Na}^+)c(\text{Cl}^-)$$

平衡时，$v_{左} = v_{右}$，因此有

$$[\text{Na}^+]_{左} \times [\text{Cl}^-]_{左} = [\text{Na}^+]_{右} \times [\text{Cl}^-]_{右} \tag{3-17}$$

式中，$[\text{Na}^+]_{左}$、$[\text{Cl}^-]_{左}$、$[\text{Na}^+]_{右}$、$[\text{Cl}^-]_{右}$ 分别为膜两侧各离子的平衡浓度。

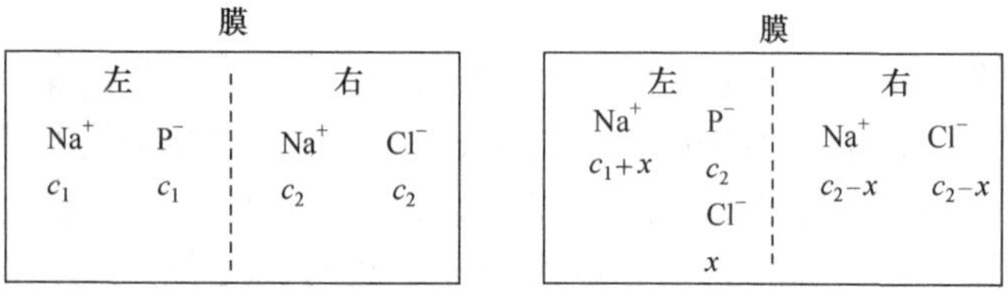

(a) 开始时　　(b) 平衡时

图 3-13　膜平衡示意图

平衡时膜两侧电解质离子浓度的乘积相等，这是建立唐南平衡的条件。将平衡时各物质浓度代入式(3-17)得

$$(c_1 + x)x = (c_2 - x)^2$$

$$x = \frac{c_2^2}{c_1 + 2c_2} \quad 或 \quad \frac{x}{c_2} = \frac{c_2}{c_1 + 2c_2} \tag{3-18}$$

式(3-18)表明，达唐南平衡时，由于扩散改变了 Na^+、Cl^- 的浓度 x，或其扩散分数 x / c_2 取决于 NaP 及 NaCl 的初始浓度。

当 $c_1 \gg c_2$ 时，$x \approx 0$，表明电解质的扩散几乎可以忽略。

当 $c_2 \gg c_1$ 时，$x \approx c_2 / 2$，表明接近一半的 NaCl 扩散到膜的另一侧，膜两侧 NaCl 浓度近似相等。

当 $c_2 = c_1$ 时，$x = c_2 / 3$，表明约 1/3 的 NaCl 扩散到膜的另一侧。

膜平衡是生理上常见的一种现象。细胞膜对离子的透过性并不单纯取决于膜的孔径大小，膜内蛋白质等的浓度对膜外离子的透入及膜两侧电解质离子的分布也有一定的影响。例如，可以自由通过 Cl^- 的血红细胞膜，膜内 Cl^- 浓度只有膜外血浆中 Cl^- 浓度的 70%。当然，细胞膜不是一般的半透膜，具有复杂的结构和功能，影响细胞内外电解质离子分布的因素很多，膜平衡只是其中之一。

4. 凝胶

温度下降或溶解度减小等条件下，不少大分子溶液的黏度会变大，最后失去流动性形成具有网状结构的半固态物质，这个过程称为胶凝(gelation)，所形成的立体网状结构物质称为凝胶(gel)。例如，将琼脂、明胶、动物胶等物质溶解在热水中，静置冷却后变

成凝胶。

凝胶分为刚性凝胶和弹性凝胶。刚性凝胶一般为强交联，若干燥时驱出分散介质，其体积和外形无明显变化，如硅胶、氢氧化铁凝胶等。弹性凝胶一般由柔性大分子化合物形成，经干燥后体积缩小而有弹性，并且将干的弹性凝胶再放到合适的分散介质中，溶剂又会渗入导致凝胶溶胀变大，甚至完全溶解(溶胀)，其特点是链上活性基团相对较少，交联弱，如明胶、琼脂、聚丙烯酰胺凝胶等。

5. 表面活性剂和乳状液

1) 表面活性剂

由于液体界面分子的受力状况与液体内部分子的受力状况不同，因此存在一个垂直于界面指向液体内部的合力；或者是作用在液体表面上任一条线的两侧，垂直于该线，沿着液面的平面向两侧的拉力，通常称为表面张力(surface tension)。也有教材[①]称前者为净吸力，后者为表面张力，认为分子间力可以引起净吸力，净吸力引起表面张力。净吸力与表面切线垂直，表面张力则沿表面切向，二者相互垂直。但两种看法对于表面功的结论是一致的，做表面功需克服表面张力。本书中还是习惯性地定义后者为表面张力。表面张力以 σ 表示，单位为 $N \cdot m^{-1}$。需要指出，一般性的关于表面张力强弱的讨论实际并不特别涉及作用力的方向[②]。

水溶液的表面张力随不同溶质的加入会有变化，大致有 3 种情况：①NaCl、NH_4Cl、Na_2SO_4、KNO_3 等无机盐，以及蔗糖、甘露醇等多羟基有机物溶于水，可使表面张力升高[图 3-14(1)]；②醇、醛、羧酸、酯等绝大多数有机物进入水中，可使表面张力逐渐降低[图 3-14(2)]；③肥皂及各种合成洗涤剂(含 8 个碳原子以上的直链有机酸的金属盐、硫酸盐或苯磺酸盐)进入水中，可使表面张力在开始时急剧下降，随后大体保持不变[图 3-14(3)]。能显著降低表面张力的物质称为表面活性物质(surface active substance)或表面活性剂(surfactant)，那些使表面张力升高或略微降低的物质是非表面活性物质。

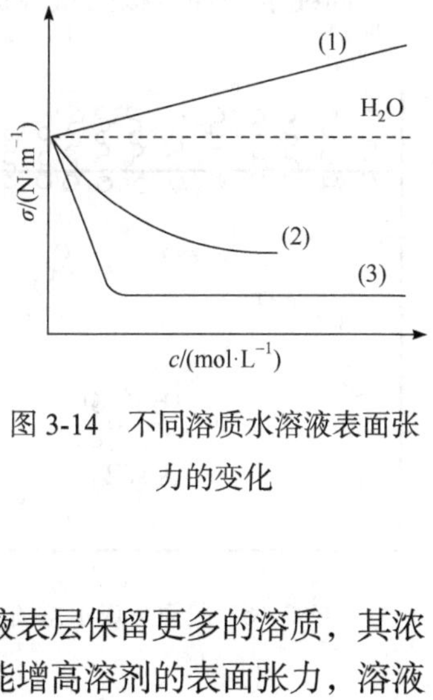

图 3-14　不同溶质水溶液表面张力的变化

若溶液表面吸附的溶质能降低溶剂的表面张力，则溶液表层保留更多的溶质，其浓度大于内部的溶质浓度，这种吸附称为正吸附；反之，若能增高溶剂的表面张力，溶液表层溶质浓度小于其内部浓度，这种吸附称为负吸附。表面活性物质在溶液中能形成正吸附，而非表面活性物质在溶液中能形成负吸附。

表面活性剂分子中一般都含有两类基团：一类是疏水性(hydrophobic)或亲脂性

① 有的教材仍习惯性地采用物理化学的定义。不可否认，净吸力也好，表面张力也好，实质上都基于表面分子所受合力的不均匀性。

② 德鲁·迈尔斯. 2005. 表面、界面和胶体：原理和应用. 吴大诚，朱谱新，王罗新，等译. 北京：化学工业出版社.

(lipophilic)非极性基团，主要指有机烃基；另一类是亲水性(hydrophilic)极性基团，如—OH、—COOH、—NH_2、—SH 及—SO_2OH 等。表面活性剂在同一分子上同时具有两类基团(图 3-15)。

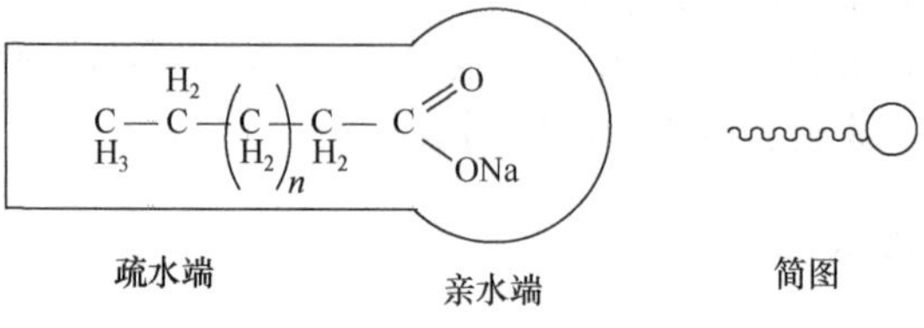

图 3-15 表面活性剂(脂肪酸盐)示意图

表面活性剂亲水端进入水中，疏水端则排斥水相，一般在水面上定向排列。由于表面活性剂的两亲性，表面活性剂集中在溶液表面或不相混溶的液体两相界面，也会集中在液体和固体的接触界面，目的是降低表面张力。表面活性剂分为离子型和非离子型，离子型按亲水基的不同，分为阴离子、阳离子和两性离子表面活性剂。常见阴离子基团为羧基和磺酸基等，常见阳离子基团为季铵碱基，常见两性基团为氨基酸基、甜菜碱基等。常见非离子型亲水基为羟基、醚键等。

2) 缔合胶体

向纯水中加入极少量表面活性剂，它被优先吸附在水相表面。继续加入，水相表面被占满，形成单分子。再继续加入，多余的表面活性剂会逐渐聚集起来，相互将疏水基靠在一起，形成亲水基在外疏水基在内的缔合体，称为胶束(micelle)，其直径一般在胶体分散相粒子大小范围内(图 3-16)。胶束的形成减少了疏水基与水的接触面积，使系统稳定。由胶束形成的溶液称为缔合胶体。

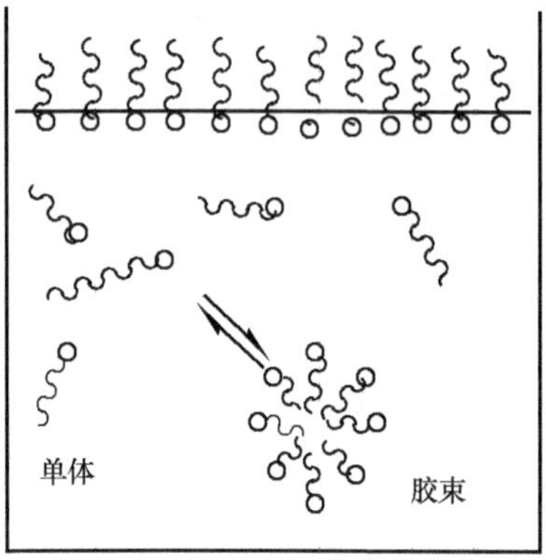

图 3-16 胶束形成示意图

开始形成胶束时表面活性剂的最低浓度称为临界胶束浓度(critical micelle concentration，CMC)。表面活性剂的临界胶束浓度的数值受温度、表面活性剂结构、用量、分子缔合程度、溶液的 pH 及电解质存在的影响。

在浓度接近 CMC 的缔合胶体中，胶束呈球形结构，缔合数也相近。随着表面活性剂浓度的不断增长，球形胶束融合成圆柱状乃至板层状等(图 3-17)，其仍然是缔合胶体溶液。

表面活性剂可将不溶于水的动植物油脂或其他有机物纳入疏水空腔，使其表观溶解度加大，称为增溶。

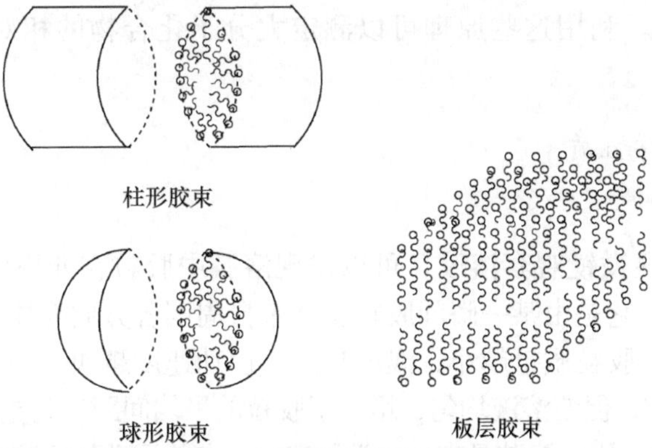

图 3-17　各种胶束形状示意图

3) 乳状液

乳状液(emulsion)是以液体为分散相分散在另一种与它不相溶的液体中所形成的粗分散系。其中一个相为水相，另一相统称油相(包括极性不大的有机溶剂)。例如，将油和水混合振荡，一般就会形成乳状液。乳状液属于不稳定系统，动力学稳定性不显著，热力学聚结不稳定性则较为显著，静置易于自动分层。加入一些表面活性剂，在两相界面定向排列，可以有效降低相界面张力，从而增强乳状液的稳定性。这些表面活性剂称为乳化剂(emulsifying agent)，所起的作用称为乳化作用。

3.4.2　胶体的主要性质

溶胶的胶粒是大量原子(或分子、离子等)构成的聚集体，直径一般为 1～100nm，形成热力学不稳定的分散系统。溶胶的基本特性是多相性、高度分散性和聚结不稳定性，其光学性质、动力学性质和电学性质都是由这些基本特性引起的。

1. 溶胶的光学性质

将溶胶置于暗室中，用一束会聚的可见光光源照射溶胶溶液，在与光束垂直的方向观察可见一束光锥通过(图 3-18)，这种现象称为丁铎尔效应(Tyndall effect)。当胶粒直径小于入射光波长时，光环绕胶粒向各个方向散射，称为散射光或乳光。真溶液的分散相粒子直径太小，对光的散射很微弱。因而丁铎尔效应是溶胶区别于真溶液的一个显著特征。

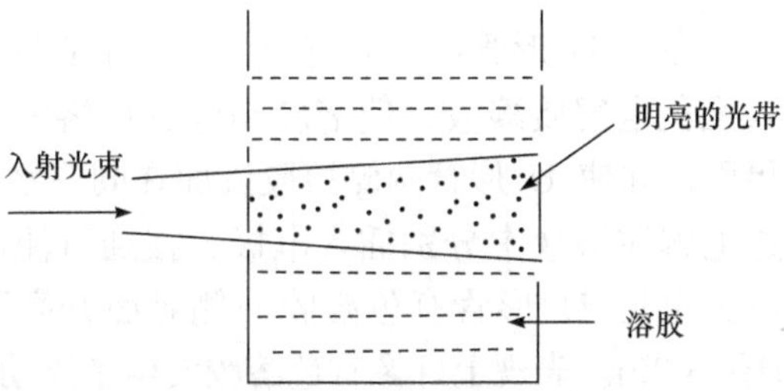

图 3-18　丁铎尔现象示意图

1871 年，瑞利(Rayleigh)研究了光的散射现象，得出如下结论：①散射光强度随单位体积内溶胶胶粒的增多而增大；②直径小于光波波长的胶粒，体积越大，散射光越强；③波长越短的光被散射越多，可见光中蓝紫色光易被散射，故无色溶胶的入射光为白光时散射光呈蓝色，而透射光呈红色；④分散相与分散介质的折射率相差越大，散射光也越强。利用这些原理可以测定大分子化合物的相对分子质量，研究分子形状。

2. 溶胶的动力学性质

1) 布朗运动

强光透过下用显微镜观察溶胶，可以发现溶胶中胶粒在介质中不停地做不规则运动，称为布朗运动。它是由某一瞬间胶粒受到来自周围各方向介质分子碰撞的合力未被完全抵消而引起的。胶粒质量越小，温度越高，运动速度越快，布朗运动越剧烈。布朗运动倾向于胶粒扩散，促使溶液均匀，增大了胶粒的平均间距，与重力场导致的聚沉作用某种程度上是相反的，因此溶胶具有动力学稳定性。布朗运动是溶胶的稳定因素之一。

2) 扩散和沉降平衡

当溶胶中的胶粒存在浓度差时，胶粒将从浓度大的区域向浓度小的区域定向迁移，这称为扩散(diffusion)。温度越高，溶液黏度越小，扩散越容易。这是布朗运动的表现之一。而在重力场中，粒子受重力的作用下沉，称为沉降(sedimentation)。若分散相粒子大而重，则分散相将会很快沉降，粗分散系很不稳定。若胶粒的颗粒较小，则扩散和沉降共存。当沉降速度等于扩散速度时，系统处于平衡状态，此时胶粒的浓度从上到下逐渐增大，形成一个稳定的浓度梯度(图 3-19)，这种状态称为沉降平衡(sedimentation equilibrium)。该平衡属于一种暂态的平衡。为了促使胶粒沉降，瑞典物理化学家斯韦德贝里(Svedberg)首次创造了超速离心机，在比地球重力大数十万倍的离心力作用下，溶胶中的胶粒、大分子溶液中的大分子溶质等可以快速通过离心的方式加以分离。

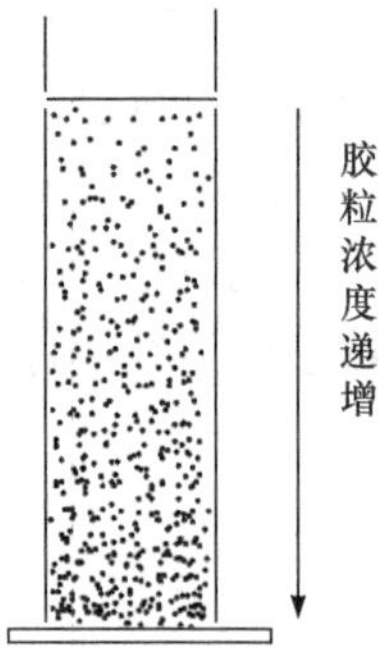

图 3-19　沉降平衡示意图

3. 溶胶的电学性质

在一 U 形管内注入有色溶胶，小心地在溶胶表面注入无色电解质溶液，使溶胶与电解质溶液间保持清晰的界面，并使 U 形管两侧溶胶液面在同一水平高度。在两边电解质溶液中分别插入电极，接通直流电，一段时间后，可见 U 形管有色溶胶一侧界面升高而另一侧下降(图 3-20)。表观上好像有色溶胶发生了泳动一样。这种在电场作用下，带电胶粒在介质中的运动称为电泳(electrophoresis)。大多数金属硫化物、硅胶、金、银等溶胶向正极迁移，胶粒带负电，称为负溶胶；大多数金属氢氧化物溶胶向负极迁移，胶粒带正电，称为正溶胶。

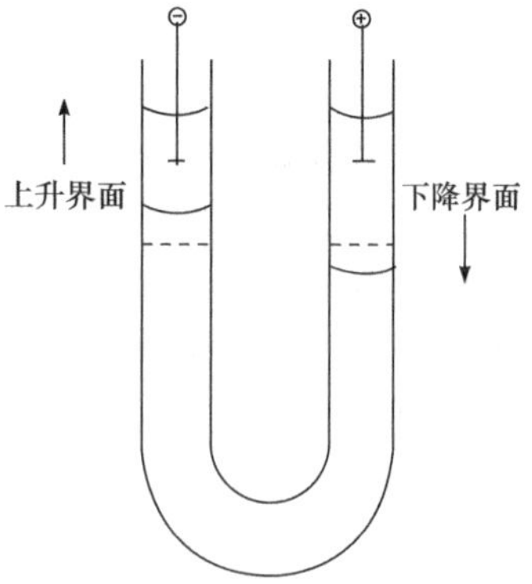

图 3-20　电泳示意图

若按图 3-21 的装置，将溶胶充满于多孔性隔膜(如活性炭、素烧瓷片等)中，胶粒被吸附而固定。由于胶粒带电，整个溶胶系统是电中性的，介质带与胶粒相反的电荷。施加外电场后，液体介质会通过多孔隔膜向与介质电荷电性相反的电极方向移动，从电渗仪毛细管中液面的升降来观察到液体介质的移动方向。这种在外电场作用下，分散介质的定向移动现象称为电渗(electroosmosis)。

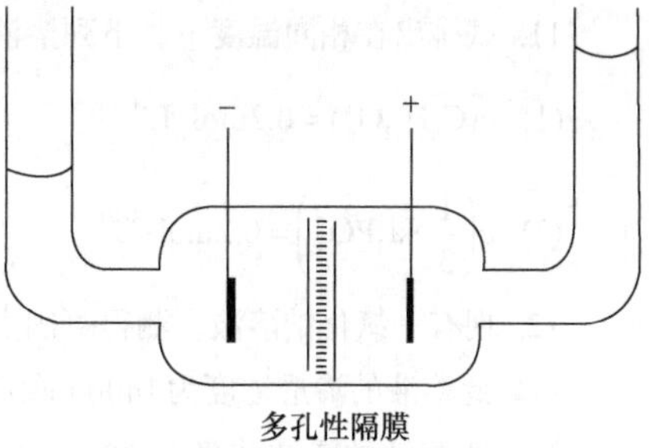

图 3-21 电渗示意图

电泳和电渗都是由于分散相和分散介质在电场中做相对运动时产生的电动现象。目前，电泳技术在氨基酸、多肽、蛋白质及核酸等物质的分离和鉴定方面有着广泛的应用。

习 题

1. 什么是分散系统？分散系统是如何分类的？

2. 现有一患者需输液补充 Na^+ 3.0g，需要静脉滴注生理盐水(9.0 g·L^{-1} NaCl 溶液)多少毫升？

3. 水在 20℃时的饱和蒸气压为 2.34kPa。若在 100g 水中溶有 10.0g 蔗糖($M_r = 342$)，求此溶液的蒸气压。

4. 甲溶液由 1.68g 蔗糖($M_r = 342$)和 20.00g 水组成，乙溶液由 2.45g 的某非电解质($M_r = 690$)和 20.00g 水组成。

(1) 在相同温度下，哪份溶液的蒸气压高？

(2) 将两份溶液放入同一个恒温密闭的钟罩中，若时间足够长，两份溶液浓度会不会发生变化？为什么？

(3) 当达到系统蒸气压平衡时，转移的水的质量是多少？

5. 101mL 胰岛素溶于 10.0mL 水，该溶液在 25℃时的渗透压为 4.34kPa，求：

(1) 胰岛素的摩尔质量；

(2) 溶液蒸气压下降 (已知在 25℃时水的饱和蒸气压为 3.17kPa)。

6. 烟草有害成分尼古丁的实验式是 C_5H_7N，现将 538mg 尼古丁溶于 10.0g 水，所得溶液在 101.3kPa 下的沸点是 100.17℃，求尼古丁的分子式。

7. 试比较下列溶液的凝固点的高低(苯的凝固点为 5.5℃，$K_f = 5.10K \cdot kg \cdot mol^{-1}$, 水的 $K_f = 1.86K \cdot kg \cdot mol^{-1}$)：

(1) 0.1mol·kg^{-1}蔗糖的水溶液； (2) 0.1mol·kg^{-1}乙二醇的水溶液；

(3) 0.1mol·kg^{-1}乙二醇的苯溶液； (4) 0.1mol·kg^{-1}氯化钠水溶液。

8. 现有两种溶液，一种为 1.50g 尿素($M_r = 60.05$)溶于 200g 水中，另一种为 42.8g 某非电解质溶于 1000 g 水中，这两种溶液在同一温度下结冰，试求该非电解质的相对分子质量。

9. 什么是渗透现象？产生渗透现象的条件是什么？

10. 什么是渗透浓度？渗透浓度与物质的量浓度之间的关系如何？

11. 试排出在相同温度下，下列溶液渗透压由大到小的顺序。

(1) $c(C_6H_{12}O_6) = 0.2mol \cdot L^{-1}$　　(2) $c\left(\frac{1}{2}Na_2CO_3\right) = 0.2mol \cdot L^{-1}$

(3) $c\left(\frac{1}{3}Na_3PO_4\right) = 0.2mol \cdot L^{-1}$　　(4) $c(NaCl) = 0.2mol \cdot L^{-1}$

12. 现有一氯化钠溶液，测得凝固点为–0.26℃，下列说法哪个正确？为什么？

(1) 此溶液的渗透浓度为 $140mmol \cdot L^{-1}$　　(2) 此溶液的渗透浓度为 $280mmol \cdot L^{-1}$

(3) 此溶液的渗透浓度为 $70mmol \cdot L^{-1}$　　(4) 此溶液的渗透浓度为 $7.153mmol \cdot L^{-1}$

13. 100mL 水溶液中含有 2.00g 白蛋白，25℃时此溶液的渗透压为 0.717kPa，求白蛋白的相对分子质量。

14. 汞蒸气易引起中毒，若将液态汞(1)盛入烧杯中；(2)盛于烧杯中，其上覆盖一层水；(3)散落成直径为 2×10^{-4}cm 的汞滴，哪一种引起的危害性最大？为什么？

15. 为什么说溶胶是不稳定体系，而实际上又常能相对稳定存在？

16. 为什么溶胶会产生丁铎尔效应？解释其本质原因。

17. 将 $0.02mol \cdot L^{-1}$ 的 KCl 溶液 12mL 和 $0.05mol \cdot L^{-1}$ 的 $AgNO_3$ 溶液 100mL 混合以制备 AgCl 溶胶，试写出此溶胶胶团式。

18. 要制备 AgI 负溶胶，应向 25mL、$016mol \cdot L^{-1}$ 的 KI 溶液中最多加入多少毫升 $0.005mol \cdot L^{-1}$ 的 $AgNO_3$ 溶液？

19. 有未知带何种电荷的两种溶胶 A 和 B，A 中只需加入少量的 $BaCl_2$ 或多量的 NaCl，就有同样的聚沉能力；B 中加入少量的 Na_2SO_4 或多量的 NaCl 也有同样的聚沉能力，问 A 和 B 两种溶胶原本带有何种电荷。

20. 溶胶与大分子溶液具有稳定性的原因有哪些？用什么方法可以分别破坏它们的稳定性？

21. 蛋白质的电泳与溶液的 pH 有什么关系？某蛋白质的等电点为 6.5，若溶液的 pH 为 8.6，该蛋白质大离子的电泳方向如何？

22. 什么是凝胶？凝胶有哪些主要性质？产生胶凝作用的先决条件是什么？

23. 什么是表面活性剂？试从其结构特点说明它能降低溶剂表面张力的原因。

24. 什么是临界胶束浓度？在临界胶束浓度前后表面活性物质有什么不同表现？

25. 正常人血浆中 Ca^{2+} 和 HCO_3^- 的浓度分别是 $2.5mmol \cdot L^{-1}$ 和 $27mmol \cdot L^{-1}$，化验测得某患者血浆中 Ca^{2+} 和 HCO_3^- 的质量浓度分别是 $300mg \cdot L^{-1}$ 和 $1mg \cdot L^{-1}$。试通过计算判断该患者血浆中这两种离子的含量是否正常。

26. 从某种植物中分离出一种未知结构的有抗白细胞增多症的生物碱，为了测定其相对分子质量，将 19.0g 该物质溶入 100g 水中，测得溶液的凝固点降低了 0.220K。计算该生物碱的相对分子质量。

27. 蛙肌细胞内液的渗透浓度为 $240mmol \cdot L^{-1}$，若将蛙肌细胞分别置于质量浓度为 $10g \cdot L^{-1}$、$7g \cdot L^{-1}$、$3g \cdot L^{-1}$ 的 NaCl 溶液中，将各呈什么形态？

28. 已知血液中蛋白质($M = 6.6\times10^4 g \cdot mol^{-1}$)的质量浓度为 $70g \cdot L^{-1}$，试计算毛细血管壁所间隔的血液与组织液(假设组织液与血液的差别是不含蛋白质)之间的渗透压的差值。

第 4 章　化学热力学基础

热力学(thermodynamics)最初是随着蒸汽机的发明和使用而被提出的，是在研究热和机械功之间的相互转换的关系，即是在提高热机效率的实践中发展起来的。随着电能、化学能、辐射能及其他形式能量的发展和研究，热力学成为研究宏观系统的热与其他形式能量相互转换所遵循规律的一门科学。它的主要基础是热力学第一定律和第二定律。尽管这两个定律是人们经验的总结，不能从逻辑上或用其他理论方法来加以证明，但它的正确性已被无数的实验事实所证实。20 世纪初建立了热力学第三定律，虽然它的基础没有热力学第一定律和热力学第二定律广泛，但是对化学平衡的计算却具有重要意义，也使得热力学臻于完善。热力学第一定律阐明了能量可以相互转化及转化过程中能量守恒原理，热力学第二定律则根据热功转化的特征，得出自然过程自发进行的方向和限度的判据，热力学第三定律解决了化学平衡的计算。应用热力学原理研究化学反应及相关物理现象的学科分支为化学热力学(chemical thermodynamics)，它的研究成果对于新材料的合成、新产品开发、新的工艺路线设计等具有重要的指导作用。

化学热力学在解决问题时所用的方法是严格的数理逻辑的推理方法，该方法具有以下几个特点。

(1) 热力学的研究对象是具有足够多质点的系统，在讨论物质变化时，着眼于宏观性质的变化，不涉及物质的微观结构和微观运动机理，即可得到许多的有用结论。

(2) 运用化学热力学方法研究化学问题时，只需知道研究对象的起始状态和最终状态，以及过程进行的外界条件，就可以进行相应计算，它不需要知道物质结构、过程进行的机理等，就可对许多过程的变化趋势及一般规律加以探讨。

(3) 应用化学热力学讨论变化过程，没有时间概念，不涉及过程进行的速率问题。它只能说明过程能不能自发进行，以及进行到什么程度为止。

这些特点既是热力学方法的特点，也使得化学热力学的应用有一定的局限性。

本章我们将介绍化学热力学中的一些基本概念、热力学第一定律和第二定律的基本内容，以及这些定律在化学反应中的重要应用。

4.1　热力学第一定律

4.1.1　基本概念及术语

1. 系统与环境

热力学根据研究的需要和方便，将一部分物体(物质或空间)从其他部分中划分出来，作为研究的对象，这些研究的对象称为系统(system)。系统以外，与系统密切相关的周围部分称为环境(surrounding)。系统与环境的划分，是相对的。系统与环境的界面有时是客观存在的，有时是假想的。例如，研究杯中的水，则作为系统的水同作为环境的水面以上的空气、盛水的杯子之间就有一个实际的界面。在某些情况下也可以是虚构的界面，如氧气和氮气混合气中作为研究系统的氧气和作为环境的氮气之间就属于这种情况。

根据系统与环境间相互作用情况不同，可将系统分为三类：

隔离系统(isolated system)：系统与环境间既无物质交换，也无能量交换。

封闭系统(closed system)：系统与环境间无物质交换，但有能量交换。

开放系统(open system)：系统与环境间既有物质交换，也有能量交换。

例如，在一只敞口杯中盛满热水，以热水为系统则是一个敞开系统。降温过程中系统向环境放出热量，又不断有水分子变为水蒸气逸出。若在杯子上加一个盖子来阻止水蒸气逸出，则避免了与环境的物质交换，于是得到一个隔离系统。若将杯子换成一个理想的保温瓶，则杜绝了能量交换，得到一个孤立系统。

究竟选择哪一部分物体作为系统，并没有一定的规则，而是根据客观情况的需要，以处理问题的方便为准则。事实上，绝对的隔离系统是不存在的，而开放系统处理起来又比较复杂，因此实际研究中，我们通常将系统作为封闭系统处理。

2. 状态和状态函数

由一系列表征系统性质的宏观物理量所确定的系统的存在形式称为系统的状态(state)，这些宏观性质包括物理性质和化学性质，如温度、压力、体积、密度及本章将要介绍的热力学能、焓、熵、吉布斯自由能等，热力学中将这些性质统称为热力学性质。当系统的状态一定时，这些宏观性质有确定值，反过来，这些性质一定时，系统的状态也是确定的，因这些性质是系统状态的单值函数，故也称为状态函数(state function)。

按状态函数的值与系统内所含物质数量的关系不同，可分为两类：

广度性质：其值与系统内所含物质的量成正比，如体积、质量、物质的量和热容等。广度性质具有部分加和性，即系统的某广度性质是各个部分该性质的和，如系统的体积为各个部分体积之和。

强度性质：其值与系统内所含物质的数量无关，均匀系统只有一确定值，如温度、压力、摩尔热容等。强度性质不具有部分加和性，如压力为 p、温度为 T 的两部分气体用隔板隔开，去掉隔板后气体混合，混合气体的温度仍为 T，压力仍为 p，而不是 $2T$ 和 $2p$。

状态函数的一个重要特征是：当系统的状态发生变化，若状态函数也发生相应变化，其改变值只与状态变化的始态和终态有关，而与变化的过程或方式无关，当状态复原时，状态函数的改变值为零，即状态函数也复原。例如，加热一杯水，温度从 298K 升到 313K，状态函数温度的改变值 ΔT 为 15K，若先加热到 323K，再冷却到 313K，ΔT 仍为 15K，并且与用电热丝加热或酒精灯加热等加热方式无关。

系统的热力学状态函数具有以下几个特点：

(1) 系统的状态函数之间是互相关联的，所以要确定一个系统的热力学状态，并不需要知道所有的状态函数，只需要确定几个状态函数，就可以确定系统的状态。例如，$pV = nRT$ 可以写成 $V = nRT/p$，也可以用 $V = f(n,T,p)$ 这个函数关系式来表示，即只要

系统的 n、T、p 确定，系统的 V 就确定了，整个系统的状态也就随之确定了。

(2) 热力学状态函数只能确定系统当时所处的状态，而不能说明系统以前的状态。例如，以标准压力(100kPa)下 350K 的水作为研究对象，只说明此时系统的温度为 350K，但不能知道这 350K 的水究竟是由 450K 冷却而来，还是由室温的水加热而来。因为状态函数的改变量只取决于系统的起始状态和最终状态，而与系统变化的具体途径无关。

(3) 状态函数的微小变化在数学上是全微分。例如，1mol 理想气体的体积 V，可以表示成压力 p 和温度 T 的函数 $V=f(T,p)$。若系统从其一始态出发，最终回复至原来的状态，则状态函数同样回复至原有数值，即状态函数经历一个循环变化后，其增量为 0，如 $\oint \mathrm{d}V=0$。

3. 平衡与过程

在不改变环境条件的情况下，如果系统中的各种宏观性质有确定值且不随时间变化，此时我们认为系统处于热力学平衡态。热力学平衡态简称平衡态(equilibrium state)。不满足这个条件的状态称为非平衡态。但只是热力学性质不随时间变化不一定是热力学平衡态。例如，处于无穷大的热源和冷源之间的一段金属棒中，热量以恒定的速率由高温区流向低温区，虽然金属棒中各点的温度不随时间发生变化，但这不是热力学平衡态，只能称为稳态。

平衡态应同时包括下列几种平衡：

热平衡(thermal equilibrium)：如果系统中没有绝热壁存在，系统各部分的温度相等，即系统内部不发生热量的传递。

力学平衡(mechanical equilibrium)：如果系统中没有刚性壁存在，系统各部分之间及系统与环境之间没有不平衡的力存在。

相平衡(phase equilibrium)：当系统内同时存在几个相，各相的组成与数量均不随时间而变化。

化学平衡(chemical equilibrium)：系统中各组分之间达到化学反应平衡，系统的物种组成不随时间变化，即宏观上化学反应已经停止。

热力学平衡态是针对一定环境条件而言的，在通常情况下，如果改变环境条件，系统的平衡状态会被破坏。这时，我们称系统经历了热力学过程或简称过程(process)。若状态变化涉及化学组成改变，则为化学变化过程，其余的则为物理变化过程，如相变化过程，混合过程，温度、压力或体积的变化过程等。

系统状态变化过程中所经历的具体步骤为途径(path)，从始态到终态，可能有不同途径，但根据状态函数的特征，状态函数的改变值将不随途径不同而异。

4. 热和功

当系统的状态发生变化，系统与环境间通常会发生能量传递，能量传递有两种形式，即热(heat)和功(work)。热是系统与环境间因存在温差而传递的能量形式，热与大量粒子的无规则运动有关，当两个温度不同的物体接触时，由于分子无规则运动的混乱程度不同，它们可以通过接触碰撞交换能量，这就是热。热力学中热用 Q 表示，并规定系统吸

热 $Q>0$，系统放热 $Q<0$，量纲为 kJ 或 J。

除热以外，其他各种能量形式在热力学中均称为功。功是系统受广义力作用并发生广义位移时所传递的能量形式，功与大量粒子的定向运动有关，是一种有序运动。例如，机械功是系统受外力作用并发生宏观位移时传递的能量，电功是在电场作用下电荷定向运动，体积功是在外压作用下系统的体积膨胀或压缩等情况下传递的能量。热力学中除体积功以外，其余形式的功统称为非体积功。

功用符号 W 表示，系统对外做功 $W<0$，环境对系统做功 $W>0$，量纲为 kJ 或 J。

化学反应系统中通常只有体积功，因化学反应通常在外压作用下进行，当气态物质的物质的量变化，系统的体积将随之变化，这时就会出现体积功。体积功的定义为

$$W=\sum_{1}^{2}-p_{外}\mathrm{d}V \tag{4-1}$$

若外压恒定，系统的体积从 V_1 变化到 V_2，则该恒外压过程的体积功为

$$W=-p_{外}(V_2-V_1)=-p_{外}\Delta V \tag{4-2}$$

若系统的压力与外压始终相等且保持恒定，即 $p_1=p_2=p_{外}=p=$ 常数，这种过程称为恒压过程，恒压过程的体积功为

$$W=-p(V_2-V_1)=-p\Delta V \tag{4-3}$$

与状态函数不同，热和功是系统经历一过程时系统与环境间传递的能量形式，其值不仅与过程的始态、终态有关，还与过程进行的途径有关，一旦过程结束，系统从环境吸收的热或环境对系统所做的功，就会转化成为系统内部的能量。

【例 4-1】 假设在如下所示的装置中充有 1mol 理想气体，温度为 300K，压力为 300kPa，保持气体温度恒定，气体按不同方式膨胀到压力为 100kPa，体积为 V_2 的终态。求所做的功。

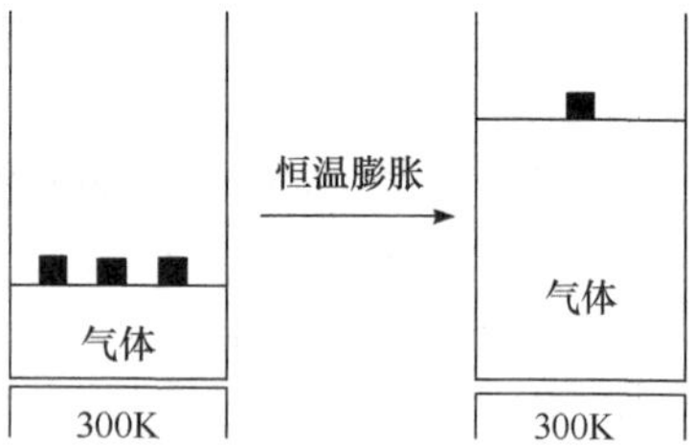

解 (1) 当外压力从 300kPa 一次性减小到 100kPa，使气体在恒定外压下做恒温膨胀，此时外压 $p_{外}=p_2$；

始态：$V_1=\dfrac{nRT}{p_1}=\dfrac{1\mathrm{mol}\times 8.314\mathrm{J\cdot K^{-1}\cdot mol^{-1}}\times 300\mathrm{K}}{300\times 10^3\mathrm{Pa}}=8.314\times 10^{-3}\mathrm{m^3}$

终态：$V_2=\dfrac{V_1p_1}{p_2}=\dfrac{8.314\times 10^{-3}\mathrm{m^3}\times 300\mathrm{kPa}}{100\mathrm{kPa}}=2.494\times 10^{-2}\mathrm{m^3}$

根据式(4-2)，系统反抗恒外压对环境所做的功是

$$W_1=-p_{外}(V_2-V_1)=-100\times 10^3\mathrm{Pa}\times(2.494-0.8314)\times 10^{-2}\mathrm{m^3}=-1.663\mathrm{kJ}$$

(2) 系统分两步膨胀到终态。第一步外压由 300kPa 一次减少到 200kPa，膨胀到 V'；第二步再将外压一次减少到 100kPa，膨胀到 V_2；先求出 V'：

$$V'=\frac{V_1p_1}{p'}=\frac{8.314\times 10^{-3}\mathrm{m^3}\times 300\times 10^3\mathrm{Pa}}{200\times 10^3\mathrm{Pa}}=1.247\times 10^{-2}\mathrm{m^3}$$

$$\begin{aligned}W_2&=-p'(V'-V_1)-p_{外}(V_2-V')\\&=-200\times 10^3\mathrm{Pa}\times(1.247-0.8314)\times 10^{-2}\mathrm{m^3}-100\times 10^3\mathrm{Pa}\times(2.494-1.247)\times 10^{-2}\mathrm{m^3}\\&=-2.078\mathrm{kJ}\end{aligned}$$

---

(3) 如膨胀次数无穷多次，即在整个膨胀过程中，始终保持外压比活塞筒内气体的压力 p 只差无限小的数值。可设想外压由一堆沙子产生，逐渐取走沙子，使系统逐步减压膨胀到终态 V_2。

因系统与环境的压力差很小，可近似用系统的压力代替 $p_{外}$，因每一步系统状态变化很小，整个过程系统的状态可视为连续变化，可用积分代替式(4-1)求和，即

$$W_3 = \sum_1^2 -p_{外}\mathrm{d}V = \int_{V_1}^{V_2} -p_{外}\mathrm{d}V = \int_{V_1}^{V_2} -p\mathrm{d}V = \int_{V_1}^{V_2} -\frac{nRT}{V}\mathrm{d}V = -nRT\ln\frac{V_2}{V_1}$$

$$= -1\mathrm{mol} \times 8.314\mathrm{J}\cdot\mathrm{K}^{-1}\cdot\mathrm{mol}^{-1} \times 300\mathrm{K} \times \ln\frac{2.494}{0.8314} = -2.740\mathrm{kJ}$$

例 4-1 说明了虽然始终态相同，但过程不同时做的功也不同。功不是状态函数，它的大小与所经历的过程有关。在上面的讨论中三种膨胀途径中，(1)和(2)代表自发过程，而(3)代表的是一种可逆过程(reversible process)，所做的功常用符号 W_{r} 表示(下标 r 表示可逆)。

在上面的三个过程中，过程(3)有几个显著的特点：

过程的推动力即系统与环境间压力相差无穷小，过程中的每一步，系统状态变化无穷小，因此系统的状态无限接近平衡态。改变推动力的方向，即将取走的沙子一粒粒再放回来，系统被压缩，系统的状态将沿原路返回，在系统状态和能量复原的同时，环境也复原。膨胀过程，系统做最大功，压缩过程，环境做最小功。

为什么要引入可逆过程？可逆过程是一种理想过程，是科学的抽象，客观世界中并不存在真正的可逆过程，实际只能趋近于它。可逆过程是能量利用率最高的过程，研究可逆过程，就为我们提供了一个改善实际过程，提高能量利用率的理想标准，因此可逆过程是热力学中非常重要的过程。

4.1.2　热力学第一定律

1. 热力学能

热力学能(thermodynamic energy)又称内能(internal energy)，是系统内所有微观粒子动能和相互作用势能的总和，也就是系统内部的能量。当系统的宏观状态一定，热力学能就有确定值，因此热力学能是系统的状态函数。因热力学能与系统内所含微观粒子数成比例，故热力学能属广度性质。热力学能用 U 表示，具有能量量纲 kJ 或 J。由于微观粒子运动的复杂性，无法确定系统热力学能的绝对值，但我们关心的是系统状态发生变化，系统热力学能的改变值 ΔU 可以用热力学方法求算。应指出，热力学能不包括系统在力场中做整体运动时的动能和势能，因为热力学研究的是宏观静止的系统，若所研究的系统发生移动，或处于电磁场的影响下，则要将动能或电磁能加进去。

2. 热力学第一定律

热力学第一定律(first law of thermodynamics)是人类长期实践经验的总结，特别是焦耳(Joule)近 20 余年关于热功转化定量关系的实验，得出了热功当量的准确值为

$$1\mathrm{cal} = 4.184\mathrm{J}$$

该准确值为第一定律的建立提供了可靠的实验依据。热力学第一定律可以表述为：自然界一切物质具有能量，能量有不同的形式，可以从一种形式转化为另一种形式，但转化过程中总值不变。热力学第一定律的核心就是能量转化及数量守恒。热力学第一定律虽不能从理论上证明，但它的应用实践表明，它是科学界公认的真理。

设封闭系统内，系统从状态 1 变化到状态 2，在此过程中，系统从环境吸热 Q，并且环境对系统做功 W，由第一定律可以得出，系统热力学能 U_1 和 U_2 间的关系为

$$U_2 = U_1 + Q + W$$

或

$$\Delta U = U_2 - U_1 = Q + W \tag{4-4}$$

式(4-4)为热力学第一定律的数学表达式，即封闭系统内热力学能的变化，等于系统从环境吸收热所获得的能量，加上环境对系统所做的功。W 可以是体积功，也可以是电功、表面功等非体积功。在下面的讨论中，如不特别指明，W 将只表示体积功。

3. 热力学能的变化与等容反应热效应

封闭系统没有非体积功存在时，如果发生的是等容过程，$\Delta V = 0$，根据热力学第一定律：

$$\Delta U = Q_V + W = Q_V + p\Delta V$$

式中，Q_V 表示等容热效应。由于系统 $\Delta V = 0$，所以有

$$Q_V = \Delta U \tag{4-5}$$

此结果表明，等容且不做非体积功过程的热效应 Q_V 等于系统的热力学能的变化。这个过程中，系统所吸收的热量全部用来增加系统的热力学能，由于 ΔU 与过程无关，所以该过程的热效应 Q_V 只取决于系统的始态与终态。

4. 系统的焓

如果系统发生一个等压过程，$p_1 = p_2 = p_{外} =$ 常数 p，用 p 代替 $p_{外}$：

$$Q_p = \Delta U + p\Delta V = U_2 - U_1 + p_2V_2 - p_1V_1$$
$$= (U_2 + p_2V_2) - (U_1 + p_1V_1)$$

式中，$U + pV$ 为量纲相同的状态函数的组合，仍为状态函数，热力学中将它定义为焓(enthalpy)H，即

$$H = U + pV \tag{4-6}$$

和

$$Q_p = H_2 - H_1 = \Delta H \tag{4-7}$$

即等压过程的热效应等于系统的焓变。

焓是系统的状态函数，由其定义可以得出，焓也是广度性质，焓具有能量量纲 kJ 或 J，焓本身没有明确的物理意义，不能将它误解为“系统中所含的热量”，因热力学能的绝对值无法确定，故焓的绝对值也无法确定，但其改变值 ΔH 可以求出。

式(4-5)和式(4-7)将状态函数的改变值与热效应联系起来，利用状态函数改变值只与始、终态有关而与过程无关的特点，提供了从理论上计算过程热效应的方法。若利用热

力学方法解决了 ΔH 和 ΔU 的计算，则过程的热效应也就知道了。反过来，若实验测定了过程的热效应，也可以得出系统状态函数热力学能和焓的改变。因大多数化学反应是在等压下进行的，所以式(4-7)在实际中应用更广。

等容反应热和等压反应热都是化学反应的热效应。根据式(4-6)，在等压条件下进行的化学反应中存在关系式：

$$\Delta H = \Delta U + p\Delta V \tag{4-8}$$

对不同的化学反应来说，ΔH 和 ΔU 的差值也是不同的。若反应中只有液体和固体，则 ΔV 的变化很小，因此 $p\Delta V$ 与反应热相比可以忽略不计，这时 $\Delta H \approx \Delta U$。若反应中有气体，则 ΔV 就可能比较大，在反应过程中，始态(反应物)和终态(产物)的 T、p 相同，因此反应中的 ΔV 是由物质的量变化而来的。假定将反应中气体看作理想气体，则 $\Delta V = \dfrac{RT}{p}\Delta n$，将此式代入式(4-8)，即得

$$\Delta H = \Delta U + \Delta nRT \tag{4-9}$$

式中，Δn 为产物中气体的总物质的量与反应物中气体总物质的量之差。当 $\Delta n > 0$ 时，$\Delta H > \Delta U$；当 $\Delta n < 0$ 时，$\Delta H < \Delta U$；当 $\Delta n = 0$ 时，$\Delta H = \Delta U$。

4.1.3　化学反应热效应

不同物质具有不同的能量，所以当化学反应中反应物转化为产物时往往会发生能量的变化，在宏观上表现为反应放出或吸收热量，前者称为放热反应，后者称为吸热反应。研究化学反应与热效应关系的热力学分支为热化学(thermochemistry)，热化学将热力学第一定律原理应用于化学反应，解决了化学反应热效应的计算，其结果对于合理利用化学反应的热效应十分重要。例如，在化工生产中，计算出反应的吸、放热值可以帮助选择合适的热浴，及时地排除和提供热量，甚至可以利用放热反应与吸热反应耦合，达到充分利用能量的目的。

1. 反应进度

化学反应热效应与实际发生反应的物质的量有关，即与反应进行的程度有关，反应进度(extent of reaction)是描述反应进行程度的物理量。比较不同反应的热效应，应在反应进度相同的前提下进行。设任意一个化学反应：

$$a\mathrm{A} + h\mathrm{H} \mathrel{=\!=\!=} e\mathrm{E} + d\mathrm{D}$$

若改写为

$$0 \mathrel{=\!=\!=} -a\mathrm{A} - h\mathrm{H} + e\mathrm{E} + d\mathrm{D}$$

即按国际标准，可以用通式表示任意一个化学反应：

$$0 = \sum \nu_{\mathrm{B}}\mathrm{B} \tag{4-10}$$

式中，B 为任意一个反应物质组分；ν_{B} 为反应式中相应物质 B 的化学计量系数，ν_{B} 为代数值，对产物 ν_{B} 取正，反应物 ν_{B} 取负，且 ν_{B} 为纯数。

设反应起始时，任意一个组分的物质的量为 n_{B}^{0}，反应进行到某一程度时，任意一个

组分的物质的量为 n_B，反应进度定义为

$$\xi = \frac{n_B - n_B^0}{\nu_B} = \frac{\Delta n_B}{\nu_B} \tag{4-11}$$

由反应进度的定义式可得出：反应进度的量纲为 mol；因式中包含 ν_B，故对指定反应，反应进度与反应计量式写法有关；对指定的反应，ν_B 一定，反应进度与 Δn_B 成正比，故反应进度可表示反应进行的程度；对指定的反应，反应进行到一定程度，各个组分物质的量的变化 Δn_B 可能不同，但 $\dfrac{\Delta n_B}{\nu_B}$ 为确定值，即按定义式，由任意一个组分计算的反应进度是相同的；对指定的反应，若完全不反应，$\Delta n_B = 0$，反应进度为 0mol，若按反应计量式完全反应，数值上 $\Delta n_B = \nu_B$，反应进度为 1mol；ξ = 1mol 的反应称为单位反应或摩尔反应。任何指定反应的特征总是通过单位反应来表征的。

【例 4-2】 1mol $N_2(g)$与 3mol $H_2(g)$混合，在一定条件下，反应进行到某一程度时经分析生成 0.5mol $NH_3(g)$，以两种反应计量式计算反应进度：

(1) $3H_2(g) + N_2(g) = 2NH_3(g)$

(2) $H_2(g) + \frac{1}{3}N_2(g) = \frac{2}{3}NH_3(g)$

解 无论是对(1)还是对(2)，各组分物质的量变化值之比均为 $H_2 : N_2 : NH_3 = 3 : 1 : 2$。

对于(1)式：
$$\xi_1 = \left(\frac{\Delta n_B}{\nu_B}\right)_1 = \frac{-0.5 \times \frac{3}{2}}{-3}\text{mol} = \frac{-0.5 \times \frac{1}{2}}{-1}\text{mol} = \frac{0.5}{2}\text{mol} = 0.25\text{mol}$$

对于(2)式：
$$\xi_2 = \left(\frac{\Delta n_B}{\nu_B}\right)_2 = \frac{-0.5 \times \frac{3}{2}}{-1}\text{mol} = \frac{-0.5 \times \frac{1}{2}}{-\frac{1}{3}}\text{mol} = \frac{0.5}{\frac{2}{3}}\text{mol} = 0.75\text{mol}$$

计算表明，同一反应，ξ 与反应计量式写法有关，但对同一反应计量式，ξ 与选何种物质组分进行计算无关。

---

2. 标准摩尔反应焓

化学反应在等温等压(或等容)下进行，由式(4-5)或式(4-7)可知，反应的热效应 Q_p 或 Q_V 分别为反应的焓变 $\Delta_r H$ 或反应的热力学能改变 $\Delta_r U$，左下标 r 代表反应，若在等压或等容下按反应计量式完全反应，即完成 ξ = 1mol 的摩尔反应，反应的热效应分别称为摩尔反应焓 $\Delta_r H_m$ 和摩尔反应热力学能 $\Delta_r U_m$，右下标 m 代表摩尔，$\Delta_r H$ 与 $\Delta_r H_m$，$\Delta_r U$ 与 $\Delta_r H_m$ 间的关系为

$$\Delta_r H_m = \frac{\Delta_r H}{\xi} = \frac{Q_p}{\xi} \tag{4-12}$$

$$\Delta_r U_m = \frac{\Delta_r U}{\xi} = \frac{Q_V}{\xi} \tag{4-13}$$

$\Delta_r H_m$ 和 $\Delta_r U_m$ 的量纲为 $kJ\cdot mol^{-1}$ 或 $J\cdot mol^{-1}$，因 ξ 与反应计量式写法有关，故 $\Delta_r H_m$ 和 $\Delta_r U_m$ 也与反应计量式写法有关，与 $\Delta_r H$ 和 $\Delta_r U$ 不同，$\Delta_r H_m$ 和 $\Delta_r U_m$ 为强度量，分别对应于一个摩尔反应的焓变和热力学能改变。

为了便于比较和收集不同反应的热效应数据，热力学中还规定了物质的标准态(standard state)。

气体：指定温度和标准大气压 $p^{\ominus}$ 下的纯理想气体，或混合气体中，分压为 $p^{\ominus}$ 的理想气体组分的状态。

液体或固体：指定温度和标准大气压 $p^{\ominus}$ 下，纯液体和纯固体的状态。

溶液：溶质的标准态是指定温度和标准大气压 $p^{\ominus}$ 下，浓度 $c^{\ominus} = 1mol\cdot dm^{-3}$(或 $1mol\cdot m^{-3}$)，或 $b^{\ominus} = 1mol\cdot kg^{-1}$ 且符合理想稀溶液定律的溶质状态。溶剂的标准态是指标准压力下的纯溶剂。对于生物系统，标准态的规定为温度 37℃，氢离子的浓度为 $1\times10^{-7}mol\cdot L^{-1}$。

标准态明确指定了标准压力 $p^{\ominus}$ 为 100kPa，但未指定温度，或者说标准态规定中不包含温度。但 IUPAC 推荐 298.15K 为参考温度。手册和教科书中收录的热力学常数大多也是对应 298.15K。

当化学反应的各组分均处于指定温度和标准态下，摩尔反应的热效应为标准摩尔反应焓，用 $\Delta_r H_m^{\ominus}(T)$ 表示，右上标 $^{\ominus}$ 代表标准态，温度通常为 298.15K。

从对标准态的定义可以看出，标准态下的反应是理想状态下的反应，而实际反应不可避免会出现反应物间、反应物和产物间以及产物间的混合，实际反应中各组分也不一定是理想的，因此实际反应不同于标准态下的反应，标准摩尔反应焓与摩尔反应焓也不相同。但实际工作中，若气相压力不是太高、溶液浓度较稀，各组分混合过程的焓变与反应的焓变相比较可以忽略，即常压下实际反应的摩尔反应焓 $\Delta_r H_m$ 就可以近似用标准摩尔反应焓 $\Delta_r H_m^{\ominus}$ 代替。

标准摩尔反应焓为我们提供了在相同基准下，不同反应热效应大小比较的可能性。

3. 热化学方程式

表示化学反应与反应热效应关系的反应式为热化学方程式，因化学反应的热效应总与状态函数的改变 ΔH 或 ΔU 联系在一起，故书写热化学方程式时应注意，必须给出反应的始态和终态，即应注明反应的温度、压力，参与反应的物质种类、物态，如固态(s)、液态(l)或气态(g)，晶型或溶液的浓度等，以及反应参与物间转化的计量关系，还应注明摩尔反应的 $\Delta_r H_m$ 或 $\Delta_r U_m$ 值。例如，298.15K、标准态下：

$$H_2(g) + \frac{1}{2}O_2(g) \xlongequal{\quad} H_2O(l) \qquad \Delta_r H_m^{\ominus} = -285.85kJ\cdot mol^{-1}$$

$$C(s) + O_2(g) \xlongequal{\quad} CO_2(g) \qquad \Delta_r H_m^{\ominus} = -393.5kJ\cdot mol^{-1}$$

还应注意，热化学方程式中的 $\Delta_r H_m$ 或 $\Delta_r H_m^{\ominus}$ 是在指定条件下按反应计量式完全反应，反应放出或吸收的热量，并不是将反应物放在一起就可以放出或吸收这些热量。

4.1.4 反应热的计算

摩尔反应焓可以通过量热实验直接测定，但化学反应数量庞大，条件各异，对所有化学反应的反应焓都由实验测定是不现实的。热力学中利用状态函数的特征，可由少数已知反应的实验数据，从理论上解决众多反应的摩尔反应焓的计算。

1. 赫斯定律

1840 年，瑞士籍俄国化学家赫斯(Hess)分析大量反应热效应的数据后提出了赫斯定律：任意一个化学反应，无论是一步完成还是分几步完成，其热效应的总值是相同的。赫斯定律是热力学第一定律的必然结果。在恒温、不做非体积功的条件下，化学反应的热效应 Q_p 或 Q_V 总是与状态函数的改变 $\Delta_r H_m$ 或 $\Delta_r U_m$ 联系，而 $\Delta_r H_m$ 或 $\Delta_r U_m$ 只与反应的始态、终态有关，与反应一步完成或几步完成无关。赫斯定律是热化学计算的基础，它使热化学方程式可以像代数方程式那样进行运算。

利用赫斯定律，可由已知反应的热效应，计算难以或不能由实验测定的那些反应的热效应。例如，298K、$p^\ominus$下，C(s)和 CO(g)可完全燃烧生成 $CO_2(g)$，其热效应易于由实验测定，但 C(s)不完全氧化只生成 CO(g)的反应难以控制，其热效应不易确定，利用赫斯定律可解决这一问题。这几个反应的摩尔反应焓间关系可以由下面的热力学过程得出。在 298K、$p^\ominus$下：

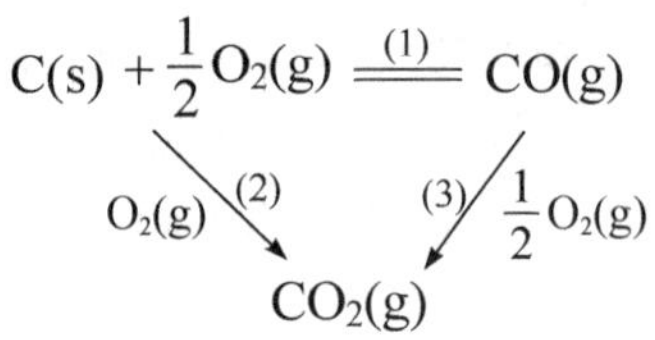

反应(1) ＝ 反应(2) － 反应(3)，由赫斯定律可得

$$\Delta_r H_m^\ominus(1) = \Delta_r H_m^\ominus(2) - \Delta_r H_m^\ominus(3)$$

代入实验数据得

$$\Delta_r H_m^\ominus(1) = [(-393.51) - (-282.98)]\text{kJ}\cdot\text{mol}^{-1} = -110.53\text{kJ}\cdot\text{mol}^{-1}$$

在此处理中，利用状态函数的特征，可以将热化学方程式当作代数方程式，进行相加相减运算，使摩尔反应焓的计算简便直观。

2. 标准摩尔生成焓

从根本上讲，如果已知反应物和产物的状态函数焓 H 的值，反应的 $\Delta_r H$ 即可以由产物的焓 H 减去反应物的焓 H 而得到。实际上，H 的值不能实际求得。人们采取了一种相对的方法去定义物质的焓值，我们称这些相对焓值为物质的生成焓，利用这些值可以求出各种反应的 $\Delta_r H$。

指定温度、标准态下，由最稳定的单质生成 1mol 物质 B 的标准摩尔反应焓称为物质 B 的标准摩尔生成焓，用 $\Delta_f H_m^\ominus(B)$ 表示，下标 f 代表生成(formation)，温度通常为 298.15K，量纲为 $\text{kJ}\cdot\text{mol}^{-1}$。

例如，298.15K、$p^{\ominus}$下：

$$H_2(g)+\frac{1}{2}O_2(g) \rlap{=}{=}\!=\!= H_2O(l)$$

$$\Delta_r H_m^{\ominus}=\Delta_f H_m^{\ominus}(H_2O,l)=-285.84kJ\cdot mol^{-1}$$

$$C(石墨) = C(金刚石)$$

$$\Delta_r H_m^{\ominus}=\Delta_f H_m^{\ominus}(C,金刚石)=1.89kJ\cdot mol^{-1}$$

因焓的绝对值无法确定，热力学中规定：标准态下各元素的稳定单质的$\Delta_r H_m^{\ominus}$为零。

298.15K 下若干物质的$\Delta_f H_m^{\ominus}$已由实验或热力学方法求出，列于热力学数据手册中，可直接查用。

如何由标准摩尔生成焓$\Delta_f H_m^{\ominus}$(B,298.15K)计算 298.15K 的标准摩尔反应焓$\Delta_r H_m^{\ominus}$呢？下面由一个实例得出普遍适用的关系式。

【例 4-3】 由$\Delta_f H_m^{\ominus}$(B)的数据计算 298.15K、$p^{\ominus}$下 Fe_2O_3 被 CO(g)还原反应的$\Delta_r H_m^{\ominus}$。

解　为利用$\Delta_f H_m^{\ominus}$(B)数据，设计热力学过程：

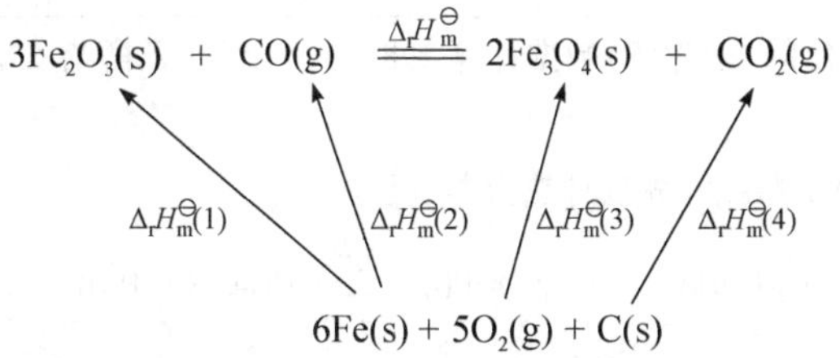

由上可以得出：反应(1)、(2)、(3)、(4)的$\Delta_r H_m^{\ominus}$分别为 $3Fe_2O_3$(s)、CO(g)、$2Fe_3O_4$(s)和 CO_2(g)的标准摩尔生成焓，它们与$\Delta_r H_m^{\ominus}$的关系为

$$\Delta_r H_m^{\ominus}=[\Delta_r H_m^{\ominus}(3)+\Delta_r H_m^{\ominus}(4)]-[\Delta_r H_m^{\ominus}(1)+\Delta_r H_m^{\ominus}(2)]$$

$$=[2\Delta_f H_m^{\ominus}(Fe_3O_4,s)+\Delta_f H_m^{\ominus}(CO_2,g)]-[3\Delta_f H_m^{\ominus}(Fe_2O_3,s)+\Delta_f H_m^{\ominus}(CO,g)]$$

查相关数据代入得

$$\Delta_r H_m^{\ominus}(298.15K)=[2\times(-1120.9)+(-393.51)]kJ\cdot mol^{-1}-[3\times(-824.2)+(-110.5)]kJ\cdot mol^{-1}$$

$$=-52.21kJ\cdot mol^{-1}$$

由例 4-3 我们可以得出 298.15K、$p^{\ominus}$下任意一个化学反应：

$$0=\sum \nu_B B$$

$$\Delta_r H_m^{\ominus}(298.15K)=\sum_B \nu_B \Delta_f H_m^{\ominus}(B,298.15K) \tag{4-14}$$

即反应的标准摩尔反应焓为产物的标准摩尔生成焓总和减去反应物的标准摩尔生成焓总和。

3. 标准摩尔燃烧焓

多数有机化合物不易由稳定单质直接合成，但它们易于燃烧，燃烧反应的热效应可由实验测定。在指定温度和标准态下，1mol 物质 B 完全燃烧，其组成元素氧化为标准态下指定的稳定氧化产物，反应的焓变为物质 B 的标准摩尔燃烧焓，用 $\Delta_c H_m^\ominus(B)$表示，下标 c 代表燃烧(combustion)，量纲为 $kJ \cdot mol^{-1}$，同样，温度通常指定为 298.15K。“完全燃烧”指物质 B 中的组成元素 C 氧化为 $CO_2(g)$、H 氧化为 $H_2O(l)$、S 氧化为 $SO_2(g)$、N 氧化为 $NO_2(g)$、Cl 氧化为 HCl(aq)等。例如，298.15K、$p^\ominus$ 下：

$$CH_4(g) + 2O_2(g) = CO_2(g) + 2H_2O(l)$$

$$\Delta_r H_m^\ominus = \Delta_c H_m^\ominus(CH_4,g) = -890.4 kJ \cdot mol^{-1}$$

$$H_2(g) + \frac{1}{2}O_2(g) = H_2O(l)$$

$$\Delta_r H_m^\ominus = \Delta_c H_m^\ominus(H_2,g) = \Delta_f H_m^\ominus(H_2O,l) = -285.81 kJ \cdot mol^{-1}$$

可以看出，$H_2(g)$的标准摩尔燃烧焓也是 $H_2O(l)$的标准摩尔生成焓。若干物质的 $\Delta_c H_m^\ominus(B,298.15K)$ 可在热力学数据表中查出。由 $\Delta_c H_m^\ominus(B,298.15K)$ 可以计算 298.15K 的标准摩尔反应焓 $\Delta_r H_m^\ominus$。

【例 4-4】 由 298.15K 的 $\Delta_c H_m^\ominus(B)$ 数据计算 298.15K、$p^\ominus$ 下乙醇与乙酸反应生成乙酸乙酯的标准摩尔反应焓 $\Delta_r H_m^\ominus$。

解 为利用 $\Delta_c H_m^\ominus(B)$ 的数据，先设计热力学过程。

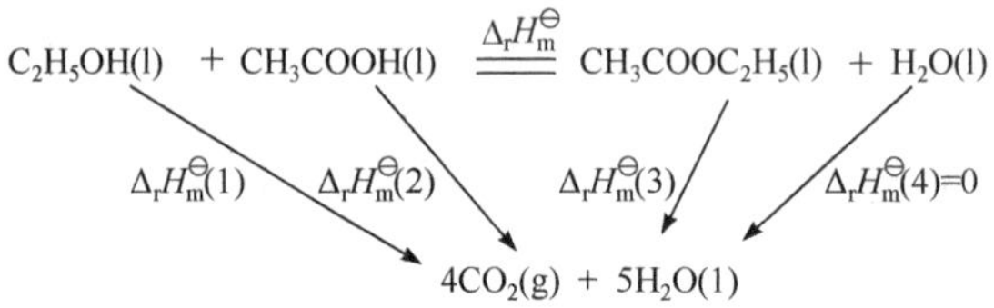

可得

$$\Delta_r H_m^\ominus = \Delta_r H_m^\ominus(1) + \Delta_r H_m^\ominus(2) - \Delta_r H_m^\ominus(3) = \Delta_c H_m^\ominus(C_2H_5OH, l) + \Delta_c H_m^\ominus(CH_3COOH, l) - \Delta_c H_m^\ominus(CH_3COOC_2H_5, l)$$

代入数据，有

$$\Delta_r H_m^\ominus(298.15K) = [(-1366.8) + (-871.5) - (-2254.2)] kJ \cdot mol^{-1} = 15.9 kJ \cdot mol^{-1}$$

通过例 4-4 可以得出由 $\Delta_c H_m^\ominus$ 计算 $\Delta_r H_m^\ominus$ 的一般表达式，298.15K、$p^\ominus$ 下任意一个化学反应：

$$0 = \sum \nu_B B$$

$$\Delta_r H_m^\ominus = -\sum_B \nu_B \Delta_c H_m^\ominus(B) \tag{4-15}$$

可见，$\Delta_r H_m^\ominus$ 是反应物的标准摩尔燃烧焓总和减去产物的标准摩尔燃烧焓总和。

在利用燃烧热求算反应热时应注意，燃烧热往往是一个很大的值，而一般的反应热只是一个较小的值，以两个大数之差求一较小的值易造成误差。因为只要燃烧热的数据有一个不大的误差，将会使计算出的反应热出现严重的误差，所以用燃烧热计算反应热时必须注意其数据的可靠性。

有机化合物的燃烧热有着重要的意义。例如，工业上燃料的热值(即燃烧热)，往往就是燃料品质好坏的一个重要标志，而脂肪、碳水化合物的燃烧热，在营养学的研究中就很重要，因为这些物质是食物中提供能量的来源。另外，利用燃烧热还可以求算有机化合物的生成热。

4.2　热力学第二定律

热力学第一定律的本质是能量守恒及转换定律，这是人类经验的总结，自然界中无数事实证明了凡是违背热力学第一定律的过程都是不可能发生的，但是在一定条件下，化学变化或物理变化能不能自动发生？能够进行到什么程度？这是化学工作者十分关注的问题。显然，热力学第一定律不能回答这类问题。这类问题属于过程的方向和限度问题，是热力学第二定律的主要任务。

4.2.1　自发过程的共同特征

一定条件下，无需外力作用就可以自动发生的过程称为自发过程(spontaneous process)，自发过程形式各样，但它们具有共同的基本特征。

1. 自发过程有确定的方向和限度

温度不同的物体接触，热量可以自动从高温物体传向低温物体，直到达到热平衡，两物体温度相等；隔板隔开压力不同的气体，抽掉隔板，高压部分气体将自动向低压部分扩散，最终达到均匀混合，压力相等；$H_2(g)$和$O_2(g)$的混合气，一经点燃，将自发反应生成$H_2O(l)$等。可见，这些无需外力作用就可自动发生的过程有确定的方向和限度。

2. 同样条件下自发过程的逆过程不能进行

已达热平衡的系统，热不能自动地从一部分传向另一部分，重新产生温差；压力均匀的气体系统，气体不会自动分离，重新产生压差；$H_2O(l)$不会自动分解为$H_2(g)$和$O_2(g)$。可见，在同样无需外力作用的条件下，自发过程的逆过程不会发生。

3. 自发过程具有做功的能力

所有的自发过程都具有做功的潜能。在以上几个实例中，自发过程都可以做功。例如，由高温热源向低温热源自发传递的热量可使热机运转做功、水由高处流向低处可以推动发动机做电功或推动水轮机做机械功。过程的自发性越大，做功的潜能也越大。做功能力实际上是过程自发性大小的一种量度。

通过上面的讨论发现，所有的自发过程逆向进行后，系统恢复到原来的状态的同时在环境中一定引起了其他变化，即环境不能复原。与可逆过程的特征相比，我们可以得出，自发过程是不可逆过程(irreversible process)。

对于一些简单的自发过程，可以凭经验判定这些过程进行的方向和限度，但对于众多复杂的化学反应，又如何才能判定其自发进行的方向和限度呢？

大量的实践经验表明，各种自发过程的不可逆性是相关的。因借助外力作用，在自发过程的逆过程进行使系统复原的同时，环境总会留下功转变为热的后果，环境能否同时复原，就在于这些热能否自发转化为功并不再产生新的后果，即对自发过程不可逆性的论证，最终可归结为热功转化的不可逆性论证。这样，就有可能在各种热力学过程之间建立一个统一的、普遍适用的判据，去判定各种复杂的实际过程自发进行的方向和限度。

4.2.2 热力学第二定律

19 世纪，为提高热机的效率，科学家进行了大量的科学实验，最后得出热机的效率总小于 1。为了证明热机效率的极限取值，克劳修斯(R. J. F. Clausius)和开尔文(J. Kelvin)在总结实践经验的基础上，建立了热力学第二定律，其经典表述分别为

克劳修斯表述：热不可能自动地从低温热源传递到高温热源，而不引起其他任何变化，即热传递是不可逆的。

开尔文表述：不能从单一热源取出热量使之全部转变为功，而不产生其他任何变化，即摩擦生热是不可逆的。

两种表述是一致的，可以从一种表述导出另一种，否定一种表述，另一种表述也不成立(证明从略)。因自发过程的后果能否消除，最终都归结为热功转化的不可逆性证明，而热力学第二定律可给出明确的答案，因此原则上可以从第二定律来判定自发过程的方向和限度。但在实际工作中，使用以上经典表述作为判据十分不便，人们希望能像热力学第一定律由状态函数的改变 ΔU 或 ΔH 解决过程能量变化的计算一样，寻找到一个新的状态函数，也能将其改变值作为过程自发进行方向和限度的判据。克劳修斯从热功转化的规律入手，经不断努力，在第二定律的基础上建立了一个状态函数——熵函数，继而又建立了吉布斯自由能，成功解决了热力学判据问题。

4.2.3 熵函数

1. 熵函数

在研究热机效率极限这一问题时，克劳修斯将过程中吸收或放出的热除以环境温度所得的商称为热温商，并证明了可逆过程的热温商总和 $\sum_1^2\left[\frac{\delta Q}{T}\right]_R$ 或 $\int_1^2\left[\frac{\delta Q}{T}\right]_R$ 只与系统的始、终态有关，而与过程途径无关，显然它对应于系统的一个状态函数的改变，克劳修斯定义这一状态函数为熵(entropy)，用符号 S 表示。等温过程时，系统的熵的改变值为

$$\Delta S = \frac{Q_R}{T} \tag{4-16}$$

式中，Q_R 为该等温可逆过程总的热效应；下标 R 代表可逆(reversible)。

熵是系统的状态函数，因热效应与系统内所含物质的量成正比，故熵为广度性质，量纲为 $J \cdot K^{-1}$。

熵的物理意义是什么？由统计热力学可以证明，熵是系统混乱度的量度。混乱度是指组成系统的微观粒子无规或无序程度。无序程度越高，系统的混乱度也越高。熵是系统混乱度的量度。

2. 化学反应的标准摩尔熵变 $\Delta_r S_m^\ominus$

同热力学能、焓一样，物质熵的绝对值无法求得，但若规定了一个相对基准，其相对值可以确定，热力学第三定律给出了这一基准。热力学第三定律总结了低温实验的结果指出：0K、标准态下，任何纯物质的完美晶体熵值为零，即 $S_m^\ominus(\mathrm{B,0K})=0$ 。在此基准上，其他温度 T 下物质 B 的标准摩尔熵 $S_m^\ominus(\mathrm{B},T)$ ，称为第三定律熵或规定熵。若干物质 298.15K 的标准摩尔熵 $S_m^\ominus(\mathrm{B,298.15K})$ 见附表 2。

不同物质的 $S_m^\ominus(\mathrm{298.15K})$ 不同，摩尔质量越大，包含原子种类越多，分子构型越复杂，摩尔熵越大。对于同一物质的 $S_m^\ominus(\mathrm{298.15K})$ ： $S_m^\ominus(\text{气态})>S_m^\ominus(\text{液态})>S_m^\ominus(\text{固态})$ ； $S_m^\ominus(\text{高温})>S_m^\ominus(\text{低温})$ ；对于气体物质有 $S_m^\ominus(\text{低压})>S_m^\ominus(\text{高压})$ ，压力对固态和液态物质的熵影响不大；不同物质的混合过程总有 $\Delta S_{\text{混合}}>0$ 。

298.15K、标准态下，任意一个化学反应：

$$0=\sum \nu_\mathrm{B}\mathrm{B}$$

$$\Delta_r S_m^\ominus(\mathrm{298.15K})=\sum_\mathrm{B}\nu_\mathrm{B} S_m^\ominus(\mathrm{B,298.15K}) \tag{4-17}$$

即化学反应的标准摩尔熵变为产物的标准摩尔熵总和减去反应物的标准摩尔熵总和。对大量化学反应 $\Delta_r S_m^\ominus(\mathrm{298.15K})$ 计算的结果表明，若化学反应的计算系数增加，较大摩尔质量的物质转化为较小摩尔质量的物质，从固态反应物开始，生成液态或气态产物，反应系统的熵总是增加的。

3. 熵增加原理

对热机效率极限的研究还得出，若系统经历一个不可逆过程，从状态 1 变化到状态 2，状态函数熵的改变是一定的，且一定大于该不可逆过程的热温商。根据熵的定义，对于绝热系统，由于系统所经历的过程是绝热过程，$Q=0$，所以 $\Delta S \geqslant 0$ 。> 代表不可逆过程、= 代表可逆过程，这表明绝热系统若经历不可逆过程其熵不变。

若系统为一隔离系统，系统与环境间无热交换，式(4-17)就可改写为

$$\Delta S_{\text{隔离}} \geqslant 0 \tag{4-18}$$

同样，> 表示系统内发生了一个不可逆过程。因隔离系统与环境无法作用，该不可逆过程一定是在无外力的作用下发生的过程，因此是一个自发过程。= 表示隔离系统内发生了一个可逆过程。因系统的熵不变，系统的状态只能在某平衡态附近发生微小变化，因状态变化无限小，从宏观上看，系统始终处于该平衡态，即系统达到平衡。

式(4-18)表明，隔离系统自发过程总是沿熵增加的方向进行，直到熵值达一极大值，

不再变化，系统达平衡，这就是隔离系统的熵增加原理(principle of entropy increasing)。我们可以利用隔离系统的熵增加原理，判定过程自发进行的方向和限度，但大多数情况下，实际化学反应是在封闭系统内进行的，这时若要利用熵增加原理，应将反应系统与环境作为一个整体，即作为一个大的隔离系统处理：

$$\Delta S_{隔离} = \Delta S_{系统} + \Delta S_{环境} \geqslant 0 \tag{4-19}$$

式中，> 表示大的隔离系统内发生自发过程；=表示该系统达平衡。其中：

$$\Delta S_{环境} = \frac{Q_{环境}}{T_{环境}} = -\frac{Q_{系统}}{T_{环境}} \tag{4-20}$$

在许多实际发生的过程中，环境常是一个大热源，系统在变化过程中与环境交换有限的热量时，环境的温度可以保持不变。

【例 4-5】 计算 298K、$p^{\ominus}$ 下以下反应的 $\Delta_r S_m^{\ominus}$：

(1) $CH_4(g) + 2O_2(g) \xlongequal{\quad} CO_2(g) + 2H_2O(l)$

(2) $CaO(s) + SO_3(g) \xlongequal{\quad} CaSO_4(s)$

解 利用附录数据计算：

$$\begin{aligned}\Delta_r S_m^{\ominus}(1) &= 2S_m^{\ominus}(H_2O,l) + S_m^{\ominus}(CO_2,g) - S_m^{\ominus}(CH_4,g) - 2S_m^{\ominus}(O_2,g)\\ &= (2\times 69.91 + 213.6 - 186.2 - 2\times 205.0)J\cdot K^{-1}\cdot mol^{-1}\\ &= -242.8J\cdot K^{-1}\cdot mol^{-1}\end{aligned}$$

$$\begin{aligned}\Delta_r S_m^{\ominus}(2) &= S_m^{\ominus}(CaSO_4,s) - S_m^{\ominus}(CaO,s) - S_m^{\ominus}(SO_3,g)\\ &= (106.5 - 38.1 - 256.6)J\cdot K^{-1}\cdot mol^{-1}\\ &= -188.2J\cdot K^{-1}\cdot mol^{-1}\end{aligned}$$

例 4-5 中，气体组分的物质的量减少，因反应系统混乱度降低，故 $\Delta_r S_m^{\ominus}$ 为负。但同样因反应过程系统与环境间有能量交换，不能由 $\Delta_r S_m^{\ominus}$ 判定反应自发与否。

4.3 吉布斯自由能与化学反应的方向

为了得出便于实际使用的恒温恒压下化学反应自发进行方向和限度的判据，在热力学第一、第二定律的基础上，将导出另一个新的状态函数——吉布斯(Gibbs)自由能，又称吉布斯函数。

4.3.1 吉布斯自由能

在恒温恒压可逆的情况下，环境的熵变：

$$\Delta S_{环境} = \frac{Q_{r\,环境}}{T} = -\frac{Q_{r系统}}{T} = -\frac{\Delta H_{系统}}{T} \tag{4-21}$$

式中，$Q_{r,环境}$为在可逆过程中环境从系统吸收的热，由于是恒压过程，所以 $Q_{r,环境} = -\Delta H_{系统}$，因 H 是状态函数，ΔH 与过程无关，因此下标 r 不再标出。

将式(4-21)代入式(4-19)得

$$\Delta S_{系统}+\Delta S_{环境}=\Delta S_{系统}-\frac{\Delta H_{系统}}{T}\geqslant 0$$

省去下标“系统”，上式变为

$$\Delta H-T\Delta S\leqslant 0$$

由于是恒温，所以改写为

$$\Delta H-\Delta(TS)\leqslant 0$$

即

$$\Delta(H-TS)\leqslant 0$$

令

$$G=H-TS \tag{4-22}$$

则有

$$\Delta G\leqslant 0$$

可以写为

$$\Delta G_{T,p,W'=0}\leqslant 0 \tag{4-23}$$

式中，下标“T、p、W'=0”表明恒温恒压和不做非体积功，在此条件下：<代表过程自动进行、=代表系统已达平衡。

式(4-23)表明，恒温恒压和不做非体积功的封闭系统内，自发过程总是沿吉布斯自由能减小的方向进行，直到达到一个极小值，不再变化，系统达平衡。

在此条件下，不可能自动发生吉布斯自由能增加的过程，因为这是违反热力学第二定律的，又称“吉布斯自由能减少原理”。

吉布斯自由能是系统的状态函数，是广度性质，量纲为 kJ 或 J。我们虽然是由恒温恒压和不做非体积功的过程引出这一个状态函数的，但作为状态函数，当系统的状态发生变化，吉布斯自由能就可能发生变化，且其改变值只与始、终态有关，与变化途径无关。应特别注意，只有在恒温恒压和不做非体积功的条件下，其改变值才可作为过程自发进行方向和限度的判据。因大多数化学反应和相变化是在恒温恒压和不做非体积功的条件下进行的，故吉布斯自由能作为判据更为实用和重要。在使用吉布斯自由能作判据时，只考虑系统吉布斯自由能的改变而不必考虑环境，因此其比熵判据更方便。

4.3.2　化学反应摩尔吉布斯自由能的计算

大多数化学反应是在恒温恒压、不做非体积功的条件下进行的，要想判定在此条件下反应能否自发进行，首先必须计算化学反应的吉布斯自由能并以此作判据。

1. TK、标准态下化学反应 $\Delta_r G_m^\ominus$ 的计算

1) 由 $\Delta_r H_m^\ominus$ 和 $\Delta_r S_m^\ominus$ 求算

对于 TK、标准态下的化学反应：$0=\sum \nu_B B$，由定义式(4-22)可得

$$\Delta_r G_m^\ominus=\Delta_r H_m^\ominus-T\Delta_r S_m^\ominus \tag{4-24}$$

若温度为 298.15K，可直接利用 298.15K 的热力学数据，先计算出 $\Delta_r H_m^\ominus(298.15K)$ 和 $\Delta_r S_m^\ominus(298.15K)$，再代入式(4-24)计算出 $\Delta_r G_m^\ominus(298.15K)$。

2) 温度对 $\Delta_r G_m^\ominus$ 的影响

利用式(4-24)，不仅可由 $\Delta_r H_m^\ominus$ 和 $\Delta_r S_m^\ominus$ 计算 $\Delta_r G_m^\ominus$，还可由 $\Delta_r G_m^\ominus$ 的符号判定标准态下反应能否自发进行，若设 $\Delta_r H_m^\ominus$ 和 $\Delta_r S_m^\ominus$ 与 T 无关，还可近似讨论温度变化对标准态下反应自发进行方向的影响，几种情况归纳如下：

(1) $\Delta H < 0$，$\Delta S > 0$，即放热、熵增加的反应，按式(4-24)，任何温度 $\Delta G < 0$，即任何温度下都可能自发进行。

(2) $\Delta H > 0$，$\Delta S < 0$，即吸热、熵减小的过程，由于两个因素都不利于反应自发进行，按式(4-24)，任何温度 $\Delta G > 0$，此类过程不可能自发进行。

(3) $\Delta H < 0$，$\Delta S < 0$，即放热、熵减小的过程，按式(4-24)，低温有利于反应自发进行。为了使 $\Delta G < 0$，T 必须符合关系式：$T < \dfrac{\Delta H}{\Delta S}$。

(4) $\Delta H > 0$，$\Delta S > 0$，即吸热、熵增加的反应，按式(4-24)，高温有利于反应自发进行。要使 $\Delta G < 0$，T 必须符合关系式：$T > \dfrac{\Delta H}{\Delta S}$。

可以看出，对情况(1)和(2)，不可能通过调节温度来改变反应自发性的方向。对(3)或者(4)的情况，ΔH 和 ΔS 这两个因素对自发性的影响相反，只有对一个有利、另一个不利时，才可能通过改变温度来改变反应自发进行的方向，而 $\Delta G = 0$ 时的温度，即为化学反应已到达平衡时的温度，称为转换温度 $T_{转换}$。$T_{转换}$ 可由式 $\Delta_r G_m^\ominus = \Delta_r H_m^\ominus - T_{转换}\Delta_r S_m^\ominus = 0$ 求出，设 $\Delta_r H_m^\ominus$ 和 $\Delta_r S_m^\ominus$ 与温度无关，得

$$T_{转换} \approx \frac{\Delta_r H_m^\ominus(298.15K)}{\Delta_r S_m^\ominus(298.15K)} \tag{4-25}$$

3) 由标准摩尔生成吉布斯自由能求算

与标准摩尔生成焓的定义类似，物质 B 的标准摩尔生成吉布斯自由能定义为 T K、标准态下，由最稳定的单质生成 T K、标准态下的 1mol 物质 B，摩尔反应的吉布斯自由能改变，为物质 B 的标准摩尔生成吉布斯自由能，用符号 $\Delta_f G_m^\ominus(B)$ 表示。例如，298.15K、标准态下：

$$H_2(g) + \frac{1}{2}O_2(g) \xlongequal{\quad} H_2O(l)$$

$$\Delta_r G_m^\ominus = \Delta_f G_m^\ominus(H_2O,l)$$

若已知 298.15K 时以上反应的 $\Delta_r H_m^\ominus$ 即 $\Delta_f H_m^\ominus(H_2O,l)$，由各个组分在 298.15K 的标准摩尔熵即 $S_m^\ominus(H_2O,l)$、$S_m^\ominus(O_2,g)$ 和 $S_m^\ominus(H_2,g)$，按式(4-17)就可以计算出反应的 $\Delta_r S_m^\ominus$，由式(4-5)就可以求出 298.15K 时 $H_2O(l)$ 的标准摩尔生成吉布斯自由能 $\Delta_f G_m^\ominus(H_2O,l)$。若干物质 298.15K 的 $\Delta_f G_m^\ominus$ 已经算出并列于附表 2 中，可直接查用。需要指出的是，$\Delta_f G_m^\ominus$ 是一个相对值，即相对于最稳定单质的 $G^\ominus$ 为零而言。显然，稳定单质的 $\Delta_f G_m^\ominus = 0$。

类似于式(4-14)由 $\Delta_f H_m^\ominus(B)$ 求反应的 $\Delta_r H_m^\ominus$，也可以由 $\Delta_f G_m^\ominus(B)$ 求反应的 $\Delta_r G_m^\ominus$，298.15K、标准态下任意一个化学反应：

$$0 = \sum_B \nu_B B$$

$$\Delta_r G_m^\ominus(298.15K) = \sum \nu_B \Delta_f G_m^\ominus(B, 298.15K) \tag{4-26}$$

即反应的标准摩尔吉布斯自由能，为产物的标准摩尔生成吉布斯自由能总和减去反应物的标准摩尔生成吉布斯自由能总和。

【例 4-6】 利用附录数据，用两种方法计算 298.15K 时以下反应的 $\Delta_r G_m^\ominus$，讨论反应在此条件下的自发性。

$$H_2O_2(l) \xrightarrow{\text{过氧化物酶}} H_2O(l) + \frac{1}{2}O_2(g)$$

解　查 298.15K 相关数据：

物质	$H_2O_2(l)$	$H_2O(l)$	$O_2(g)$
$\Delta_f H_m^\ominus/(kJ \cdot mol^{-1})$	−187.6	−285.8	0
$S_m^\ominus/(J \cdot K^{-1} \cdot mol^{-1})$	92.0	69.69	205.0
$\Delta_f G_m^\ominus/(J \cdot K^{-1} \cdot mol^{-1})$	−113.97	−237.2	0

方法一：由式(4-24)求

$$\Delta_r H_m^\ominus = \Delta_f H_m^\ominus(H_2O,l) - \Delta_f H_m^\ominus(H_2O_2,l) = [(-285.8)-(-187.6)]kJ \cdot mol^{-1} = -98.20kJ \cdot mol^{-1}$$

$$\Delta_r S_m^\ominus = S_m^\ominus(H_2O,l) + \frac{1}{2}S_m^\ominus(O_2,g) - S_m^\ominus(H_2O_2,l) = (69.69 + \frac{1}{2} \times 205.0 - 92.0)J \cdot K^{-1} \cdot mol^{-1} = 80.20J \cdot K^{-1} \cdot mol^{-1}$$

$$\Delta_r G_m^\ominus = \Delta_r H_m^\ominus - T\Delta_r S_m^\ominus = [(-98.20) - 298.15 \times 10^{-3} \times 80.21]kJ \cdot mol^{-1} = -122.2kJ \cdot mol^{-1}$$

方法二：由式(4-26)求

$$\Delta_r G_m^\ominus = \Delta_f G_m^\ominus(H_2O,l) - \Delta_f G_m^\ominus(H_2O_2,l) = (-237.9) - (-113.97) = -123.2kJ \cdot mol^{-1}$$

两种方法计算的结果基本相同。因 $\Delta_r G_m^\ominus < 0$，表明反应在 298.15K、标准态下可自发进行，且因 $\Delta_r H_m^\ominus < 0$、$\Delta_r S_m^\ominus > 0$，该反应在任何温度、标准态下均可自发进行。

2. 非标准态下吉布斯自由能变化的计算

若反应不是在标准态下进行，如气体的压力不是 $p^\ominus$，溶液中溶质的浓度不是 $c^\ominus = 1mol \cdot dm^{-3}$ 或 $b^\ominus = 1mol \cdot kg^{-1}$ 等，这时不能使用 $\Delta_r G_m^\ominus$ 作为反应自发进行方向和限度的判据，而应使用实际反应条件下的 $\Delta_r G_m$ 作为判据。

298.15K 下任意一个化学反应：$aA + bB \!=\!=\!= dD + eE$，由热力学可以导出反应的摩尔吉布斯自由能 $\Delta_r G_m$ 与 $\Delta_r G_m^\ominus$ 关系为

$$\Delta_r G_m = \Delta_r G_m^\ominus + RT\ln Q \tag{4-27}$$

式(4-27)称为化学反应等温式，其中 Q 称为反应商，对于溶液反应：

$$Q = \frac{(c_D / c^\ominus)^d (c_E / c^\ominus)^e}{(c_A / c^\ominus)^a (c_B / c^\ominus)^b} \tag{4-28}$$

式中，c_A、c_B、c_D、c_E 分别为反应物和产物在某一时刻的浓度，$mol \cdot L^{-1}$；$c^\ominus = 1mol \cdot L^{-1}$。

对于气体反应：

$$Q = \frac{(p_D / p^\ominus)^d (p_E / p^\ominus)^e}{(p_A / p^\ominus)^a (p_B / p^\ominus)^b} \tag{4-29}$$

式中，p_A、p_B、p_D、p_E 分别为反应物和产物的分压，kPa；$p^\ominus = 100kPa$。因此，反应商 Q 是量纲为一的量，计算时注意纯液体和纯固体不要写入 Q 的表达式中。

由式(4-27)可知，对于任意指定组成下的化学反应，决定反应自发进行方向的判据是 $\Delta_r G_m$。$\Delta_r G_m$ 不仅与 $\Delta_r G_m^\ominus$ 有关，还与 $RT\ln Q$ 有关，因此标准态下不能自发进行的反应，可以通过人为调节 Q 值，使 $\Delta_r G_m < 0$，反应即可自发进行。

【例 4-7】 298.15K 气相反应：

$$CO_2 + H_2(g) \Longrightarrow CO(g) + H_2O(g)$$

若反应系统总压为 1.5 $p^\ominus$，气体混合物组成(x_B)为：CO_2 55%、H_2 44.8%、CO 0.10%、H_2O 0.10%，判定在此条件下反应能否自发进行。

解 查热力学数据，先计算 298.15K 反应的 $\Delta_r G_m^\ominus$：

$$\Delta_r G_m^\ominus = \Delta_f G_m^\ominus(CO,g) + \Delta_f G_m^\ominus(H_2O,g) - \Delta_f G_m^\ominus(CO_2,g)$$

$$= [(-137.27) + (-228.59) - (-394.38)]kJ \cdot mol^{-1}$$

$$= 28.52kJ \cdot mol^{-1}$$

$$\Delta_r G_m = \Delta_r G_m^\ominus + RT\ln Q$$

$$= \left(28.52 + 8.314 \times 298.15 \times 10^{-3} \times \ln\frac{0.10 \times 0.10}{55 \times 44.8}\right)kJ \cdot mol^{-1}$$

$$= -2.25kJ \cdot mol^{-1}$$

计算表明，反应在 298.15K、标准态下不能自发进行，但在给定反应系统组成的条件下，反应可自发进行。若反应的 $\Delta_r G_m^\ominus$ 为一很大的正(或负)值，实际工作中很难通过调整 Q 项，使 $\Delta_r G_m$ 的符号改变，这时才可由 $\Delta_r G_m^\ominus$ 近似判定实际反应自发进行的方向，这种情况下 $\Delta_r G_m^\ominus$ 的值通常在大于 $40kJ \cdot mol^{-1}$(或小于 $-40kJ \cdot mol^{-1}$)范围内。

4.4 化学反应的平衡态

实际工作中，利用化学反应获得预期产物，首先要考虑在指定条件下反应能否按预期的方向进行，即反应自发进行的方向问题。若反应能自发进行，其有无利用价值，还应考虑在此条件下有多少反应物可以转化为产物，即反应能达到怎样的限度，改变反应条件，反应的限度又会如何变化，这就是化学反应的平衡问题。本节将介绍化学平衡的概念，已达平衡的系统，各组分浓度间所满足的关系式——平衡常数的表达、平衡常数的计算及影响平衡的因素等。

4.4.1　化学反应的限度与平衡常数

一定条件下，化学反应达平衡态，系统的组成不随时间变化，平衡系统各组分的浓度满足一定关系，这种关系可用平衡常数表示。根据平衡常数的定义，可以分为标准平衡常数和实验平衡常数两类，两类平衡常数间可以相互换算。

恒温恒压、不做非体积功系统内，化学反应

$$0=\sum_{\mathrm{B}}\nu_{\mathrm{B}}\mathrm{B}$$

达到平衡时，由热力学第二定律原理可知，反应的摩尔吉布斯自由能为

$$\Delta_{\mathrm{r}}G_{\mathrm{m}}=\Delta_{\mathrm{r}}G_{\mathrm{m}}^{\ominus}+RT\ln Q=0$$

代入化学反应等温式式(4-27)，此时的反应商 $Q=K^{\ominus}$，得

$$\Delta_{\mathrm{r}}G_{\mathrm{m}}^{\ominus}=-RT\ln K^{\ominus} \tag{4-30}$$

式中，$K^{\ominus}$ 为标准平衡常数（standard equilibrium constant）。

对于溶液反应 $a\mathrm{A}+b\mathrm{B} = d\mathrm{D}+e\mathrm{E}$，$K^{\ominus}$ 的表达式为

$$K^{\ominus}=\frac{([\mathrm{D}]/c^{\ominus})^{d}([\mathrm{E}]/c^{\ominus})^{e}}{([\mathrm{A}]/c^{\ominus})^{a}([\mathrm{B}]/c^{\ominus})^{b}} \tag{4-31}$$

式中，[A]、[B]、[D]和[E]分别为反应物和产物的平衡浓度。

对于气体反应，$K^{\ominus}$ 的表达式为

$$K^{\ominus}=\frac{(p_{\mathrm{D}}/p^{\ominus})^{d}(p_{\mathrm{E}}/p^{\ominus})^{e}}{(p_{\mathrm{A}}/p^{\ominus})^{a}(p_{\mathrm{B}}/p^{\ominus})^{b}} \tag{4-32}$$

式中，p_{A}、p_{B}、p_{D}、p_{E} 分别为反应物和产物的平衡分压。

关于标准平衡常数 $K^{\ominus}$，由式(4-30)可以得出：$K^{\ominus}$ 的量纲为一；因 $K^{\ominus}$ 与化学反应计量式中计量系数 ν_{B} 有关，故对指定反应，$K^{\ominus}$ 与反应计量式写法有关，在给出 $K^{\ominus}$ 的同时，还应给出反应计量式；因反应的标准摩尔吉布斯自由能 $\Delta_{\mathrm{r}}G_{\mathrm{m}}^{\ominus}$ 只与温度和标准态有关，故 $K^{\ominus}$ 也只是温度的函数，并与标准态的规定有关。因此，在给出 $K^{\ominus}$ 的同时，还应给出温度并指出各个组分的标准态。

在书写标准平衡常数表达式时，纯固相、液相和水溶液中存在的水可以在标准平衡常数 $K^{\ominus}$ 的表达式中不出现。例如，对于反应 $\mathrm{CaCO_3(s)} \rightleftharpoons \mathrm{CaO(s)+CO_2(g)}$，其标准平衡常数可以表示为

$$K^{\ominus}=\frac{p_{\mathrm{CO_2}}}{p^{\ominus}}$$

可以用热力学方法计算出 $\Delta_r G_m^{\ominus}$，就可由式(4-30)从理论上计算 $K^{\ominus}$。

例如，298.15K SO_2(g)氧化为 SO_3(g)的反应计量式有两种写法：

(1) $SO_2(g)+\frac{1}{2}O_2(g) \longrightarrow SO_3(g)$

(2) $2SO_2(g)+O_2(g) \longrightarrow 2SO_3(g)$

由式(4-32)得出两个反应的 $K^{\ominus}$ 分别为

$$K_1^{\ominus}=\frac{(p_{SO_3}/p^{\ominus})}{(p_{SO_2}/p^{\ominus})(p_{O_2}/p^{\ominus})^{1/2}}$$

$$K_2^{\ominus}=\frac{(p_{SO_3}/p^{\ominus})^2}{(p_{SO_2}/p^{\ominus})^2(p_{O_2}/p^{\ominus})}$$

可见

$$K_2^{\ominus}=(K_1^{\ominus})^2$$

由反应(2) = 2×反应(1)，可得 $\Delta_r G_m^{\ominus}(2)=2\Delta_r G_m^{\ominus}(1)$，$K_2^{\ominus}=(K_1^{\ominus})^2$。各气态组分的标准态为 298.15K、$p^{\ominus}$ 下纯理想气体状态。

由化学反应等温式式(4-27)改写可得

$$\left.\begin{aligned}\Delta_r G_m &= -RT\ln K^{\ominus}+RT\ln Q\\ \text{或}\quad \Delta_r G_m &= -RT\ln\frac{K^{\ominus}}{Q}\end{aligned}\right\}\tag{4-33}$$

由 $K_2^{\ominus}$ 与 Q 大小的比较，也可判定指定条件下反应自发进行的方向和限度：

$K^{\ominus}>Q$，则 $\Delta_r G_m<0$，反应可自发进行；

$K^{\ominus}=Q$，则 $\Delta_r G_m=0$，反应达平衡；

$K^{\ominus}<Q$，则 $\Delta_r G_m>0$，反应不能自发进行，实际发生其逆过程。

因此，标准平衡常数 $K^{\ominus}$ 也是化学反应自发进行方向的判据。若反应商 Q 不等于 $K^{\ominus}$，表明反应系统处于非平衡态，化学反应就有自发从正向或逆向进行反应的趋势。Q 值与 $K^{\ominus}$ 相差越大，从正向或逆向自发进行反应的趋势就越大。

4.4.2　实验平衡常数

由实验测定平衡系统的组成计算的平衡常数称为实验平衡常数(experimental equilibrium constant)，因组成可用不同的浓度量纲表示，所以也有不同的实验平衡常数。对于任意反应：

$$aA+bB \longrightarrow dD+eE$$

如在溶液中进行，反应达平衡时，有

$$K_c=\frac{[D]^d[E]^e}{[A]^a[B]^b}\tag{4-34}$$

式中，[A]、[B]、[D]和[E]分别为反应物和产物的平衡浓度。对于气体反应：

$$K_p = \frac{p_D^d p_E^e}{p_A^a p_B^b} \tag{4-35}$$

式中，p_A、p_B、p_D、p_E 分别为反应物和产物的平衡分压。K_c 和 K_p 均称为实验平衡常数。

实验平衡常数仍在广泛使用，当 $a+b=d+e$ 时，$K^{\ominus}=K_c$ 或 $K^{\ominus}=K_p$，且量纲为一；若 $a+b\neq d+e$，K_c 有单位。书写实验平衡常数的规则与书写标准平衡常数大体相同。

化学反应包括两个以上相的反应，若其中固、液相为纯相，这种反应为复相反应，如金属盐或金属氧化物的热分解反应就属于复相反应。因纯固相和纯液相的活度为 1，故 $K^{\ominus}$ 中只含气相组分的平衡活度。

例如，298K 下的反应：

$$CuSO_4\cdot 5H_2O(s) \xlongequal{\quad} CuSO_4\cdot 3H_2O(s) + 2H_2O(g)$$

$$K^{\ominus} = (p_{H_2O}/p^{\ominus})^2$$

$$Ag_2O(s) \xlongequal{\quad} 2Ag(s) + \frac{1}{2}O_2(g)$$

$$K^{\ominus} = (p_{O_2}/p^{\ominus})^{1/2}$$

对于复相反应，某一温度下反应达平衡，系统的总压为解离压或分解压，而当解离压为 $p^{\ominus}$ 时的平衡温度为分解温度。

【例 4-8】　929K $FeSO_4$(s)的分解反应为

$$2FeSO_4(s) \xlongequal{\quad} Fe_2O_3(s) + SO_2(g) + SO_3(g)$$

实验测定反应达平衡时系统的解离压为 91.19kPa。求：

(1) 929K 分解反应的 K_p 和 $K^{\ominus}$；

(2) 若开始时系统内除 $FeSO_4$(s)外，还充有压力为 60.795kPa 的 SO_2，求 $FeSO_4$(s)分解达平衡时系统的总压。

解　(1) 平衡时 $p_{离} = p_{SO_2} + p_{SO_3}$，且两气相组分的分压相等。

$$K_p = p_{SO_2}\cdot p_{SO_3} = \left(\frac{p_{离}}{2}\right)^2 = \left(\frac{91.19}{2}\right)^2 kPa^2 = 2.079\times10^3 kPa^2$$

$$K^{\ominus} = K_p\cdot(p^{\ominus})^{-2} = 2.079\times10^3 kPa^2 \times (101.3)^{-2} kPa^{-2} = 0.2025$$

(2)　$$2FeSO_4(s) \xlongequal{\quad} Fe_2O_3(s) + SO_2(g) + SO_3(g)$$

平衡时 p_B/kPa　　　　60.795+x　　x

温度不变，K_p 和 $K^{\ominus}$ 均不变：

$$K_p = x(x+60.795)kPa^2 = 2.079\times10^{-3} kPa^2$$

解得 $x = 24.40$kPa。

$$p_{离} = (24.40 + 24.40 + 60.795)kPa = 109.6kPa$$

【例 4-9】 已知 298.15K 如下数据：

物质	$CuSO_4\cdot 5H_2O(s)$	$CuSO_4\cdot 3H_2O(s)$	$CuSO_4\cdot H_2O(s)$	$CuSO_4(s)$	$H_2O(g)$
$\Delta_f G_m^\ominus/(kJ\cdot mol^{-1})$	−1880.0	−1400.4	−918.4	−661.9	−228.6

(1) 写出五水合硫酸铜可能发生的风化反应；

(2) 计算各个复相分解反应的分解压；

(3) 在相对湿度为 60%在空气中，$CuSO_4\cdot 5H_2O(s)$是否会风化为 $CuSO_4(s)$?

解 (1) 逐级风化失水反应：

(1) $$CuSO_4\cdot 5H_2O(s) = CuSO_4\cdot 3H_2O(s) + 2H_2O(g)$$

(2) $$CuSO_4\cdot 3H_2O(s) = CuSO_4\cdot H_2O(s) + 2H_2O(g)$$

(3) $$CuSO_4\cdot H_2O(s) = CuSO_4(s) + H_2O(g)$$

(2) 由热力学数据计算每一风化反应的 $K^\ominus$ 及平衡时的 p_{H_2O}：

$$\Delta_r G_m^\ominus(1) = [(-228.6)\times 2 + (-1400.4) - (-1880.0)]kJ\cdot mol^{-1} = 22.4kJ\cdot mol^{-1}$$

$$K_1^\ominus = \exp\left(-\frac{22400}{8.314\times 298.15}\right) = 1.19\times 10^{-4}$$

$$p_{H_2O,1} = p^\ominus\sqrt{K_1^\ominus} = 101.3kPa\times\sqrt{1.19\times 10^{-4}} = 1.105kPa$$

同法计算

$$\Delta_r G_m^\ominus(2) = 24.8kJ\cdot mol^{-1}$$

$$K_2^\ominus = 4.52\times 10^{-5} \qquad p_{H_2O,2} = 0.681kPa$$

$$\Delta_r G_m^\ominus(3) = 27.89kJ\cdot mol^{-1}$$

$$K_3^\ominus = 1.30\times 10^{-5} \qquad p_{H_2O,3} = 0.365kPa$$

(3) 在相对湿度为 60%的空气中，水蒸气的分压为

$$p_{H_2O} = 0.60\times p_{H_2O}^* = 0.6\times 3.167kPa = 1.90kPa$$

可见 p_{H_2O}大于$p_{H_2O,1}$、$p_{H_2O,2}$和$p_{H_2O,3}$。

即 $Q > K_1^\ominus$，或风化反应的 $\Delta_r G_m(1) > 0$。

故以上风化反应均不会发生，$CuSO_4\cdot 5H_2O(s)$ 可稳定存在。

4.4.3 影响平衡的因素

某种作用(温度、压力或浓度的变化等)施加于已达平衡的系统，平衡将发生变化，向着减小这种作用的方向移动，这就是勒夏特列(Le Chatelier)原理。由勒夏特列原理，可以判定平衡移动的方向，同时由平衡常数的热力学关系式，还可对这些作用的影响进行定量的讨论和计算。

1. 温度的影响

温度的变化将直接改变反应的平衡常数 $K^\ominus$，使平衡发生显著的变化。联系式(4-24)和(4-30)可得

$$-RT\ln K^\ominus = \Delta_r H_m^\ominus - T\Delta_r S_m^\ominus \qquad (4\text{-}36)$$

若反应的 $\Delta_r H_m^\ominus$和$\Delta_r S_m^\ominus$ 近似与温度无关，设 $K_1^\ominus$、$K_2^\ominus$ 分别为温度 T_1 和 T_2 时的平衡

常数，代入式(4-36)中经整理可得

$$\ln\frac{K_2^{\ominus}}{K_1^{\ominus}}=\frac{\Delta_r H_m^{\ominus}}{R}\left(\frac{1}{T_1}-\frac{1}{T_2}\right) \tag{4-37}$$

由式(4-37)可以看出，若$\Delta_r H_m^{\ominus}>0$，即反应吸热，保持压力一定，升高温度，$K^{\ominus}$增大，即平衡正向移动，有利于产物生成；若$\Delta_r H_m^{\ominus}<0$，即反应放热，$K^{\ominus}$随温度升高而减小，平衡将逆向移动，不利于产物生成。利用式(4-37)，还可由不同温度下的平衡常数计算$\Delta_r H_m^{\ominus}$，若已知$\Delta_r H_m^{\ominus}$，则可由T_1、$K_1^{\ominus}$求出T_2温度下的$K_1^{\ominus}$。

2. 压力的影响

对于凝聚相反应，压力对平衡的影响可以忽略，但对有气相组分参加的反应，应考虑压力的影响，影响的情况视反应不同而异。对低压下的气相反应$a\text{A}+b\text{B} = d\text{D}+e\text{E}$：

若$a+b<d+e$，是气态组分计量系数增加的反应，如$CH_3OH(g) = HCHO(g) + H_2(g)$，恒温下$p_{总}$增加，平衡将逆向移动，不利于产物生成；

若$a+b>d+e$，是气态组分计量系数减小的反应，如$3H_2(g)+N_2(g) = 2NH_3(g)$，恒温下$p_{总}$增加，平衡将正向移动，有利于产物的生成；

若$a+b=d+e$，是气态组分计量系数不变的反应，如$H_2(g)+I_2(g) = 2HI(g)$，压力变化对反应无影响。

总的来说，对于一个已达平衡的气体反应，若 A、B、D、E 都是气体，则当$a+b=d+e$时，总压的改变不会使平衡发生移动；当$a+b\neq d+e$时，增加总压平衡向使气体分子总数减少的方向移动，减小总压平衡向使气体分子总数增加的方向移动。对于只改变 A、B、C、D 中某一物质的分压的情况，改变分压不能改变平衡常数的大小。

3. 通入惰性气体的影响

对于有气相组分参加的反应，恒温下反应系统中通入惰性气体(即不参与反应的气体)，也会对平衡产生影响。

恒定温度和压力下通入惰性气体，因$K^{\ominus}$、$p_{总}$不变，对于气相反应$a\text{A}+b\text{B} = d\text{D}+e\text{E}$，若$a+b\neq d+e$，通入惰性气体使得各组分稀释，类似于系统减压作用。若$a+b=d+e$，总压的改变不会使平衡发生移动，惰性气体的加入对反应无影响。

在恒温恒容下通入惰性气体，因$p_{总}$随$n_{总}$成比例变化，故对平衡无影响。

【例 4-10】　常压$p^{\ominus}$下乙苯脱氢制苯乙烯的反应：

$$C_6H_5C_2H_5(g) = C_6H_5C_2H_3(g)+H_2(g)$$

已知 298.15K 时下列数据：

物质	$C_6H_5C_2H_5(g)$	$C_6H_5C_2H_3(g)$	$H_2(g)$
$\Delta_f H_m^{\ominus}/(kJ\cdot mol^{-1})$	29.79	147.4	0
$S_m^{\ominus}/(J\cdot k^{-1}\cdot mol^{-1})$	360.45	345.0	130.6

(1) 求 298.15K 反应的 $K^{\ominus}$ 及平衡转化率 α_1；

(2) 设 $\Delta_r H_m^{\ominus}$ 、$\Delta_r S_m^{\ominus}$ 与温度无关，求 873K 时反应的 $K^{\ominus}$及$p^{\ominus}$下的转化率 α_2；

(3) 保持温度为 873K，若压力降低到 0.1 $p^{\ominus}$，求转化率 α_3；

(4) 保持温度为 873K, 压力为 $p^{\ominus}$，通入水蒸气，控制乙苯：水蒸气=1：9，求此条件下的转化率 α_4。

解　(1) 298.15K 下反应：

$$\Delta_r H_m^{\ominus} = (147.4 - 29.79)\text{kJ}\cdot\text{mol}^{-1} = 117.61\text{kJ}\cdot\text{mol}^{-1}$$

$$\Delta_r S_m^{\ominus} = (345.0 + 130.6 - 360.45)\text{J}\cdot\text{K}^{-1}\cdot\text{mol}^{-1} = 115.15\text{J}\cdot\text{K}^{-1}\cdot\text{mol}^{-1}$$

$$\Delta_r G_m^{\ominus} = (117.61 - 298.15\times115.15\times10^{-3})\text{kJ}\cdot\text{mol}^{-1} = 83.28\text{kJ}\cdot\text{mol}^{-1}$$

$$K^{\ominus} = \exp\left(-\frac{83.28\times10^3}{8.314\times298.15}\right) = 2.57\times10^{-15}$$

$$C_6H_5C_2H_5(g) \rightleftharpoons C_6H_5C_2H_3(g) + H_2(g)$$

	$C_6H_5C_2H_5(g)$	$C_6H_5C_2H_3(g)$	$H_2(g)$	
起始 n_B/mol	1	0	0	
平衡 $n_{B,eq}$/mol	$1-\alpha_1$	α_1	α_1	$n_{总} = (1+\alpha_1)\text{mol}$

$$K^{\ominus} = \frac{\left(\frac{\alpha_1}{1+\alpha_1}\right)^2 p^2}{\left(\frac{1-\alpha_1}{1+\alpha_1}\right)p}\cdot\frac{1}{p^{\ominus}} = \frac{\alpha_1^{\ 2}}{1-\alpha_1^{\ 2}}\frac{p}{p^{\ominus}}$$

将 $K^{\ominus}$和$p = p^{\ominus}$代入上式解得 $\alpha_1 = 5.10\times10^{-6}\% \approx 0$。可见，在此条件下基本无产物生成。

(2) 873K 下反应：

$$\Delta_r G_m^{\ominus}(873\text{K}) = (117.61 - 873\times115.5\times10^{-3})\text{kJ}\cdot\text{mol}^{-1} = 17.08\text{kJ}\cdot\text{mol}^{-1}$$

$$K^{\ominus}(873\text{K}) = \exp\left(-\frac{17.08\times10^3}{8.314\times873}\right) = 0.095$$

将 $K^{\ominus}(873\text{K})$ 和$p = p^{\ominus}$ 代入(1)中所得 $K^{\ominus}$与α 的关系式，解得 $\alpha_2 = 29.5\%$。可见，吸热反应，温度升高，$K^{\ominus}$ 增加，转化率大大提高。

(3) 将 $K^{\ominus} = 0.095$ 和 $p = 0.1p^{\ominus}$ 代入(1)中 $K^{\ominus}$与α 的关系式，解得 $\alpha_3 = 69.8\%$。可见，对气体组分计量系数增加的反应，减压有利于产物的生成。

(4)	$C_6H_5C_2H_5(g)$	$C_6H_5C_2H_3(g)$	$H_2(g)$	$H_2O(g)$	
起始 n_B/mol	1	0	0	9	
平衡 $n_{B,eq}$/mol	$1-\alpha_4$	α_4	α_4	9	$n_{总} = (10+\alpha_4)\text{mol}$

$$K^{\ominus} = \frac{\left(\frac{\alpha_4}{10+\alpha_4}\right)^2\cdot p^2}{\left(\frac{1-\alpha_4}{10+\alpha_2}\right)p}\cdot\frac{1}{p^{\ominus}} = \frac{\alpha_4^2}{(10+\alpha_4)(1-\alpha_4)}\cdot\frac{p}{p^{\ominus}}$$

将 $K^{\ominus}$ (873K)和 $p = p^{\ominus}$ 代入上式，解得 $\alpha_4 = 62.0\%$。可见恒温恒压下，通入惰性气体的作用与减压相同，但更安全实用，这也是工业上生产苯乙烯所采用的操作工艺。

习　题

1. 计算系统的热力学能变化，已知：

(1) 系统吸热 1000J，对环境做功 540J；

(2) 系统吸热 250J，环境对系统做功 635J。

2. 在 25℃下，将 50g 的 N_2 做等温可逆压缩，从 100kPa 压缩到 2000kPa，试计算此过程的功。如果被压缩了的气体反抗恒定外压 100kPa 做等温膨胀，到原状态。问此膨胀过程做多少功。

3. 在 0℃和 500kPa 下，将 2L 的 N_2 经如下两个过程等温膨胀至压力为 100kPa，在整个过程中假设可将 N_2 视为理想气体。

(1)如果是可逆膨胀；

(2)如果膨胀是在外压恒定为 100kPa 的条件下进行。

4. 已知 $C_2H_5OH(l)$在 25℃时的燃烧热为$-1367kJ \cdot mol^{-1}$，试用 $CO_2(g)$和 $H_2O(l)$在 25℃时的生成热数据计算 $C_2H_5OH(l)$在 25℃时的生成热的大小。

5. 已知下列热化学方程式

$$Fe_2O_3(s) + 3CO(g) \longrightarrow 2Fe(s) + 3CO_2(g) \qquad \Delta_r H_m^\ominus = -27.61kJ \cdot mol^{-1}$$

$$3Fe_2O_3(s) + CO(g) \longrightarrow 2Fe_3O_4(s) + CO_2(g) \qquad \Delta_r H_m^\ominus = -58.58kJ \cdot mol^{-1}$$

$$Fe_3O_4 + CO(g) \longrightarrow 3FeO(s) + CO_2(g) \qquad \Delta_r H_m^\ominus = +38.07kJ \cdot mol^{-1}$$

求反应 $FeO(s) + CO(g) \longrightarrow Fe(s) + CO_2(g)$的 $\Delta_r H_m^\ominus$。

6. 如果保存不当，大气压下白锡可以转变为脆性的灰锡：

$$Sn(白) \xlongequal{\quad} Sn(灰)$$

由 298.15K 时以下数据估算反应的转化温度。

物质	$\Delta_f H_m^\ominus/(kJ \cdot mol^{-1})$	$S_m^\ominus/(J \cdot K^{-1} \cdot mol^{-1})$
Sn(白)	0	51.55
Sn(灰)	–2.100	44.14

7. $Ag_2CO_3(s)$的分解反应：

$$Ag_2CO_3(s) \xlongequal{\quad} Ag_2O(s) + CO_2(g)$$

已知 298.15K 时以下数据：

物质	$\Delta_f H_m^\ominus/(kJ \cdot mol^{-1})$	$S_m^\ominus/(J \cdot K^{-1} \cdot mol^{-1})$	$\bar{C}_{p,m}/(J \cdot K^{-1} \cdot mol^{-1})$
$Ag_2CO_3(s)$	–501.66	167.36	109.62
$Ag_2O(s)$	–30.57	121.71	65.56
$CO_2(g)$	–393.51	213.64	37.13

(1) 计算 25℃时反应的 $K^\ominus$ 和解离压；

(2) 潮湿的 Ag_2CO_3 置于 110℃的空气流中干燥除去水分，由以上数据计算应控制空气中 CO_2 的分压为多大才会阻止 Ag_2CO_3 的分解。

8. 已知 1273 K 时反应 $FeO(s)+CO(g) \Longrightarrow Fe(s)+CO_2(g)$ 的 $K^{\ominus}=0.5$。

(1) 以 FeO(s)和 10.2kPa 的 CO(g)开始，1273K 下反应达平衡，求平衡气相组成和 CO 的转化率；

(2) 若起始系统含有 10.2kPa 的 CO(g)和 2.5kPa 的 $CO_2(g)$，求反应达平衡时气相组成和 CO 的转化率。

(3) 增加 FeO(s)的量，对平衡有无影响?

9. (1) 已知 298.15K 时下列数据：

物质	C(s)	$H_2(g)$	$N_2(g)$	$O_2(g)$	$CO(NH_2)_2(s)$
$\Delta_c H_m^{\ominus}/(kJ \cdot mol^{-1})$	−393.51	−285.83	0	0	−631.66
$S_m^{\ominus}/(J \cdot K^{-1} \cdot mol^{-1})$	5.74	130.57	191.5	205.03	104.6

求 298.15K 时 $CO(NH_2)_2(s)$的 $\Delta_f G_m^{\ominus}$ 。

(2) 已知 298.15K 时下列数据：

物质	$CO_2(g)$	$NH_3(g)$	$H_2O(g)$
$\Delta_f G_m^{\ominus}/(kJ \cdot mol^{-1})$	−394.36	−16.5	−228.59

求 298.15K、$p^{\ominus}$ 下反应 $CO_2(g)+2NH_3(g) \Longrightarrow CO(NH_2)_2(s)+H_2O(g)$ 的 $K^{\ominus}$ 、K_p 和 K_c。

10. 已知 $2NO(g)+Br_2(g) \Longrightarrow 2NOBr(g)$的$\Delta_r H_m^{\ominus}<0$，298K时$K^{\ominus}=1.18\times10^2$，判断在下列条件下反应自发进行的方向：

状态	温度 T/K	起始分压/kPa		
		p_{NO}	p_{Br_2}	p_{NOBr}
Ⅰ	298	1.0	1.0	4.5
Ⅱ	298	10	1.0	4.5
Ⅲ	273	10	1.0	10.8

11. 说明以下反应在 (1) 恒压下提高反应温度；(2) 恒温下增加压力，平衡会怎样变化?

① $CO(g)+H_2O(g) \Longrightarrow CO_2(g)+H_2(g)$

② $2SO_2(g)+O_2(g) \Longrightarrow 2SO_3(g)$

③ $2O_3(g) \Longrightarrow 3O_2(g)$

④ $CaCO_3(s) \Longrightarrow CaO(s)+CO_2(g)$

⑤ $C(s)+H_2O(g) \Longrightarrow H_2(g)+CO(g)$

⑥ $C_{石墨} \Longrightarrow C_{金刚石}$ (密度：石墨 $2300kg \cdot m^{-3}$、金刚石 $3500kg \cdot m^{-3}$)

第 5 章　化学动力学基础

对于一个化学反应，人们通常关心两个基本的问题：一是反应进行的方向、限度及外界条件对平衡的影响；二是反应的速率及所经历的具体的中间过程。前者属于化学热力学研究范畴，后者属于化学动力学研究范畴。在采用热力学方法判断一个自发过程的方向和限度时，只需要研究系统的始态和终态，不涉及反应的具体过程。也就是说它只研究在指定的始、终态之间进行的无限缓慢的可逆过程，而不考虑实际过程进行的快慢程度。正因如此，化学热力学只能预知在指定条件下反应发生的可能性，却不能预知反应的现实性。对于一个真正意义上能发生的化学反应而言，除要具备热力学上的自发可能性以外，还要具备一定的速率，否则就没有实际意义。化学反应进行的快慢主要取决于反应物的化学性质，但也受浓度、温度、压力及催化剂等因素的影响。作为物理化学学科的重要分支，化学动力学研究热力学上可能发生的反应的速率及各种因素对其的影响。同时，它还关注反应具体过程，即反应机理。

5.1　化学反应动力学基本概念和化学反应速率方程

5.1.1　化学反应动力学基本概念

1) 化学反应速率(r)

化学反应速率是指在一定条件下由反应物转变成产物的快慢程度。在很多情况下，我们常用一段时间间隔内反应物浓度(或分压)的减少或产物浓度(或分压)的增加来表示化学反应速率，由此定义的反应速率为平均速率，以 $\overline{r}$ 表示。例如，对于下列反应：

$$\mathrm{CH_3N_2CH_3(g) = CH_3CH_3(g) + N_2(g)}$$

以初时刻(t_1)到末时刻(t_2)的时间间隔(Δt)内反应物 $\mathrm{CH_3N_2CH_3}$ 浓度的减少来表示平均速率时，则有

$$\overline{r}(\mathrm{CH_3N_2CH_3}) = -\frac{c(\mathrm{CH_3N_2CH_3})_{t_2} - c(\mathrm{CH_3N_2CH_3})_{t_1}}{t_2 - t_1} = -\frac{c(\mathrm{CH_3N_2CH_3})}{\Delta t} \tag{5-1}$$

式中，$c(\mathrm{CH_3N_2CH_3})$ 表示 t 时刻 $\mathrm{CH_3N_2CH_3}$ 物质的量浓度。反应物浓度随时间变化不断减小，为使反应速率为正值，在浓度变化量 $\Delta c(\mathrm{CH_3N_2CH_3})$ 前加了负号。同理，若以产物 $\mathrm{N_2}$ 表示应速率，则有

$$\overline{r}(\mathrm{N_2}) = \frac{c(\mathrm{N_2})_{t_2} - c(\mathrm{N_2})_{t_1}}{t_2 - t_1} = \frac{c(\mathrm{N_2})}{\Delta t} \tag{5-2}$$

若将观察的时间间隔无限缩小，平均速率的即为反应在 t 时刻时的瞬时速率。即

$$\lim_{t\to 0}\overline{r}(CH_3N_2CH_3)=\lim_{\Delta t\to 0}-\frac{\Delta c(CH_3N_2CH_3)}{\Delta t}=-\frac{dc(CH_3N_2CH_3)}{dt} \tag{5-3}$$

值得注意的是若各反应组分的计量系数不同，则用不同的反应组分单位时间内浓度变化表达反应速率时所得数值并不相等，但它们存在一定的关系。例如，对于任意一个化学反应：

$$aA + bB = dD + eE$$

式中，a、b、d、e 分别为反应中各组分计量系数。则有

$$\overline{r}=-\frac{1}{a}\frac{\Delta c(A)}{\Delta t}=-\frac{1}{b}\frac{\Delta c(B)}{\Delta t}=\frac{1}{d}\frac{\Delta c(D)}{\Delta t}=\frac{1}{e}\frac{\Delta c(E)}{\Delta t} \tag{5-4}$$

反应速率也可以用单位体积内反应进度(ξ)随时间的变化率来表示。对于上述反应，若按所给反应式的化学计量系数进行了一个单位的反应，则该反应的进度(ξ)等于1mol。当反应进度为一无限小量 dξ 时，反应物 A 和 B 量的变化(dn_A 和 dn_B)分别是减少 adξ 和 bdξ，而产物 D 和 E 的变化(dn_D 和 dn_E)分别是增加了 ddξ 和 edξ。则有

$$d\xi=-\frac{1}{a}dn_A=-\frac{1}{b}dn_B=\frac{1}{d}dn_D=\frac{1}{e}dn_E \tag{5-5}$$

对于体积为V的封闭系统，反应速率 r 定义为

$$r\overset{\text{def}}{=}\frac{1}{V}\frac{d\xi}{dt} \tag{5-6}$$

对于恒容系统中进行的反应，反应速率可表示为

$$r=\frac{1}{V}\frac{d\xi}{dt}=\frac{1}{\nu_B V}\frac{dn_B}{dt}=\frac{1}{\nu_B}\frac{dc_B}{dt} \tag{5-7}$$

式中，ν_B 为反应中任意一个参与反应的组分 B 在反应式中的化学计量系数，对反应物ν_B 取正值，对产物ν_B 取负值；n_B 为 B 的物质的量；c_B 为 B 的物质的量浓度；r 的单位为[浓度]· [时间]$^{-1}$。根据反应的快慢，时间量纲可取秒(s)、分钟(min)、小时(h)、天(d)等。

例如，反应 $N_2(g)+3H_2(g) = 2NH_3(g)$，用 N_2、H_2 和 NH_3 分别表示的反应速率及它们之间的相互关系为

$$r=-\frac{1}{1}\frac{dc(N_2)}{dt}=-\frac{1}{3}\frac{dc(H_2)}{dt}=\frac{1}{2}\frac{dc(NH_3)}{dt} \tag{5-8}$$

即

$$r=r(N_2)=\frac{1}{3}r(H_2)=\frac{1}{2}r(NH_3) \tag{5-9}$$

也可表示为

$$r=-\frac{1}{1}\frac{d[N_2]}{dt}=-\frac{1}{3}\frac{d[H_2]}{dt}=\frac{1}{2}\frac{d[NH_3]}{dt} \tag{5-10}$$

式中，方括号表示物质的量浓度。

很显然，由上式表示的反应速率与选择的物质无关，当反应物或产物的浓度都严格按照各自计量系数成比例地改变，无论用哪一个反应组分浓度变化来求算反应速率都应该是等效的。但是通常情况下我们会选择比较容易测定浓度的物质来计算反应的速率。

测定反应进行过程中不同时刻的反应浓度可以用化学方法或物理方法。化学方法是在反应进行的某一时刻取出一部分物质，并采用骤冷、冲洗、加阻化剂等方法设法使反应停止，然后进行化学分析，获得不同时刻某物质的浓度数据。物理方法是检测反应过程中与某物质浓度有关的物理量，如压力、旋光度、折射率、电导等，通过这些物理量的变化，间接得到浓度变化信息。由于这些物理量可用设备直接测定，不需要将反应停下来，且在反应过程中可以连续测定，因而在动力学研究中常使用物理方法来测定反应物或产物浓度，获得相应的动力学数据。当采用化学或物理方法测得不同反应时刻反应物(或产物)的浓度后，可绘制出浓度随时间的变化曲线(c-t 曲线)(图 5-1)，由某组分在某时刻其 c-t 曲线上的斜率($\mathrm{d[P]}/\mathrm{d}t$ 或 $\mathrm{d[R]}/\mathrm{d}t$)求得该时刻反应的瞬时速率。由也可由 c-t 曲线求得在某一时间间隔内反应的平均速率。

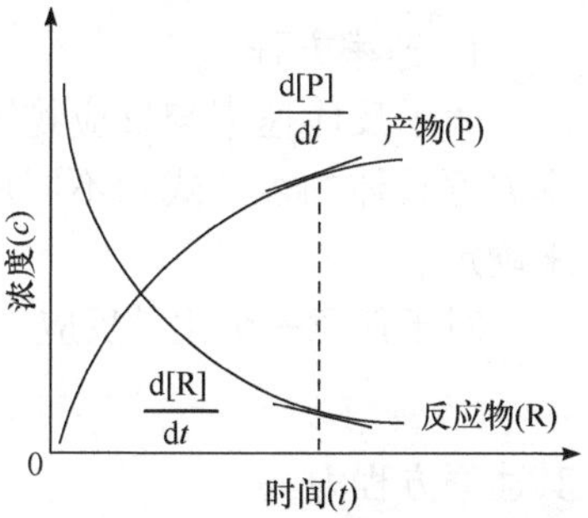

图 5-1　反应物和产物浓度随时间变化曲线

由于化学反应有可逆性，当正反应开始进行后，随之即有逆反应发生，因此实验测定的反应速率实际上是正向速率和逆向速率之差。但是有些反应逆反应速率非常小，可以看作是单向反应，这时将反应刚开始一刹那($t = 0$)的瞬时速率称为初始速率，其对动力学研究具有较为重要的意义。

2) 反应机理

化学反应过程中由反应物转变为产物所经历的具体途径或经过的中间步骤称为反应机理(或反应历程)。例如，反应 $H_2 + I_2 = 2HI$，研究发现它并不是由 H_2 和 I_2 经过直接碰撞一步就形成两分子的 HI，而是经由以下三个步骤完成：

(1) $I_2 + M \longrightarrow 2I\cdot + M$

(2) $2I\cdot \longrightarrow I_2$

(3) $H_2 + 2I\cdot \longrightarrow 2HI$

式中，M 为反应器壁或其他惰性物质，它们不参与反应，只起到传递能量的作用。

上述每个步骤都是由反应物分子经过碰撞直接一步生成产物。这种由反应物分子(或原子、离子、自由基等)直接作用生成产物的反应称为基元反应。这些基元反应代表了反应所经过的途径，也即是该反应的机理。

可见，反应的计量方程式仅表示了反应物和产物的计量关系，并不一定代表反应的历程。

3) 简单反应和复杂反应

由一个基元反应组成的总反应称为简单反应。由两个或两个以上的基元反应组成，经过若干个基元反应才能完成的反应称为复杂反应，它是多个基元反应的总和。复杂反应中表示反应物和产物之间化学计量关系的方程式称为总包反应方程式。

4) 反应分子数

在基元反应中，参加反应的分子(或原子、离子、自由基等)的数目称为反应分子数。依据反应分子数不同，基元反应可分为单分子反应(分子数为 1)、双分子反应(分子数为 2)和三分子反应(分子数为 3)，四分子以上的反应至今未被发现。

5.1.2 化学反应的速率方程

1) 速率方程

表示反应速率与反应物浓度之间定量关系的数学式称为化学反应的速率方程。速率方程具体的表达式随不同反应而异，不能由化学反应方程式直接写出，必须由实验来确定。

对于任意一个化学反应：

$$aA + bB = dD + eE$$

其速率方程为

$$r = kc_A^m c_B^n \tag{5-11}$$

式中，k为速率常数，它与反应物浓度无关，只与反应的本性及反应温度有关，其值可通过实验测定。k在数值上相当于参加反应的物质都处于单位浓度时的反应速率，又称为反应的比速率，其数值直接反映了速率的快慢。速率方程中浓度项的指数 m 和 n 分别称为反应物 A 和 B 的反应级数，总的反应级数为各反应物的级数之和($m+n$)。反应级数的数值大小反映了各反应物浓度对速率的影响程度，它们由实验测得。

例如，对于过二硫酸铵[$(NH_4)_2S_2O_8$]和碘化钾(KI)在水溶液中发生的氧化还原反应：

$$S_2O_8^{2-} + 3I^- = 2SO_4^{2-} + I_3^-$$

由表 5-1 中实验数据可知，反应速率与$S_2O_8^{2-}$和I^-初始浓度(c_0)均呈正比关系，因而其动力学方程为

$$r = -\frac{dc(S_2O_8^{2-})}{dt} = kc(S_2O_8^{2-})c(I^-) \tag{5-12}$$

这个反应对于$S_2O_8^{2-}$来说是一级的，对于I^-来说也是一级的，反应总级数等于 2。

表 5-1　$S_2O_8^{2-} + 3I^- = 2SO_4^{2-} + I_3^-$ 的反应速率(室温)

$c_0(S_2O_8^{2-})$ /(mol·L^{-1})	$c_0(I^-)$ /(mol·L^{-1})	$r = -\frac{dc(S_2O_8^{2-})}{dt}$ /(mol·L^{-1}·s^{-1})
0.038	0.060	1.4×10^{-5}
0.076	0.060	2.8×10^{-5}
0.076	0.030	1.4×10^{-5}

在确定一个化学反应的速率方程时，需要注意以下两点：

(1) 当反应物为纯固态、液态物质时，它们的浓度不写入速率方程中。例如

$$C(s) + O_2(g) = CO_2(g)$$

O_2 只是在固体 C 的表面进行反应，而反应系统内固体物质的表面积是一个常数，反应速率与 C(s)浓度无关，该反应的速率方程为$r = kc(O_2)$。

(2) 若溶剂也参与反应，且反应物为稀溶液时，可认为大量存在的溶剂其浓度几乎不变，因此溶剂浓度也不写入速率方程式中。例如，稀的蔗糖溶液水解：

$$C_{12}H_{22}O_{11}(\text{蔗糖}) + H_2O \longrightarrow C_6H_{12}O_6(\text{葡萄糖}) + C_6H_{12}O_6(\text{果糖})$$

其速率方程为 $r = kc(C_{12}H_{22}O_{11})$。

2) 质量作用定律

实验研究表明在一定的温度下，基元反应的速率与反应物浓度(或分压)以反应式中各反应物质的化学计量系数为指数的幂的连乘积成正比，这个规律称为质量作用定律。

例如，对于如下的基元反应：

$$NO_2 + CO \Longrightarrow NO + CO_2$$

其速率方程为

$$r = kc(NO_2)c(CO) \tag{5-13}$$

同样，根据质量作用定律对于复杂反应 $H_2 + I_2 \Longrightarrow 2HI$ 中的(1)～(3)基元步骤有

(1)　$r \propto c(I_2)c(M)$　或　$r = k_1c(I_2)c(M)$

(2)　$r \propto c(I\cdot)^2$　或　$r = k_2c(I\cdot)^2$

(3)　$r \propto c(H_2)c(I\cdot)^2$　或　$r = k_3c(H_2)c(I\cdot)^2$

值得注意的是质量作用定律仅适用于基元反应。通常所写的化学方程式绝大多数并不代表反应真正的历程，而仅代表反应的总结果。也就是说，对于复杂反应不能直接由其计量式得到动力学方程，而需要通过实验、设计反应历程来建立相关函数关系式。

例如，对于 Cl_2 和 Br_2 与 H_2 之间的反应，虽然它们的反应计量式与 I_2 相同，但是由于所经历的反应历程不同，其相应的动力学方程也大相径庭。

$$H_2 + Cl_2 \longrightarrow 2HCl \qquad r = kc(H_2)c(Cl_2)^{1/2} \tag{5-14}$$

$$H_2 + Br_2 \longrightarrow 2HBr \qquad r = \frac{kc(H_2)c(Br_2)^{1/2}}{1 + k'c(HBr)c(Br_2)} \tag{5-15}$$

应该指出的是，并不是所有的化学反应都满足于简单的幂函数关系式，而是幂函数的多项式。例如，对于上述 H_2 与 Br_2 的反应，式中，k 和 k' 都是经验参数，该反应对于 H_2 是一级反应，而对于 Br_2 和 HBr 就不具有简单的关系，因此该反应也就不具有简单的总级数。

这里我们还需要区分反应级数和反应分子数这两个概念。反应级数是对宏观的总反应而言的，它可以是整数、分数、零或负数等不同的形式，有时甚至无法用简单的数字来表示。而反应分子数是对微观的基元反应而言的，它的数值只能是不大于 3 的正整数。对于一个指定的基元反应而言，反应的分子数有确定的数值，而反应的级数由于反应条件不同而有可能不同。

5.2　简单级数反应的动力学特征

一些反应具有简单的反应级数，称为具有简单级数的反应。它们可能是基元反应，也可能是复杂反应，但是只要该反应具有简单的级数，它就具有该级数的所有特征。下

面我们将讨论反应级数为零、一、二的简单级数反应的动力学特征。

5.2.1　零级反应

反应级数为零的反应称为零级反应，零级反应中反应的速率与反应参与物浓度无关。对于任意一零级反应：

$$a\mathrm{A} \longrightarrow \text{产物}$$

其速率方程表示为

$$r = -\frac{1}{a}\frac{\mathrm{d}c_{\mathrm{A}}}{\mathrm{d}t} = k \tag{5-16}$$

设起始态 $t=0$ 时 A 物质的浓度为 c_{A_0}、t 时刻 A 物质的浓度为 c_{A}，对上式求定积分

$$\int_{c_{\mathrm{A}_0}}^{c_{\mathrm{A}}} \mathrm{d}c_{\mathrm{A}} = -ak\int_0^t \mathrm{d}t$$

得

$$c_{\mathrm{A}_0} - c_{\mathrm{A}} = akt \tag{5-17}$$

由式(5-17)可知，零级反应中 c_{A} 与 t 呈直线关系，速率常数 k 的单位为[浓度]·[时间]$^{-1}$。

半衰期是指反应物浓度减少为初始浓度一半所需要的时间，用 $t_{1/2}$ 表示。将 $c_{\mathrm{A}} = c_{\mathrm{A}_0}/2$ 代入式(5-17)可求出零级反应的半衰期：

$$t_{1/2} = \frac{1}{a}\frac{c_{\mathrm{A}_0}}{2k} \tag{5-18}$$

零级反应转化率和时间之间的关系式为

$$c_{\mathrm{A}_0}\alpha = akt \tag{5-19}$$

很多在表面上进行的反应都是零级反应，如 N_2O 在 Au 表面上的热分解反应：

$$2\mathrm{N_2O} \xrightarrow{\mathrm{Au}} 2\mathrm{N_2} + \mathrm{O_2}$$

该反应是在 Au 表面上进行，由于催化剂表面的活性位点有限，当活性位点已被 N_2O 饱和时，再增加气相中 N_2O 的浓度对反应速率没有影响，呈现出零级反应特征。此外，一些酶的催化反应，光敏反应也是零级反应。

5.2.2　一级反应

反应级数为 1 的反应称为一级反应。一级反应中，反应速率与反应物浓度的一次方成正比。常见的一级反应有放射性元素的衰变、分子内部的重排、高分子物质的裂解反应等。对于任意一个一级反应：

$$a\mathrm{A} \longrightarrow \text{产物}$$

其速率方程可写为

$$r = -\frac{1}{a}\frac{\mathrm{d}c_{\mathrm{A}}}{\mathrm{d}t} = kc_{\mathrm{A}} \tag{5-20}$$

设起始态 $t = 0$ 时 A 物质的浓度为 c_{A_0}、t 时刻 A 物质的浓度为 c_{A}，对式(5-20)求定积分：

$$\int_{c_{A_0}}^{c_A}\frac{dc_A}{c_A}=-ak\int_0^t dt$$

得
$$\ln c_{A_0}-\ln c_A=akt \tag{5-21}$$

或
$$\lg c_{A_0}-\lg c_A=\frac{ak}{2.303}t \tag{5-22}$$

将 $\ln c_A$ 对 t 作图会得到一条直线，其斜率为 $-ak$ 、截距为 $\ln c_{A_0}$。

例如，偶氮甲烷的分解反应 $CH_3N_2CH_3(g) \longrightarrow CH_3CH_3(g)+N_2(g)$ 为一级反应，在 600K 时测得 $CH_3N_2CH_3(g)$ 分压随时间变化的数据列于表 5-2。

表 5-2　偶氮甲烷的分解反应速率(600K)

t/s	0	1000	2000	3000	4000
$p/(10^{-2}$Torr)	8.20	5.72	3.99	2.78	1.94
$\ln(p/p_0)$	0	−0.360	−0.720	−1.082	−1.441

注：1Torr = 133.32 Pa；p_0 为初始压力。

将 $CH_3N_2CH_3(g)$ 分解反应的 (p/p_0)-t 作图得到一条曲线[图 5-2(a)]。而将 $\ln(p/p_0)$-t 作图得一条直线[图 5-2(b)]，由其斜率可得 600K 时该反应的速率常数 k 为 $3.6\times10^{-4}s^{-1}$ 。

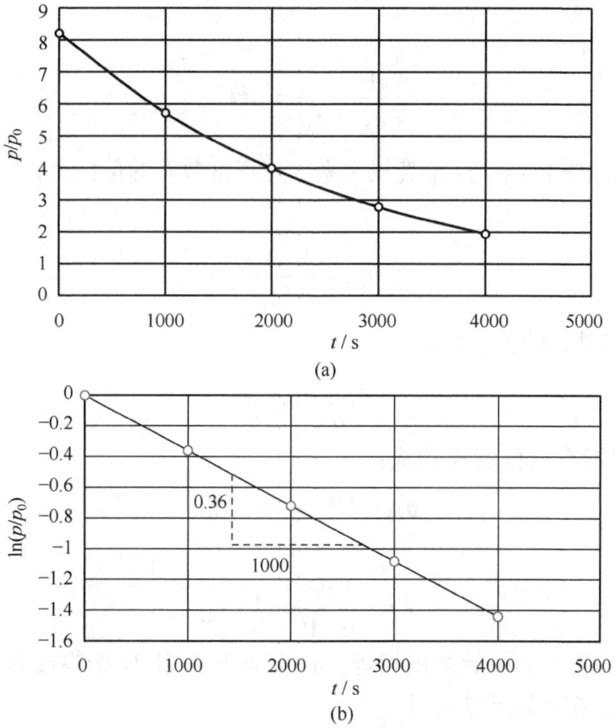

图 5-2　$CH_3N_2CH_3(g)$ 分解反应的 (p/p_0)-t 图和 $\ln(p/p_0)$-t 图

一级反应的半衰期为

$$t_{1/2}=\frac{\ln 2}{ak} \tag{5-23}$$

可见，$t_{1/2}$ 由速率常数决定，而与反应物的浓度无关。

同样，由一级反应 $\ln c_A$ 与 t 之间的线性关系式可得到转化率 α 与浓度之间的关系为

$$\ln\frac{1}{1-\alpha}=akt \tag{5-24}$$

5.2.3 二级反应

反应级数为 2 的反应称为二级反应。二级反应中，反应速率与反应物浓度的二次方成正比。对于任意一个二级反应：

$$aA \longrightarrow \text{产物} \qquad (\text{类型 I})$$

其速率方程表示为

$$r=-\frac{1}{a}\frac{dc_A}{dt}=kc_A^2 \tag{5-25}$$

设起始态 $t = 0$ 时的 A 物质的浓度为 c_{A_0} 、t 时刻 A 物质的浓度为 c_A ，对上式求定积分：

$$\int_{c_{A_0}}^{c_A}\frac{dc_A}{c_A^2}=-ak\int_0^t dt$$

得

$$\frac{1}{c_A}-\frac{1}{c_{A_0}}=akt \tag{5-26}$$

可知，二级反应中 $1/c_A$ 与 t 呈直线关系。速率常数 k 的单位为 $[\text{浓度}]^{-1}\cdot[\text{时间}]^{-1}$ 。反应的半衰期为

$$t_{1/2}=\frac{1}{a}\frac{1}{kc_{A_0}} \tag{5-27}$$

反应的转化率(α)与时间的关系式：

$$\frac{\alpha}{1-\alpha}=ac_{A_0}kt \tag{5-28}$$

二级反应也可能有这样的表达式：

$$aA+bB \longrightarrow \text{产物} \qquad (\text{类型 II})$$

其速率方程表示为

$$r=-\frac{1}{a}\frac{dc_A}{dt}=kc_Ac_B \tag{5-29}$$

若 $a=b$ 且 A 和 B 的初始浓度相等，在反应中 A 和 B 始终按等计量进行反应，即任意时刻 $c_A=c_B$ ，则等同于类型 I 。

若 $a\neq b$ ，但初始浓度满足于 $\frac{c_{A_0}}{c_{B_0}}=\frac{a}{b}$ 的比例关系，则任意 t 时刻满足 $\frac{c_A}{c_B}=\frac{a}{b}$ ，即

$c_B=\frac{b}{a}c_A$。将其代入速率方程式(5-29)中可得

$$r=-\frac{1}{a}\frac{dc_A}{dt}=k\frac{b}{a}c_A^2 \tag{5-30}$$

进行积分后可得

$$\frac{1}{c_A}-\frac{1}{c_{A_0}}=bkt \tag{5-31}$$

反应的半衰期为

$$t_{1/2}=\frac{1}{b}\frac{1}{kc_{A_0}} \tag{5-32}$$

这些结果与反应类型 I 类似，只是用计量系数 b 代替了式(5-26)～式(5-28)中的计量系数 a。

5.3　温度对反应速率的影响

温度对反应速率的影响非常显著，对于大多数反应来说，温度越高反应速率越快，反之，温度越低反应速率越慢。实验表明总反应的速率与温度的关系，大致可以用以下几种示意图(图 5-3)来表示。

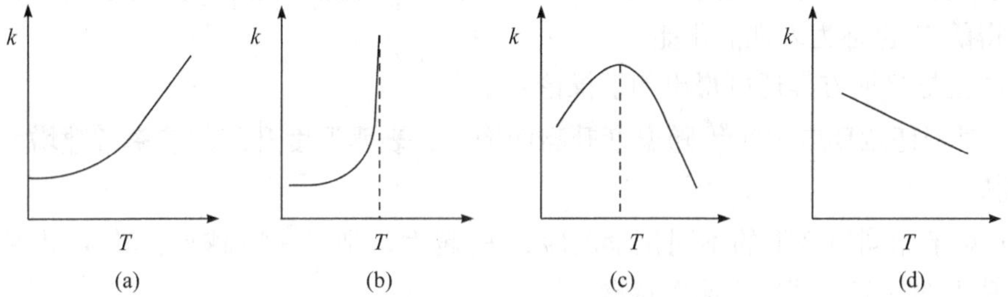

图 5-3　温度对反应速率影响的几种类型

类型(a)中，反应速率常数随温度增加呈指数增加，大多数反应属于这种情况。类型(b)为总包反应中含有爆炸型的反应，在低温时反应进行得较慢，当温度升高到某一临界值时，反应速率迅速增大，以致引起爆炸。类型(c)常在一些受吸附速率控制的多相催化反应中出现。在温度不太高的情况下，反应速率随温度增加而增大，但是达到某一高度后如果再升高温度反应速率将会下降。这可能是高温对反应催化剂有不利影响。例如，酶催化反应，当温度升高到一定程度，酶就会失活。类型(d)较为少见，如一氧化氮氧化为二氧化氮就属于这种类型，这是由于反应中存在一强放热的可逆反应。

范特霍夫根据实验事实总结出一条经验规则：对于大多数反应，温度每升高 10K，反应速率增大 2～4 倍。

$$\frac{k_{T+10}}{k_T}=2\sim4 \quad 或 \quad \frac{k_{T+10n}}{k_T}=(2\sim4)^n \tag{5-33}$$

式中，k_T、k_{T+10} 和 k_{T+10n} 分别为温度为 T K、$T+10$K 和 $T+10n$K 时的速率常数。当温度变化不大，且不需要准确数据时，可用此规则粗略估算温度对反应速率的影响。

1889 年瑞典科学家阿伦尼乌斯(S. Arrhenius)根据化学平衡常数与温度的关系，结合大量实验数据提出了反应速率与温度之间的经验关系式，即阿伦尼乌斯方程：

$$k = A\mathrm{e}^{-E_a/RT} \tag{5-34}$$

或

$$\ln k = -\frac{E_a}{R}\times\frac{1}{T}+\ln A \tag{5-35}$$

或

$$\lg k = -\frac{E_a}{2.303R}\times\frac{1}{T}+\lg A$$

式中，A 称为指前因子，具有与 k 相同的量纲，其与反应物分子间发生碰撞的频率有关，也称为频率因子。不同的反应，A 有不同的数值；R 为摩尔气体常量；E_a 为实验活化能。当温度变化范围不大时，E_a 和 A 可当作常数处理。

由上式可知 $\ln k$ 与 $1/T$ 呈直线关系，其斜率为 $-E_a/T$。因此，可由实验测得不同温度时反应的速率常数 k，通过作图法获得直线斜率和截距，并进而求得 E_a 和 A。E_a 是宏观物理量，具有宏观平均统计意义，对基元反应而言，E_a 等于活化分子的平均能量与反应物分子平均能量之差；对于复杂反应，E_a 的直接物理意义就模糊了，因此由实验求得的 E_a 也称为表观活化能。

由阿伦尼乌斯方程还可得出如下推论：

(1) 对于任意反应 $\mathrm{e}^{-E_a/RT}$ 随温度升高而增大，表明温度升高，速率常数增大，反应速率加快。

(2) 对于相同温度下的不同化学反应，E_a 越大，则 $\mathrm{e}^{-E_a/RT}$ 越小，其 k 也越小，即活化能越大的反应，其反应速率越慢。

(3) 温度的改变对不同反应的速率影响不同。当温度变化相同时，对 E_a 较大的反应，k 的变化也较大，即改变相同的温度，对具有较大活化能反应的速率影响较大。

当温度变化范围不大时，视 E_a 为常数，若反应在温度为 T_1 时的速率常数为 k_1，反应在温度为 T_2 时的速率常数为 k_2，可得

$$\ln\frac{k_2}{k_1} = \frac{E_a}{R}\left(\frac{1}{T_1}-\frac{1}{T_2}\right) \tag{5-36}$$

或

$$\lg\frac{k_2}{k_1} = \frac{E_a}{2.303R}\left(\frac{1}{T_1}-\frac{1}{T_2}\right) \tag{5-37}$$

【例 5-1】 环氧乙烷 $(CH_2)_2O$ 是一种重要的石化产品，其热分解反应为一级反应，该反应的活化能为 $217.57\mathrm{kJ\cdot mol^{-1}}$，652K 时测得其半衰期为 363min。根据上述数据估算在 723K 时欲使 75%的 $(CH_2)_2O$ 分解，需要多长时间。

解 对于一级反应有 $k=\frac{\ln 2}{t_{1/2}}$，可得

$$k_{652}=\frac{\ln 2}{t_{1/2}}=\frac{0.693}{363}=1.9\times10^{-3}\ \text{min}^{-1}$$

由

$$\ln\frac{k_2}{k_1}=\frac{E_a}{R}\left(\frac{1}{T_1}-\frac{1}{T_2}\right)$$

代入数据得

$$\ln\frac{k_{723}}{1.9\times10^{-3}}=\frac{217.57\times10^3}{8.314}\left(\frac{1}{652}-\frac{1}{723}\right)$$

解得

$$k_{723}=0.101\text{min}^{-1}$$

由公式 $\ln\frac{1}{1-\alpha}=akt$，代入数据得

$$\ln\frac{1}{1-75\%}=0.101\times t$$

解得

$$t=13.7\,\text{min}^{-1}$$

5.4 基元反应的速率理论

5.4.1 简单碰撞理论

碰撞理论是一种最早的反应速率理论，它将反应物分子当作没有内部结构的刚性硬球，认为反应物分子必须相互碰撞才有可能发生反应，反应的快慢与单位时间内碰撞次数成正比。当增加反应物浓度或升高反应温度，碰撞次数增多，反应也会加快。但并非分子之间每次碰撞都能生成产物，只有当它们具有足够的动能且在空间具有合适的方位，在碰撞时反应物分子内的化学键才能发生重组，由反应物生成产物。这种能够发生化学反应的碰撞称为有效碰撞。发生有效碰撞必须具备两个条件：

(1) 反应物分子要有足够的动能，这样它们才能克服分子之间的排斥力而相互充分靠近。

(2) 碰撞时要有恰当的取向。如若分子碰撞时方位不恰当，即使分子具有的能量再高，反应也不会发生。例如，CO 与 NO_2 发生反应生成 NO 和 CO_2，只有图 5-4(d)所示的碰撞才是有效碰撞。

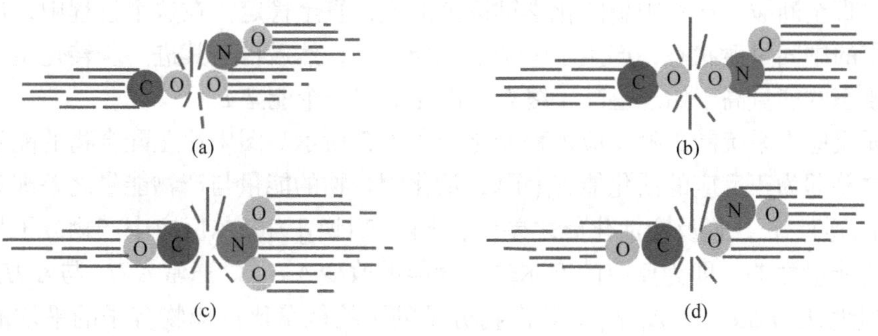

图 5-4 分子碰撞示意图

反应中具有较大动能并能发生有效碰撞的分子称为活化分子，活化分子具有的最低能量与反应物分子的平均能量之差称为化学反应的活化能。在一定的温度下，反应速率主要受活化能的影响，活化能越小，则活化分子数越多，反应就越快。化学反应的活化能多与化学键的断裂能量相近，为 40~400kJ·mol^{-1}。当活化能小于 40kJ·mol^{-1}，反应速率通常较快，当活化能高于 400kJ·mol^{-1}，反应速率较慢。对于一般的化学反应，当增加反应物浓度时，反应速率会加快，其实质是增加了反应物分子中活化分子的数目。

若 A、B 分子的摩尔质量分别 M_A 和 M_B，它们的半径分别为 r_A 和 r_B，将这两个分子看成是刚性小球，由简单碰撞理论推导可得出双分子反应 $A + B \longrightarrow$ 产物 的速率常数公式：

$$k_c^{AB} = \pi L(r_A + r_B)^2 \sqrt{\frac{8RT}{\pi}\left(\frac{M_A + M_B}{M_A M_B}\right)} e^{-\frac{E_c}{RT}} \tag{5-38}$$

式中，E_c 为发生反应的临界阈能，与阿伦尼乌斯方程中活化能 E_a 相等。

由此还可推出指前因子的具体表达式：

$$A_{计} = \pi L(r_A + r_B)^2 \sqrt{\frac{8RT}{\pi}\left(\frac{M_A + M_B}{M_A M_B}\right)} \tag{5-39}$$

碰撞理论揭示了指前因子 A 是与单位时间、单位体积内分子的碰撞次数有关的一个物理量。由于在简单碰撞理论中只是考虑了能量因素，对于一些复杂分子间的反应，由上述公式计算得到的指前因子与实验相差较大，因此还需要引入方位因子 P 加以校正。但是很多时候碰撞理论无法预测方位因子，因此该理论的应用存在较大局限。

$$A_{实} = A_{计} P$$

5.4.2 过渡态理论

随着对原子、分子内部结构认识的不断深入，20 世纪 30 年代人们提出了反应速率的过渡态理论。它认为反应物分子的形状和内部结构的变化不仅是在碰撞的一瞬间才发生，而是在彼此相互靠近时就已经开始。当反应物分子相互靠近时，原有的化学键逐渐被削弱，直至断裂，产物中新的化学键逐渐形成，直至稳定。在这个过程中，形成了一个不稳定的中间过渡状态，产生了一个活化配合物，然后再由其进一步转化生成产物。由于过渡态的能量高于始态也高于终态，因此形成一个能垒 E_a。

基元反应中系统能量随反应进程变化如图 5-5 所示。图中活化配合物的能量与反应物能量之差即为正反应的活化能 E_a(正)，活化配合物的能量与产物能量之差即为逆反应的活化能(逆)。正、逆反应活化能之差 $[E_a(正) - E_a(逆)]$ 为摩尔反应中产物分子与反应物分子平均能量之差，即为反应的摩尔热力学能的改变 $\Delta_r U_m$。通常 $\Delta_r U_m$ 与 $\Delta_r H_m$ 相差较小，近似地认为 $\Delta_r U_m \approx \Delta_r H_m$。若产物分子的平均能量比反应物分子的平均能量低，多余的能量将在反应过程中以热的形式放出，这样的反应为放热反应；反之，则为吸热反应。

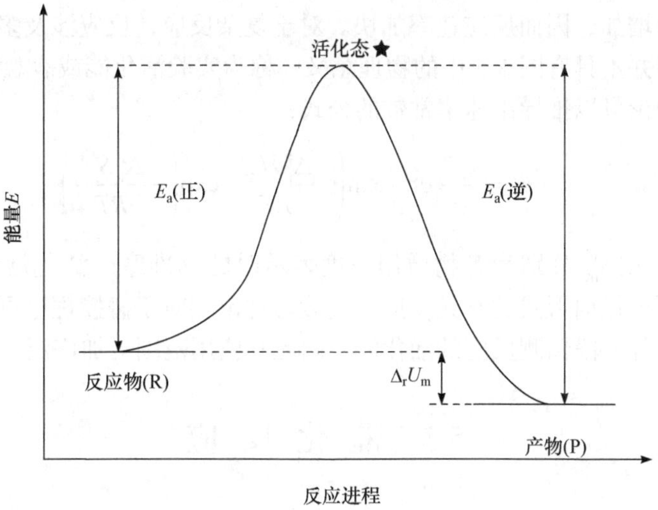

图 5-5　活化能的物理意义

以 NO_2 和 CO 反应生成 NO 和 CO_2 为例(图 5-6)，当 NO_2 和 CO 相互靠近时，N—O 键逐渐削弱，同时 C—O 键相互作用逐渐增强，形成了一过渡态结构。

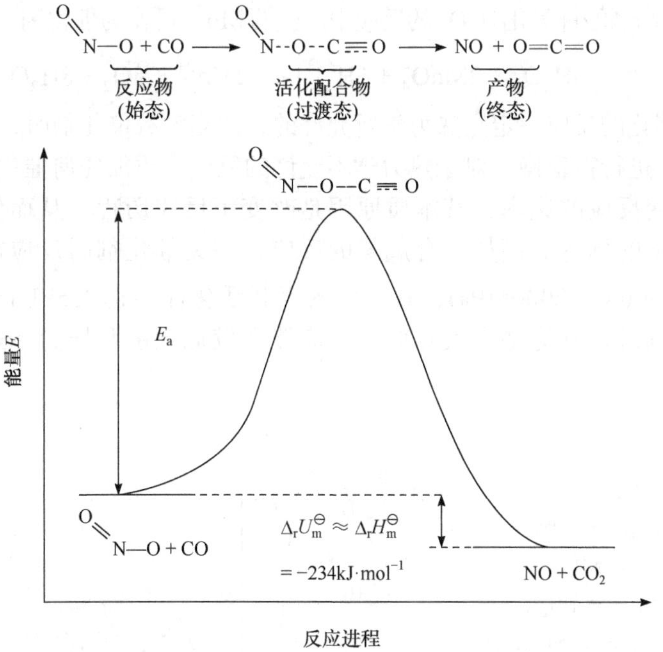

图 5-6　反应 $NO_2 + CO$══$NO + CO_2$ 中过渡态位能示意图

对于基元反应，活化能有明确的物理意义。为使反应进行，反应物分子应首先获得能量达到较高的活化态，处于活化态的分子(活化分子)克服分子间排斥力发生碰撞，使得旧键削弱，形成产物分子的新键。而活化能即是活化分子平均能量与普通分子平均能量之差。对于指定反应，随着温度升高，分子平均能量升高，活化分子数目增加，分子间有效碰撞次数增加，因而反应速率加快。对于复杂反应，反应涉及多个基元步骤，实验测定的活化能并不具有图 5-5 中的物理意义，称为实验活化能或表观活化能。

由过渡态理论可以推导出速率常数的公式：

$$k_c = \frac{k_B T}{h} c^{\ominus^{-1}} \exp\left(-\frac{\Delta_r^{\neq} H_m^{\ominus}}{RT}\right) \exp\left(-\frac{\Delta_r^{\neq} S_m^{\ominus}}{RT}\right)$$

式中，$\Delta_r^{\neq} H_m^{\ominus}$ 和 $\Delta_r^{\neq} S_m^{\ominus}$ 分别为各物质用浓度表示时的标准摩尔活化焓和标准摩尔活化熵。该公式适用于任何形式的基元反应。过渡态理论相对于碰撞理论更加精确，而且可以通过量子化学等手段预测反应的活化能，因此其应用范围更加广泛。

5.5　催 化 反 应

化学反应中能改变反应速率而不改变反应平衡，本身的性质和质量在反应前后均不发生改变的物质称为催化剂。能加快反应速率的催化剂称为正催化剂，而减慢反应速率的催化剂称为负催化剂(或抑制剂)。催化剂的特殊作用称为催化作用。有些反应的某个产物就是这个反应的催化剂，这种催化剂称为自身催化剂，这一现象称为自身催化现象。例如，在高锰酸钾氧化 H_2O_2 的反应中产生的 Mn^{2+} 可作为催化剂，促进反应进行。

$$5H_2O_2 + 2MnO_4^- + 6H^+ = 2Mn^{2+} + 5O_2 + 8H_2O$$

催化剂能催化的反应一定是热力学所允许的，即当没有催化剂时，这个反应依然可以进行，只不过进行得很慢。对于热力学不允许的反应，添加任何催化剂都是徒劳的。催化剂能够改变反应的速率，其本质原因是改变了反应历程，从而使反应的活化能降低，加速平衡的到达。例如，合成氨的反应，在无催化剂时反应需要在高温、高压下才能进行(400℃，2000MPa)，其反应的表观活化能高达 $335kJ \cdot mol^{-1}$ 。当采用铁触媒作为催化剂时，其能垒大大降低，反应能在较低温度和压力下进行。反应机理如图 5-7 所示。

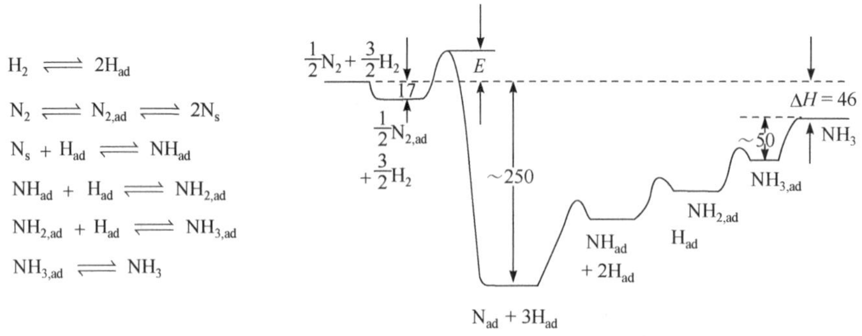

图 5-7　合成氨反应机理图

单位：$kJ \cdot mol^{-1}$

根据催化作用的特点，催化反应可以分成均相催化反应和多相催化反应两大类。

1) 均相催化

催化剂与反应物形成均相系统的催化作用称为均相催化。在液相或气相中进行的催化反应多属于均相催化反应，如均相酸碱催化、均相配位催化、酶催化等。均相催化反应选择性较高、副反应也较少，但是存在催化剂难以分离、回收和再生等问题。

2) 多相催化

催化剂与反应物处于不同相态，在两相界面上发生的催化过程称为多相催化。工业生产中采用的多相催化剂大多是固态催化剂，其通过吸附作用使得反应物分子被活化。这个过程的活化能大大低于未催化时的活化能，因而反应速率会加快。催化剂表面易于发生化学吸附的部位称为活性位点。由于催化剂活化中心的几何排布不同，其化学价的不饱和程度也不同，因而不同催化剂对不同的化学反应呈现出不一样的催化活性。

3) 酶催化

酶是指具有生物催化功能的生物大分子，生物体内许多化学反应必须在酶的作用下才能够进行，它对生命活动具有重要的意义。除此之外，酶在人类的生产生活中也扮演着重要的角色，如酿酒、发酵等。在酶的催化作用下，其与底物结合生成中间配合物(酶-底物复合体)，改变了反应路径，使得能垒大大降低(图 5-8)。除具备一般催化剂的特点外，酶还具有以下特征：

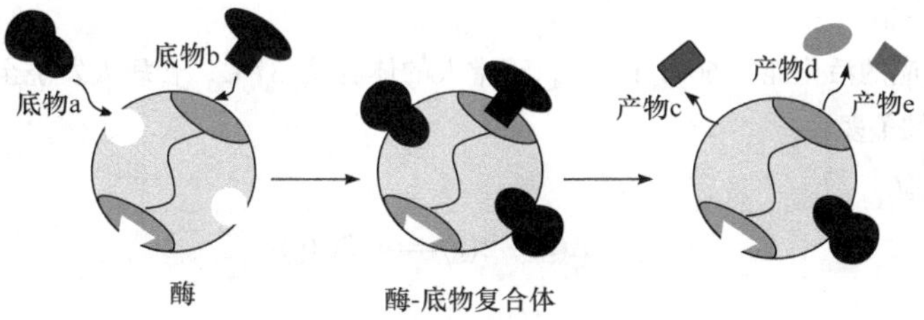

图 5-8　酶催化作用示意图

(1) 高度专一性。一种酶只能作用于某一种或某一类物质，促进其进行一定的化学反应。例如，脲酶，它只能催化尿素水解成 NH_3 和 CO_2，而不能催化甲基尿素水解。人们通常用锁-钥模型(或诱导-契合模型)来解释酶的专一性。

(2) 高催化活性。对于同一反应而言，酶的催化活性比非酶催化高 10^6～10^{10} 倍。例如，蛋白质的水解消化反应，在体外需用强酸或强碱，并煮沸相当长时间才能完成；但是食物中的蛋白质在酸碱性都不太强、温度仅为 37℃的人体内几小时就能被消化，其原因就是消化液中有蛋白酶等催化的结果。

(3) 对反应的 pH 和温度有较为严格的要求，只有在一定的 pH 范围及一定的温度范围内才具有催化活性。酶的分子中具有许多能解离的基团，当溶液的 pH 发生改变时，将改变酶的存在形式，并因此影响酶的活性。

习　题

1. 反应速率常数的意义是什么？哪些因素会影响反应的速率？

2. 什么是基元反应？什么是复杂反应？零级反应是否是基元反应？具有简单级数的反应是否是基元反应？

3. 一个反应在相同起始浓度不同反应温度时：

(1) 反应速率是否相同？

(2) 反应速率常数是否相同？

(3) 反应级数是否相同？

(4) 反应活化能是否相同？

4. 根据范特霍夫经验规则“温度每增加 10K，反应速率增加 2～4 倍”。在 298～308K 的温度区间，服从此规则的化学反应的活化能 E_a 的范围为多少？

5. 若基元反应 $A \longrightarrow 2B$ 的活化能为 E_a，而 $2B \longrightarrow A$ 的活化能为 E_a'，则

(1) 加入催化剂后，E_a 和 E_a' 各有什么变化？

(2) 加入不同催化剂对 E_a 和 E_a' 影响是否相同？

(3) 提高反应温度，E_a 和 E_a' 各有什么变化？

(4) 改变起始温度后，E_a 有什么变化？

6. 合成氨是工业生产中的一个重要反应。实验研究表明 773K 不加催化剂时反应的活化能约为 $326\text{kJ}\cdot\text{mol}^{-1}$，使用铁触媒作为催化剂时，其反应活化能降低至 $175\text{kJ}\cdot\text{mol}^{-1}$。试求加催化剂反应速率增加到了原来的多少倍。

7. 某酶催化反应的活化能是 $60\text{kJ}\cdot\text{mol}^{-1}$，正常人的体温是 37℃，若病人发烧至 39.5℃，酶催化反应的催化速率增加了多少？

8. 对于下列反应

$$A(g) + B(g) \Longrightarrow 2C(g)$$

已知如下动力学数据：

实验编号	$c_0(A)/(\text{mol}\cdot\text{L}^{-1})$	$c_0(B)/(\text{mol}\cdot\text{L}^{-1})$	$r_0/(\text{mol}\cdot\text{L}^{-1}\cdot\text{s}^{-1})$
①	0.20	0.30	4.0×10^{-4}
②	0.20	0.60	7.9×10^{-4}
③	0.40	0.60	1.1×10^{-3}

试分别推导出反应对于 A 和 B 的反应级数，写出反应的速率方程，并求出反应的速率常数。

9. 将含有相同物质的量的 A 溶液和 B 溶液等体积混合，发生 $A + B \longrightarrow C$。反应发生 1.0h 后，A 消耗了 75%，当反应发生 2.0h 时，在下列下有多少未反应？

(1) 反应对 A、B 均为零级；

(2) 反应对 A 为一级，对 B 为零级；

(3) 反应对 A、B 均为一级。

10. 某抗生素在人体血液中分解呈现简单级数反应，如果给患者在上午 8 点注射一针抗生素，然后在不同时刻 t 测定抗生素在血液中的质量浓度 ρ[质量浓度单位以 $\text{mg}\cdot(100\text{cm}^{-3})^{-1}$ 表示]，得到如下数据：

t/h	4	8	12	16
ρ	0.480	0.326	0.222	0.151

试计算：

(1) 该反应的级数；

(2) 该反应的速率常数及半衰期；

(3) 若抗生素在血液中的质量浓度不低于 $0.370\,mg\cdot(100cm^{-3})^{-1}$ 才为有效，应该注射第二针的时间。

11. 蔗糖水解的反应 $C_{12}H_{22}O_{11} + H_2O \longrightarrow C_6H_{12}O_6$(葡萄糖)$+ C_6H_{12}O_6$(果糖)其活化能为 $110kJ\cdot mol^{-1}$，298K 时其半衰期为 $1.22\times10^4 s$。试写出该反应的速率方程，并计算 308K 时反应的速率常数。

12. 在相同温度时，五个基元反应的正、逆反应活化能数据如下：

基元反应	正反应活化能/($kJ\cdot mol^{-1}$)	逆反应活化能/($kJ\cdot mol^{-1}$)
A	90	35
B	10	30
C	42	45
D	30	90
E	15	35

(1) 正反应为吸热反应的是(　　　　)；

(2) 放热最多的反应是(　　　　)；

(3) 正反应速率常数最大的反应是(　　　　)；

(4) 反应可逆性最大的反应是(　　　　)；

(5) 正反应的速率常数 k 随温度变化最大的反应是(　　　　)。

13. 实验测得温度为 310K 时鲜牛奶约经 4h 会变酸，若将牛奶放在 285K 温度下则可保存 40h 不变质，根据以上数据计算牛奶变酸反应的活化能。

14. 目前测得天然铀矿中 ^{238}U 与 ^{235}U 的比例是 139∶1。已知 ^{238}U 与 ^{235}U 衰变反应的速率常数分别为 1.52×10^{-10} 年及 2.34×10^{-10} 年，则在 20 亿年前，^{238}U 与 ^{235}U 的比例是多少？

15. 已知气相反应 $2A(g) = 2B(g) + D(g)$ 的半衰期与反应物初始压力成反比，在 1000K 下，A 的初始压力为 48.0kPa 时测得其半衰期为 212s，试计算 1000K 时，将初始压力为 53.3kPa 的 A 放入真空容器中，使得总压达到 64.0kPa 所需要的时间。

16. 气相反应 $2SO_2 + O_2 = SO_3$，反应在 t 时刻时 O_2 的消耗速率为 $6.36mol\cdot L^{-1}\cdot h^{-1}$，此时 SO_2 的消耗速率、SO_3 的生成速率及该反应的速率各是多少？

17. $2ICl + H_2 = 2HCl + I_2$ 的反应历程为

(1) $H_2 + ICl \longrightarrow HI + HCl$

(2) $ICl + HI \longrightarrow HCl + I_2$

试推导速率方程式。

18. NH_3 在热的钨丝表面上发生分解反应，$p_0(NH_3)$为 NH_3 的初始压力，1110℃下测得如下数据：

p_0 (NH_3)/kPa	$t_{1/2}$/min
35.3	7.6
17.3	3.7
7.73	1.7

试证明该反应为零级反应，并求算反应的速率常数。

19. C_2H_5Cl 气相分解反应为一级反应，在温度范围 671～768K 测得其速率常数与反应温度的关系式为

$$\lg k(s^{-1}) = -13290/(T/K) + 14.6$$

(1) 求反应的 E_a 和 A；

(2) 在 700K 时，将 C_2H_5Cl 通入一反应容器使得其起始压力为 26664.5Pa，需要多长时间反应容器中的压力变为 46662.8Pa。

第 6 章　电解质溶液

6.1　强电解质溶液理论

6.1.1　离子氛和离子强度

世界的物质具有多样性，我们将其中一类在熔融状态或溶解于水中形成溶液能够导电，也能被电流分解的物质称为电解质。电解质溶液在水分子的作用下能够解离出带电荷的离子，解离出的离子浓度越大，溶液的导电能力也就越强。根据阿伦尼乌斯电离学说，通常认为强酸(如 HCl 、H_2SO_4 等)、强碱(NaOH、KOH 等)及大部分盐类[如 NaCl、Na_2SO_4、$Cu(NO_3)_2$ 等]在水溶液中完全解离，即这些物质溶解后完全以水合离子形式存在，而无溶质分子，我们将这类物质称为强电解质。

$$HCl = H^+(aq) + Cl^-(aq)$$

$$NaOH = Na^+(aq) + OH^-(aq)$$

$$NaCl = Na^+(aq) + Cl^-(aq)$$

而像弱酸(如 HAc、HCN、H_2S 等)、弱碱(如 $NH_3 \cdot H_2O$ 等)在水溶液中只有小部分发生解离，大部分还是以分子形式存在，我们将这类物质称为弱电解质。对弱电解质来说，在水溶液中，未解离的分子与离子之间建立平衡：

$$HAc(aq) \rightleftharpoons H^+(aq) + Ac^-(aq)$$

$$NH_3 \cdot H_2O(aq) \rightleftharpoons NH_4^+(aq) + OH^-(aq)$$

弱电解质的解离程度可用解离度来表示。解离度指弱电解质在溶液中达到解离平衡时，已解离的弱电解质的物质的量浓度与解离前的弱电解质的物质的量浓度之比，用符号 α 表示。

$$\alpha = \frac{已解离的弱电解质的物质的量浓度}{解离前的弱电解质的物质的量浓度} \times 100\% \tag{6-1}$$

强电解质在溶液中 100%解离，因此强电解质溶液中也就不存在分子与离子间的解离平衡。按照强电解质全部解离的观点，强电解质的解离度应该是 100%，但实验证明，强电解质在溶液中的解离度都是小于 100%的。那是由什么造成这种强电解质解离不完全的假象？1923 年德拜(Debye)和休克尔(Hückle)提出了强电解质的离子互相作用理论。该理论认为：强电解质在水溶液中虽然完全解离，但离子之间互相作用的主要形式是静电的吸引和排斥作用。不同电荷的离子间，由于静电引力的关系，在阳离子的周围总会聚集较多的阴离子，而在阴离子的周围则是聚集较多的阳离子，德拜和休克尔

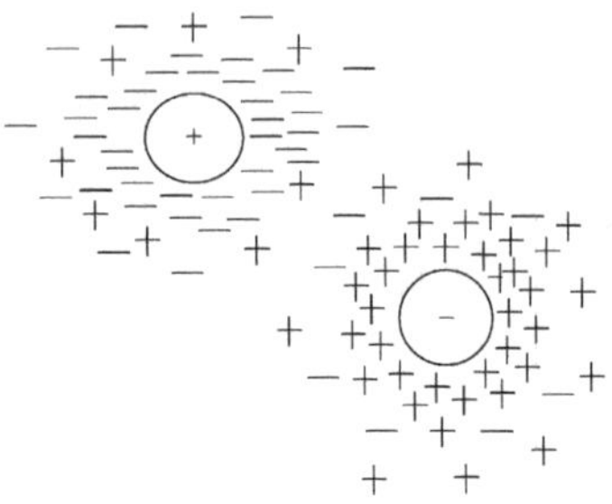
图 6-1 离子氛示意图

将中心离子周围带异号电荷的离子群称为离子氛(ionic atmosphere)，如图 6-1 所示。由于存在离子氛，异号离子之间会相互吸引，离子不能完全地自由移动，因此从溶液的表观性质来看，单位体积电解质溶液中所含离子的物质的量比实际计算出的物质的量要小，似乎强电解质在水中不完全解离。可见强电解质的解离度与弱电解质的解离度意义完全不同，强电解质的解离度反映的是溶液中离子间相互牵制的强弱程度，故我们称它为表观解离度(表 6-1)。

表 6-1 几种强电解质的表观解离度 (25℃，$0.1\text{mol}\cdot\text{L}^{-1}$)

电解质	HCl	HNO_3	H_2SO_4	NaOH	$Ba(OH)_2$	KCl
表观解离度/%	92	92	61	91	81	86

为了衡量溶液中正负离子相互间的牵制程度，人们引入了离子强度(I)的概念，它的大小与离子的浓度和价数有关：

$$I = \frac{1}{2}(c_1 Z_1^2 + c_2 Z_2^2 + \cdots + c_n Z_n^2) = \frac{1}{2}\sum(c_i Z_i^2) \quad (25℃时) \tag{6-2}$$

式中，c_i 为 i 离子的浓度 ($\text{mol}\cdot\text{L}^{-1}$)；$Z_i$ 为 i 离子的电荷数。若 $0.1\text{mol}\cdot\text{L}^{-1}$ 的 NaCl 溶液中，Na^+、Cl^- 浓度均为 $0.1\text{mol}\cdot\text{L}^{-1}$，则其离子强度为

$$I(\text{NaCl}) = \frac{1}{2}\times(0.1\times1^2 + 0.1\times1^2) = 0.1(\text{mol}\cdot\text{L}^{-1})$$

6.1.2 活度和活度系数

由于离子氛的存在影响了离子在溶液中的活动性能，因此离子在参与化学反应时的有效浓度就显得比实际浓度要低。为了表示强电解质溶液中离子的有效浓度，1907 年，路易斯(Lewis)提出了活度(activity)的概念，活度指单位体积电解质溶液中，离子在化学反应中起作用的有效浓度，一般用符号“α”表示，它与实际浓度的关系是

$$\alpha = \frac{\gamma c}{c^{\ominus}} \tag{6-3}$$

式中，γ 为校正因子，称为活度系数(activity coefficient)；c 为溶液的实际浓度；$c^{\ominus}$ 为标准浓度($1\text{mol}\cdot\text{L}^{-1}$)。活度系数 γ 表示实际溶液与理想溶液的偏差，受溶液中离子间相互作用的强弱和离子水化作用的影响，其大小和离子强度有关。离子强度越大，离子间相互牵制作用也越大，离子活度系数就越小，相应的离子活度也就越低。1923 年，德拜和休克尔引用静电学的泊松公式和分子运动论的玻尔兹曼(Boltzmann)公式出发，得到活度系数 γ 与离子强度 I 的关系。用 $\gamma_{\pm}$ 代表正负离子的平均活度系数，则有

$$\lg\gamma_{\pm} = -0.509Z_{+}\cdot Z_{-}\frac{\sqrt{I}}{1+\sqrt{I}} \tag{6-4}$$

式中，Z 为正离子或负离子电荷数的绝对值。当 I 值很小($\sqrt{I} \ll 1$)时，上式可简化为

$$\lg\gamma_{\pm} = -0.509Z_{+}\cdot Z_{-}\sqrt{I} \tag{6-5}$$

【例 6-1】 求 0.010 mol · L^{-1} NaCl 溶液中 Na^{+} 和 Cl^{-} 的活度。

解 先求出 I，再求 γ。

$$I = \frac{1}{2}\sum(c_i Z_i^2) = \frac{1}{2}\times(0.010\times1^2 + 0.010\times1^2) = 0.010(\text{mol}\cdot\text{L}^{-1})$$

$$\lg\gamma_{\pm} = -0.509Z_{+}\cdot Z_{-}\sqrt{I} = -0.509\times1\times1\times\sqrt{0.010}$$

$$\gamma_{\pm} = 0.89$$

$$\alpha(\text{Na}^{+}) = \alpha(\text{Cl}^{-}) = \frac{\gamma c}{c^{\ominus}} = 0.89\times\frac{0.010\text{mol}\cdot\text{L}^{-1}}{1\text{mol}\cdot\text{L}^{-1}} = 0.0089$$

严格来说，电解质溶液在计算相关离子浓度时，均需要考虑其他离子的影响，可用活度来表示。但是当溶液中离子强度小于1×10^{-4}时，离子间牵制作用很弱，此时可认为$\gamma=1$，则$\alpha=c$。所以，对于稀溶液来说，若无特殊要求，通常用浓度代替活度来进行计算。

6.2 水的解离平衡和溶液的 pH

6.2.1 水的离子积常数

根据布朗斯特(Brønsted)酸碱质子理论，将发生在溶剂分子之间的质子传递反应称为该溶剂的自耦解离平衡(也称质子自递平衡)。通常以水作为溶剂，水的电导实验证明纯水是一种很弱的电解质，作为溶剂的水，其分子与分子之间存在质子的传递：

$$H_2O(aq) + H_2O(aq) \rightleftharpoons H_3O^{+}(aq) + OH^{-}(aq)$$

其中一个水分子给出质子作为质子酸，另一个水分子接受质子作为质子碱。在一定温度下，当溶剂水的质子自递反应达平衡时，根据化学平衡原理，H_3O^{+} 与 OH^{-} 浓度的乘积应该是一个常数，称为水的质子自递平衡常数，也称为水的离子积(ion-product of water)常数，简称离子积，用符号 $K_w^{\ominus}$ 表示：

$$K_w^{\ominus} = \frac{[H_3O^{+}]}{c^{\ominus}}\times\frac{[OH^{-}]}{c^{\ominus}} \quad (\text{习惯上常将}H_3O^{+}\text{写成}H^{+}) \tag{6-6}$$

因为标准平衡常数表达式中各物质的平衡浓度为相对于标准状态的浓度($c^{\ominus}=1\text{mol}\cdot\text{L}^{-1}$)，所以 $K^{\ominus}$ 量纲为一，又因为 $c/c^{\ominus}$ 在数值上等于 c，为简便起见，在不考虑 $K^{\ominus}$ 的量纲时，本书在书写平衡常数表达式时省去 $c^{\ominus}$，上式可简写为

$$K_w^{\ominus} = [H^{+}][OH^{-}]$$

在 298.15K 时，实验精确测得，在纯水中$[H^+]=[OH^-]=1.0\times10^{-7}mol\cdot L^{-1}$，所以

$$K_w^\ominus=1.0\times10^{-7}\times1.0\times10^{-7}=1.0\times10^{-14}$$

$K_w^\ominus$是平衡常数，其大小与离子浓度无关，但随温度而变，水的解离是吸热反应，温度越高，$K_w^\ominus$数值就越大(表 6-2)。

表 6-2　不同温度下水的离子积常数

温度 t / ℃	$K_w^\ominus$	温度 t / ℃	$K_w^\ominus$
0	1.139×10^{-15}	40	2.917×10^{-14}
10	2.920×10^{-15}	50	5.474×10^{-14}
20	6.809×10^{-15}	90	3.802×10^{-13}
25	1.008×10^{-14}	100	5.495×10^{-13}

一般化学反应都在常温下进行，如无特殊指明，$K_w^\ominus$数值均取1.0×10^{-14}进行计算。

6.2.2　溶液的 pH

$K_w^\ominus$数值不随浓度改变，水溶液中，H^+与OH^-同时存在，改变其中任意一个离子浓度，另一个也会改变。常用水溶液中H^+或OH^-的平衡浓度表示溶液的酸(碱)度，许多化学反应和几乎所有的生物生理现象都在较小浓度($[H^+]=10^{-2}\sim10^{-8}mol\cdot L^{-1}$)溶液中进行，实际工作中为了方便常用$H^+$或$OH^-$的负对数值来表示溶液的酸碱性，其定义为

$$pH=-\lg[H^+]\quad 或\quad pOH=-\lg[OH^-] \tag{6-7}$$

可以看出，pH 改变 1 个单位，相当于$[H_3O^+]$改变了 10 倍。在 298.15K 时，任何物质的水溶液中都存在：

$$K_w^\ominus=[H^+][OH^-]=1.0\times10^{-14}$$

对等式两边同时取负对数，可得

$$pH+pOH=pK_w^\ominus=14.00 \tag{6-8}$$

由式(6-8)可知，溶液中$[H^+]$越大(或$[OH^-]$越小)，pH 就越小(或 pOH 越大)，溶液的酸性就越强，碱性就越弱，反之亦然。

常将$pH=7$的溶液定义为中性溶液，$pH<7$的溶液定义为酸性溶液，$pH>7$的溶液定义为碱性溶液，实际并不恰当。因为只有在 298.15K 时，纯水的$K_w^\ominus=1.0\times10^{-14}$，此时$[H^+]=[OH^-]=1.0\times10^{-7}mol\cdot L^{-1}$，上述说法只有在 298.15K 时才成立。溶液酸碱性的严格定义应该是：溶液中$[H^+]=[OH^-]$时，溶液是中性；$[H^+]$多为酸性溶液；$[OH^-]$多则为碱性溶液。

需要说明的是，pH 和 pOH 的使用范围一般为 0～14。当$[H^+]>1mol\cdot L^{-1}$时，$pH<0$；当$[OH^-]>1mol\cdot L^{-1}$时，$pOH>14.00$，在这个范围以外，一般直接用H^+或OH^-的物质的量浓度$(mol\cdot L^{-1})$来表示这类溶液的酸碱性。

6.3　弱酸、弱碱的解离平衡

弱电解质在水溶液中部分解离，弱酸、弱碱与溶剂水分子之间产生的质子传递反应，统称为弱酸、弱碱的解离平衡。能解离出一个H^+或OH^-的弱酸碱称为一元弱酸、一元弱碱。能解离出多个H^+或OH^-的弱酸碱称为多元弱酸、多元弱碱。下面分别讨论它们的解离平衡情况。

6.3.1　一元弱酸、弱碱的解离平衡

我们以一元弱酸 HAc 为例，来讨论一元弱酸、一元弱碱的解离平衡。

HAc 在水溶液中的解离可表示为

$$HAc(aq)+H_2O(l)\underset{分子化}{\overset{离子化}{\rightleftharpoons}}H_3O^+(aq)+Ac^-(aq)$$

在水分子作用下，HAc 解离出H_3O^+和Ac^-，称为解离或离子化过程，而溶液中解离出来的H_3O^+和Ac^-，因为静电作用和其本身的热运动又重新结合成为 HAc 分子，这一过程称为分子化过程。在一定温度下，二者达到平衡时，根据化学平衡定律，其平衡常数表达式为

$$K_a^\ominus=\frac{[H^+][Ac^-]}{[HAc]} \tag{6-9}$$

式中，$K_a^\ominus$为一元弱酸的标准解离平衡常数。

同理，对于一元弱碱溶液，如氨水，其在水溶液中的解离可表示为

$$NH_3(aq)+H_2O(aq)\underset{分子化}{\overset{离子化}{\rightleftharpoons}}NH_4^+(aq)+OH^-(aq)$$

在一定温度下，反应达到平衡时，其平衡常数表达式为

$$K_b^\ominus=\frac{[NH_4^+]\times[OH^-]}{[NH_3]} \tag{6-10}$$

式中，$K_b^\ominus$为一元弱碱的标准解离平衡常数。

$K_a^\ominus$、$K_b^\ominus$本质上仍是平衡常数，所以它们只是温度的函数，其大小与浓度无关，仅取决于弱电解质的本性和体系温度，但由于弱电解质的解离热效应较小，因此常温时，K值受温度影响不大，通常不考虑温度对它的影响。常见的弱酸、弱碱的解离平衡常数见附录 4。

显然，$K_a^\ominus$、$K_b^\ominus$越大，弱酸、弱碱的解离程度也就越大，因此，可用$K_a^\ominus$、$K_b^\ominus$

大小来判断弱酸碱的酸碱性的相对强弱。那么，对于共轭酸碱对(定义见 6.5 节)，其 $K_a^\ominus$、$K_b^\ominus$ 之间的关系又是怎样的呢？以 HAc 水溶液为例，弱酸 HAc 的标准平衡常数为 $K_a^\ominus$，其共轭碱 Ac^- 的标准平衡常数为 $K_b^\ominus$，它们在水溶液中的解离平衡如下：

$$HAc(aq) + H_2O(l) \rightleftharpoons H_3O^+(aq) + Ac^-(aq) \qquad K_a^\ominus = \frac{[H^+]\times[Ac^-]}{[HAc]}$$

$$Ac^-(aq) + H_2O(l) \rightleftharpoons HAc(aq) + OH^-(aq) \qquad K_b^\ominus = \frac{[HAc]\times[OH^-]}{[Ac^-]}$$

两式相加，根据多重平衡规则，方程式相加，等于平衡常数相乘，得到

$$K_a^\ominus \cdot K_b^\ominus = [H^+]\times[OH^-] = K_w^\ominus = 1.0\times10^{-14} \tag{6-11}$$

也可表示为

$$pK_a^\ominus + pK_b^\ominus = pK_w^\ominus = 14.00$$

可以看出，共轭酸的酸性越强，其共轭碱的碱性就越弱，反之亦然。若 HCl 的酸性比 HAc 强，则其共轭碱 Cl^- 碱性就比 Ac^- 弱。若溶液均为水溶液，HAc 是弱酸，这里指的是水溶液中 HAc 不完全解离，而若以液氨为溶剂，因液氨接受质子的能力比水强，HAc 在其中 H^+ 几乎完全解离，所以 HAc 在液氨溶液中是强电解质，是强酸。

根据一元弱酸、一元弱碱的解离平衡常数及它们的起始浓度，还可以计算溶液中 $[H^+]$ 或 $[OH^-]$。按照酸碱质子理论，酸碱反应的实质是质子的转移，酸碱反应达到平衡时，酸失去质子的量等于碱得到质子的量。根据这一原理写出的数学表达式称为质子平衡方程式(proton balance equation)，简称质子平衡或质子条件式，可用符号 PBE 表示。

在书写质子平衡方程式时，先选择溶液中大量存在并参与质子得失的原始酸碱组分，作为质子传递的参照物(称为参考水准或零水准)，进而找出得失质子的产物，再根据得失质子的物质的量相等的原则进行配平。质子平衡方程式可用于处理酸碱平衡中的有关计算。

以浓度为 c 的某一元弱酸 HA 为例，在水溶液中存在以下有关的解离平衡：

$$HA(aq) + H_2O(l) \rightleftharpoons H_3O^+(aq) + A^-(aq)$$

$$H_2O(l) + H_2O(l) \rightleftharpoons H_3O^+(aq) + OH^-(aq)$$

根据质子得失，可写出一元弱酸 HA 的质子平衡方程式为

$$[H^+] = [A^-] + [OH^-]$$

根据弱酸的解离平衡 $K_a^\ominus = \dfrac{[H^+]\times[A^-]}{[HA]}$ 可得

$$[A^-] = \frac{K_a^\ominus \times [HA]}{[H^+]}$$

根据水的质子自递平衡 $K_w^\ominus=[H^+]\times[OH^-]$ 可得

$$[OH^-]=\frac{K_w^\ominus}{[H^+]}$$

将 $[A^-]$ 和 $[OH^-]$ 代入质子平衡方程式，得

$$[H^+]=\frac{K_a^\ominus[HA]}{[H^+]}+\frac{K_w^\ominus}{[H^+]}$$

$$[H^+]^2=K_a^\ominus[HA]+K_w^\ominus \tag{6-12}$$

由于一元弱酸溶液 $[H^+]$ 精确求解过程十分麻烦，因此在实际工作中常根据需要做近似处理。若允许计算结果的相对误差 ≤5%，则有

(1) 当 $c\cdot K_a^\ominus\geqslant 20K_w^\ominus$，且 $\frac{c}{K_a^\ominus}\leqslant 500$ 时，可忽略掉 $K_w^\ominus$，即酸不是很弱时可将水解离产生的 H^+ 忽略，而该一元弱酸 HA 的平衡浓度 $[HA]\approx c-[H^+]$，代入式(6-12)可得

$$[H^+]=\frac{-K_a^\ominus+\sqrt{(K_a^\ominus)^2+4K_a^\ominus\cdot c}}{2} \tag{6-12a}$$

(2) 当 $c\cdot K_a^\ominus\leqslant 20K_w^\ominus$，且 $\frac{c}{K_a^\ominus}\geqslant 500$ 时，此时弱酸的解离很弱，可近似认为 $[HA]=c-[H^-]\approx c$，而水的解离不能忽略，代入式(6-12)并整理可得

$$[H^+]=\sqrt{c\cdot K_a^\ominus+K_w^\ominus} \tag{6-12b}$$

式(6-12a)和式(6-12b)是计算一元弱酸溶液 $[H^+]$ 的近似式。

(3) 当 $c\cdot K_a^\ominus\geqslant 20K_w^\ominus$，且 $\frac{c}{K_a^\ominus}\geqslant 500$ 时，不仅可以忽略水的解离产生的 H^+，而且由于 HA 的解离也很小，此时 $[HA]\approx c$，则式(6-12)可简化为

$$[H^+]\approx\sqrt{c\cdot K_a^\ominus} \tag{6-12c}$$

式(6-12c)是计算一元弱酸溶液 $[H^+]$ 的最简式。

与处理一元弱酸的方法类似，可推导出一元弱碱溶液 $[OH^-]$ 的计算公式。

(1) 当 $c\cdot K_b^\ominus\geqslant 20K_w^\ominus$，且 $\frac{c}{K_b^\ominus}\leqslant 500$ 时：

$$[OH^-]=\frac{-K_b^\ominus+\sqrt{(K_b^\ominus)^2+4K_b^\ominus\cdot c}}{2} \tag{6-13a}$$

(2) 当 $c\cdot K_b^\ominus\leqslant 20K_w^\ominus$，且 $\frac{c}{K_b^\ominus}\geqslant 500$ 时：

$$[OH^-]=\sqrt{c\cdot K_b^{\ominus}+K_w^{\ominus}} \tag{6-13b}$$

式(6-13a)和(6-13b)是计算一元弱碱溶液 $[OH^-]$ 的近似式。

(3) 当 $c\cdot K_b^{\ominus}\geqslant 20K_w^{\ominus}$，且 $\dfrac{c}{K_b^{\ominus}}\geqslant 500$ 时：

$$[OH^-]\approx\sqrt{c\cdot K_b^{\ominus}} \tag{6-13c}$$

式(6-13c)是计算一元弱碱溶液 $[OH^-]$ 的最简式。

【例 6-2】 计算 0.1mol·L^{-1} HAc 水溶液的 pH 和解离度 α，已知 HAc 水溶液的 $K_a^{\ominus}=1.75\times10^{-5}$。

解 因为 $c\cdot K_a^{\ominus}\geqslant 20K_w^{\ominus}$，且 $\dfrac{c}{K_a^{\ominus}}\geqslant 500$，所以

$$[H^+]=\sqrt{c\cdot K_a^{\ominus}}=\sqrt{0.1\times1.75\times10^{-5}}=1.32\times10^{-3}(\text{mol}\cdot\text{L}^{-1})$$

$$\text{pH}=-\lg[H_3O^+]=-\lg(1.32\times10^{-3})=2.88$$

$$\alpha=\frac{[H^+]}{c}\times100\%=\frac{1.32\times10^{-3}}{0.1}\times100\%=1.32\%$$

【例 6-3】 计算 0.1mol·L^{-1} NaAc 水溶液的 pH，已知 HAc 水溶液的 $K_a^{\ominus}=1.75\times10^{-5}$。

解

$$K_b^{\ominus}(Ac^-)=\frac{K_w^{\ominus}}{K_a^{\ominus}(HAc)}=\frac{1.0\times10^{-14}}{1.75\times10^{-5}}=5.71\times10^{-10}$$

因为 $c\cdot K_b^{\ominus}\geqslant 20K_w^{\ominus}$，且 $\dfrac{c}{K_b^{\ominus}}\leqslant 500$，所以

$$[OH^-]=\sqrt{c\cdot K_b^{\ominus}}=\sqrt{0.1\times5.71\times10^{-10}}=7.56\times10^{-6}(\text{mol}\cdot\text{L}^{-1})$$

$$\text{pOH}=-\lg[OH^-]=-\lg(7.56\times10^{-6})=5.12$$

$$\text{pH}=14-5.12=8.88$$

6.3.2 同离子效应和盐效应

酸碱的解离平衡与任何化学平衡一样都是相对的、暂时的动态平衡，它的存在也是有条件的。一旦外界条件发生改变，原有的平衡就被破坏，最后在新的条件下重新建立平衡。

1. 同离子效应

离子浓度发生改变时，对弱酸、弱碱解离程度的影响尤为显著。例如，向 HAc 溶液中加入 NaAc，相当于往溶液中加入大量 Ac^-，将导致 HAc 的解离平衡向左发生移动：

$$HAc(aq)+H_2O(l)\rightleftharpoons H_3O^+(aq)+Ac^-(aq)$$

从而导致 HAc 溶液的解离度下降。同样，若向氨水溶液中加入 NH_4Cl，也有类似

情况发生。将这种向弱电解质溶液中加入与弱电解质含有相同离子的强电解质，从而使弱电解质解离度降低的现象，称为同离子效应(common ion effect)。

【例 6-4】　计算向 $0.10\text{mol}\cdot\text{L}^{-1}$ HAc 水溶液中加入固体 NaAc，使其浓度为 $0.10\text{mol}\cdot\text{L}^{-1}$ (体积变化忽略不计)，求此时混合溶液的 pH 和解离度 α，已知 HAc 水溶液的 $K_a^\ominus = 1.75\times10^{-5}$。

解　$$HAc(aq) + H_2O(l) \rightleftharpoons H_3O^+(aq) + Ac^-(aq)$$

起始浓度/($\text{mol}\cdot\text{L}^{-1}$)	0.10		0	0.10
平衡浓度/($\text{mol}\cdot\text{L}^{-1}$)	$0.10 - c(H^+) \approx 0.10$		$c(H^+)$	$0.10 + c(H^+) \approx 0.10$

$$K_a^\ominus = \frac{[H^+]\cdot[Ac^-]}{[HAc]} = \frac{c(H^+)\times 0.10}{0.10} = 1.75\times10^{-5}$$

$$c(H^+) = 1.75\times10^{-5}\text{mol}\cdot\text{L}^{-1}$$

$$\text{pH} = 4.76$$

$$\alpha = \frac{[H^+]}{c}\times100\% = \frac{1.75\times10^{-5}\text{mol}\cdot\text{L}^{-1}}{0.10\text{mol}\cdot\text{L}^{-1}}\times100\% = 0.0175\%$$

例 6-4 与例 6-2 的结果比较，可以看出，当加入固体 NaAc 后，由于产生同离子效应，HAc 水溶液的解离度明显下降。

2. 盐效应

若向 HAc 水溶液中加入的是 NaCl，因 Na^+ 和 Cl^- 都不直接参与 HAc 的解离平衡，故溶液中存在大量的 Na^+ 和 Cl^-，由于离子强度升高，离子间相互牵制作用的增强，因此会形成离子氛，从而降低 H^+ 与 Ac^- 的分子化速率，导致 HAc 水溶液的解离度略有升高。这种向弱电解质溶液中加入与弱电解质不含有相同离子的强电解质，从而使弱电解质解离度略有升高的现象，称为盐效应，也称异离子效应(diverse ion effect)。

当然，在发生同离子效应的同时，必然伴随盐效应的发生，但由于同离子效应的影响比盐效应要大得多，因此当有同离子效应发生时可以不用考虑盐效应。

6.3.3　多元弱酸的解离平衡

无机酸，如 H_2CO_3、H_3PO_4 等具有两个或两个以上可置换的 H^+，称为多元弱酸。它们在水溶液中有几个氢原子就分几步解离，并对应相应的解离平衡常数，用 $K_{a1}^\ominus$、$K_{a2}^\ominus$ 等表示，且它们是逐级减小的。下面以氢硫酸为例，来讨论多元弱酸的解离平衡。

氢硫酸是一个二元弱酸，它在水溶液中的解离平衡可分两步进行：

$$H_2S(aq) \rightleftharpoons H^+(aq) + HS^-(aq) \qquad K_{a1}^\ominus = \frac{[H^+]\cdot[HS^-]}{[H_2S]} = 9.1\times10^{-8}$$

$$HS^-(aq) \rightleftharpoons H^+(aq) + S^{2-}(aq) \qquad K_{a2}^\ominus = \frac{[H^+]\cdot[S^{2-}]}{[HS^-]} = 1.1\times10^{-12}$$

这两步解离平衡同时存在于溶液中，$K_{a1}^{\ominus}$、$K_{a2}^{\ominus}$是其对应的解离平衡常数。由于S^{2-}对H^+的吸引比HS^-要强得多，而且第一步解离产生的H^+对第二步解离会产生同离子效应，从而导致$K_{a1}^{\ominus} \gg K_{a2}^{\ominus}$。当$K_{a1}^{\ominus} / K_{a2}^{\ominus} \geqslant 10^4$时，在计算多元弱酸$H^+$浓度时，可以只考虑第一步解离产生的$H^+$，即可当作一元弱酸处理，只需将一元弱酸计算公式中的$K_a^{\ominus}$换成$K_{a1}^{\ominus}$即可。

在多元弱酸中：

(1) 当$c \cdot K_{a1}^{\ominus} \geqslant 20K_w^{\ominus}$，且$\dfrac{c}{K_{a1}^{\ominus}} \leqslant 500$时：

$$[H^+] = \frac{-K_{a1}^{\ominus} + \sqrt{(K_{a1}^{\ominus})^2 + 4K_{a1}^{\ominus} \cdot c}}{2} \tag{6-14a}$$

(2) 当$c \cdot K_{a1}^{\ominus} \leqslant 20K_w^{\ominus}$，且$\dfrac{c}{K_{a1}^{\ominus}} \geqslant 500$时：

$$[H^+] = \sqrt{c \cdot K_{a1}^{\ominus} + K_w^{\ominus}} \tag{6-14b}$$

式(6-14a)和(6-14b)是计算多元弱酸溶液 $[H^+]$ 的近似式。

(3) 当$c \cdot K_{a1}^{\ominus} \geqslant 20K_w^{\ominus}$，且$\dfrac{c}{K_{a1}^{\ominus}} \geqslant 500$时：

$$[H^+] = \sqrt{c \cdot K_{a1}^{\ominus}} \tag{6-14c}$$

式(6-14c)是计算多元弱酸溶液 $[H^+]$ 的最简式。

同样道理，在多元弱碱中：

(1) 当$c \cdot K_{b1}^{\ominus} \geqslant 20K_w^{\ominus}$，且$\dfrac{c}{K_{b1}^{\ominus}} \leqslant 500$时：

$$[OH^-] = \frac{-K_{b1}^{\ominus} + \sqrt{(K_{b1}^{\ominus})^2 + 4K_{b1}^{\ominus} \cdot c}}{2} \tag{6-15a}$$

(2) 当$c \cdot K_{b1}^{\ominus} \leqslant 20K_w^{\ominus}$，且$\dfrac{c}{K_{b1}^{\ominus}} \geqslant 500$时：

$$[OH^-] = \sqrt{c \cdot K_{b1}^{\ominus} + K_w^{\ominus}} \tag{6-15b}$$

式(6-15a)和(6-15b)是计算多元弱碱溶液 $[OH^-]$ 的近似式。

(3) 当$c \cdot K_{b1}^{\ominus} \geqslant 20K_w^{\ominus}$，且$\dfrac{c}{K_{b1}^{\ominus}} \geqslant 500$时：

$$[OH^-] = \sqrt{c \cdot K_{b1}^{\ominus}} \tag{6-15c}$$

式(6-15c)是计算多元弱碱溶液 $[OH^-]$ 的最简式。

【例 6-5】　室温下，计算饱和 H_2S(0.1 mol·L^{-1})水溶液中 $c(H^+)$ 、$c(HS^-)$ 和 $c(S^{2-})$ 。已知 $K_{a1}^{\ominus} = 9.1\times10^{-8}$ ， $K_{a2}^{\ominus}=1.1\times10^{-12}$ 。

解　因为 $cK_{a1}^{\ominus} \geqslant 20K_w^{\ominus}$ ，且 $\dfrac{c}{K_{a1}^{\ominus}} \geqslant 500$ ，所以

$$c(H^+) = \sqrt{c\cdot K_{a1}^{\ominus}} = \sqrt{0.1\times9.1\times10^{-8}} = 9.5\times10^{-5}(\text{mol}\cdot\text{L}^{-1})$$

$$c(HS^-) \approx c(H^+) = 9.5\times10^{-5}(\text{mol}\cdot\text{L}^{-1})$$

S^{2-} 来源在第二步解离，用第二步解离平衡计算：

$$K_{a2}^{\ominus} = \frac{[H^+]\cdot[S^{2-}]}{[HS^-]} = 1.1\times10^{-12}$$

因为溶液中 $[H^+]\approx[HS^-]$ ，所以

$$c(S^{2-}) \approx K_{a2}^{\ominus} = 1.1\times10^{-12}(\text{mol}\cdot\text{L}^{-1})$$

6.3.4　两性物质水溶液酸度的计算

将酸式盐 ($NaHCO_3$ 、 NaH_2PO_4)、弱酸弱碱盐 (NH_4Ac)及氨基酸等既能给出质子又能接受质子的物质称为两性物质。现以 NaHA 为例进行两性物质溶液酸度的计算。

设两性物质 NaHA 溶液的分析浓度为 c，先写出其 PBE 式：

$$[H^+]+[H_2A] = [A^{2-}]+[OH^-]$$

根据二元弱酸的解离平衡常数：

$$K_{a1}^{\ominus} = \frac{[H^+]\cdot[HA^-]}{[H_2A]},\quad K_{a2}^{\ominus} = \frac{[H^+]\cdot[A^{2-}]}{[HA^-]}$$

上式可写为

$$[H^+] + \frac{[H^+]\cdot[HA^-]}{K_{a1}^{\ominus}} = \frac{K_{a2}^{\ominus}\cdot[HA^-]}{[H^+]} + \frac{K_w^{\ominus}}{[H^+]}$$

整理后得

$$[H^+]^2 = \frac{K_{a1}^{\ominus}\cdot K_{a2}^{\ominus}\cdot[HA^-] + K_{a1}^{\ominus}\cdot K_w^{\ominus}}{K_{a1}^{\ominus}+[HA^-]}$$

一般情况下，NaHA 溶液的浓度 c 较大，而其得失质子的能力较弱，即酸式解离和碱式解离的趋势都较弱，所以可认为 $[HA^-]\approx c$ ，那么上式可变为

$$[H^+] = \sqrt{\frac{K_{a1}^{\ominus}\cdot K_{a2}^{\ominus}\cdot c + K_{a1}^{\ominus}\cdot K_w^{\ominus}}{K_{a1}^{\ominus}+c}} \tag{6-16}$$

(1) 当 $c\cdot K_{a2}^{\ominus} \geqslant 20K_w^{\ominus}$ ，且 $\dfrac{c}{K_{a1}^{\ominus}} \geqslant 20$ 时，可分别忽略式(6-16)中的 $K_w^{\ominus}$ 和 $K_{a1}^{\ominus}$ 项，得

$$[H^+] = \sqrt{K_{a1}^{\ominus}\cdot K_{a2}^{\ominus}} \tag{6-16a}$$

式(6-16a)是计算两性物质溶液$[H^+]$的最简式。可知此时$[H^+]$与分析浓度无关。

(2) 当$c \cdot K_{a2}^{\ominus} \geqslant 20K_w^{\ominus}$，且$\dfrac{c}{K_{a1}^{\ominus}} \leqslant 20$时，式(6-16)中，可忽略$K_w^{\ominus}$项，得

$$[H^+] = \sqrt{\frac{K_{a1}^{\ominus} \cdot K_{a2}^{\ominus} \cdot c}{K_{a1}^{\ominus} + c}} \tag{6-16b}$$

(3) 当$c \cdot K_{a2}^{\ominus} \leqslant 20K_w^{\ominus}$，且$\dfrac{c}{K_{a1}^{\ominus}} \geqslant 20$时，式(6-16)中，可忽略$K_{a1}^{\ominus}$项，得

$$[H^+] = \sqrt{\frac{K_{a1}^{\ominus} \cdot K_{a2}^{\ominus} \cdot c + K_{a1}^{\ominus} \cdot K_w^{\ominus}}{c}} \tag{6-16c}$$

式(6-16b)和式(6-16c)是计算两性物质溶液$[H^+]$的近似式。

6.4 缓 冲 溶 液

在实际工作及许多天然体系中，常需要环境保持一定的 pH，否则，许多反应或生命活动不能正常进行。例如，当土壤中 $pH < 3.5$ 或 > 9.0 时，多数植物不能生长甚至死亡；人体血液的 pH 需要维持在 7.35～7.45 以维护机体的酸碱平衡，否则会导致人体酸中毒或碱中毒，甚至死亡；许多配位反应也需要一定酸度条件，否则会产生严重的副反应。因此，在反应时维持正常的 pH 是很有必要的，为达到这一目的，就需要使用缓冲溶液。

6.4.1 缓冲溶液的组成

我们先来做以下实验，室温下，各取两份 50mL 纯水、50mL $0.1mol \cdot L^{-1}$ NaCl 溶液、50mL $0.1mol \cdot L^{-1}$ HAc 与$0.1mol \cdot L^{-1}$ NaAc 混合溶液，分别向其中加入 1mL $0.05mol \cdot L^{-1}$ HCl 溶液和 1mL $0.05mol \cdot L^{-1}$ NaOH 溶液，观察溶液 pH 的变化，结果列于表 6.3 中。

表 6-3 加入少量强酸、强碱对不同溶液 pH 的影响

溶液	pH		
	未加	加 HCl 后	加 NaOH 后
纯水	7.00	3.00	11.00
NaCl 溶液	7.00	3.00	11.00
HAc-NaAc 混合溶液	4.76	4.75	4.77

注：加入酸、碱后，体积的变化忽略不计。

从表 6-3 可以看出，将同样量的强酸或强碱加入纯水或 NaCl 溶液中，溶液的 pH 改变了 4，可见纯水或 NaCl 溶液不能保持 pH 相对稳定；而如果加入 HAc-NaAc 混合溶液中，pH 只改变了 0.01，基本上没有变化。将像 HAc-NaAc 这种能够抵抗少量外加强酸、强碱或加水稀释作用而本身 pH 基本上不发生改变的溶液称为缓冲溶液。

实验室中所用的缓冲溶液主要有两类：共轭酸碱体系(一般又分为弱酸及其盐，如 HAc-NaAc；弱碱及其盐，如 $NH_3 \cdot H_2O-NH_4Cl$)；两性物质溶液，如 HCO_3^-、甘氨酸等。有些资料也将高浓度的强酸或强碱看作缓冲溶液。用得最多的是共轭酸碱体系类型的缓冲溶液，本书就以此类型的缓冲溶液进行讨论。

缓冲溶液为什么具有缓冲能力呢？这是因为在缓冲溶液中同时存在抗酸、抗碱组分。我们以弱酸及其盐 HAc-NaAc 缓冲溶液为例，HAc 是弱电解质，在溶液中存在解离平衡：

$$HAc(aq) + H_2O(l) \rightleftharpoons H_3O^+(aq) + Ac^-(aq)$$

NaAc 是强电解质，在溶液中完全解离，解离出大量的 Ac^-，会进一步抑制 HAc 的解离，因此在体系中存在大量的 HAc 和 Ac^-，它们是一对共轭酸碱对，在这里也称为缓冲对或缓冲系。

当向该体系中加入少量强酸时，H^+ 与溶液中大量存在的 Ac^- 反应生成 HAc，根据量的多少，溶液中 HAc 的浓度略有增加，Ac^- 的浓度略有减少，但它们的比值变化不大，所以 H^+的浓度无明显改变，故而 pH 基本不变，即共轭体系中 Ac^- 起到了抗酸作用，是缓冲溶液中的抗酸组分；同理，当向该体系中加入少量强碱时，溶液中 HAc 的浓度略有减少，Ac^- 的浓度略有增加，而 HAc 与 Ac^- 浓度的比值仍然没有太大变化，所以 H^+ 的浓度也无明显改变，pH 基本不变；即共轭体系中 HAc 起到了抗碱作用，是缓冲溶液中的抗碱组分。

当加水稀释时，一方面降低了溶液中 H^+ 浓度，但另一方面由于解离度的增大及同离子效应的降低，又会使 H^+ 浓度有所升高，维持了 HAc 与 Ac^- 浓度为一定的比值，即可认为稀释时同等程度降低了 HAc 与 Ac^- 浓度，因比值不变，pH 也就不发生改变。

弱碱及其盐组成的缓冲溶液，其作用原理与弱酸及其盐缓冲溶液相同。

显而易见，如果加入的是大量的强酸、强碱，原来缓冲溶液中的 Ac^- 或 HAc 将耗尽，此时溶液也就不再具有缓冲作用，所以缓冲溶液的缓冲能力是有一定限度的。

6.4.2　缓冲溶液 pH 的计算

每一种缓冲溶液都有一定的 pH，其大小可通过弱酸或弱碱的解离平衡算出。现以弱酸及其共轭碱 HAc-NaAc 缓冲溶液为例，来讨论缓冲溶液 pH 的计算公式。

设缓冲溶液中 HAc 的分析浓度为 c(弱酸)，NaAc 的分析浓度为 c(共轭碱)，体系中存在下列平衡：

$$\begin{array}{lccccccc} & HAc(aq) & + & H_2O(l) & \rightleftharpoons & H_3O^+(aq) & + & Ac^-(aq) \\ \text{起始浓度} & c(\text{弱酸}) & & & & 0 & & c(\text{共轭碱}) \\ \text{平衡浓度} & c(\text{弱酸}) - c(H^+) \approx c(\text{弱酸}) & & & & c(H^+) & & c(\text{共轭碱}) + c(H^+) \approx c(\text{共轭碱}) \end{array}$$

$$K_a^{\ominus} = \frac{c(H^+) \cdot c(\text{共轭碱})}{c(\text{弱酸})}$$

整理可得

$$pH \approx pK_a^\ominus - \lg \frac{c(\text{弱酸})}{c(\text{共轭碱})} \tag{6-17}$$

式中，c(弱酸)、c(共轭碱)分别为混合后弱酸及其共轭碱的浓度。$\frac{c(\text{弱酸})}{c(\text{共轭碱})}$称为该缓冲溶液的缓冲比。

【例 6-6】 将 20mL 0.10mol·L^{-1} HAc 溶液与等体积 0.20mol·L^{-1} NaAc 溶液混合，求混合溶液的 pH。(已知 HAc 的 $pK_a^\ominus = 4.76$)

解 HAc 溶液与 NaAc 溶液混合后形成缓冲溶液，等体积混合后，浓度减半，所以

$$c(HAc) = 0.05mol \cdot L^{-1} \qquad c(Ac^-) = 0.10mol \cdot L^{-1}$$

代入式(6-17)，得

$$pH = pK_a^\ominus - \lg \frac{c(\text{弱酸})}{c(\text{共轭碱})} = 4.76 - \lg \frac{0.05mol \cdot L^{-1}}{0.10mol \cdot L^{-1}} = 5.06$$

在使用式(6-17)时，因为弱酸及其共轭碱是一个体系，所以其浓度比也可用物质的量之比来代替，即式(6-17)可转化为

$$pH = pK_a^\ominus - \lg \frac{n(\text{弱酸})}{n(\text{共轭碱})}$$

同样方法，可以推导出弱碱及其共轭酸组成的缓冲溶液的 pH，其计算公式为

$$pOH = pK_b^\ominus - \lg \frac{c(\text{弱碱})}{c(\text{共轭酸})} = pK_b^\ominus - \lg \frac{n(\text{弱碱})}{n(\text{共轭酸})}$$

$$pH = pK_w^\ominus - pK_b^\ominus - \lg \frac{n(\text{共轭酸})}{n(\text{弱碱})} \tag{6-18}$$

从(6-17)和(6-18)可以看出：缓冲溶液的 pH 大小主要取决于弱酸或弱碱的标准平衡常数和该缓冲溶液的缓冲比；对于给定的缓冲溶液，由于其标准平衡常数已确定，其 pH 大小就只与缓冲比有关；当缓冲比为 1 时，缓冲溶液的 pH 就是组成该溶液的弱酸或弱碱的标准平衡常数；向缓冲溶液中加入少量水稀释时，因为缓冲比没有改变，缓冲溶液的 pH 也不会发生变化。

【例 6-7】 求 50mL 浓度均为 0.10mol·L^{-1} HAc-NaAc 缓冲溶液的 pH，若向该溶液中分别加入 1mL 0.05mol·L^{-1} HCl 溶液及 NaOH 溶液，溶液的 pH 变为多少？若加入 50mL H_2O，pH 又将如何变化？(已知 HAc 的 $pK_a^\ominus = 4.76$)

解

$$pH = pK_a^\ominus - \lg \frac{n(\text{弱酸})}{n(\text{共轭碱})} = 4.76 - \lg \frac{0.10mol \cdot L^{-1} \times 0.05L}{0.10mol \cdot L^{-1} \times 0.05L} = 4.76$$

加入 HCl 溶液后，缓冲体系中 HAc 的物质的量增加，而 Ac^- 的物质的量减少：

$$pH = pK_a^\ominus - \lg\frac{n(弱酸)}{n(共轭碱)} = 4.76 - \lg\frac{0.10mol\cdot L^{-1}\times 0.05L + 0.05mol\cdot L^{-1}\times 0.001L}{0.10mol\cdot L^{-1}\times 0.05L - 0.05mol\cdot L^{-1}\times 0.001L} = 4.75$$

同理，加入 NaOH 溶液后，体系中 HAc 的物质的量减少，而 Ac^- 的物质的量增加：

$$pH = pK_a^\ominus - \lg\frac{n(弱酸)}{n(共轭碱)} = 4.76 - \lg\frac{0.10mol\cdot L^{-1}\times 0.05L - 0.05mol\cdot L^{-1}\times 0.001L}{0.10mol\cdot L^{-1}\times 0.05L + 0.05mol\cdot L^{-1}\times 0.001L} = 4.77$$

加入 50mL H_2O，因为缓冲比不变，所以溶液的 pH 也不发生变化，仍然是 4.76。

从例 6-7 的计算结果可以看出，当向 HAc-NaAc 混合溶液中加入少量强酸、强碱及加水稀释时，pH 基本不变，由此可知 HAc-NaAc 混合溶液具有缓冲作用。

【例 6-8】　将 100mL $0.10mol\cdot L^{-1}$ HAc 溶液与等体积 $0.02mol\cdot L^{-1}$ NaOH 溶液混合，求混合溶液的 pH。(已知 HAc 的 $pK_a^\ominus = 4.76$)

解　因为混合后 HAc 过量，所以体系为反应剩余的 HAc 与反应生成的 NaAc 形成的缓冲溶液。

剩余的 HAc　$n(HAc) = 0.10mol\cdot L^{-1}\times 0.1L - 0.02mol\cdot L^{-1}\times 0.1L = 0.008mol$

生成的 NaAc　$n(NaAc) = 0.02mol\cdot L^{-1}\times 0.1L = 0.002mol$

$$pH = pK_a^\ominus - \lg\frac{n(弱酸)}{n(共轭碱)} = 4.76 - \lg\frac{0.008}{0.002} = 4.15$$

6.4.3　标准缓冲溶液

标准缓冲溶液是一种已知 pH，并达到规定准确度的溶液，标准缓冲溶液的 pH 具有良好的重现性和稳定性，具有一定的缓冲容量、抗稀释能力和较小的温度系数，同时具有配制方法简单的特点，常用于校正 pH 计。

常用的标准缓冲溶液有：邻苯二甲酸氢钾溶液、磷酸二氢钾和磷酸氢二钠混合盐溶液等。其中 IUPAC 规定了它们具体的浓度及 pH 标准值。

标准缓冲溶液用 pH 标准缓冲物质配制，下面是一些常用的标准缓冲溶液的配制方法：

(1) 配制 $0.05mol\cdot L^{-1}$ 邻苯二甲酸氢钾 ($KHC_8H_4O_4$) 标准溶液(25℃时，$pH_s = 4.003$)。

邻苯二甲酸氢钾的 pH 标准缓冲物质，有袋装和瓶装两种，配制方法也分袋装和瓶装两种。

方法一：袋装配制法。

根据袋中标准缓冲物质的质量，选择合适规格的容量瓶，按袋上的说明配制成所需浓度后，保存于聚乙烯瓶中。

方法二：瓶装配制法。

预先将邻苯二甲酸氢钾标准缓冲物质在(115 ± 5)℃烘箱中加热 2～3h，并置于干燥器中冷却后，称取 5.10g 溶于水中，并定容至 500mL 容量瓶中，混合均匀后保存于聚乙烯瓶中。

(2) 配制 $0.025mol\cdot L^{-1}$ 磷酸二氢钾(KH_2PO_4)和 $0.025mol\cdot L^{-1}$ 磷酸氢二钠(Na_2HPO_4)混合标准缓冲溶液(25℃时，$pH_s = 6.864$)。

磷酸二氢钾和磷酸氢二钠的 pH 标准缓冲物质，有袋装(混合磷酸盐)和瓶装(两种 pH 标准缓冲物质分别包装)两种，配制方法也分袋装和瓶装。

方法一：袋装配制法。

根据袋上标明的容量瓶大小，按照袋上说明配制成所需浓度后，保存于聚乙烯瓶中。

方法二：瓶装配制法。

迅速称取 3.40g 磷酸二氢钾和 3.55g 磷酸氢二钠[均预先在(115 ± 5)℃烘箱中加热 2～3h，并置于干燥器中冷却]用蒸馏水溶解，并定容至 1000mL 容量瓶中，混合均匀后保存于聚乙烯瓶中。

各种标准缓冲溶液的 pH 随温度改变，使用时要注意温度变化情况。

6.4.4 缓冲容量

缓冲溶液的缓冲能力有一定限度，若向其中加入大量的强酸、强碱，则缓冲溶液对酸碱的抵抗能力就会减弱甚至消失。缓冲溶液缓冲能力的大小常用缓冲容量(buffer capacity)表示，可在一定量缓冲溶液内，加入一个单位数量的强酸或强碱，溶液 pH 的变化来表示，也可用使一定量缓冲溶液的 pH 改变一个单位所需加入强酸或强碱的量来表示。

缓冲容量的大小取决于缓冲体系中共轭酸碱对的总浓度及其缓冲比。同时考虑对强酸、强碱的缓冲情况，当缓冲比一定时，共轭酸碱对的总浓度越大，缓冲容量就越大；当总浓度一定时，缓冲比为 1∶1 时，缓冲容量最大。

虽然缓冲溶液总浓度越大，缓冲容量越大，但使用中浓度不宜过大，一般组分浓度控制在 $0.1 \sim 1.0 \text{mol} \cdot \text{L}^{-1}$。缓冲溶液使用时要控制在一定 pH 范围内，将缓冲作用的有效 pH 范围称为缓冲范围。实验证明，当缓冲比为 1∶10～10∶1 时，缓冲溶液的 $\text{pH} = \text{p}K_\text{a}^\ominus \pm 1$ 或 $\text{pOH} = \text{p}K_\text{b}^\ominus \pm 1$，这一范围称为缓冲溶液的有效缓冲范围。显然缓冲范围取决于体系弱酸或弱碱的强度。例如，HAc-NaAc 缓冲体系，因为 HAc 的 $\text{p}K_\text{a}^\ominus = 4.76$，所以该体系的有效缓冲范围是 pH 在 3.76～5.76，实际工作中，要控制体系 pH 在此范围内的溶液可选择该体系，而要控制体系 pH 超出此范围，则不适宜使用该缓冲体系。

6.4.5 缓冲溶液的应用及配制原则

缓冲溶液的重要作用就是通过调节共轭酸碱对的浓度来控制体系的 pH。例如，用氢氧化物沉淀法分离 Al^{3+} 和 Mg^{2+} 时，因为 $Al(OH)_3$ 具有两性，在用氨水沉淀 Al^{3+} 时，pH 过高或过低，$Al(OH)_3$ 沉淀都不完全，pH 过高还会导致 Mg^{2+} 沉淀为 $Mg(OH)_2$，此时，若用 $NH_3 \cdot H_2O\text{-}NH_4Cl$ 缓冲溶液，则能控制 pH 在 9 左右，可使 Al^{3+} 沉淀完全而与 Mg^{2+} 完全分离。

缓冲溶液在自然界中也有广泛应用，如土壤在硅酸、磷酸、腐殖酸等酸性物质及其共轭碱组成的缓冲溶液作用下，pH 维持在 5～8，有利于农作物的生长。在动植物体内也存在很多复杂和特殊的缓冲体系，维持着体液中的 pH 来保证生命的正常活动，如人体血液中除有机血红蛋白和血浆蛋白组成的缓冲体系外，还有 HCO_3^-- H_2CO_3、HPO_4^{2-}-$H_2PO_4^-$ 等重要的无机盐缓冲体系，能对人体代谢过程中产生的有机酸或来源于食物的碱性物质起缓冲作用，使人体血液维持在一定 pH 范围内。

在实际工作中，可通过查阅化学手册或相关资料，获得所需 pH 缓冲溶液的具体配方。要配制一定 pH 缓冲溶液时，可按下面步骤进行。

(1) 选择合适的缓冲体系。选择缓冲体系时以缓冲范围 $pH = pK_a^\ominus \pm 1$ 为标准，在不干扰反应的前提下，选择体系中弱酸(或弱碱)的 $pK_a^\ominus$(或 $pK_b^\ominus$)与所需的 pH(或 pOH)相等或尽量接近，使缓冲体系的缓冲比尽量接近 1，以获得较大的缓冲容量。

(2) 确定缓冲比。选定好缓冲体系后，根据缓冲溶液 pH 计算公式，求出缓冲比，以确定缓冲体系中各组成部分的浓度比。

(3) 计算出所需共轭酸碱对的取用量，然后按实验操作要求进行配制。

(4) 用 pH 计准确测定所配缓冲溶液的 pH，因为配制时使用简化了的计算公式，并且忽略了离子、分子碱的相互影响，所以要用仪器进行校正。

【例 6-9】 要配制 pH = 5.00 的缓冲溶液 1L，可选用 HCOOH-NaCOOH、HAc-NaAc、NaH_2PO_4-Na_2HPO_4、NH_3-NH_4Cl 中的哪一组缓冲对？应如何配制？[已知 $pK_a^\ominus(HCOOH) = 3.75$、$pK_a^\ominus(HAc) = 4.76$、$pK_a^\ominus(H_3PO_4) = 7.21$、$pK_a^\ominus(NH_4^+) = 9.25$]

解 根据要满足 $pH = pK_a^\ominus \pm 1$ 的原则，四组缓冲体系中只能选择 HAc-NaAc 缓冲体系。

因为
$$pH = pK_a^\ominus - \lg\frac{n(弱酸)}{n(共轭碱)} = 4.76 - \lg\frac{n(HAc)}{n(NaAc)} = 5.00$$

所以
$$\frac{n(HAc)}{n(NaAc)} = 0.58$$

一般要求选择中等浓度的酸碱来配制缓冲溶液，故选择 $0.1mol\cdot L^{-1}$ HAc 和 $0.1mol\cdot L^{-1}$ NaAc 溶液来配制。设所需体积分别为 $V(HAc)$ 和 $V(NaAc)$，则

$$\frac{n(HAc)}{n(NaAc)} = \frac{c(HAc)\times V(HAc)}{c(NaAc)\times V(NaAc)} = \frac{V(HAc)}{V(NaAc)} = 0.58$$

因为
$$V(HAc) + V(NaAc) = 1000mL$$

所以
$$V(HAc) = 367mL,\ V(NaAc) = 633mL$$

用量筒分别量取 367mL $0.1mol\cdot L^{-1}$ HAc 溶液和 633mL $0.1mol\cdot L^{-1}$ NaAc 溶液，置于烧杯中混合均匀，即得到 pH = 5 的缓冲溶液 1L。

【例 6-10】 要配制 pH = 9.20、$c(NH_3) = 1.0mol\cdot L^{-1}$ 的缓冲溶液 1L，用 $c(NH_3) = 15mol\cdot L^{-1}$ 的浓氨水和固体 NH_4Cl，应如何配制？[已知 $pK_b^\ominus(NH_3) = 4.75$，$M(NH_4Cl) = 53.49g\cdot L^{-1}$]

解 因为

$$pOH = pK_b^\ominus - \lg\frac{n(弱碱)}{n(共轭酸)} = 4.75 - \lg\frac{1.0mol\cdot L^{-1}\times 1L}{m(NH_4Cl)/53.49g\cdot L^{-1}}$$

所以
$$m(NH_4Cl) = 60.0g$$

需要15mol·L^{-1}的浓氨水为

$$\frac{1.0\text{mol}\cdot\text{L}^{-1}\times 1\text{L}}{15\text{mol}\cdot\text{L}^{-1}}=66.0\text{mL}$$

配制方法：称取 60.0g 固体 NH_4Cl，溶于少量水中，加入 $c(NH_3)=15\text{mol}\cdot\text{L}^{-1}$ 的浓氨水 66.0mL，然后加水至 1L，混合均匀即可。

6.5 酸碱理论的发展

6.5.1 酸碱电离理论

人类认识酸碱经历了一个从现象(气味、颜色变化等)到本质(组成、化学结合力等)的过程，发展形成了多个酸碱理论。人们最早从实际观察开始，17 世纪中叶，英国化学家波义耳将有酸味，且能使蓝色石蕊变红的物质称为酸(acid)，将有涩味，且能使红色石蕊变蓝的物质称为碱(base)。18 世纪后期，人们从物质的内在组成来认识酸碱。例如，法国化学家拉瓦锡(Lavoisier)提出，氧是酸中普遍存在且必不可少的元素；英国化学家戴维(Davy)提出，判断一种物质是不是酸，要看它是否含有氢；德国化学家李比希(Liebig)提出，所有的酸都是氢的化合物，且其中的氢很容易被金属置换，碱则是能够中和酸并产生盐的物质。这些观点现在看来都存在不足，没能给出一个完善的理论。

在 1880～1890 年间，瑞典化学家阿伦尼乌斯根据电解质溶液理论，提出了酸碱电离理论，给出了最早的酸碱定义。其理论要点是：凡是在水溶液中解离出的阳离子全部都是氢离子的物质称为酸；凡是在水溶液中解离出的阴离子全部都是氢氧根离子的物质称为碱；酸碱反应的实质是 H^+ 和 OH^- 相互作用结合生成 H_2O 的反应。

在酸碱电离理论中，水溶液的酸碱性是通过溶液中 H^+ 浓度和 OH^- 浓度衡量的，H^+浓度越大，酸性越强；OH^-浓度越大，碱性越强。同时，在 298.15K 下，稀溶液中始终存在 $K_w^\ominus=[H^+]\cdot[OH^-]=1.0\times10^{-14}$，所以在水溶液中 H^+ 和 OH^- 必然同时共存。酸性和碱性的强弱是对立的，可以根据它们在水溶液中解离出 H^+ 或 OH^- 程度的大小来衡量。为了书写方便，定义 $\text{pH}=-\lg[H^+]$，pH 越小，溶液的酸性越强；pH 越大，溶液的碱性越强。

酸碱电离理论指出，各种酸碱的解离度不一定相同，有强酸和弱酸、强碱和弱碱之分。强酸和强碱在水溶液中完全解离，弱酸和弱碱则部分解离。一元强酸(碱)溶液中 $H^+(OH^-)$浓度等于强酸(碱)自身的浓度，弱酸(碱)溶液中 $H^+(OH^-)$浓度小于弱酸的浓度，其酸碱强弱程度可用弱酸(碱)解离平衡常数 $\text{p}K_a^\ominus(\text{p}K_b^\ominus)$ 的大小来描述。

酸碱电离理论在一定程度上提高了人们对酸碱本质的认识，揭示了酸碱反应的实质，对化学学科的发展起了很大作用，由于水溶液中 H^+ 和 OH^- 的浓度可以测量，所以这一理论从定量的角度来描写酸碱的性质和它们在化学反应中的行为。酸碱电离理论适用于 pH 计算、解离度计算、缓冲溶液计算、溶解度计算等，而且计算的精确度相对较高，所以至今仍然是一个非常实用的理论，同时该理论还指出多元酸和多元碱的概念。但酸碱电离理论将酸和碱局限在以水为溶剂的体系中，对于非水体系和无溶剂体系都不适用。例如，氯化氢气体和氨气发生反应生成氯化铵，这些物质都未解离，电离理论不能讨论这类反应；又如，碳酸钠在水溶液中并不解离出 OH^-，但它却显碱性。为了解决这些问题，就必须将水溶液和非水溶液中的酸碱平衡问题统一考虑，使酸碱概念脱离溶剂的限制。

6.5.2　酸碱质子理论

由于酸碱电离理论不能解决非水溶液中进行的酸碱反应等问题，1923 年丹麦化学家布朗斯特和英国化学家劳里(Lowry)分别独立地提出了酸碱质子理论(proton theory of acid-base)。

酸碱质子理论认为：凡是能够给出质子(H^+)的物质(分子或离子)都是酸；凡是能够接受质子的物质都是碱。即酸是质子的给予体，而碱是质子的接受体。带电的离子也可成为“酸”或“碱”。例如，HCl、HAc、NH_4^+、HCO_3^- 等都能给出质子，都是酸；而 NaOH、Ac^-、NH_3、CO_3^{2-} 等都能接受质子，都是碱。

在质子理论中，酸和碱是统一在对质子的关系上。例如，对任意一种酸(HA)而言，当它给出质子后，剩下的酸根(A^-)因为静电引力的作用，自然就对质子具有某种亲和力，它就有要重新得到质子变为酸(HA)的趋势，因此酸根(A^-)就是一种碱。

$$HA(aq) \rightleftharpoons H^+(aq) + A^-(aq)$$

上述反应可以看出，在质子理论中，酸给出质子，剩余部分就是碱，碱得到质子也就成为酸，这一对酸碱组成上只相差一个质子，它们彼此依存，相互转化，这种关系称为共轭关系。我们把这种组成上相差一个质子的一对酸碱称为共轭酸碱对(conjugated pair of acid-base)。HA 和 A^- 就是一对共轭酸碱对，其中 HA 称为共轭酸，A^- 称为共轭碱。例如

$$HCl(aq) \rightleftharpoons H^+(aq) + Cl^-(aq) \qquad HAc(aq) \rightleftharpoons H^+(aq) + Ac^-(aq)$$

$$H_2O(1) \rightleftharpoons H^+(aq) + OH^-(aq) \qquad H_2CO_3(aq) \rightleftharpoons H^+(aq) + HCO_3^-(aq)$$

$$HCO_3^-(aq) \rightleftharpoons H^+(aq) + CO_3^{2-}(aq) \qquad NH_4^+(aq) \rightleftharpoons H^+(aq) + NH_3(aq)$$

$$[Fe(H_2O)_6]^{3+}(aq) \rightleftharpoons H^+(aq) + [Fe(H_2O)_5OH]^{2+}(aq)$$

由上述酸碱半反应可以看出：

(1) 酸碱质子理论中的酸碱具有相对性，它们可以是中性分子、正离子或负离子，共轭酸碱对中酸比碱只能多一个质子。像 HCO_3^-，它既是 H_2CO_3 的共轭碱，又是 CO_3^{2-} 的共轭酸，这种既能给出质子又能接受质子的物质称为两性物质(amphoteric compound)。

(2) 上述酸碱半反应就是共轭酸碱对质子得失过程。

(3) 酸碱反应的实质是质子的转移，酸给出的质子必须被体系中的碱接受，因此酸

碱反应实际上是两个共轭酸碱对共同作用的结果。例如，HAc 的解离就是与溶剂水通过质子的转移来实现的。

$$\overset{H^+}{\overbrace{HAc + H_2O}} \rightleftharpoons H_3O^+ + Ac^-$$

$$\text{酸}_1 \quad \text{碱}_2 \qquad\qquad \text{酸}_2 \quad \text{碱}_1$$

为了方便起见，在不引起混淆时，常书写成半反应的形式，即 $HAc \rightleftharpoons H^+ + Ac^-$，但在实际过程中绝不能忽视了水的作用。

相对于酸碱电离理论，质子理论扩大了酸和碱的范围，只看它是给出质子还是接受质子，其中没有盐的概念；同时质子理论还扩大了酸碱反应的范围，在酸碱电离理论中，酸碱反应的产物必然是盐和水，而在质子理论中无此要求。另外，酸碱电离理论中的中和、强酸置换弱酸、酸碱的解离、盐类的水解等反应在质子理论中，都是酸碱反应。

根据酸碱的质子理论，容易给出质子的物质是其酸性更强，而越强的酸在给出质子后形成的碱同质子结合能力就越弱，因而碱性也就越弱。换言之，酸越强，其共轭碱的碱性就越弱；反之，碱越强，其共轭酸的酸性就越弱。

根据酸碱质子理论，酸碱在溶液中所表现出来的强度，不仅与酸碱的本性有关，也与溶剂的本性有关。同一种酸或碱，如果溶于不同的溶剂，它们所表现的相对强度就不同。例如，HAc 在水中表现为弱酸，但在液氨中表现为强酸，这是因为液氨夺取质子的能力(即碱性)比水要强得多。这种现象进一步说明了酸碱强度的相对性。

酸碱质子理论也有局限性，它不能解释不含氢的一些化合物的酸碱性问题。例如

$$CaO + SO_3 \rightleftharpoons CaSO_4$$

反应中 SO_3 具有酸的性质，但并未释放质子；CaO 具有碱的性质，但并未接受质子。

6.5.3　酸碱电子理论

酸碱质子理论扩展了电离理论中酸碱的概念，但仍受限于含氢物质，酸碱反应也只限于质子转移的反应，对无质子转移但却具有酸碱特征的反应无法做出解释。1923 年，路易斯提出了酸碱电子理论。

酸碱电子理论认为：凡是能够接受外来电子对的分子、离子或原子团都称为路易斯酸(Lewis acid)，故酸为电子对接受体；凡是能够给出电子对的分子、离子或原子团称为路易斯碱(Lewis base)，故碱为电子对给予体。常见的路易斯酸有：阳离子、金属离子(如钠离子、烷基正离子、硝基正离子等)；受电子分子，即缺电子化合物(如三氟化硼、三氯化铝、三氧化硫等)。常见的路易斯碱有：阴离子(如卤离子、氢氧根离子、烷氧基离子、烯烃、芳香化合物)；具有孤对电子的化合物(如氨、氰、胺、醇、醚、硫醇、二氧化碳)；含有碳碳双键的分子。路易斯碱包含了全部质子碱，路易斯酸则不一定包括质子酸。例如，在质子酸碱理论中，HCl 是一种质子酸，然而在路易斯酸碱理论中，HCl 是路易斯酸 (H^+) 与路易斯碱 (Cl^-) 结合而成的酸碱加合物。

酸碱反应不再是质子的转移而是电子的转移，是碱性物质提供电子对与酸性物质生成配位共价键的反应，反应产物称为酸碱配合物。酸碱反应的通式可表示为

$$\underset{\text{(电子对接受体)}}{\text{酸}} + \underset{\text{(电子对给予体)}}{\text{碱}} \longrightarrow \text{酸碱配合物}$$

$$H^+ + :OH^- \longrightarrow H:OH$$

$$Ag^+ + 2:NH_3 \longrightarrow H_3N:Ag:NH_3$$

酸碱电子理论中的酸碱反应包含四种基本反应类型。

(1) 酸碱加成反应：酸和碱反应生成酸碱加合物的反应。

$$BF_3 + :NH_3 \longrightarrow F_3B:NH_3$$

(2) 酸取代反应：由一种强酸从另一种由弱酸形成的酸碱加合物中置换出弱酸的反应。

$$CO_2 + H:OH \longrightarrow H^+ + O_2C:OH$$

(3) 碱取代反应：由一种强碱从另一种由弱碱形成的酸碱加合物中置换出弱碱的反应。

$$HCl + :NH_3 \longrightarrow H:NH_3^+ + Cl^-$$

(4) 双取代反应：两种酸碱加合物互换成分，形成两种更稳定的酸碱加合物的反应。

$$H:Cl + Na:OH \longrightarrow Na:Cl + H:OH$$

路易斯酸碱理论认为许多有机反应也是酸碱反应。例如，CH_3^+、$C_2H_5^+$、CH_3CO^+ 都是酸，分别与碱 H^-、OH^-、$C_2H_5O^-$ 结合成酸碱加合物 CH_4、C_2H_5OH、$CH_3COOC_2H_5$。在有机反应中，路易斯酸是亲电试剂，路易斯碱是亲核试剂。

在酸碱电子理论中，只有酸、碱和酸碱配合物，没有盐的概念；它们要在具体反应中确定。在反应中起酸作用的是酸，起碱作用的是碱，而不能脱离具体反应来辨认物质的酸碱性。同一种物质，在不同的反应环境中，既可以是酸，也可以是碱。

酸碱电子理论摆脱了体系必须具有某种离子或元素和溶剂的限制，着眼于物质的结构及电子对的授受来说明酸碱反应，可将酸碱概念用于许多有机反应和无溶剂反应，这是其他酸碱理论所不及的。因此，酸碱电子理论具有应用广泛的优点。但酸碱电子理论概念过于广泛，有时不易掌握酸碱的特征。同时该理论对酸碱的强弱缺乏一个统一的标准，取决于参考的酸碱和测量的方法，若选择不同的反应对象，则酸或碱的强弱次序也可能不同。由于它多种多样，分类比较粗略反应也较复杂，并无大家公认的定量理论把它联系起来，直到 1963 年皮尔逊(Pearson)根据路易斯酸碱得失电子对的难易程度，提出了软硬酸碱原理(SHAB 原理)，才使之更进一步发展。

酸碱理论各有其优缺点，在处理酸碱问题时，要充分了解各酸碱理论及其应用范围，合理选择酸碱理论，才能得出正确结论，并达到优化处理过程、节约时间的目的。

习　题

1. $0.1mol \cdot L^{-1}$ $NH_3 \cdot H_2O$ 溶液稀释 2 倍，其 H^+ 浓度和 pH 的变化趋势各为(　　)。

A. 增大和减小　　B. 减小和增大　　C. 均减小　　D. 均增大

2. 能使溶液 pH 变小的是(　　)。

A. $0.1mol \cdot L^{-1}$ HAc 溶液中加入少量 NaAc 晶体

B. $0.1mol \cdot L^{-1}$ $NH_3 \cdot H_2O$ 溶液中加入一些 NaCl 晶体

C. $0.1mol \cdot L^{-1}$ NaAc 溶液中加入少量 NaAc 晶体

D. $0.1mol \cdot L^{-1}$ $NH_3 \cdot H_2O$ 溶液中加入少量 NH_4Cl 晶体

3. 要配备 pH = 5.00 的缓冲溶液，应选择的弱电解质及其盐是(　　)。

A. HCOOH　$K_a^\ominus = 1.77 \times 10^{-4}$　　B. HNO_2　$K_a^\ominus = 4.5 \times 10^{-4}$

C. $NH_3 \cdot H_2O$　$K_b^\ominus = 1.76 \times 10^{-5}$　　D. HAc　$K_a^\ominus = 1.76 \times 10^{-5}$

4. 弱电解质的解离度 α 和解离常数 K 与其浓度的关系是(　　)。

A. K 与浓度有关，α 与浓度无关　　B. K 与浓度无关，α 与浓度有关

C. 二者均与浓度有关　　D. 二者均与浓度无关

5. 按照酸碱质子理论，下列叙述中不正确的是(　　)。

A. 酸中必然含有氢　　B. 化合物中没有盐的概念

C. 碱不可能是中性分子　　D. 任何碱获得质子后就成了酸

6. 下列溶液中缓冲能力最大的是(　　)。

A. $0.1dm^3$ $0.2mol \cdot L^{-1}$ HAc　　B. $0.1dm^3$ $0.2mol \cdot L^{-1}$ NaAc

C. A 和 B 等量混合后的溶液　　D. 将 A 稀释至 $0.2dm^3$ 并与 B 混合后所得溶液

7. NH_3 的共轭酸是(　　)。

A. NH_2^-　　B. NH_4^+　　C. NH_2OH　　D. $NH_3 \cdot H_2O$

8. 酸碱反应的实质是__________的转移，是______个______共同作用的结果。

9. 组成上相差一个质子的每一对酸碱称为____________________；其 $K_a^\ominus$ 与 $K_b^\ominus$ 的关系是__________。

10. 缓冲溶液的作用原理是____________________________________。

11. 10mL $0.2mol \cdot L^{-1}$ HCl 与 10mL $0.5mol \cdot L^{-1}$ NaAc ($pK_a^\ominus = 4.75$) 混合后溶液的 pH 为_______。

12. 室温下饱和 CO_2 水溶液(即 $0.04mol \cdot L^{-1}$ 的 H_2CO_3 溶液)中：$c(H^+)$ =____________，$c(HCO_3^-)$ =____________，$c(CO_3^{2-})$ =____________。

13. 某弱酸的解离常数是 1×10^{-5}，它与强碱反应的平衡常数是______________。

14. 强酸的水溶液中无 OH^-，强碱的水溶液中无 H^+。　(　　)

15. 20mL $0.1mol \cdot L^{-1}$ HCOOH 与 10mL $0.1mol \cdot L^{-1}$ NaOH 相混合，混合液是缓冲溶液。　(　　)

16. $0.1mol \cdot L^{-1}$ 的 HAc 溶液稀释时，解离度增大，H^+浓度也增大。　(　　)

17. 当加水稀释时，因为缓冲比不变，所以缓冲溶液的 pH 和缓冲容量也不发生改变。　(　　)

18. 99℃时，水的 K_w 为 1×10^{-12}，此时水的 pH = 6，显酸性。　(　　)

19. 什么是同离子效应和盐效应？它们对弱电解质的解离平衡有什么影响？

20. 如何配制 pH = 9.0 的缓冲溶液？

21. 计算下列体系的 pH：

(1) $0.1mol \cdot L^{-1}$ HCN 溶液；

(2) $0.1mol \cdot L^{-1}$ HCl 和 $NH_3 \cdot H_2O$ 等体积混合；

(3) 20mL $0.1mol \cdot L^{-1}$ HCl 和 10mL $0.1mol \cdot L^{-1}$ $NH_3 \cdot H_2O$ 混合；

(4) 10mL $0.1mol \cdot L^{-1}$ HCl 和 20mL $0.1mol \cdot L^{-1}$ $NH_3 \cdot H_2O$ 混合。

22. 相同浓度的 HCl 溶液和 HAc 溶液的 pH 是否相同？pH 相同的 HCl 溶液和 HAc 溶液的浓度是否相同？如果用 NaOH 溶液中和 pH 相同的 HCl 溶液和 HAc 溶液，哪个用量大？解释原因。

23. 在 100mL $0.1mol \cdot L^{-1}$ 的氨水中加入 1.07g NH_4Cl（$M = 53.5g \cdot mol^{-1}$）后，溶液的 pH 是多少?在此溶液中再加入 100mL 水，pH 有什么变化?

第 7 章　难溶性强电解质的沉淀溶解平衡

沉淀的生成与溶解是常见的一类化学平衡。例如，向 $AgNO_3$ 溶液中加入 NaCl 溶液就会有白色 AgCl 沉淀生成，这类反应称为沉淀反应；而向 $CaCO_3$ 沉淀中加入过量的盐酸溶液，淀将会消失，这类反应称为溶解反应。沉淀溶解平衡就是用来判断沉淀的生成与消失过程中反应的方向及程度的问题。

7.1　溶度积和溶解度

7.1.1　溶度积常数

不同的电解质在水中溶解度不同，根据溶解度的大小，电解质可分为难溶电解质和易溶电解质两大类。通常将 100g 水中溶解量小于 0.01g 的电解质称为难溶电解质，简称“难溶物”，如 25℃时，在 100g 水中能溶解 AgCl 固体 1.35×10^{-4}g 。在一定温度下，将难溶电解质晶体放入水中，都将发生一定程度的溶解，当溶解达到最大限度时，即成为饱和溶液(saturated solution)，此时未溶解的电解质晶体与溶液中溶解出来的离子建立动态平衡，就称为难溶电解质的沉淀溶解平衡(equilibrium of precipitation and solution)。例如，将难溶电解质 AgCl 晶体放入水中，晶体表面的 Ag^+ 和 Cl^- 在水分子极性作用下不断离开晶体，以水合离子的形式进入水中，这就是 AgCl 的溶解(solution)过程；与此同时，溶液中的部分 $Ag^+(aq)$ 和 $Cl^-(aq)$ 又受到晶体表面的正负离子吸引，重新沉积到 AgCl 晶体表面，这就是 AgCl 的沉淀(precipitation)过程。溶解和沉淀两个过程同时进行，开始时溶解速率较快，逐渐减小，而沉淀速率正好相反，在一定温度下，当这两个过程速率相等时，就建立了沉淀溶解平衡。对于 AgCl 晶体，其沉淀溶解平衡可表示为

$$AgCl(s) \underset{\text{沉淀}}{\overset{\text{溶解}}{\rightleftharpoons}} Ag^+(aq) + Cl^-(aq)$$

根据化学平衡原理，当反应达到平衡后，体系中各物质浓度之间关系可用标准平衡常数(为了和其他类型的平衡常数区别，加下标 sp)表示：

$$K_{sp}^{\ominus} = [Ag^+]\cdot[Cl^-]$$

式中，$K_{sp}^{\ominus}$ 为溶度积常数，简称溶度积(solubility product)；$[Ag^+]$、$[Cl^-]$ 分别为反应达平衡时体系中 Ag^+、Cl^- 的平衡浓度；AgCl 为固体，不写入平衡常数表达式。

按同样方法，可表示出其他难溶电解质的标准溶度积常数。

$$PbCl_2(s) \rightleftharpoons Pb^{2+}(aq) + 2Cl^-(aq) \qquad K_{sp}^{\ominus} = [Pb^+]\cdot[Cl^-]^2$$

$$Ag_2CrO_4(s) \rightleftharpoons 2Ag^+(aq) + CrO_4^{2-}(aq) \qquad K_{sp}^{\ominus} = [Ag^+]^2\cdot[CrO_4^{2-}]$$

溶度积常数可表示为：在一定温度下，难溶电解质饱和溶液中，各离子平衡浓度以化学计量系数为幂的乘积为一常数，用 $K_{sp}^{\ominus}$ 表示。其值越大，体系达到平衡时离子浓度越大。

对于任意一个难溶电解质 A_mB_n 来说，在一定温度下达到沉淀溶解平衡时，均可用溶度积常数来表示体系中离子浓度的关系。

$$A_mB_n(s) \rightleftharpoons mA^{n+}(aq) + nB^{m-}(aq) \qquad K_{sp}^{\ominus} = [A^{n+}]^m\cdot[B^{m-}]^n \tag{7-1}$$

式中，m、n 分别是 A^{n+} 和 B^{m-} 在沉淀溶解平衡方程式中的化学计量系数。

$K_{sp}^{\ominus}$ 的大小表示难溶电解质的溶解程度，与其他平衡常数一样，其值大小只与难溶电解质的本性和温度有关，而与沉淀的量及溶液中离子浓度的变化无关，改变溶液中离子浓度平衡发生移动，但平衡常数大小不变。一些常见难溶电解质的溶度积常数见附录(附表 5)。

严格来说，溶度积常数表达式中平衡浓度应用平衡时离子活度来表示，但考虑到难溶电解质溶液中离子浓度较低，此时离子的活度系数约等于 1，离子浓度与离子活度近似相等，因此，一般情况下，常用离子浓度代替离子活度计算，不会引起太大误差。

7.1.2　溶度积与溶解度的关系

从上面可以看出，溶度积常数($K_{sp}^{\ominus}$)和溶解度(S)二者之间存在一定的联系。溶度积常数是从平衡的角度来讨论难溶电解质的溶解趋势，其大小只与难溶电解质的本性和温度有关；溶解度指的是难溶电解质饱和溶液中难溶物溶解的量，其大小除了与难溶电解质的本性和温度有关，还与溶液中其他共存离子的种类及浓度有关。例如，分别在纯水和 NaCl 溶液中加入 AgCl，由于同离子效应的影响，两种情况下的 AgCl 溶解度是不同的。但溶度积与溶解度都能表示程度的大小，显然它们之间是可以互相进行换算的，只是换算时要注意溶度积表达式中，离子浓度均用物质的量浓度来表示，而溶解度可用多种不同的量来表示，所以在换算时，溶解度的单位必须先换算成物质的量浓度。下面举例说明两者之间的关系。

【例 7-1】　已知 298.15K 时，AgCl 饱和溶液中每升含 1.92×10^{-3}g AgCl，求 AgCl 溶度积常数($K_{sp}^{\ominus}$)。(已知 AgCl 的摩尔质量为 $143.4g\cdot mol^{-1}$)

解　AgCl 的溶解度：

$$S = \frac{\dfrac{1.92\times10^{-3}g}{143.4g\cdot mol^{-1}}}{1L} = 1.34\times10^{-5}mol\cdot L^{-1}$$

根据反应式：　　$AgCl(s) \rightleftharpoons Ag^+(aq) + Cl^-(aq)$

平衡时各物质浓度/($mol\cdot L^{-1}$)　　　S　　　S

$$K_{sp}^{\ominus}(AgCl) = [Ag^+][Cl^-] = S^2 = (1.34\times10^{-5})^2 = 1.80\times10^{-10}$$

【例 7-2】 已知 298.15K 时，AgBr 的 $K_{sp}^{\ominus}=5.35\times10^{-13}$，求该温度下 AgBr 的溶解度。

解 根据反应式：$AgBr(s) \rightleftharpoons Ag^{+}(aq)+Br^{-}(aq)$

平衡时各物质浓度/(mol·L^{-1}) S S

$$K_{sp}^{\ominus}(AgBr)=[Ag^{+}][Br^{-}]=S^{2}$$

$$S=\sqrt{K_{sp}^{\ominus}}=\sqrt{5.35\times10^{-13}}=7.31\times10^{-7}(mol\cdot L^{-1})$$

【例 7-3】 已知 298.15K 时，Ag_2CrO_4 的 $K_{sp}^{\ominus}=1.1\times10^{-12}$，求该温度下 Ag_2CrO_4 的溶解度。

解 根据反应式：$Ag_2CrO_4(s) \rightleftharpoons 2Ag^{+}(aq)+CrO_4^{2-}(aq)$

平衡时各物质浓度/(mol·L^{-1}) $2S$ S

$$K_{sp}^{\ominus}(Ag_2CrO_4)=[Ag^{+}]^{2}[CrO_4^{2-}]=(2S)^{2}\times S=4S^{3}$$

$$S=\sqrt[3]{\frac{K_{sp}^{\ominus}}{4}}=\sqrt[3]{\frac{1.1\times10^{-12}}{4}}=6.5\times10^{-5}(mol\cdot L^{-1})$$

从上面例题看出，298.15K 时，$K_{sp}^{\ominus}(AgCl)>K_{sp}^{\ominus}(Ag_2CrO_4)$，而 $S(AgCl)<S(Ag_2CrO_4)$。可见不能用溶度积常数直接比较溶解度的大小，因为溶解度的大小不仅与 $K_{sp}^{\ominus}$ 有关，还与其类型有关，对于不同类型的难溶电解质来说，其溶度积常数与溶解度的关系是不同的，只有同一类型的难溶电解质(如 AgCl、AgBr、$BaSO_4$ 或者 Ag_2CrO_4 和 Ag_2SO_4)在相同温度下，溶度积大的，其溶解度也较大。

对于不同类型的难溶电解质溶度积常数和溶解度在换算时，可用下列通式。

AB型难溶电解质：$K_{sp}^{\ominus}=S^{2}$，$S=\sqrt{K_{sp}^{\ominus}}$。

A_2B或AB_2型难溶电解质：$K_{sp}^{\ominus}=4S^{3}$，$S=\sqrt[3]{\frac{K_{sp}^{\ominus}}{4}}$。

A_3B或AB_3型难溶电解质：$K_{sp}^{\ominus}=27S^{4}$，$S=\sqrt[4]{\frac{K_{sp}^{\ominus}}{27}}$。

A_mB_n型难溶电解质：

$$K_{sp}^{\ominus}=(mS)^{m}\cdot(nS)^{n}，S=\sqrt[m+n]{\frac{K_{sp}^{\ominus}}{m^{m}\cdot n^{n}}} \tag{7-2}$$

需要指出的是，上述换算关系对大多数难溶电解质来说只是近似换算，与实际实验中测定数据存在一定差别，因为在实际过程中，除要考虑离子强度外，还要注意以下问题。

(1) 难溶电解质离子在溶液中是否发生水解、聚合、配位等副反应。例如，难溶碳酸盐在水溶液中解离出来的 CO_3^{2-} 就会与水分子生成 HCO_3^{-} 从而使体系中 CO_3^{2-} 浓度发生改变。此时，用简单的换算关系计算就会产生较大偏差。

(2) 换算中要求一步完全解离。但有些难溶电解质是分步解离的。例如，$Fe(OH)_3$ 在水溶液中分三步解离，虽然 $K_{sp}^{\ominus}=[OH^{-}]^{3}\cdot[Fe^{3+}]$ 的关系依然存在，但溶液中 $[Fe^{3+}]:[OH^{-}]$ 并不等于 1∶3。此时不适宜用简单的换算公式来求难溶电解质溶度积和溶解度的换算关系。

课程中为了使问题简化，在没有特殊说明时，可不用考虑以上问题。

7.2　沉淀溶解平衡的移动

沉淀溶解平衡是化学平衡，按照平衡移动原理，改变体系中任意一个离子浓度，平衡将发生移动。因此，可以根据溶液中离子浓度与溶度积的关系来讨论溶液中沉淀的生成、沉淀的溶解、沉淀的转化等问题。

7.2.1　溶度积原理

在一定条件下，某难溶电解质中，其离子浓度(以反应方程式中计量系数为指数)的乘积称为离子积，用符号 Q 表示。

例如，对 Ag_2CrO_4 溶液来说，其离子积 $Q = c(Ag^+)^2 \times c(CrO_4^{2-})$。可以看出，它的表达式形式上和溶度积 $K_{sp}^{\ominus}$ 是相同的，但是二者的意义不同。$K_{sp}^{\ominus}$ 表示的是难溶电解质达到平衡时，饱和溶液中离子浓度之间的关系，对应的是平衡浓度，所以，在一定温度下，$K_{sp}^{\ominus}$ 是一个常数。而 Q 表示的任意情况下，难溶电解质溶液中离子浓度之间的关系，因此其数值大小是不固定的。$K_{sp}^{\ominus}$ 只是当体系达到沉淀溶解平衡时 Q 对应的特殊状态。

任意一个难溶电解质体系达平衡时，改变其中任意一种物质的浓度，Q 值发生改变，不再等于 $K_{sp}^{\ominus}$，根据二者的大小关系，可以判断，在一定条件下，Q 和 $K_{sp}^{\ominus}$ 存在以下三种关系：

(1) 当 $Q < K_{sp}^{\ominus}$ 时，此时溶液为不饱和溶液，若此时体系中无难溶电解质存在，则看不到实验现象发生；若溶液中有难溶电解质存在，可看到沉淀发生溶解，直至达饱和状态。

(2) 当 $Q = K_{sp}^{\ominus}$ 时，此时溶液为饱和溶液，达到沉淀溶解平衡状态，此时是动态平衡，无沉淀生成，若溶液中有难溶电解质存在，也不会发生沉淀溶解。

(3) 当 $Q > K_{sp}^{\ominus}$ 时，此时溶液为过饱和溶液，沉淀溶解平衡向生成沉淀的方向发生移动，将有沉淀从溶液中析出，直至建立新的平衡，再次达到饱和溶液状态。

以上描述的 Q 和 $K_{sp}^{\ominus}$ 的关系即溶度积原理，也称为溶度积规则。它是难溶电解质多相离子平衡移动规律的总结，运用这一原理，可以判断任意状态下沉淀的生成和溶解的情况。

7.2.2　沉淀的生成

根据溶度积原理，当难溶电解质溶液中 $Q > K_{sp}^{\ominus}$ 时，就有沉淀生成。因此，实际工作中若想从溶液中析出沉淀或者希望沉淀更加完全，就必须使沉淀溶解平衡向生成沉淀的方向发生移动。实验室中常采用加入沉淀剂或改变溶液 pH 的方法来达到此目的。

(1) 加入沉淀剂。沉淀剂是指能让溶液中某种离子生成沉淀的试剂，实验中若想分离出某种离子，可通过加入沉淀剂，使其$Q > K_{sp}^{\ominus}$，生成沉淀后过滤分离。例如，在$AgNO_3$溶液中，加入NaCl溶液，满足条件后就可析出AgCl沉淀，此时NaCl溶液就是Ag^+的沉淀剂。

【例 7-4】 将$4\times10^{-3}mol\cdot L^{-1}AgNO_3$溶液与同浓度的$K_2CrO_4$溶液等体积混合，判断溶液中有无$Ag_2CrO_4$沉淀析出。已知$K_{sp}^{\ominus}(Ag_2CrO_4)=1.12\times10^{-12}$。

解 溶液等体积混合，浓度减半。所以混合后：

$$c(Ag^+)=c(CrO_4^{2-})=\frac{4\times10^{-3}mol\cdot L^{-1}}{2}=2\times10^{-3}(mol\cdot L^{-1})$$

$$Q=c(Ag^+)^2c(CrO_4^{2-})=(2\times10^{-3})^2\times2\times10^{-3}=8\times10^{-9}$$

因为$Q > K_{sp}^{\ominus}(Ag_2CrO_4)$，所以有$Ag_2CrO_4$沉淀析出。

【例 7-5】 溶液中$c(Pb^{2+})=1\times10^{-3}mol\cdot L^{-1}$，若向此溶液中加入 KI 溶液，则$c(I^-)$需要多大才会有$PbI_2$沉淀析出？已知$K_{sp}^{\ominus}(PbI_2)=7.1\times10^{-9}$。

解 要使沉淀析出，必须使$Q \geqslant K_{sp}^{\ominus}(PbI_2)$：

$$Q=c(Pb^{2+})c(I^-)^2 \geqslant K_{sp}^{\ominus}(PbI_2)$$

$$c(I^-) \geqslant \sqrt{\frac{K_{sp}^{\ominus}}{c(Pb^{2+})}}=\sqrt{\frac{7.1\times10^{-9}}{1\times10^{-3}}}=2.7\times10^{-3}(mol\cdot L^{-1})$$

【例 7-6】 向$c(CaCl_2)=1.0mol\cdot L^{-1}$溶液中通入$CO_2$气体至饱和，是否有沉淀生成？已知$K_{sp}^{\ominus}(CaCO_3)=4.96\times10^{-9}$，碳酸水溶液的$K_{a1}^{\ominus}=4.47\times10^{-7}$、$K_{a2}^{\ominus}=4.68\times10^{-11}$。

解 在饱和碳酸水溶液中$c(CO_3^{2-})=[CO_3^{2-}]\approx K_{a2}^{\ominus}=4.68\times10^{-11}mol\cdot L^{-1}$，则

$$Q=c(Ca^{2+})c(CO_3^{2-})=1.0\times4.68\times10^{-11}=4.68\times10^{-11}$$

因为$Q < K_{sp}^{\ominus}(CaCO_3)$，所以没有$CaCO_3$沉淀析出。

(2) 控制溶液 pH。许多难溶电解质(如氢氧化物沉淀和硫化物沉淀等)的沉淀溶解平衡受到溶液酸度的影响，并且它们在化学分离和提取中有十分重要的应用。

【例 7-7】 向$c(ZnCl_2)=0.1mol\cdot L^{-1}$溶液中通入$H_2S$气体至饱和，试计算为了防止溶液中有 ZnS 沉淀析出所需要的最小$c(H^+)$。已知$K_{a1}^{\ominus}(H_2S)=8.91\times10^{-8}$、$K_{a2}^{\ominus}(H_2S)=1.0\times10^{-19}$、$K_{sp}^{\ominus}(ZnS)=1.6\times10^{-24}$。

解 总反应式为

$$Zn^{2+}(aq)+H_2S(aq) \rightleftharpoons ZnS(s)+2H^+(aq)$$

$$K^{\ominus}=\frac{[H^+]^2}{[Zn^{2+}][H_2S]}=\frac{[H^+]^2}{[Zn^{2+}][H_2S]}\times\frac{[S^{2-}]}{[S^{2-}]}=\frac{K_{a1}^{\ominus}(H_2S)\times K_{a2}^{\ominus}(H_2S)}{K_{sp}^{\ominus}(ZnS)}$$

$$=\frac{8.91\times10^{-8}\times1.0\times10^{-19}}{1.6\times10^{-24}}=5.6\times10^{-3}$$

常温常压下，H_2S饱和水溶液中$c(H_2S)=0.10mol\cdot L^{-1}$。

根据平衡移动原理，要防止生成 ZnS 沉淀，$[H^+]$ 要足够大，因此

$$[H^+] \geqslant \sqrt{K^{\ominus} \times c(Zn^{2+}) \times c(H_2S)} = \sqrt{5.6\times10^{-3}\times0.1\text{mol}\cdot\text{L}^{-1}\times0.1\text{mol}\cdot\text{L}^{-1}} = 7.5\times10^{-3}\text{mol}\cdot\text{L}^{-1}$$

这种在一个反应式中同时存在两个或者两个以上平衡的，称为竞争平衡，其平衡常数也称为竞争平衡常数，有时用符号 $K_j^{\ominus}$ 表示，反应进行的方向要看平衡竞争的最后结果。

7.2.3　沉淀的溶解

在实际工作中，有时需要使沉淀发生溶解。根据溶度积原理，只要使体系中浓度积(Q)小于其溶度积($K_{sp}^{\ominus}$)，平衡就向沉淀溶解的方向发生移动，若体系中有难溶电解质，则可以观察到沉淀的溶解现象。实验中，我们常用下面几种方法来使沉淀发生溶解。

1) 生成弱电解质使沉淀溶解

向难溶的弱酸强碱盐或氢氧化物沉淀中加入强酸，就会生成弱电解质或气体，从而降低难溶电解质中阴离子的浓度，使体系中 $Q < K_{sp}^{\ominus}$，根据溶度积原理，此时沉淀有溶解趋势。

例如，对于 $CaCO_3$ 沉淀和 CaC_2O_4 沉淀，通过实验可知，$CaCO_3$ 沉淀能溶于乙酸而 CaC_2O_4 沉淀不溶，其原因是

$$CaCO_3(s) + 2HAc(aq) \rightleftharpoons Ca^{2+}(aq) + H_2CO_3(aq) + 2Ac^-(aq)$$

$$K^{\ominus} = \frac{[Ca^{2+}][H_2CO_3][Ac^-]}{[HAc]} = \frac{[Ca^{2+}][H_2CO_3][Ac^-]}{[HAc]} \times \frac{[H^+]^4 \times [CO_3^{2-}]}{[H^+]^4 \times [CO_3^{2-}]}$$

$$= \frac{K_{sp}^{\ominus}(CaCO_3)[K_a^{\ominus}(HAc)]^2}{K_{a1}^{\ominus}(H_2CO_3)K_{a2}^{\ominus}(H_2CO_3)} = \frac{4.96\times10^{-9}\times3.1\times10^{-10}}{2.4\times10^{-17}} = 0.064$$

$K^{\ominus}$ 虽然不大，但在反应过程中会不断生成 CO_2 气体，从而降低体系中 H_2CO_3 的浓度，平衡向右移动，所以 $CaCO_3$ 沉淀是易溶于 HAc 的。

$$CaC_2O_4(s) + HAc(aq) \rightleftharpoons Ca^{2+}(aq) + HC_2O_4^-(aq) + Ac^-(aq)$$

$$K^{\ominus} = \frac{[Ca^{2+}][HC_2O_4^-][Ac^-]}{[HAc]} = \frac{[Ca^{2+}][HC_2O_4^-][Ac^-]}{[HAc]} \times \frac{[H^+][C_2O_4^{2-}]}{[H^+][C_2O_4^{2-}]}$$

$$= \frac{K_{sp}^{\ominus}(CaC_2O_4)K_a^{\ominus}(HAc)}{K_{a2}^{\ominus}(H_2C_2O_4)} = \frac{2.34\times10^{-9}\times1.76\times10^{-5}}{6.4\times10^{-5}} = 6.4\times10^{-10}$$

由于 $K^{\ominus} \ll 10^{-6}$，反应不能正向进行，因此 CaC_2O_4 沉淀不溶于 HAc。但通过实验知道，CaC_2O_4 沉淀能溶于 HCl。

可以看出，当沉淀的 $K_{sp}^{\ominus}$ 越大或者生成的弱电解质 $K_a^{\ominus}$ 越小时，反应的 $K^{\ominus}$ 越大，

沉淀溶解越彻底。

【例 7-8】 要溶解 0.1mol 的 MnS 沉淀，最少需要 1.0L 多少浓度的 HCl 溶液？已知 $K_{a1}^{\ominus}(H_2S)$ 8.91×10^{-8}、$K_{a2}^{\ominus}(H_2S)=1\times10^{-19}$、$K_{sp}^{\ominus}(MnS)=1.0\times10^{-15}$。

解

$$MnS(s)+2H^+(aq) \rightleftharpoons Mn^{2+}(aq)+H_2S(aq)$$

溶解后各物质浓度/ $mol\cdot L^{-1}$　　$[H^+]$　　0.1　　0.1

$$K^{\ominus}=\frac{K_{sp}^{\ominus}(MnS)}{K_{a1}^{\ominus}(H_2S)\times K_{a2}^{\ominus}(H_2S)}=\frac{0.1mol\cdot L^{-1}\times0.1mol\cdot L^{-1}}{[H^+]^2}$$

$$[H^+]=\sqrt{\frac{K_{a1}^{\ominus}(H_2S)\times K_{a2}^{\ominus}(H_2S)\times0.1mol\cdot L^{-1}\times0.1mol\cdot L^{-1}}{K_{sp}^{\ominus}(MnS)}}$$

$$=\sqrt{\frac{8.91\times10^{-8}\times1\times10^{-19}\times0.1mol\cdot L^{-1}\times0.1mol\cdot L^{-1}}{1.0\times10^{-15}}}$$

$$=3.0\times10^{-7}mol\cdot L^{-1}$$

该浓度为反应达平衡时体系中$[H^+]$，因为溶解沉淀还要消耗0.2mol的HCl，所以要溶解0.1mol的MnS沉淀，所需HCl溶液的浓度为$0.2+3.0\times10^{-7}mol\cdot L^{-1}$。

【例 7-9】 将例 7-8 中的沉淀换成 0.1mol 的 CuS，需要 1.0L 多少浓度的 HCl 溶液？已知 $K_{a1}^{\ominus}$ $(H_2S)\ 8.91\times10^{-8}$、$K_{a2}^{\ominus}(H_2S)=1\times10^{-19}$、$K_{sp}^{\ominus}(CuS)=7.9\times10^{-36}$。

解

$$CuS(s)+2H^+(aq) \rightleftharpoons Cu^{2+}(aq)+H_2S(aq)$$

溶解后各物质浓度/ $mol\cdot L^{-1}$　　$[H^+]$　　0.1　　0.1

$$K^{\ominus}=\frac{K_{sp}^{\ominus}(CuS)}{K_{a1}^{\ominus}(H_2S)\times K_{a2}^{\ominus}(H_2S)}=\frac{0.1mol\cdot L^{-1}\times0.1mol\cdot L^{-1}}{[H^+]^2}$$

$$[H^+]=\sqrt{\frac{K_{a1}^{\ominus}(H_2S)\times K_{a2}^{\ominus}(H_2S)\times0.1mol\cdot L^{-1}\times0.1mol\cdot L^{-1}}{K_{sp}^{\ominus}(CuS)}}$$

$$=\sqrt{\frac{8.91\times10^{-8}\times1\times10^{-19}\times0.1mol\cdot L^{-1}\times0.1mol\cdot L^{-1}}{7.9\times10^{-36}}}$$

$$=3.4\times10^{3}mol\cdot L^{-1}$$

所需HCl溶液的浓度为$0.2+3.4\times10^3\approx3.4\times10^3(mol\cdot L^{-1})$。

因为HCl浓度最大只能到$12mol\cdot L^{-1}$左右，所以用HCl溶液不能溶解CuS沉淀。

---

2) 利用氧化还原反应使沉淀溶解

从例 7-9 可以看出，像CuS这种溶度积非常小的沉淀，通过加强酸是不能使沉淀溶解的，实验中我们可以通过加入具有强氧化性的硝酸使其溶解，反应如下：

$$3CuS(s)+2NO_3^-(aq)+8H^+(aq) \rightleftharpoons 3Cu^{2+}(aq)+3S(s)+2NO(g)+4H_2O(l)$$

利用硝酸的氧化性，将溶液中的S^{2-}氧化成单质 S，使溶液中$c(S^{2-})$降低，离子积小于溶度积，从而达到溶解CuS沉淀的目的。

3) 利用配位反应使沉淀溶解

有些难溶电解质可通过加入配位剂，使溶液中离子发生配位反应生成稳定的配离子，以达到溶解的目的。例如，AgCl沉淀不溶于盐酸、硝酸，但可用氨水使其溶解，反应如下：

$$AgCl(s) + 2NH_3(aq) \rightleftharpoons [Ag(NH_3)_2]^+(aq) + Cl^-(aq)$$

因为 Ag^+ 和 NH_3 发生配位反应，生成稳定的 $[Ag(NH_3)_2]^+$，降低了溶液中 $c(Ag^+)$，使离子积小于溶度积，从而达到溶解 AgCl 沉淀的目的。

以上常用方法也可配合使用，如 HgS 沉淀的溶度积极小，为 4.0×10^{-53}，需要用王水才能溶解，既利用浓盐酸中 Cl^- 的配位作用来降低溶液中 Hg^+ 浓度，又利用浓硝酸的氧化性来降低溶液中 S^{2-} 浓度，从而使沉淀溶解，反应如下：

$$3HgS(s) + 2HNO_3(aq) + 12HCl(aq) \rightleftharpoons 3H_2[HgCl_4](aq) + 3S(s) + 2NO(g) + 4H_2O(1)$$

7.2.4　同离子效应和盐效应

加入沉淀剂能使溶液中某种离子产生沉淀，而沉淀剂的浓度及用量会影响沉淀反应进行的程度。实验中为了让某种离子沉淀完全，可以通过增大沉淀剂的用量达到这一目的。

【例 7-10】　向 Ag_2CrO_4 饱和溶液中加入固体 $AgNO_3$，使它们的浓度为 $0.10mol\cdot L^{-1}$。试计算 Ag_2CrO_4 在纯水和在足量 $AgNO_3$ 存在时的溶解度。已知 $K_{sp}^{\ominus}(Ag_2CrO_4)=1.12\times10^{-12}$。

解　Ag_2CrO_4 沉淀在纯水中达到饱和时，体系中平衡关系：

$$Ag_2CrO_4(s) \rightleftharpoons 2Ag^+(aq) + CrO_4^{2-}(aq)$$

纯水中平衡浓度/$(mol\cdot L^{-1})$	$2S$	S
$AgNO_3$ 存在时平衡浓度/$(mol\cdot L^{-1})$	$2S+0.10\approx0.10$	S

纯水中溶解度：

$$S=\sqrt[3]{\frac{K_{sp}^{\ominus}(Ag_2CrO_4)}{4}}=\sqrt[3]{\frac{1.12\times10^{-12}}{4}}=6.5\times10^{-5}(mol\cdot L^{-1})$$

$AgNO_3$ 存在时的溶解度：

$$S=\frac{K_{sp}^{\ominus}}{[Ag^+]^2}=\frac{1.12\times10^{-12}}{(0.10)^2}=1.12\times10^{-10}(mol\cdot L^{-1})$$

Ag_2CrO_4 在 $AgNO_3$ 中溶解度比在纯水中溶解度降低了 $1/10^5$。

从例 7-10 可以看出，向 Ag_2CrO_4 体系中，加入含有 Ag^+ 的试剂，Ag_2CrO_4 的溶解度变小，这与弱电解质的解离平衡类似。这种向难溶电解质饱和溶液中加入与其含有相同离子的强电解质，使难溶电解质溶解度降低的效应称为沉淀溶解平衡中的同离子效应。

因为沉淀溶解平衡一直存在，一定温度下，其 $K_{sp}^{\ominus}$ 为一常数，所以绝对的沉淀完全是没有的，总会有少量待沉淀离子残留在溶液中。但是当其离子浓度很小时，已不能用定性反应检出，不会妨碍其他离子的鉴定，就可认为沉淀完全。一般在反应中，若剩余离子浓度不超过 $1\times10^{-5}mol\cdot L^{-1}$ 时，就可认为该离子沉淀“完全”了。

实验证明，加入适量过量的同离子试剂能使沉淀更加趋于完全，但沉淀剂的用量并不是越多越好，若沉淀剂加入过多，由于离子强度的影响，离子活度下降，就会导致溶解度不降反增。例如，用 Na_2SO_4 溶液沉淀 Pb^{2+} 时，开始在同离子效应的作用下，$PbSO_4$ 沉淀溶解度逐渐下降，但当 Na_2SO_4 溶液的浓度大于 $0.040mol \cdot L^{-1}$ 时，$PbSO_4$ 沉淀溶解度反而会随之增大。这种因为加入过多强电解质而使难溶电解质溶解度增大的效应，称为盐效应。

此外，加入过量沉淀剂有时也会因为配位作用使沉淀溶解度增大。例如，AgCl 沉淀在 NaCl 溶液中溶解度，如表 7-1 所示。

表 7-1　AgCl 沉淀在 NaCl 溶液中溶解度

NaCl 浓度/($mol \cdot L^{-1}$)	0	9.2×10^{-3}	3.5×10^{-1}	5.0×10^{-1}
AgCl 溶解度/($mol \cdot L^{-1}$)	1.33×10^{-5}	9.1×10^{-7}	1.7×10^{-5}	2.8×10^{-5}

当 NaCl 溶液浓度超过 $3.5 \times 10^{-1} mol \cdot L^{-1}$ 时，AgCl 沉淀形成配离子 $[AgCl_2]^-$，降低了 $c(Ag^+)$，离子积小于溶度积，沉淀溶解。所以沉淀剂加入要适量，一般过量 20%～50%。

此外，如果加入的强电解质与沉淀不含有相同离子，体系中形成“离子氛”，离子的行动受到束缚，有效碰撞减少，从而使难溶电解质溶解度增加，这也是盐效应的作用。

同离子效应和盐效应是影响沉淀完全程度的两个重要因素，在产生同离子效应的同时，也能产生盐效应，一般说来，同离子效应对平衡的影响要大于盐效应的影响，通常情况下，特别是在较稀的溶液中可以不考虑盐效应的影响。

7.2.5　分步沉淀和沉淀转化

1) 分步沉淀

上面讨论的沉淀的生成和溶解都是只有一种离子或沉淀的情况，实际工作中，往往同时存在多种离子，当加入一种沉淀剂时，可能都会生成沉淀。这时，如何通过控制条件，分离出其中的离子，是生产或实验中经常会碰到的问题。在一定条件下，由于各种难溶电解质溶度积的不同，当缓慢滴加沉淀剂时，沉淀会按照一定的先后顺序依次出现，这种现象称为分步沉淀(fractional precipitation)或选择性沉淀(selective precipitation)。

例如，向浓度均为 $0.01mol \cdot L^{-1}$ 的 Cl^- 和 I^- 混合溶液中，逐滴加入 $AgNO_3$ 溶液，从实验现象可以观察到，首先析出的是黄色 AgI 沉淀，继续滴加 $AgNO_3$ 溶液才会出现白色 AgCl 沉淀。这是因为，溶液中开始生成 AgI 沉淀和 AgCl 沉淀所需的 Ag^+ 浓度不同。

开始生成 AgI 沉淀所需的 Ag^+ 浓度：

$$[Ag^+] = \frac{K_{sp}^{\ominus}(AgI)}{[I^-]} = \frac{8.3 \times 10^{-17}}{0.01} = 8.3 \times 10^{-5}(mol \cdot L^{-1})$$

开始生成 AgCl 沉淀所需的 Ag^+ 浓度：

$$[Ag^+]=\frac{K_{sp}^{\ominus}(AgCl)}{[Cl^-]}=\frac{1.8\times10^{-10}}{0.01}=1.8\times10^{-8}(mol\cdot L^{-1})$$

因为沉淀 I^- 所需要的 Ag^+ 浓度比淀 Cl^- 所需要的 Ag^+ 浓度小得多，所以 I^- 先沉淀。

根据溶度积原理，当溶液中同时存在多种离子时，溶液中离子积先达到溶度积的难溶电解质首先析出沉淀，离子积后达到溶度积的难溶电解质后析出沉淀。显然对于同类型沉淀来说，$K_{sp}^{\ominus}$ 小的先沉淀，并且沉淀间溶度积相差越大，几种离子分离的效果也就越好。

【例 7-11】　向 $c(Cl^-)$ 和 $c(CrO_4^{2-})$ 均为 0.01mol·L⁻¹ 的混合溶液中，缓慢滴加 $AgNO_3$ 溶液、AgCl 和 Ag_2CrO_4 沉淀，哪种离子先析出沉淀？当第二种离子开始析出沉淀时，第一种离子是否沉淀完全？已知 $K_{sp}^{\ominus}(AgCl)=1.8\times10^{-10}$、$K_{sp}^{\ominus}(Ag_2CrO_4)=1.12\times10^{-12}$。

解　开始析出 AgCl 沉淀时，溶液中 Ag^+ 浓度为

$$[Ag^+]_1=\frac{K_{sp}^{\ominus}(AgCl)}{[Cl^-]}=\frac{1.8\times10^{-10}}{0.01}=1.8\times10^{-8}(mol\cdot L^{-1})$$

开始析出 Ag_2CrO_4 沉淀时，溶液中 Ag^+ 浓度为

$$[Ag^+]_2=\sqrt{\frac{K_{sp}^{\ominus}(Ag_2CrO_4)}{c(CrO_4^{2-})}}=\sqrt{\frac{1.12\times10^{-12}}{0.01}}=1.1\times10^{-5}(mol\cdot L^{-1})$$

因为析出 AgCl 沉淀所需的 $[Ag^+]_1$ 要小于析出 Ag_2CrO_4 沉淀所需的 $[Ag^+]_2$，所以先析出的是 AgCl 沉淀。

当 CrO_4^{2-} 开始沉淀时，溶液对 AgCl 来说已达到饱和，这时求的是当 $[Ag^+]_2=1.1\times10^{-5}mol\cdot L^{-1}$ 时，体系中剩余的 $[Cl^-]$：

$$[Cl^-]=\frac{K_{sp}^{\ominus}(AgCl)}{[Ag^+]_2}=\frac{1.8\times10^{-10}}{1.1\times10^{-5}}=1.6\times10^{-8}(mol\cdot L^{-1})$$

此时 $[Cl^-]=1.6\times10^{-8}\ mol\cdot L^{-1}\ll1\times10^{-5}\ mol\cdot L^{-1}$，可认为 Cl^- 已完全沉淀。

从例 7-11 可以看出，虽然 $K_{sp}^{\ominus}(Ag_2CrO_4)<K_{sp}^{\ominus}(AgCl)$，但是 $K_{sp}^{\ominus}$ 大的 AgCl 反而先析出。因此，对于不同类型的难溶电解质来说，必须通过计算才能说明沉淀出现的先后次序。

分步沉淀常用于离子的分离，如可通过控制酸度条件对离子进行分离。

【例 7-12】　在浓度均为 0.01mol·L⁻¹ 的 Fe^{3+} 和 Mg^{2+} 混合溶液中，如何通过控制 pH 使 Fe^{3+} 生成沉淀，而 Mg^{2+} 仍留在溶液中使两种离子分离？

解　查表得 $K_{sp}^{\ominus}[Fe(OH)_3]=2.64\times10^{-39}$，$K_{sp}^{\ominus}[Mg(OH)_2]=5.61\times10^{-12}$。

先求 Fe^{3+} 沉淀完全时，溶液的 pH：

$$[OH^-]=\sqrt[3]{\frac{K_{sp}^{\ominus}[Fe(OH)_3]}{0.01}}$$

$$pH = 14 - pOH = 14 + \lg\sqrt[3]{\frac{2.64\times10^{-39}}{0.01}} = 1.81$$

再求 Mg^{2+} 开始沉淀时，溶液的 pH：

$$[OH^-] = \sqrt{\frac{K_{sp}^{\ominus}[Mg(OH)_2]}{0.01}}$$

$$pH = 14 - pOH = 14 + \lg\sqrt{\frac{5.61\times10^{-12}}{0.01}} = 9.37$$

可见，只要控制溶液 pH 在 1.81～9.37，就可达到分离 Fe^{3+} 和 Mg^{2+} 的目的。

2) 沉淀转化

向盛有白色 $BaCO_3$ 粉末的试管中，加入淡黄色的 K_2CrO_4 溶液，加热搅拌，沉降后观察到溶液的淡黄色褪去变为无色，而沉淀由白色转变为黄色，这表明白色 $BaCO_3$ 沉淀转化为了更难溶的 $BaCrO_4$ 沉淀。这种向一种难溶电解质中加入某种试剂，使原有难溶电解质转化为另一种溶解度更小的难溶电解质的过程，称为沉淀的转化。上述过程发生的转化是因为难溶电解质 $BaCO_3$ 粉末在溶液中建立沉淀溶解平衡，在其饱和溶液中有少量的 Ba^{2+} 和 CO_3^{2-}，加入 K_2CrO_4 溶液后，CrO_4^{2-} 有与 CO_3^{2-} 争夺 Ba^{2+} 生成沉淀的趋势，由于 $K_{sp}^{\ominus}(BaCrO_4) = 1.17\times10^{-10} < K_{sp}^{\ominus}(BaCO_3) = 2.58\times10^{-9}$，此时溶液中 Ba^{2+} 和 CrO_4^{2-} 的离子积大于其溶度积，故有 $BaCrO_4$ 沉淀生成，而同时降低了体系中 Ba^{2+} 浓度，这样 $BaCO_3$ 沉淀为了维持其平衡，就只有不断溶解出 Ba^{2+}，这就导致 $BaCrO_4$ 沉淀不断生成，$BaCO_3$ 沉淀不断溶解，最终 $BaCO_3$ 沉淀全部转化为 $BaCrO_4$ 沉淀。反应过程如下：

$$BaCO_3(s) + CrO_4^{2-}(aq) \rightleftharpoons BaCrO_4(s) + CO_3^{2-}(aq)$$

$$K^{\ominus} = \frac{[CO_3^{2-}]}{[CrO_4^{2-}]} = \frac{[CO_3^{2-}]}{[CrO_4^{2-}]}\times\frac{[Ba^{2+}]}{[Ba^{2+}]} = \frac{K_{sp}^{\ominus}[BaCO_3]}{K_{sp}^{\ominus}[BaCrO_4]} = \frac{2.58\times10^{-9}}{1.17\times10^{-10}} = 22$$

此时 $K^{\ominus}$ 较大，沉淀发生转化，可以看出是从 $K_{sp}^{\ominus}$ 较大的沉淀向 $K_{sp}^{\ominus}$ 较小的沉淀方向进行。

在实际工作中，要溶解某些较难溶的强酸盐时，可先将其转化为难溶的弱酸盐，然后再用强酸溶解。例如，锅炉中板结的锅垢(主要含 $CaSO_4$ 沉淀)可以先用 Na_2CO_3 溶液进行处理，使 $CaSO_4$ 沉淀转化为 $CaCO_3$ 沉淀，再加入酸，这样就可以达到清除锅垢的目的。

【例 7-13】 有 0.20mol 的 $CaSO_4$ 沉淀，每次用 1L $0.1mol\cdot L^{-1}$ 的 Na_2CO_3 溶液处理，若要使 $CaSO_4$ 沉淀全部转化，需要处理几次？已知 $K_{sp}^{\ominus}(CaSO_4) = 4.93\times10^{-5}$、$K_{sp}^{\ominus}(CaCO_3) = 3.36\times10^{-9}$。

解 设每次能处理 $CaSO_4$ 沉淀 x mol。

$$CaSO_4(s) + CO_3^{2-}(aq) \rightleftharpoons CaCO_3(s) + SO_4^{2-}(aq)$$

平衡时浓度/($mol\cdot L^{-1}$)	$0.1 - x$	x

$$K^{\ominus}=\frac{[SO_4^{2-}]}{[CO_3^{2-}]}=\frac{[SO_4^{2-}]}{[CO_3^{2-}]}\times\frac{[Ca^{2+}]}{[Ca^{2+}]}=\frac{K_{sp}^{\ominus}[CaSO_4]}{K_{sp}^{\ominus}[CaCO_3]}=\frac{4.93\times10^{-5}}{3.36\times10^{-9}}=1.47\times10^4$$

$$K^{\ominus}=\frac{c(SO_4^{2-})}{c(CO_3^{2-})}=\frac{x}{0.1-x}=1.47\times10^4$$

$$x\approx 0.1\text{mol}$$

因为每次能处理 $CaSO_4$ 沉淀 0.1mol，所以用上述 Na_2CO_3 溶液处理 0.20mol 的 $CaSO_4$ 沉淀，需要处理 2 次。

从例 7-13 计算结果可以看出，因为 $K^{\ominus}$ 很大，所以每次 $CaSO_4$ 沉淀都能全部转化为 $CaCO_3$ 沉淀。

习　题

1. 已知 AgCl、AgBr、AgI 的 $K_{sp}^{\ominus}$ 分别为 1.77×10^{-10}、5.35×10^{-13}、8.51×10^{-17}，在三种溶液中溶解度最大的是(　)。

A. AgCl　　B. AgBr　　C. AgI　　D. 不能确定

2. AgBr 在水中的溶解度为 S_1、在 $0.01\text{mol}\cdot\text{L}^{-1}$ $CaBr_2$ 溶液中的溶解度为 S_2、在 $0.01\text{mol}\cdot\text{L}^{-1}$ NaBr 溶液中的溶解度为 S_3，则下面排列正确的是(　)。

A. $S_1>S_2>S_3$　　B. $S_3>S_2>S_1$　　C. $S_1>S_3>S_2$　　D. $S_3>S_1=S_2$

3. 已知 AgCl、CaF_2 的 $K_{sp}^{\ominus}$ 分别为 1.77×10^{-10} 和 1.46×10^{-10}，下列说法正确的是(　)。

A. CaF_2 的溶解度比 AgCl 大　　B. CaF_2 的溶解度比 AgCl 小

C. 二者溶解度相等　　D. 二者溶解度大小不能确定

4. 某溶液中加入一种沉淀剂时，发现有沉淀生成，其原因是溶液中生成沉淀的各离子浓度的关系为(　)。

A. 离子积 > 溶度积　　B. 离子积 < 溶度积

C. 离子积 = 溶度积　　D. 无法判断

5. 在已经产生了 AgCl 沉淀的溶液中，能使沉淀溶解的方法是(　)。

A. 加入稀盐酸　　B. 加入 $AgNO_3$ 溶液

C. 加入氨水　　D. 加入 NaCl 溶液

6. 分别写出下列物质的 $K_{sp}^{\ominus}$ 表达式：

$Ag_2SO_4(s)$____________________；$Ni_3(PO_4)_2(s)$____________________。

7. 常温下某难溶电解质 AB_2（相对分子质量为 80）在水中的溶解度 $S=2.4\times10^{-3}\text{g}\cdot\text{L}^{-1}$，其 $K_{sp}^{\ominus}=$______________________________。

8. 某些难溶的弱酸盐和难溶的氢氧化物，通过控制溶液的__________可以使其沉淀或溶解。

9. 在 I^- 和 Cl^- 共存的条件下，当溶液中同时析出 AgI 和 AgCl 沉淀时，溶液中的 Ag^+浓度必然满足____。

10. 两种难溶电解质，其中 $K_{sp}^{\ominus}$ 较大者，溶解度也较大。　　(　)

11. 室温下，在任何 CaF_2 水溶液中，Ca^{2+}和 F^-浓度的乘积都等于 CaF_2 的 $K_{sp}^{\ominus}$ 值(不考虑有无 CaF^+

的存在)。 ( )

12. 要使溶液中某离子沉淀完全，加入沉淀剂越多越好。 ( )

13. 溶解度和溶度积都能表示难溶电解质在水中的溶解趋势。 ( )

14. AgCl 的 $K_{sp}^{\ominus}=1.77\times10^{-10}$ ，现将 1mL 0.001mol·L^{-1} 的 NaCl 溶液和 1mL 0.002 mol·L^{-1} 的 $AgNO_3$ 溶液混合，无明显现象发生。 ( )

15. 根据[Ag^+]逐渐递增的顺序排列下列饱和溶液。

① Ag_2SO_4 ($K_{sp}^{\ominus}=1.20\times10^{-5}$)；② Ag_2CO_3 ($K_{sp}^{\ominus}=8.45\times10^{-12}$)；③ AgCl ($K_{sp}^{\ominus}=1.77\times10^{-10}$)；④ $AgNO_3$ ；⑤ AgI ($K_{sp}^{\ominus}=8.51\times10^{-17}$)。

16. 沉淀完全时，溶液中被沉淀的离子浓度是否为零？怎样才算达到沉淀完全的标准？

17. 将 10mL 0.01mol·L^{-1} $MgCl_2$ 和 10mL 0.01mol·L^{-1} $NH_3\cdot H_2O$ 相混合后，通过计算说明是否有沉淀生成。($K_b^{\ominus}=1.76\times10^{-5}$ 、 $K_{sp}^{\ominus}=1.2\times10^{-11}$)

18. 将 10mL 0.01mol·L^{-1} $MgCl_2$ 溶液和 10mL 0.01mol·L^{-1} K_2CrO_4 溶液混合后，逐滴加入 0.01mol·L^{-1} $AgNO_3$ 溶液，请判断混合体系中首先析出哪种沉淀。

19. 已知室温下 $Mg(OH)_2$ 的 $K_{sp}^{\ominus}=5.6\times10^{-12}$ 。试计算：

(1) $Mg(OH)_2$ 在水中的溶解度及饱和溶液中 Mg^{2+} 和 OH^- 的浓度；

(2) $Mg(OH)_2$ 在 0.1mol·L^{-1} NaOH 溶液中 Mg^{2+} 的浓度；

(3) $Mg(OH)_2$ 在 0.1mol·L^{-1} $MgCl_2$ 溶液中 Mg^{2+} 的浓度。

第 8 章　氧化还原反应

8.1　氧化数与氧化还原方程式的配平

8.1.1　氧化数

在中学化学教学中，“化合价”和“氧化数”(oxidation number)的概念一直在混用，虽然化合价的经典概念是对元素基本性质的描述，能反映元素的一个原子跟其他原子化合的能力，至今在有机化学中仍具有一定的实用性。但在分析氧化还原反应时并没有氧化数用起来方便，所以实际使用中，常用氧化数来代替化合价。

1970 年，国际纯粹化学和应用化学联合会(IUPAC)为规范氧化数概念并区别于化合价，对氧化数给予了明确定义。氧化数又称氧化值，是某元素的一个原子形式上的电荷数(又称为表观电荷)，也是元素氧化态的标志。这种电荷数是假设成键的电子全都归属于电负性更大的原子而求得的。运用氧化数的概念，可以较为方便地描述氧化还原反应。

确定氧化数的一些规则：

(1) 在单质中，元素的氧化数为 0，如白磷(P_4)、臭氧(O_3)中元素的氧化数均为 0。

(2) 在离子化合物中，各元素的氧化数和离子的电荷数一致。例如，CaF_2 中，Ca 的氧化数为 +2 、F 的氧化数为 −1；NaH 中，Na 的氧化数为 +1 、H 的氧化数为 −1 。

(3) 在共价化合物中，将属于两原子的共用电子对指定给电负性大的原子后，在两原子上形成的电荷数就是它们的氧化数。共价化合物中元素的氧化数就是原子在化合态时的一种“形式电荷数”，如 H_2O 中，H 的氧化数为+1、O 的氧化数为 −2 。

对某些结构未知或比较复杂的化合物，确定元素氧化数遵循以下原则：

(1) 因为氟元素的电负性最大，故在化合物中，F 的氧化数总是 −1 、电负性次大的 O 元素一般为 −2 、最常见的 H 元素一般为 +1 。

(2) 化合物中各元素氧化数的代数和为零，在遵循这一原则的基础上，元素的氧化数不一定是整数，可以出现分数或小数。

(3) 当一种化合物中含有某元素的多个原子，该元素的氧化数可取平均值。

在运用上述规则时，须有一定的灵活性。例如，KO_2 (超氧化钾)因 K 元素比 O 元素的电负性小，故 K 的氧化数为 +1 、超氧离子(O_2^-)中 O 的氧化数为 $-\frac{1}{2}$；OF_2 (二氟化氧)因 O 元素的电负性比 F 元素小，故 O 的氧化数为 +2 、F 的氧化数为 −1；$Na_2S_4O_6$ (连四硫酸钠)因 Na 元素电负性最小，O 元素电负性最大，故其中各元素的氧化数：Na 为 +1 、O 为 −2 、S 为 +2.5 (实际上，连四硫酸根离子中有 2 个 S 的氧化数为 0，2 个 S 的氧化数为 +5)。

8.1.2 氧化还原方程式的配平

氧化还原反应是最重要的化学反应。这一类化学反应中，有某一物质被还原，即有另一物质被氧化。其配平的方法很多，最常用的有氧化值法、离子-电子法等。用氧化值法配平反应式的前提条件是必须了解各元素的氧化值，它的优点是既可配平气相和固相的氧化还原反应，也可配平离子型的氧化还原反应。但是，对于离子间进行的氧化还原反应，用离子-电子法来配平更能反映出所进行的化学反应的实质。其配平的基本步骤如下：

(1) 根据实验事实写出相应的化学反应式。

$$KMnO_4 + HCl —— MnCl_2 + Cl_2 + H_2O$$

(2) 将上述化学反应式改写为离子反应式。

$$MnO_4^-(aq) + Cl^-(aq) + H^+(aq) —— Mn^{2+}(aq) + Cl_2(g) + H_2O(l)$$

(3) 将上述离子反应式拆分为氧化和还原两个部分。

氧化反应： $$2Cl^-(aq) \longrightarrow Cl_2(g)$$

还原反应： $$MnO_4^-(aq) + H^+(aq) \longrightarrow Mn^{2+}(aq) + H_2O(l)$$

(4) 先分别配平两个半反应。

氧化反应： $$2Cl^-(aq) \longrightarrow Cl_2(g) + 2e^-$$

还原反应： $$MnO_4^-(aq) + 8H^+(aq) + 5e^- \longrightarrow Mn^{2+}(aq) + 4H_2O(l)$$

(5) 找出最小公倍数，合并成一个完整的离子反应式。

$$2MnO_4^-(aq) + 10Cl^-(aq) + 16H^+(aq) = 2Mn^{2+}(aq) + 5Cl_2(g) + 8H_2O(l)$$

8.2 原电池和电极电势

8.2.1 原电池

原电池的发明可追溯到 18 世纪末期，当时意大利生物学家伽尔瓦尼(Galvani)正在进行著名的青蛙实验，当用金属手术刀接触蛙腿时，发现蛙腿会抽搐。意大利帕维亚大学的自然哲学教授伏打(Volta)认为这是金属与蛙腿组织液(电解质溶液)之间产生的电流刺激造成的，并据此于 1800 年设计出了伏打电堆(也就是电池组)的装置，该装置中用锌作为负极，银作为正极，并用盐水作为电解质溶液。1836 年，英国化学家、物理学家丹尼尔(Daniell)发明了世界上第一个实用电池——原电池。

原电池反应属于自发的氧化还原反应。但与一般的氧化还原反应不同的是，电子转移不是通过氧化剂和还原剂之间的有效碰撞完成的，而是还原剂在负极上失电子发生氧化反应，电子通过外电路输送到正极上，氧化剂在正极上得电子发生还原反应，从而完成还原剂和氧化剂之间电子的转移。两极之间溶液中离子的定向移动和外部导线中电子的定向移动构成了闭合回路，使两个电极反应不断进行，发生有序的电子转移过程，产生电流，实现化学能向电能的转化。

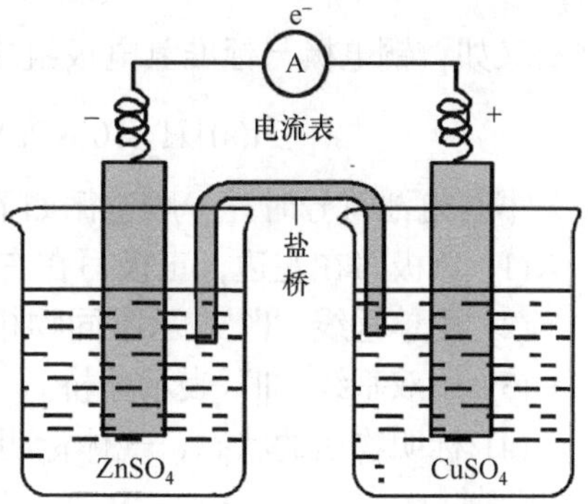

图 8-1　丹尼尔电池示意图

由图 8-1 中电流计指针偏转方向可知，电子是从锌电极流向铜电极。在原电池中，电子流出的电极(Zn 电极)为负极，负极上发生氧化反应；电子流入的电极(Cu 电极)为正极，正极上发生还原反应：

负极　$Zn(s) \longrightarrow Zn^{2+}(aq) + 2e^-$　氧化反应

正极　$Cu^{2+}(aq) + 2e^- \longrightarrow Cu(s)$　还原反应

电池反应　$Zn(s) + Cu^{2+}(aq) \longrightarrow Zn^{2+}(aq) + Cu(s)$

通过盐桥，阴离子(NO_3^-)向锌盐溶液移动，阳离子(主要是Na^+)向铜盐溶液移动，从而使溶液维持电中性，原电池产生连续电流，直至锌完全溶解或Cu^{2+}完全沉积为止。

常见电极可以分为四种。

(1) 金属-金属离子电极：将金属插入其金属盐溶液中构成的电极，如银电极(Ag^+/Ag)。

电极反应　$Ag^+(aq) + e^- \longrightarrow Ag(s)$

电极符号　$Ag(s)|Ag^+(c)$

(2) 气体电极：将气体通入其相应离子溶液中，并用惰性导体作导电极板所构成的电极，如氯电极。

电极反应　$Cl_2(g) + 2e^- \longrightarrow 2Cl^-(aq)$

电极符号　$Pt(s)|Cl_2(p)|Cl^-(c)$

(3) 金属-难溶盐-阴离子电极：将金属表面涂有其金属难溶盐的固体，浸入与该盐具有相同阴离子的溶液中所构成的电极，如 Ag - AgCl 电极。

电极反应　$AgCl(s) + e^- \longrightarrow Ag(s) + Cl^-(aq)$

电极符号　$Ag(s)|AgCl(s)|Cl^-(c)$

(4) 氧化还原电极：将惰性导体浸入含有同一元素的两种不同氧化值的离子溶液中所构成的电极，如将 Pt 浸入含有Fe^{3+}、Fe^{2+}溶液，就构成了Fe^{3+}/Fe^{2+}电极。

电极反应　$Fe^{3+}(aq) + e^- \longrightarrow Fe^{2+}(aq)$

电极符号　$Pt(s)|Fe^{2+}(c_1)$，$Fe^{3+}(c_2)$

将两种不同的电极组合起来，即构成原电池，其中每一个电极称为半电池。因此，原电池也可以用电池符号表示出来，如铜锌原电池可表示为

$$(-)Zn(s)\,|\,ZnSO_4(c_1)\,\|\,CuSO_4(c_2)\,|\,Cu(s)(+)$$

又如，铜电极与标准氢电极组成的原电池可以用符号表示为

$$(-)Pt(s)\,|\,H_2(100kPa)\,|\,H^+(1.0mol\cdot L^{-1})\,\|\,Cu^{2+}(c_1)\,|\,Cu(s)(+)$$

书写电池符号时，一般遵循如下惯例：

(1) 负极写在左边，正极写在右边。

(2) 用单垂线“|”表示不同物相的界面。

(3) 用双垂线“||”表示盐桥。

(4) 标明物质的状态，气体标明压力，电解质溶液要标明活度。

8.2.2 电极电势

在原电池中，电流计发生偏转，这说明两个电极的电势不同。德国化学家能斯特(Nernst)提出了双电层理论(electron double layer theory)解释电极电势产生的原因。

当金属放入溶液中时，一方面金属晶体中处于热运动的金属离子在极性水分子的作用下，离开金属表面进入溶液。金属性质越活泼，这种趋势就越大；另一方面溶液中的金属离子，由于受到金属表面电子的吸引，而在金属表面沉积，溶液中金属离子的浓度越大，这种趋势也越大。

在一定浓度的溶液中达到平衡后，在金属和溶液两相界面上形成了一个带相反电荷的双电层(electron double layer)，双电层的厚度虽然很小(约为10^{-8}cm 数量级)，却在金属和溶液之间产生了电势差(图 8-2)。通常将产生在金属和盐溶液之间的双电层间的电势差称为金属的电极电势(electrode potential)，以符号φ(氧化态/还原态)表示，单位为V(伏)。

$$M(s) \rightleftharpoons M^{n+}(aq) + ne^-$$

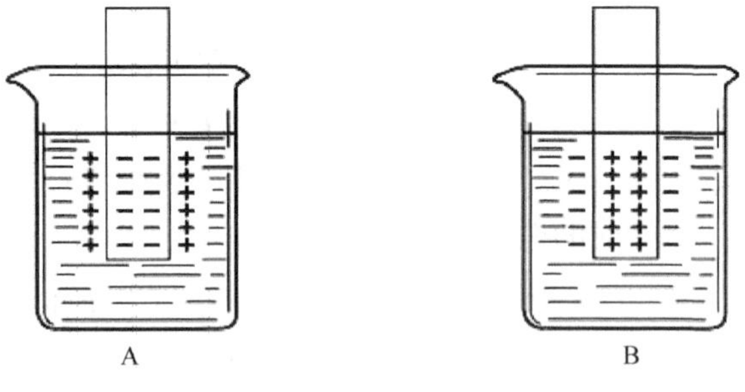

图 8-2　双电层示意图

对于其他类型的反应，可以表示为如下反应：

$$氧化型 + ne^- \longrightarrow 还原型$$

电极电势可以描述金属得失电子能力的相对强弱。金属越活泼，金属溶解的趋势越大，平衡时金属表面的负电荷越多，电极电势就越低；金属越不活泼，金属溶解的趋势越小，平衡时金属表面的负电荷越少，电极电势就越高。

1. 标准氢电极

实验上难以测定或从理论上计算单个电极的电极电势的绝对值，只能测得由两个电极所组成的电池的电动势。实际应用中，将铂电极插入到含 H^+ 浓度为 $1mol \cdot L^{-1}$ (活度 $\alpha = 1mol \cdot L^{-1}$)的溶液中,通入 H_2 并保证其分压为 1 大气压(100kPa)，此时该电极即为标准氢电极(standard hydrogen electrode，SHE)(图 8-3)。规定其电极电势 φ_{SHE} 在任何温度下均为 0.000V。

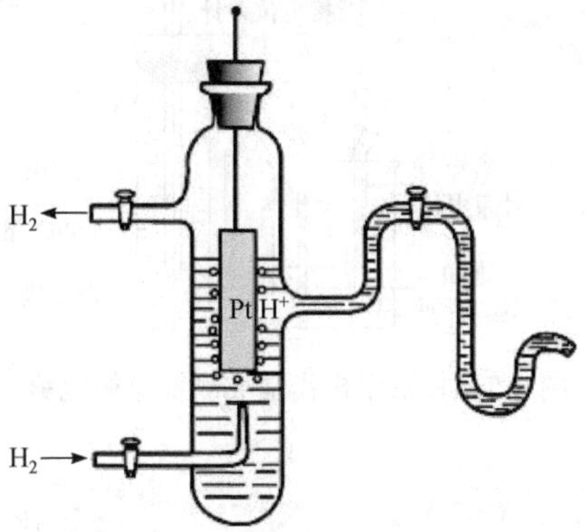

图 8-3　标准氢电极示意图

2. 电极电势的测定

将其他电极电势与此标准电极电势进行比较，从而确定出其他电极的电极电势的相对值。IUPAC 规定，以标准氢电极为负极，待测电极为正极组合成可逆电池，其电池符号为

$$(-)Pt(s) \mid H_2(100kPa) \mid H^+(1.0mol \cdot L^{-1}) \parallel 待测电极(+)$$

此时该电池的电动势即为该电极的电极电势：

$$E = \varphi(+) - \varphi(-) = \varphi(待测) - \varphi_{SHE} = \varphi(待测)$$

例如，铜电极的电极电势测定，见图 8-4。

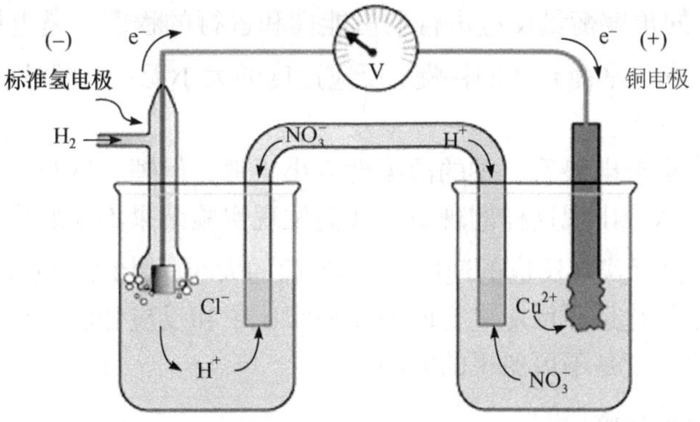

图 8-4　SHE 作基准测量电极电势示意图

电池符号：$(-)Pt(s) \mid H_2(100kPa) \mid H^+(1.0mol \cdot L^{-1}) \parallel Cu^{2+}(c) \mid Cu(s)(+)$

$$E = \varphi(Cu^{2+}/Cu) - \varphi_{SHE} = \varphi(Cu^{2+}/Cu)$$

由于标准氢电极使用不便，实际测量时常用电位已知的参比电极替代，如甘汞电极(图 8-5)、氯化银电极等。

$$E = \varphi(Cu^{2+}/Cu) - \varphi(甘汞)$$

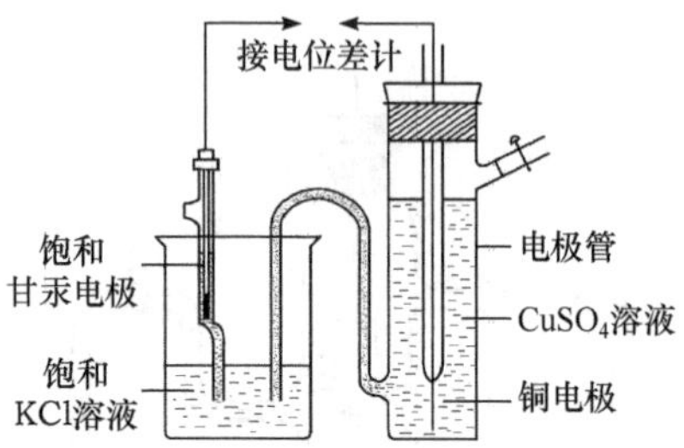

图 8-5 甘汞电极作基准测量电极电势示意图

298.15K 时，饱和甘汞电极的电极电势是 0.2801V：

$$E = \varphi(Cu^{2+}/Cu) - 0.2801V$$

$$\varphi(Cu^{2+}/Cu) = E + 0.2801V$$

3. 标准电极电势

规定待测电极作正极，因此必然对应还原半反应：

$$\text{氧化型} + ne^{-} \longrightarrow \text{还原型}$$

所以电极电势表示为 φ(氧化态 / 还原态)，如锌的电极电势以 $\varphi(Zn^{2+}/Zn)$表示、铜的电极电势以 $\varphi(Cu^{2+}/Cu)$表示。

电极电势的大小主要取决于电极的本性，并受温度、介质和离子浓度等因素的影响。在标准态下对应的电极电势为该氧化还原电对的标准电极电势(standard electrode potential)，用 $\varphi^{\ominus}$(氧化态 / 还原态) 表示，如 $\varphi^{\ominus}(Zn^{2+}/Zn)$、$\varphi^{\ominus}(Ag^{+}/Ag)$。

某些不能直接测定的电极，如 Na^{+}/Na、F_2/F^{-} 等，可以通过热力学数据用间接法来计算其标准电极电势。附表 6 列出了一些物质在水溶液中的标准电极电势。

应该注意的问题：

1) $\varphi^{\ominus}$ 与反应速度无关

$\varphi^{\ominus}$ 从热力学的角度衡量反应进行的可能性和进行的程度，是电极处于平衡状态时表现出的特征值，它与平衡到达的快慢、反应速度的大小无关。当用 $\varphi^{\ominus}$ 来解释实验现象时，特别要注意这一点。

例如，从标准电极电势看，钠的活泼性应小于锂，但锂、钠与水反应时，钠与水反应更为剧烈。为什么会出现这样的现象？我们发现实验结果不仅取决于反应的可能性、趋势和程度，还取决于实现反应的速度。而 $\varphi^{\ominus}$ 值的大小只能说明反应的可能性、趋势和程度的高低。由于氧化还原反应进行的速度通常比中和反应和沉淀反应慢，因此对于氧化还原反应，反应速度是不可忽视的问题。

2) $\varphi^{\ominus}$ 的应用是有条件的

$\varphi^{\ominus}$ 的数据是在标准状态下水溶液中测出的，对非水溶液，高温、固相反应是不适用的。例如，欲判断石墨在氧气中的燃烧反应能否进行，则不适合使用 $\varphi^{\ominus}$。

3) $\varphi^{\ominus}$ 与电极反应中物质的计量系数无关

$\varphi^{\ominus}$ 是电极的热力学强度性质，取决于物质的本性，而与物质的多少无关。所以，电极反应中各物质的系数无论乘以什么系数，其标准电极电势的数值仍然不变。

例如，电极反应：

$$Ag^{+}(aq) + e^{-} \longrightarrow Ag(s) \qquad \varphi^{\ominus} = 0.7996V$$

$$2Ag^+(aq) + 2e^- \longrightarrow 2Ag(s) \qquad \varphi^\ominus = 0.7996V$$

8.2.3　电池电动势和化学反应吉布斯自由能的关系

在等温等压下，系统的吉布斯自由能变值等于系统所做的最大非膨胀功：

$$-\Delta G = W_{f,max}$$

在原电池中，非膨胀功只有电功一项，所以化学反应的吉布斯自由能便转变为电能，因此上式可写成:

$$\Delta_r G = -nEF \tag{8-1}$$

式中，n 为电池的氧化还原反应式中传递的电子数，它实际上是两个半反应中电子的化学计量数 n_1 和 n_2 的最小公倍数；F 为法拉第常量，即 1mol 电子所带的电量($F = N_A e$)，其值为 $96485C \cdot mol^{-1}$(本书采用近似值 $96500C \cdot mol^{-1}$ 进行计算)；E 为电池的电动势，单位为伏特(V)。

当电池中所有物质都处于标准态时，电池的电动势就是标准电动势 $E^\ominus$。在这种情况下，式(8-1)可写成：

$$\Delta_r G^\ominus = -nE^\ominus F \tag{8-2}$$

$$E^\ominus = \varphi^\ominus(+) - \varphi^\ominus(-) \tag{8-3}$$

这两个关系式十分重要，它将热力学和电化学联系了起来。测定出原电池的电动势 $E^\ominus$，就可以根据这一关系式计算出电池中进行的氧化还原反应的吉布斯自由能 $\Delta_r G^\ominus$；反之，通过计算某个氧化还原反应的吉布斯自由能 $\Delta_r G^\ominus$，也可求出相应原电池的 $E^\ominus$。

8.3　浓度对电极电势及电池电动势的影响

8.3.1　浓度对电极电势的影响

如果一个电极反应为

$$a\text{A[氧化态]} + ne^- \rightleftharpoons a'\text{A[还原态]}$$

在等温等压下，电极反应吉布斯自由能变与反应商 Q 的关系为

$$\Delta_r G_m = \Delta_r G_m^\ominus + RT\ln Q$$

根据反应方程式代入上式：

$$\Delta_r G_m = \Delta_r G_m^\ominus + RT\ln \frac{\left[\dfrac{c(\text{A[还原态]})}{c^\ominus}\right]^{a'}}{\left[\dfrac{c(\text{A[氧化态]})}{c^\ominus}\right]^{a}} \tag{8-4}$$

将式(8-1)、式(8-2)代入式(8-4)，即得

$$\varphi=\varphi^{\ominus}-\frac{RT}{nF}\ln\frac{\left[\dfrac{c(\text{A[还原态]})}{c^{\ominus}}\right]^{a'}}{\left[\dfrac{c(\text{A[氧化态]})}{c^{\ominus}}\right]^{a}} \tag{8-5}$$

将式(8-5)中的自然对数换成常用对数，并将 $F=96500\text{C}\cdot\text{mol}^{-1}$、$R=8.314\text{J}\cdot\text{K}^{-1}\cdot\text{mol}^{-1}$、$T=298.15\text{K}$ 代入，得

$$\varphi=\varphi^{\ominus}+\frac{0.0591\text{V}}{n}\lg\frac{\left[\dfrac{c(\text{A[氧化态]})}{c^{\ominus}}\right]^{a}}{\left[\dfrac{c(\text{A[还原态]})}{c^{\ominus}}\right]^{a'}} \tag{8-6}$$

式(8-6)称为能斯特方程式，是德国物理化学家能斯特于 1889 年导出的一个关系式，它定量地描述了电极电势与离子浓度的关系。

【例 8-1】 计算 298.15K 时锌在锌离子浓度为 $0.0010\text{mol}\cdot\text{L}^{-1}$ 的盐溶液中的电极电势。

解　$Zn^{2+}(aq)+2e^{-}\longrightarrow Zn(s)$

$n=2$，$c(Zn^{2+})=0.0010\text{mol}\cdot\text{L}^{-1}$，还原态物质 Zn 为固体，查附表 6 得 $\varphi^{\ominus}(Zn^{2+}/Zn)=-0.7621\text{V}$，所以

$$\begin{aligned}\varphi(Zn^{2+}/Zn)&=\varphi^{\ominus}(Zn^{2+}/Zn)+\frac{0.0591\text{V}}{n}\lg\frac{c([\text{氧化态}])/c^{\ominus}}{c([\text{还原态}])/c^{\ominus}}\\&=-0.7621\text{V}+\frac{0.0591\text{V}}{2}\lg\frac{c(Zn^{2+})}{c^{\ominus}}\\&=-0.7621\text{V}+\frac{0.0591\text{V}}{2}\lg(0.0010)\\&=-0.851\text{ V}\end{aligned}$$

【例 8-2】 当 $\text{pH}=5$ 时，计算 298.15K 下 MnO_4^-/Mn^{2+} 的电极电势(其他条件同标准态)。

解　电极反应为

$$MnO_4^-(aq)+8H^+(aq)+5e^-\longrightarrow Mn^{2+}(aq)+4H_2O\text{，}\quad n=5$$

因为 $c(MnO_4^-)=c(Mn^{2+})=1.0\text{mol}\cdot\text{dm}^{-3}$，$c\left(H^+\right)=1.0\times10^{-5}\text{mol}\cdot\text{dm}^{-3}$，查附表 6 得 $\varphi^{\ominus}(MnO_4^-/Mn^{2+})=+1.512\text{V}$，所以

$$\begin{aligned}\varphi(MnO_4^-/Mn^{2+})&=\varphi^{\ominus}(MnO_4^-/Mn^{2+})+\frac{0.0591\text{V}}{5}\lg\frac{[c(MnO_4^-)/c^{\ominus}][c(H^+)/c^{\ominus}]^8}{[c(Mn^{2+})/c^{\ominus}]}\\&=1.512\text{V}+\frac{0.0591\text{V}}{5}\lg\frac{1.0\times[1.0\times10^{-5}]^8}{1}\\&=1.04\text{V}\end{aligned}$$

从以上两个例题中可以看出：离子浓度对电极电势有影响，但影响不大，如例 8-1 中，当金属离子浓度减小到原来的$1/1000$时，电极电势改变不到0.1V。

8.3.2 浓度对电池电动势的影响

如果一个电池所发生的化学反应为

$$a\text{A[氧化态]} + b\text{B[还原态]} \longrightarrow a'\text{A[还原态]} + b'\text{B[氧化态]}$$

在等温等压下，其吉布斯自由能变与反应商Q的关系为

$$\Delta_r G_m = \Delta_r G_m^{\ominus} + RT\ln Q$$

根据反应方程式代入上式：

$$\Delta_r G_m = \Delta_r G_m^{\ominus} + RT\ln \frac{\left[\dfrac{c(\text{A[还原态]})}{c^{\ominus}}\right]^{a'}\left[\dfrac{c(\text{B[氧化态]})}{c^{\ominus}}\right]^{b'}}{\left[\dfrac{c(\text{A[氧化态]})}{c^{\ominus}}\right]^{a}\left[\dfrac{c(\text{B[还原态]})}{c^{\ominus}}\right]^{b}} \tag{8-7}$$

将式(8-1)、式(8-2)代入式(8-7)，即得

$$E = E^{\ominus} - \frac{RT}{nF}\ln \frac{\left[\dfrac{c(\text{A[还原态]})}{c^{\ominus}}\right]^{a'}\left[\dfrac{c(\text{B[氧化态]})}{c^{\ominus}}\right]^{b'}}{\left[\dfrac{c(\text{A[氧化态]})}{c^{\ominus}}\right]^{a}\left[\dfrac{c(\text{B[还原态]})}{c^{\ominus}}\right]^{b}} \tag{8-8}$$

将式(8-8)中的自然对数换成常用对数，并将$F = 96500\text{C}\cdot\text{mol}^{-1}$、$R = 8.314\text{J}\cdot\text{K}^{-1}\cdot\text{mol}^{-1}$、$T = 298.15\text{K}$代入，得

$$E = E^{\ominus} - \frac{0.0591V}{n}\lg \frac{\left[\dfrac{c(\text{A[还原态]})}{c^{\ominus}}\right]^{a'}\left[\dfrac{c(\text{B[氧化态]})}{c^{\ominus}}\right]^{b'}}{\left[\dfrac{c(\text{A[氧化态]})}{c^{\ominus}}\right]^{a}\left[\dfrac{c(\text{B[还原态]})}{c^{\ominus}}\right]^{b}} \tag{8-9}$$

【例 8-3】 计算 298.15K 下，电池反应：

$$MnO_2(s) + 4H^+(10\text{mol}\cdot\text{L}^{-1}) \rightleftharpoons Mn^{2+}(0.1\text{mol}\cdot\text{L}^{-1}) + Cl_2(100\text{kPa}) + 2H_2O$$

的电池电动势。

解 查附表 6： $\varphi^{\ominus}(MnO_2/Mn^{2+}) = +1.2293\text{V}$，$\varphi^{\ominus}(Cl_2/Cl^-) = +1.36\text{V}$

$$E^{\ominus} = \varphi^{\ominus}(+) - \varphi^{\ominus}(-) = \varphi^{\ominus}(MnO_2/Mn^{2+}) - \varphi^{\ominus}(Cl_2/Cl^-) = -0.131\text{V}$$

可见，该反应在标准态下不自发。

对于题干反应，因为$n = 2$，有

$$E = E^{\ominus} - \frac{0.0591\text{V}}{2}\lg\frac{[p(\text{Cl}_2)/p^{\ominus}][c(\text{Mn}^{2+})/c^{\ominus}]}{[c(\text{H}^+)/c^{\ominus}]^4}$$

$$= -0.131\text{V} - \frac{0.0591\text{V}}{2}\lg\frac{1.0\times 0.1}{10^4}$$

$$= 0.016\text{V}$$

通过例 8-3 可以发现，对于氧化剂为氧化物或含氧酸的氧化还原反应，溶液中 H^+ 浓度对于反应自发程度影响较大。

8.4 电极电势的应用

电极电势是电化学中重要的概念，可用以解释各种电化学现象。除前述可用以计算原电池的电动势及相应的氧化还原反应的吉布斯自由能变、系统对环境所做的功以外，还可以比较氧化剂和还原剂的相对强弱、判断氧化还原反应进行的方向和程度。

8.4.1 判断氧化剂、还原剂氧化还原能力的相对强弱

电极电势的大小反映电对中氧化态物质和还原态物质在水溶液中氧化还原能力的相对强弱。电对的电极电势值越小，该电对中的还原态物质越易失去电子，是越强的还原剂，其对应的氧化态物质就越难得到电子，是越弱的氧化剂。电极电势值越大，则该电对中的氧化态物质越易得电子，是越强的氧化剂，其对应的还原态物质就难失电子，是越弱的还原剂。

Li 与水作用生成 LiOH，放出 H_2，LiOH 具有强碱性。由于锂电极电势小，它很容易和非金属，如氧、氮、硫等化合，可作为金属的脱氧剂和脱气剂。此外，锂还是热核反应的重要原料，如氢化锂是国防工业上的储氢材料。碱金属氢化物都是强还原剂。常用的氧化剂，如 O_2、H_2O_2、MnO_4^-、Cl_2、$Cr_2O_7^{2-}$ 等电对的 $\varphi^{\ominus}$ 值都较大，而常用的还原剂，如 K、Na、Mg、Al、Zn、Fe、I^- 等电对的 $\varphi^{\ominus}$ 值都较小。通过 $\varphi^{\ominus}$，可以判断最强的还原剂为金属 Li，最强的氧化剂为单质 F_2。

$\varphi^{\ominus}(F_2/F^-)$ 代数值最大，因此氟是最强的氧化剂，且其电负性又最大，它既能与大多数元素直接化合，又能氧化除氮、氧以外的非金属元素(包括某些稀有气体)，且反应十分剧烈，常伴随着燃烧和爆炸。大多数金属能在氟中猛烈地燃烧，而在常温或适中的温度下可以将氟盛放在由铜、铁、镁、镍等金属制成的容器中，显然是生成了一种金属氟化物保护膜，阻止氟与金属进一步反应。

$\varphi^{\ominus}(Li^+/Li)$ 代数值最小，锂是强还原剂。

【例 8-4】 从下列电对中选择出最强的氧化剂和最强的还原剂：

$$MnO_4^-/Mn^{2+};\ Sn^{4+}/Sn^{2+};\ Fe^{2+}/Fe$$

解 从附表 6 中查出各电对的标准电极电势分别为

$$\varphi^{\ominus}(MnO_4^-/Mn^{2+}) = 0.152\text{V}$$

$$\varphi^{\ominus}(Sn^{4+}/Sn^{2+}) = -0.4089V$$

$$\varphi^{\ominus}(Fe^{2+}/Fe) = 0.1539V$$

其中 $\varphi^{\ominus}(MnO_4^-/Mn^{2+})$ 值最大，其电对中氧化态物质 MnO_4^- 是最强的氧化剂，而 $\varphi^{\ominus}(Fe^{2+}/Fe)$ 值最小，其还原态物质 Fe 是最强的还原剂。

各氧化态物质氧化能力由大到小的顺序为

$$MnO_4^- > Sn^{4+} > Fe^{2+}$$

而各还原态物质还原能力由大到小的顺序为

$$Fe > Sn^{2+} > MnO_4^-$$

8.4.2　判断氧化还原反应进行的方向

氧化还原反应是争夺电子的反应。反应总是在得电子能力大的氧化剂与失电子能力大的还原剂之间发生。

与一般化学反应能否自发进行判断方法相类似，一个氧化还原反应能否自发进行，可用反应的吉布斯自由能变来判断。若反应的 $\Delta_r G_m < 0$，则反应能自发进行；若反应的 $\Delta_r G_m > 0$，则反应不能自发进行；若反应的 $\Delta_r G_m = 0$，则反应处于平衡状态。

氧化还原反应的吉布斯自由能变与原电池电动势的关系为 $\Delta_r G_m = -nFE$。由此可知，只有当原电池的电动势 $E > 0$ 时，才有 $\Delta_r G_m < 0$，即 E(正) > E(负)，也就是说氧化剂电对的电极电势代数值大于还原剂电对的电极电势代数值时，就能满足反应自发进行的条件。这样，根据组成氧化还原反应的两电对的电极电势，便可以判断氧化还原反应进行的方向。

【例 8-5】 判断氧化还原反应 $2Fe^{3+}(aq) + Cu(s) \longrightarrow 2Fe^{2+}(aq) + Cu^{2+}(aq)$ 能否自发进行(标准状态)。

解　查附表 6：

$$\varphi^{\ominus}(Fe^{3+}/Fe^{2+}) = 0.769V, \quad \varphi^{\ominus}(Cu^{2+}/Cu) = 0.3394V$$

由 $\varphi^{\ominus}$ 值可知：$\varphi^{\ominus}$ 值大的电对其氧化态物质 Fe^{3+} 可用作氧化剂，而 $\varphi^{\ominus}$ 小的电对其还原态物质 Cu 可用作还原剂，所以上述反应能自发进行。

例 8-5 说明 Fe^{3+} 溶液能溶解 Cu，这正是电子工业中以 $FeCl_3$ 溶液腐蚀铜板来制造印刷电路板的原理。

一般而言，由于浓度对于电极电势 φ 影响较小，因此对于非标准态的电极反应，也可以用标准电极电势来判断反应方向。

8.4.3　判断氧化还原反应进行的程度

氧化还原反应进行的程度可以由它的平衡常数 $K^{\ominus}$ 值的大小衡量。在理论上，任何一个氧化还原反应都可以在原电池中发生，对于反应：

$$a\text{A[氧化态]} + b\text{B[还原态]} \Longrightarrow a'\text{A[还原态]} + b'\text{B[氧化态]}$$

根据式(8-8)可得

$$E = E^{\ominus} - \frac{0.0591\text{V}}{n}\lg\frac{[c(\text{A[还原态]})/c^{\ominus}]^{a'}[c(\text{B[氧化态]})/c^{\ominus}]^{b'}}{[c(\text{A[氧化态]})/c^{\ominus}]^{a}[c(\text{B[还原态]})/c^{\ominus}]^{b}} \tag{8-10}$$

当反应达平衡时 $\Delta_r G_m = 0$，$E = 0$，所以

$$\frac{[c(\text{A[还原态]})/c^{\ominus}]^{a'}[c(\text{B[氧化态]})/c^{\ominus}]^{b'}}{[c(\text{A[氧化态]})/c^{\ominus}]^{a}[c(\text{B[还原态]})/c^{\ominus}]^{b}} = K^{\ominus}$$

298.15K 时：

$$E^{\ominus} = \frac{0.0591\text{V}}{n}\lg K^{\ominus} \tag{8-11}$$

$$\lg K^{\ominus} = \frac{nE^{\ominus}}{0.0591\text{V}} \tag{8-12}$$

可见，只要知道由氧化还原反应所组成的电池的标准电动势 $E^{\ominus}$，就可算出水溶液中进行的氧化还原反应的 $K^{\ominus}$ 值。从而了解反应进行的程度。

【例 8-6】 计算反应 $Zn(s) + Cu^{2+}(aq) \rightleftharpoons Zn^{2+}(aq) + Cu(s)$ 的标准平衡常数(298.15 K)。

解

$$Zn(s) + Cu^{2+}(aq) \rightleftharpoons Zn^{2+}(aq) + Cu(s)$$

$$E^{\ominus} = \varphi^{\ominus}(+) - \varphi^{\ominus}(-) = \varphi^{\ominus}(Cu^{2+}/Cu) - \varphi^{\ominus}(Zn^{2+}/Zn)$$

$$= 0.3394\text{V} + 0.7621\text{V} = 1.102\text{V}$$

$$\lg K^{\ominus} = \frac{nE^{\ominus}}{0.0591\text{V}} = \frac{2\times 1.1012\text{V}}{0.0591\text{V}} = 37.2$$

$$K^{\ominus} = \frac{c(Zn^{2+})/c^{\ominus}}{c(Cu^{2+})/c^{\ominus}} = 1.59\times 10^{-37}$$

例 8-6 中的这个反应是大家所熟知的Cu-Zn原电池的电池反应，由 $K^{\ominus}$ 的数值可知反应进行得很完全。若平衡时 $c(Zn^{2+}) = 1.0\text{mol}\cdot\text{L}^{-1}$，则 $c(Cu^{2+})$ 仅为 $10^{-37}\text{mol}\cdot\text{L}^{-1}$，说明锌置换铜的反应进行得很彻底。

习　　题

1. 什么是氧化数？它与化合价有哪些异同点？氧化数的实验依据是什么？
2. 举例说明什么是歧化反应。
3. 指出下列化合物中各元素的氧化数：

Fe_3O_4、PbO_2、Na_2O_2、$Na_2S_2O_3$、NCl_3、NaH、KO_2、KO_3、N_2O_4

4. 举例说明常见电极的类型和符号。
5. 写出 5 种由不同类型电极组成的原电池的符号和对应的氧化还原反应方程式。
6. 配平下列反应方程式。

(1) $Zn + HNO_3$(极稀)$\longrightarrow Zn(NO_3)_2 + NH_4NO_3 + H_2O$

(2) $I_2 + HNO_3 \xrightarrow{\triangle} HIO_3 + NO_2 + H_2O$

(3) $Cu + HNO_3$(稀)$\xrightarrow{\triangle} Cu(NO_3)_2 + NO + H_2O$

(4) $P_4 + HNO_3 + H_2O \longrightarrow H_3PO_4 + NO$

(5) $Mg + HNO_3$(稀)$\longrightarrow Mg(NO_3)_2 + N_2O + H_2O$

(6) $CuS + HNO_3$(浓)$\longrightarrow CuSO_4 + NO_2 + H_2O$

(7) $As_2S_3 + HNO_3$(浓)$+ H_2O \longrightarrow H_3AsO_4 + H_2SO_4 + NO$

(8) $P_4 + NaOH + H_2O \xrightarrow{\triangle} NaH_2PO_2 + PH_3$

(9) $K_2Cr_2O_7 + KI + H_2SO_4 \longrightarrow Cr_2(SO_4)_3 + K_2SO_4 + I_2 + H_2O$

(10) $Na_2C_2O_4 + KMnO_4 + H_2SO_4 \longrightarrow MnSO_4 + Na_2SO_4 + K_2SO_4 + CO_2 + H_2O$

(11) $H_2O_2 + KMnO_4 + H_2SO_4 \longrightarrow MnSO_4 + K_2SO_4 + O_2 + H_2O$

(12) $H_2O_2 + Cr_2(SO_4)_3 + KOH \longrightarrow K_2CrO_4 + K_2SO_4 + H_2O$

(13) $Na_2S_2O_3 + I_2 \longrightarrow Na_2S_4O_6 + NaI$

(14) $Na_2S_2O_3 + Cl_2 + NaOH \longrightarrow NaCl + NaSO_4 + H_2O$

(15) $K_2S_2O_8 + MnSO_4 + H_2O \xrightarrow{Ag^+} H_2SO_4 + KMnO_4$

7. 配平下列离子反应式(酸性介质)。

(1) $IO_3^- + I^- \longrightarrow I_2$

(2) $Mn^{2+} + NaBiO_3 \longrightarrow MnO_4^- + Bi^{3+}$

(3) $Cr^{3+} + PbO_2 \longrightarrow Cr_2O_7^{2-} + Pb^{2+}$

(4) $C_3H_8O + MnO_4^- \longrightarrow C_3H_6O_2 + Mn^{2+}$

(5) $HClO + P_4 \longrightarrow Cl^- + H_3PO_4$

8. 配平下列离子反应式(碱性介质)。

(1) $CrO_4^{2-} + HSnO_2^- \longrightarrow CrO_2^- + HSnO_3^-$

(2) $H_2O_2 + CrO_2^- \longrightarrow CrO_4^{2-}$

(3) $I_2 + H_2AsO_3^- \longrightarrow AsO_4^{3-} + I^-$

(4) $Si + OH^- \longrightarrow SiO_3^{2-} + H_2$

(5) $Br_2 + OH^- \longrightarrow BrO_3^- + Br^-$

9. 根据电极电势判断在水溶液中下列各反应的产物，并配平反应方程式。

(1) $Fe + Cl_2 \longrightarrow$

(2) $Fe + Br_2 \longrightarrow$

(3) $Fe + I_2 \longrightarrow$

(4) $Fe + HCl \longrightarrow$

(5) $FeCl_3 + Cu \longrightarrow$

(6) $FeCl_3 + KI \longrightarrow$

10. 已知电极电势的绝对值是无法测量的，人们只能通过定义某些参比电极的电极电势来测量被测电极的相对电极电势。若假设 $Hg_2Cl_2(s) + 2e^- \longrightarrow 2Hg(l) + 2Cl^-(aq)$ 电极反应的标准电极电势为 0，则 $\varphi^\ominus(Cu^{2+}/Cu)$ 、$\varphi^\ominus(Zn^{2+}/Zn)$ 是多少？

11. 已知 $NO_3^-(aq) + 3H^+(aq) + 2e^- \longrightarrow HNO_2(aq) + H_2O(l)$ 反应的标准电极电势为 0.94V，水的离子

积为 $K_w^{\ominus}=1.0\times10^{-14}$，$HNO_2$ 的解离常数为 $K_a^{\ominus}=5.1\times10^{-4}$。试求下列反应在298.15K时的标准电极电势。

$$NO_3^-(aq)+H_2O(l)+2e^- \longrightarrow NO_2^-(aq)+2OH^-(aq)$$

12. 已知盐酸、氢溴酸、氢碘酸都是强酸，通过计算说明，在298.15K标准状态下Ag能从哪种酸中置换出氢气？已知 $\varphi^{\ominus}(Ag^+/Ag)=0.799V$、$K_{sp}^{\ominus}(AgCl)=1.8\times10^{-10}$、$K_{sp}^{\ominus}(AgBr)=5.0\times10^{-13}$、$K_{sp}^{\ominus}(AgI)=8.9\times10^{-17}$。

13. 某酸性溶液含有 Cl^-、Br^-、I^-，欲选择一种氧化剂能将其中的 I^- 氧化而不氧化 Cl^- 和 Br^-。试根据标准电极电势判断应选择 H_2O_2、$Cr_2O_7^{2-}$、Fe^{3+} 中的哪一种？

14. 通过计算判断反应 $Cu^{2+}(aq)+Cu(s)+2Cl^-(aq) \rightleftharpoons 2CuCl(s)$ 在298.15K、标准状态下能否自发进行，并计算反应的平衡常数 $K^{\ominus}$ 和标准自由能变化 $\Delta_r G_m^{\ominus}$。已知 $\varphi^{\ominus}(Cu^{2+}/Cu)=0.34V$，$\varphi^{\ominus}(Cu^{2+}/Cu^+)=0.16V$，$K_{sp}^{\ominus}(CuCl)=2.0\times10^{-6}$。

15. 通过计算说明，能否用已知浓度的草酸($H_2C_2O_4$)标定酸性溶液中 $KMnO_4$ 的浓度？

16. 为了测定CuS的溶度积常数，设计原电池如下：正极为铜片浸泡在 $0.1mol\cdot L^{-1}$ Cu^{2+} 的溶液中，再通入 H_2S 气体使之达饱和；负极为标准锌电极。测得电池电动势为0.67V，求CuS的溶度积常数。已知 $\varphi^{\ominus}(Cu^{2+}/Cu)=0.34V$、$\varphi^{\ominus}(Zn^{2+}/Zn)=-0.76V$、$H_2S$ 的解离常数为 $K_{a1}^{\ominus}=1.3\times10^{-7}$、$K_{a2}^{\ominus}=7.1\times10^{-15}$。

17. 298.15K时，向 $1mol\cdot L^{-1}$ 的 Ag^+ 溶液中滴加过量的液态汞，充分反应后测得溶液中 Hg_2^{2+} 浓度为 $0.311mol\cdot L^{-1}$，反应式为 $2Ag^+(aq)+2Hg(l) \rightleftharpoons 2Ag(s)+Hg_2^{2+}(aq)$。

(1) 已知 $\varphi^{\ominus}(Ag^+/Ag)=0.799V$，求 $\varphi^{\ominus}(Hg_2^{2+}/Hg)$。

(2) 将反应剩余的 Ag^+ 和生成的Ag全部除去，再向溶液中加入KCl固体使 Hg_2^{2+} 生成 Hg_2Cl_2 沉淀，并使溶液中 Cl^- 浓度达到 $1mol\cdot L^{-1}$。将此溶液(正极)与标准氢电极(负极)组成原电池，测得电动势为0.280V，试求 Hg_2Cl_2 的溶度积常数并写出该电池的符号。

(3) 若在(2)的溶液中加入过量KCl达饱和，再与标准氢电极组成原电池，测得电池的电动势为0.241V，求饱和溶液中 Cl^- 的浓度。

18. 实验室一般用 MnO_2 与浓盐酸反应制备氯气，试计算298.15K时反应进行所需盐酸的最低浓度。已知 $\varphi^{\ominus}(MnO_2/Mn^{2+})=1.23V$、$\varphi^{\ominus}(Cl_2/Cl^-)=1.36V$，设 Cl_2 的分压为100kPa。

19. 已知

$$MnO_4^-(aq)+8H^+(aq)+5e^- \longrightarrow Mn^{2+}(aq)+2H_2O(l) \qquad \varphi^{\ominus}=1.51V$$

$$MnO_2(s)+4H^+(aq)+2e^- \longrightarrow Mn^{2+}(aq)+2H_2O(l) \qquad \varphi^{\ominus}=1.23V$$

求反应 $MnO_4^-(aq)+4H^+(aq)+3e^- \longrightarrow MnO_2(s)+2H_2O(l)$ 的标准电极电势。

20. 已知 $\varphi^{\ominus}(Ti^{3+}/Ti^+)=1.25V$、$\varphi^{\ominus}(Ti^{3+}/Ti)=0.72V$。设计下列三个标准电池：

(a) $(-)Ti|Ti^+\|Ti^{3+}|Ti(+)$

(b) $(-)Ti|Ti^+\|Ti^{3+},Ti^+|Pt(+)$

(c) $(-)Ti|Ti^{3+}\|Ti^{3+},Ti^+|Pt(+)$

(1) 写出每一个电池对应的电池反应式；

(2) 计算每个电池的标准电动势 $E^{\ominus}$ 和标准自由能变化 $\Delta_r G_m^{\ominus}$。

21. MnO_2 可以催化分解 H_2O_2，试从相应的电极电势加以说明。已知

$$MnO_2(s) + 4H^+(aq) + 2e^- \longrightarrow Mn^{2+}(aq) + 2H_2O(l) \qquad \varphi^\ominus = 1.23V$$

$$H_2O_2(aq) + 2H^+(aq) + 2e^- \longrightarrow 2H_2O(l) \qquad \varphi^\ominus = 1.77V$$

$$O_2(g) + 2H^+(aq) + 2e^- \longrightarrow H_2O_2(aq) \qquad \varphi^\ominus = 0.68V$$

22. 工业上可以用电解硫酸或氢氧化钠溶液的方法制备氢气。试计算 298.15K 、标准状态下两种电解反应的理论分解电压。已知

$$2H^+(aq) + 2e^- \longrightarrow 2H_2(g) \qquad \varphi^\ominus = 0.00V$$

$$2H_2O(l) + O_2(g) + 4e^- \longrightarrow 4OH^-(aq) \qquad \varphi^\ominus = 1.23V$$

23. 在下列四种条件下电解 $CuSO_4$ 溶液，写出阴极和阳极上发生的电极反应，并指出溶液组成如何变化。

(1) 阴极、阳极均为铜电极；

(2) 阴极为铜电极，阳极为铂电极；

(3) 阴极为铂电极，阳极为铜电极；

(4) 阴极、阳极均为铂电极。

第 9 章　原子结构及元素性质的周期性

物质由分子组成，分子由原子组成。原子是化学反应的承担者，化学反应的过程就是原子化分与化合的过程。原子、分子是微观粒子，微观粒子运动遵从的规律与宏观质点运动遵从的规律不同，前者遵从的是量子力学，后者遵从的则是经典物理学。要从本质上掌握原子结构及元素性质的周期性，必须首先认识微观粒子的特征，在此基础上，才能清楚地理解并掌握原子结构，从而真正认识由原子电子结构的周期性决定的元素性质的周期性，掌握元素周期律，也才能够在生产实践和科学研究中正确运用这些理论知识。

近代原子结构理论的建立大体上经历了四个重要阶段：1803 年道尔顿建立了“原子说”、1897 年汤姆孙(Thomson)发现了带负电荷的电子、1911 年卢瑟福(Rutherford)提出了天体行星模型和 1913 年玻尔(Bohr)建立了原子模型。

20 世纪 20 年代，随着科学技术的发展，用量子力学来描述微观粒子具有量子化特性和波粒二象性得到了满意的结果，从而建立了近代原子结构的量子力学模型理论。不可否认，卢瑟福的天体行星模型和玻尔的原子模型对原子结构理论的发展做出了重要贡献。

值得一提的是，近代量子力学所描述的原子结构也是一种模型，这种模型对物质的性质、化学变化的机理只是提出了一个合理的令人满意的解释。但是，随着科技的深入发展，原子内部的秘密必将被揭开，可以肯定地说这个模型必将被新的模型所替代。

9.1　核外电子的运动状态

9.1.1　氢原子光谱

原子核外电子的能量也具有量子化特性，它的研究首先是从氢原子光谱开始的。

一束白光通过三棱镜折射后，可以分解成红、橙、黄、绿、青、蓝、紫等不同波长的光，称为连续光谱。例如，自然界中，雨后天空的彩虹是连续光谱。以火焰、电弧、电火花等方法灼烧化合物时，化合物会发出不同频率的光线，光线通过三棱镜折射，由于折射率不同，在屏幕上得到一系列不连续的谱线，称为线状光谱。

在真空管中充入少量 $H_2(g)$，通过高压放电，氢气可以产生可见光、紫外光和红外光，这些光经过三棱镜分成一系列按波长大小排列的线状光谱。

除氢原子外，其他原子也可以产生特征的发射谱线，不同原子会产生不同的特征谱线，可以利用原子的特征谱线来鉴定原子是否存在(图 9-1)。

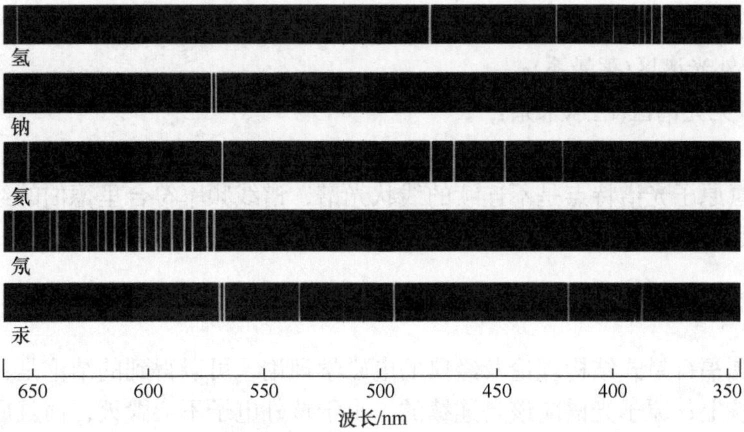

图 9-1　几种原子的光谱

氢原子光谱线具有规律性。其在可见区的光谱线符合巴尔末(Balmer)的经验公式：

$$\bar{\nu} = \frac{1}{\lambda} = R_{\mathrm{H}}\left(\frac{1}{2^2} - \frac{1}{n^2}\right)$$

式中，$\bar{\nu}$ 为波数，是谱线波长的倒数($\mathrm{cm^{-1}}$)；n 为大于 2 的正整数；R_{H} 为常数，$1.09677576 \times 10^7\,\mathrm{m^{-1}}$ 。

$n = 3$，4，5，6 则分别对应氢光谱中 $\mathrm{H_\alpha}$、$\mathrm{H_\beta}$、$\mathrm{H_\gamma}$、$\mathrm{H_\delta}$、巴尔末系。

另外，氢原子线状光谱在紫外区、近红外区存在从莱曼(Lyman)线系到巴尔末、帕邢(Paschen)线系(图 9-2)，这些线系符合里德伯(Rydberg)公式。

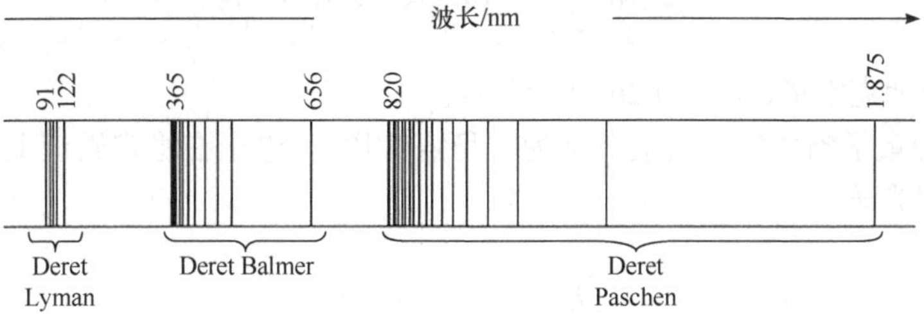

图 9-2　氢原子的红外区、可见区、紫外区的线状光谱图

1913 年，瑞典的物理学家里德伯测定氢光谱后，总结每条谱线之间的关系，提出了著名的里德伯公式：

$$\nu = R\left(\frac{1}{n_1^2} - \frac{1}{n_2^2}\right) \quad \text{或} \quad \bar{\nu} = \frac{R}{c}\left(\frac{1}{n_1^2} - \frac{1}{n_2^2}\right)$$

式中，其中 n_1 、n_2 为正整数，且 $n_1 < n_2$ ；$\bar{\nu}$ 为波数，$\mathrm{cm^{-1}}$ ；R 为里德伯常量，$3.289 \times 10^{15}\,\mathrm{s^{-1}}$ 。

此外，巴尔末及帕邢等科学家相继发现氢光谱在紫外区和红外区的谱线，波数同样可以用里德伯公式计算。

$n_1=1$ 紫外光谱区(莱曼系)；

$n_1=2$ 可见光谱区(巴尔末系)；

$n_1=3$、4、5 红外光谱区(帕邢系)。

因此，氢原子光谱特点是不连续的线状光谱，谱线频率符合里德伯的经验公式，说明里德伯经验公式真实揭示了谱线之间的内在关系。

9.1.2 玻尔原子结构模型

按照卢瑟福行星式结构理论及经典的电磁学理论，可以得到的结论是：电子最后会坠毁在原子核上；原子光谱应该是连续的。由于核外电子不会毁灭，而且原子光谱是不连续的、是线状的，因此用经典的电磁学理论，无法解释氢光谱的实验事实。

德国科学家普朗克(Planck)于 1900 年提出了著名的量子论。他认为，微观世界的物质吸收或放出的能量总是一个最小能量的整数倍。接着爱因斯坦(Einstein)于 1905 年在研究光电效应时，提出了光子学说，微观物质吸收或放出的能量是以光量子的整数倍进行的。

1913 年，丹麦物理学家玻尔认为，原子属于微观粒子，在上述量子论和卢瑟福原子结构模型的基础上，提出了原子结构的玻尔模型理论。

玻尔理论的要点主要有以下几个：

(1) 核外电子运动的轨道角动量(L)是量子化的，它在数值上是 $h/2\pi$ 的整数倍，不是连续变化的：

$$L=n\cdot\frac{h}{2\pi}\qquad (n=1、2、3、4\cdots)$$

式中，h 为普朗克常量，$h=6.626\times10^{-34}\,\text{J}\cdot\text{s}$。

符合这种量子条件的“轨道”称为“稳定轨道”。电子在稳定轨道上运动时，既不吸收也不辐射光子。

$$E=-\frac{Z^2}{n^2}\times13.6\text{eV}$$

(2) 在一定轨道上运动的电子的能量也是量子化的，总能量(只适用于氢原子或类氢离子：He，Li^+，$Be^{2+}\cdots$)：

$$E=-\frac{Z^2}{n^2}\times2.179\times10^{-18}\ \text{J}\cdot\text{e}^{-1}$$

式中，$n=1$、2、3…；Z 为核电荷数(= 质子数)。

$n=1$、2、3… 分别对应的是基态能量，第一激发态、第二激发态的能量等。

(3) 原子在正常或稳定状态时，电子尽可能处于能量最低的状态，即基态(ground state)。对于 H 原子，电子在 $n=1$ 的轨道上运动时能量最低，即基态，其能量为

$$E_{1s} = -\frac{1^2}{1^2} \times 13.6\text{eV} = -13.6\text{eV}$$

相应的轨道半径为

$$r = 52.9\text{pm} = a_0\ (\text{玻尔半径})$$

当原子获得外界提供能量时，电子将会跃迁到能量较高的轨道上，处于激发态的电子从一个能级跃迁到另一能级时，要吸收或放出能量，其能量取决于跃迁前后两轨道的能量差。真空中光速 $c = 2.998 \times 10^8 \text{m} \cdot \text{s}^{-1}$，且 H 原子 $Z = 1$，则光谱频率 ν 为

$$\begin{aligned}\nu &= \frac{E_2 - E_1}{h} = \frac{2.179 \times 10^{-18}\text{J}}{h}\left(\frac{1}{n_1^2} - \frac{1}{n_2^2}\right) \\ &= \frac{2.179 \times 10^{-18}\text{J}}{6.626 \times 10^{-34}\text{J} \cdot \text{s}}\left(\frac{1}{n_1^2} - \frac{1}{n_2^2}\right) \\ &= 3.298 \times 10^{15}\text{s}^{-1}\left(\frac{1}{n_1^2} - \frac{1}{n_2^2}\right)\end{aligned}$$

里德伯常量 $R = 3.298 \times 10^{15}\text{s}^{-1}$，根据玻尔模型获得的结果与其完全一致，这就很好地解释了氢原子光谱为什么是不连续的线状光谱。

玻尔理论存在局限性：只限于解释氢原子或类氢离子(单电子体系)的光谱，不能解释多电子原子的光谱，后来人们发现的氢原子光谱的精细结构也不能解释。玻尔理论存在上述问题的根本原因在于虽然对某些物理量(电子运动的轨道角动量和电子能量)引入了“量子化”的概念，但是仍利用在经典电磁理论基础上建立起来的电子固定轨道模型，没有完全正确反映微观粒子运动的基本规律。

9.2　微观粒子运动的特殊性

9.2.1　微观粒子具有波粒二象性

我们已知道，光既具有波动性，又具有粒子性，这称为光的波粒二象性(dual wave-particle nature)。例如，光在空间传播的有关现象：波长、频率、干涉、衍射等，说明光表现出波动性。光与实物接触进行能量交换时所具有的有关现象：质量、速度、能量、动量等，说明光表现出粒子性。那么电子是否也具有波粒二象性呢?

现已清楚，原子是由原子核和电子组成。原子直径约为 10^{-10}m，原子核的直径为 $10^{-16} \sim 10^{-14}\text{m}$，电子的直径约为 10^{-15}m。由于电子的质量很小，又在原子这样小的空间内做高速运动(速度约为 $2.18 \times 10^6 \text{m} \cdot \text{s}^{-1}$)，因此像电子这样的微观粒子与宏观物体不同，它具有量子化特性和波粒二象性，它的运动不能用经典力学来描述，而需要用量子力学来描述。

20 世纪初，量子论的提出对原子结构的认识发生了质的变化。1900 年，德国物理

学家普朗克根据实验提出：辐射能的吸收或发射是以基本量的整数倍做跳跃式的增加或减少，是不连续的，这种过程称为能量的量子化。这个基本量的辐射能称为量子，量子的能量 E 和频率 ν 的关系为

$$E = h\nu$$

式中，h 为普朗克常量，$h = 6.626 \times 10^{-34}\,\mathrm{J \cdot s}$。

1924 年，法国物理学家德布罗意(de Broglie)在从事量子论研究时，受光的波粒二象性的启发，大胆地提出：微观粒子(如电子、原子等)也具有波粒二象性。并预言：像电子等具有质量 m，运动速度 v 的微粒，与其相应的波长 λ 的关系式为

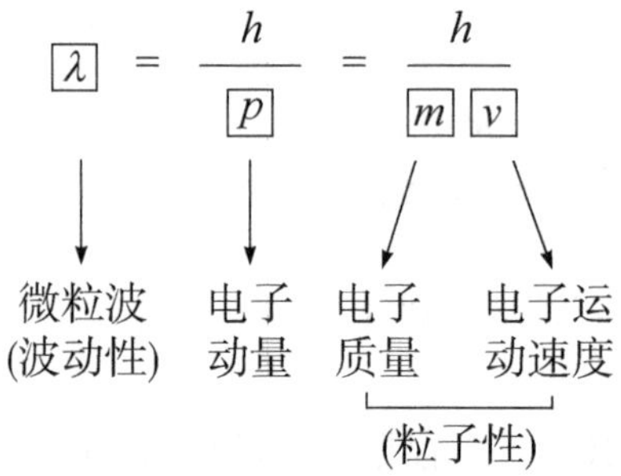

通过普朗克常量，从而将电子的波动性和粒子性联系起来并且定量化了。

电子具有粒子性这是大家都接受的事实，因为大家都知道电子具有一定的质量、速度、能量等。那么电子是否具有波动性呢？若电子具有波的衍射现象，则可证明电子具有波动性。

1927 年，美国物理学家戴维孙(Davisson)和革末(Germer)进行了电子衍射实验，当高速电子流穿过薄晶体片投射到感光屏幕上，得到一系列明暗相间的环纹，这些环纹正像单色光通过小孔发生的衍射现象一样。电子衍射实验证明了德布罗意的假设。

9.2.2　测不准原理

在经典力学中，人们能准确地同时测定一个宏观物体的位置和动量。例如，发射炮弹时，已知角度和初始速度，可以计算出炮弹的飞行轨迹，即弹道和落点等。

量子力学认为，对于原子中的电子等微观粒子，由于其质量很小，速度极快，具有波粒二象性，因此不可能同时准确测定电子的运动动量和空间位置。

1927 年，德国物理学家海森伯(Heisenberg)提出了量子力学中的一个重要关系——测不准关系(uncertainty principle)，其数学关系式为

$$\Delta x \cdot \Delta p \geqslant h / 2\pi \qquad (9\text{-}1)$$

式中，Δx 为确定粒子位置时的不准确量；Δp 为确定粒子动量的不准确量；h 为普朗克常量。

测不准关系式的含义是：若微观粒子位置的测定准确度越大(Δx 越小)，则其动量的准确度就越小(Δp 越大)，反之亦然。位置不准量和动量不准量的乘积约等于普朗克常量。

这就是说，对微观粒子不可能同时准确地测定其运动速度和空间位置。实际上测不准关系否定了玻尔的原子模型，指出了微观粒子不同于宏观物体，它具有波粒二象性，根据量子力学理论，对微观粒子如电子的运动状态，只能用统计的方法做出概率性的描述，而不能用经典力学的固定轨道来描述。

9.3　波函数和原子轨道

9.3.1　薛定谔方程——微粒的波动方程

根据微观粒子的波粒二相性及量子力学的基本原理，电子在核外某一空间范围内出现的概率可以用统计的方法加以描述。而电子在某一空间运动状态可用波函数(wave function)来描述。1926 年，奥地利物理学家薛定谔(Schrödinger)根据电子具有波粒二象性，提出了著名的描述微观粒子运动的波动方程：

$$\frac{\partial^2\psi}{\partial x^2}+\frac{\partial^2\psi}{\partial y^2}+\frac{\partial^2\psi}{\partial z^2}+\frac{8\pi^2 m}{h^2}(E-V)\psi=0$$

式中，ψ 为波函数，是空间坐标 x、y、z 的函数；E 为总能量(势能 + 动能)；V 为势能；m 为电子的质量；h 为普朗克常量。

薛定谔方程是一个二阶偏微分方程，目前我们仅定性地解释求解的结论。

9.3.2　波函数和原子轨道

在解薛定谔方程时，为使有利于薛定谔方程求解及波函数的图像更加直观，需将三维直角坐标转换为球坐标，如图 9-3 所示。

坐标转换后，球坐标中用三个变量 r、θ、φ 表示空间位置。经过数学上的处理，可将含三个变量的方程化解成三个只含一个变量的常微分方程：

$$\psi_{n,l,m}(r,\theta,\varphi)=R_{n,l}(r)\Theta(\theta)\Phi(\varphi) \qquad (9\text{-}2)$$

习惯上将与角度有关的两个函数用 $Y(\theta,\varphi)$表示，即

$$Y_{l,m}(\theta,\varphi)=\Theta(\theta)\Phi(\varphi) \qquad (9\text{-}3)$$

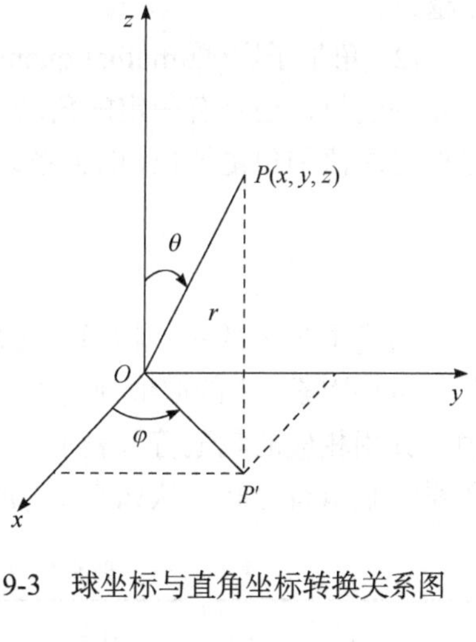

图 9-3　球坐标与直角坐标转换关系图

将式(9-3)代入式(9-2)，则得

$$\psi_{n,l,m}(r,\theta,\varphi)=\boxed{R_{n,l}(r)}\cdot\boxed{Y_{l,m}(\theta,\varphi)} \qquad (9\text{-}4)$$

↓　↓

径向部分 角度部分

但并不是所有的解都是合理的，为了得到核外电子运动状态合理的解，n、l、m 必须取一定的合理值，这样解薛定谔方程可以得到一系列的解——波函数 $\psi_{n,l,m}(r,\theta,\varphi)$ 及

每一个波函数所对应的能量 $E_{n,l}$ 。

波函数 $\psi_{n,l,m}$ 是量子力学中描述原子核外电子运动状态的数学表达式，它表示某一电子的运动状态，称为原子轨道(atomic orbital)。近代量子力学原子模型就是建立在此基础上的，但它与宏观物体的运动轨道和玻尔假设的固定轨道的概念是不同的。这里的“原子轨道”不是一个具体数值，其代表的是原子核外电子的一种运动状态，而不是固定的轨道。

具有合理取值的 n、l、m 称为三个量子数，再加上描述电子自旋运动，又引入了一个自旋量子数 m_s ，这四个量子数对描述核外电子的能量、原子轨道和电子云的图像及空间伸展方向等具有非常重要的意义。下面我们将分别讨论四个量子数。

(1) 主量子数(principal quantum number) n 用来描述核外电子出现的概率最大区域离核的远近，是决定电子运动能量高低的主要因素。

原子中，主量子数 n 相同的电子，电子出现概率最大的区域离核的远近几乎相同，可认为在同一区域内运动，该区域又称电子层。n 的取值为除零以外的正整数，并用相应的符号 K、L、M、N 等表示。

n 值	1	2	3	4	5	6	7	……
电子层	一	二	三	四	五	六	七	……
电子层符号	K	L	M	N	O	P	Q	……
离核平均距离	近 ——————————————→ 远							

对单电子原子或离子来说，n 值越大，电子离核的距离就越远，则电子运动的能量 E 越高。

(2) 角量子数(azimuthal quantum number) l 的引入是由于电子绕核运动时，不仅具有一定的能量，还具有一定的角动量。电子绕核运动的角动量的大小也是量子化的。角动量的绝对值和角量子数 l 的关系式为

$$|M|=\frac{h}{2\pi}\sqrt{l(l+1)}$$

角量子数 l 的另一物理意义是描述原子轨道的形状，也是决定多电子原子中电子能量的重要因素。l 的取值受主量子数 n 的限制，可取 0 到 $(n-1)$ 的正整数，共可取 n 个值，并用相应的轨道符号表示，不同的 l 值电子运动的轨道形状是不同的，l 与 n 的取值关系、轨道符号和形状如表 9-1 所示。

表 9-1　l 与 n 的取值关系、轨道符号和形状

n 值	l 取值	l 值	轨道符号	轨道形状
1	0	0	s	球形对称
2	0、1	1	p	哑铃形
3	0、1、2	2	d	花瓣形
4	0、1、2、3	3	f	花瓣形

续表

n 值	l 取值	l 值	轨道符号	轨道形状
…		4	g	花瓣形
n	0、1、2、3、…、(n−1)	…	…	

对于给定的 n 值，l 只能取 0 和小于 n 的正整数。当 n、l 取值相同时，电子的能量相同。

(3) 磁量子数(magnetic quantum number) m 描述的是原子轨道在空间伸展的方向，它是根据线状光谱在磁场中还可以发生分裂并显示微小的能量差别的现象提出的。

m 的取值受角量子数 l 的限制，m 的取值可以为 0、±1、±2、…、±l 等整数。对于给定的 l 值，m 可取 $2l+1$ 个值，$|m|$ 只能取小于或等于 l 的正整数。对于 n 和 l 相同、m 不同的轨道其能量基本相同，称为等价轨道(equivalent orbital)或简并轨道(degenerate orbital)。m 与 l 的关系见表 9-2。

表 9-2　m 与 l 的关系

l 值	m 值	轨道
$l=0$，s 轨道	$m=0$	只有 1 种取向，无方向性
$l=1$，p 轨道	$m=+1$、0、−1	有 3 种取向，3 个等价轨道
$l=2$，d 轨道	$m=+2$、+1、0、−1、−2	有 5 种取向，5 个等价轨道
$l=3$，f 轨道	$m=+3$、+2、+1、0、−1、−2、−3	有 7 种取向，7 个等价轨道

已经知道，每一个原子轨道是指 n、l、m 组合一定时的波函数 $\psi_{n,l,m}$，代表原子核外某一电子的运动状态，例如：

量子数	$\psi_{n,l,m}$	运动状态
$n=2$、$l=0$、$m=0$	$\psi_{2,0,0}$ 或 ψ_{2s}	2s轨道
$n=2$、$l=1$、$m=0$	$\psi_{2,1,0}$ 或 ψ_{2p_z}	$2p_z$轨道
$n=3$、$l=2$、$m=0$	$\psi_{3,2,0}$ 或 ψ_{3d_z}	$3d_z$轨道

由 n 和 l 表示的 2s、2p、3d 等原子轨道，其能量不同，常称它们为 2s 能级、2p 能级、3d 能级等。

(4) 自旋量子数(spin quantum number) m_s 是为了解释氢原子光谱具有精细结构引入的。氢原子光谱的精细结构，即每一条谱线是由两条靠得很近的谱线组成。玻尔的原子结构模型不能解释氢原子光谱的精细结构，同样利用薛定谔方程求解得到的波函数中的三个量子数 n、l、m 仍然不能给予解释。后来人们认为电子除绕核高速运动外，本身还有自旋运动，具有自旋角动量。根据量子力学计算，电子的自旋角动量沿外磁场方向的分量的大小 M_s 也是量子化的，并由自旋量子数 m_s 决定：

$$M_s = m_s \frac{h}{2\pi}$$

自旋量子数 m_s 只能取两个值，即 $m_s = +\frac{1}{2}$ 和 $-\frac{1}{2}$，这表明电子在核外运动有自旋相反的两种运动状态，通常用“↑”和“↓”表示，即顺时针自旋和逆时针自旋。

综上所述，根据薛定谔方程的每一个合理的解 $\psi_{n,l,m}$ 代表一个原子轨道，即每一组合理取值的 n、l、m 确定一个原子轨道。但是每一个原子轨道中的电子必须用四个量子数来描述它的运动状态，四个量子数一经确定，电子的运动状态就确定了。

同时，在同一原子中，没有彼此完全处于相同运动状态的电子，换句话说，在同一原子中，不能有四个量子数完全相同的两个电子存在，称为泡利(Pauli)不相容原理。

因为四个量子数的取值是相互限制的，所以，只要知道主量子数 n 值，就可以知道该电子层中，电子最多可能容纳的运动状态数，如表 9-3 所示。

表 9-3　核外电子运动的可能状态数

n	l ($0 \leqslant l < n$)	轨道符号(能级)	m ($0 \leqslant \lvert m \rvert \leqslant l$)	轨道数	各电子层轨道数	最多可容纳的运动状态数(电子数)($2n^2$)
1	0	1s	0	1	1	2
2	0	2s	0	1	4	8
	1	2p	+1、0、−1	3		
3	0	3s	0	1	9	18
	1	3p	+1、0、−1	3		
	2	3d	+2、+1、0、−1、−2	5		
4	0	4s	0	1	16	32
	1	4p	+1、0、−1	3		
	2	4d	+2、+1、0、−1、−2	5		
	3	4f	+3、+2、+1、0、−1、−2、−3	7		

9.4　概率密度和电子云

9.4.1　概率密度

核外电子运动具有波粒二象性，根据测不准关系，不可能准确测定核外某一电子在某一瞬间所处的位置，只是不能用描述宏观物体运动的物理量来描述。对微观粒子的运动可以用统计的方法来描述，通过该方法可以发现微观粒子的运动有明显的统计规律性。将电子在核外某空间区域内出现的机会称为概率，显然电子出现机会多的则概率大，出现机会少的则概率小。若空间区域不同，则概率的含义也不同。

壳层概率：是指以原子核为中心、r 为半径，dr 为厚度的薄层球壳中电子出现的概率。

概率密度(probability density)：是指以原子核为中心、r 为半径的某处单位微体积 $d\tau$ 中电子出现的概率。

壳层概率、概率密度是从不同侧面反映了电子的运动状态。描述微观粒子运动状态的波函数与水波、声波等机械波是不同的，它没有直观的物理意义。波函数的物理意义是通过 ψ^2 体现的。ψ^2 代表核外空间某处单位微体积中电子出现的概率，即概率密度。根据光的衍射图，光的强度与光子的密度成正比。电子的衍射图与光的行为一样，衍射强度大的地方(亮环)，电子出现的概率大，反之则电子出现的概率小。由此也可以证明，衍射强度与电子密度成正比，所以 ψ^2 值的大小可以反映电子在核外空间某区域出现的概率密度大小。

9.4.2　电子云

只要知道某电子的 ψ^2，就可以知道该电子在核外空间各处的概率密度。为了描述核外电子运动概率密度的分布，我们习惯上用小黑点分布的疏密来表示电子在某处出现概率密度的相对大小，用这种方法得到的空间图像就像天空的云雾一样，我们形象地称为电子云(electron cloud)。图 9-4 为氢原子 1s 电子云示意图，氢原子核外只有一个电子运动，它是通过千百万张在不同瞬间拍摄的电子空间位置的照片叠加而成的图像，而每一个黑点表示一张照片上电子的空间位置，具有明显的统计规律性。

从图 9-4 中可以看出，氢原子 1s 电子云是球形对称的。离核越近、小黑点越密，表示电子在该处的概率密度越大；离核越远、小黑点越稀，电子在该处的概率密度越小。图 9-5 为氢原子 1s 电子概率密度与离核半径(r)的关系。

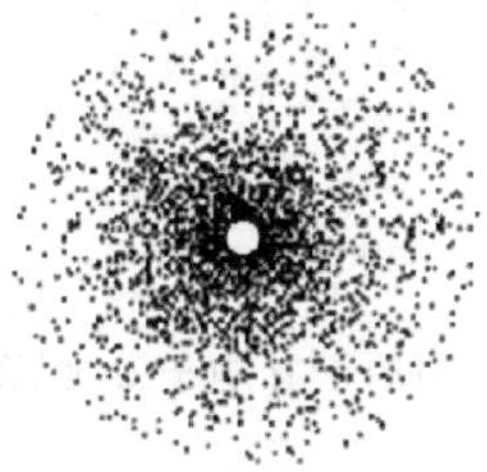

图 9-4　氢原子 1s 电子云示意图

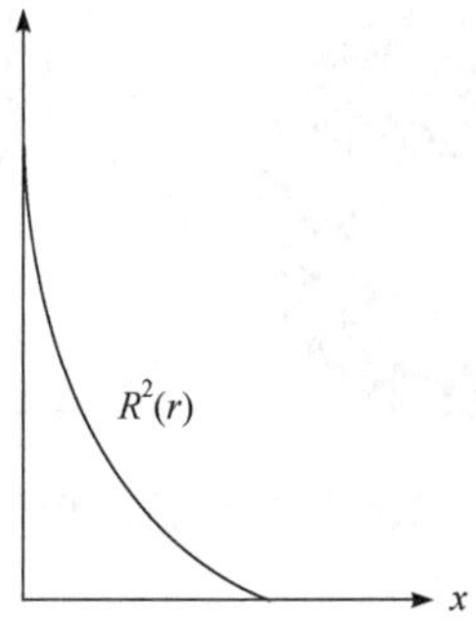

图 9-5　氢原子 1s 电子概率密度与离核半径的关系

对于不同状态运动的电子，因其波函数 ψ 不相同，故它们的 ψ^2 的图像——电子云图各不相同，图 9-6 列出了氢原子 s、p、d 电子各种状态电子云示意图。

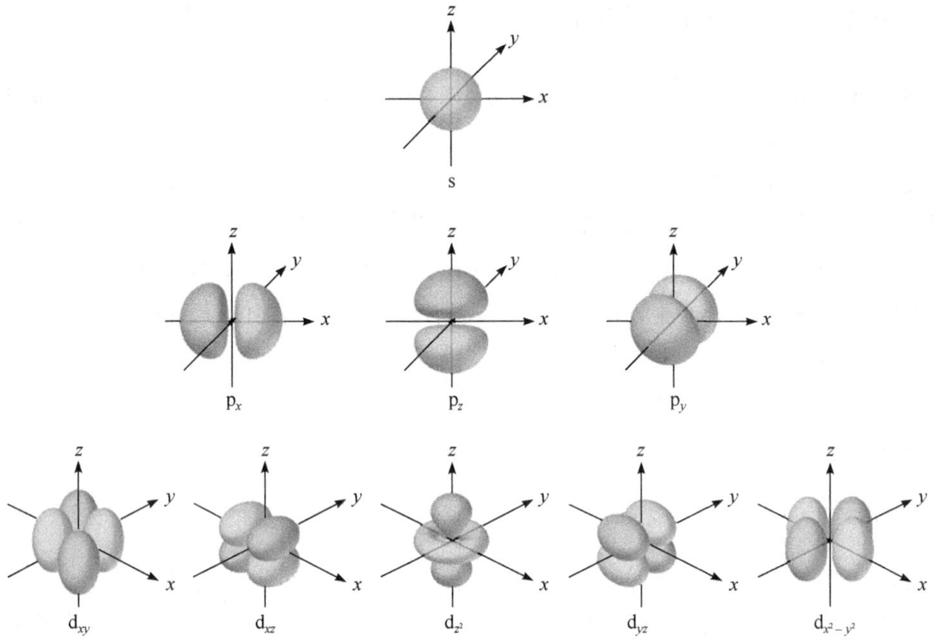

图 9-6 氢原子 s、p、d 电子各种状态电子云示意图

为了形象地表示电子云的形状，常用等概率密度剖面界面图表示。对于氢原子 1s 电子云，实际上离核 300pm 外的区域，电子出现的概率已经极小，可以忽略不计。通常将电子出现概率密度相等的点连接成曲面(图 9-7)。1s 电子的等概率密度面是一系列的同心球面，再用数值在球面上标出概率密度的相对大小，以曲面内电子云出现的概率达 95%作为界面，再将黑点除去来表示电子云的形状，这样的图像即为剖面界面图(图 9-8)。1s 电子云的界面是一个球面。

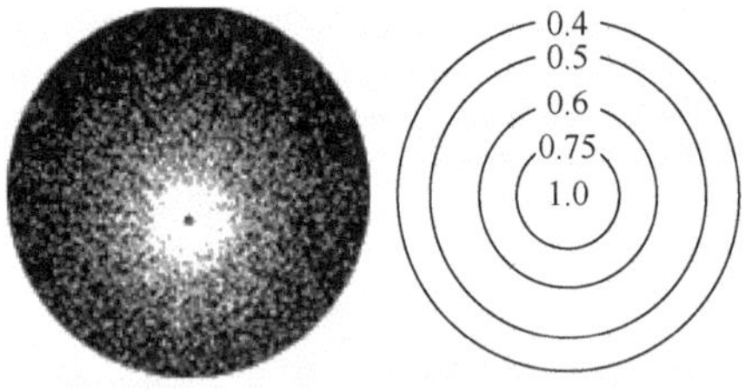

图 9-7 氢原子 1s 电子云等概率密度面

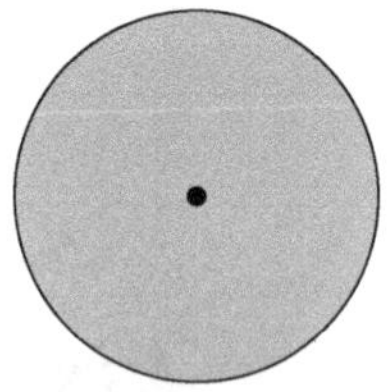

图 9-8 氢原子 1s 电子云剖面界面图

9.5 波函数和电子云的空间图像

一组三个量子数确定的原子轨道 $\psi_{n,l,m}$ 和电子云 $\psi_{n,l,m}^2$ 可用三维图像来表示，但因为很难简单、直观地表示清楚。所以，需要通过数学变换处理，将波函数分解成随角度变化和随径向变化两部分乘积，见式(9-4)：

$$\psi_{n,l,m}(r,\theta,\varphi)=\boxed{R_{n,l}(r)}\cdot\boxed{Y_{l,m}(\theta,\varphi)}$$

↓　　　↓

径向部分 角度部分

这样就可以对原子轨道和电子云从角度部分和径向部分两个侧面来加以论述，并画出原子轨道和电子云的形状和它们的伸展方向。

9.5.1　原子轨道的角度部分

1) 原子轨道角度分布图

波函数的角度部分 $Y_{l,m}(\theta,\varphi)$，又称原子轨道的角度部分，若以原子核为坐标原点，引出方向为 (θ,φ)、长度为 $Y_{l,m}(\theta,\varphi)$ 相应函数值的线段，连接这些线段的所有端点，在空间可形成一个曲面。这样的图形称为原子轨道角度分布图。

作图前，首先要知道原子轨道角度部分 $Y_{l,m}(\theta,\varphi)$ 的计算式，它由解薛定谔方程求得。例如：

氢原子　$Y_{1s}=\sqrt{\dfrac{1}{4\pi}}$；$Y_{2p_z}=\sqrt{\dfrac{3}{4\pi}}\cdot\cos\theta$ 或 $Y_{p_z}=K\cdot\cos\theta$

从上式可知，Y_{1s} 只是一个常数，与 θ、φ 角度无关。画出的氢原子 1s 原子轨道角度分布图是一个球曲面，其半径为 $(1/4\pi)^{1/2}$。

由于原子轨道的角度部分 $Y_{l,m}(\theta,\varphi)$ 只与量子数 l, m 有关，而与主量子数 n 无关。因此，1s、2s、3s 原子轨道的角度分布图都是相同的球曲面，只是从曲面到原子核的距离随 n 值增大而增大。p、d、f 系列原子轨道同样如此。故在原子轨道角度分布图中，通常不标明轨道符号前的主量子数。

用以上类似的方法，可以画出 s、p、d 各种轨道的角度分布剖面图，如图 9-9 所示。

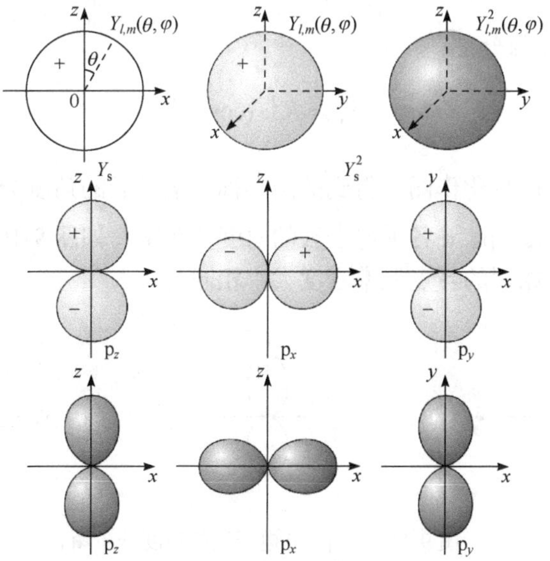

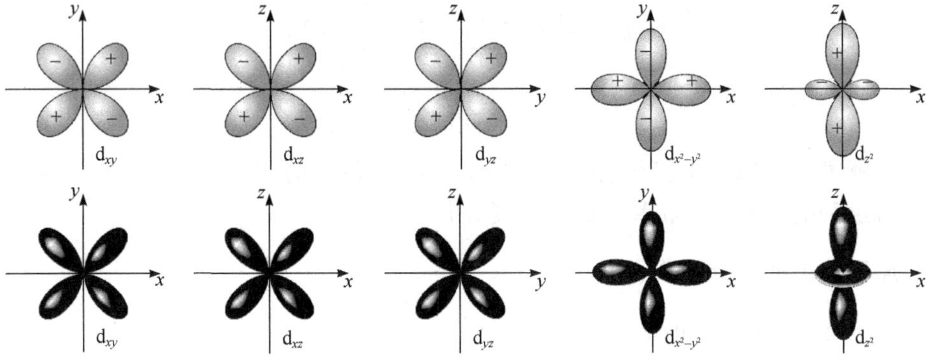

图 9-9　s、p、d 各种轨道的角度分布剖面图

2) 电子云角度分布图

若将简化的薛定谔方程两边平方，则

$$\psi^2_{n,l,m}(r,\theta,\varphi)=R^2_{n,l}(r)\cdot Y^2_{l,m}(\theta,\varphi)$$

上式中，$\psi^2_{n,l,m}(r,\theta,\varphi)$ 的图像即为原子轨道的电子云图。它由两部分组成，一部分是电子云的径向部分 $R^2_{n,l}(r)$，即概率密度随离核半径的变化的图像，它与角度 θ、φ 无关；另一部分是电子云的角度部分 $Y^2_{l,m}(\theta,\varphi)$，即概率密度随角度 θ、φ 变化的图像，它与主量子数 n、离核半径 r 无关。

电子云角度分布图的画法过程与原子轨道角度分布图一样，只需先将该原子轨道的角度分布 $Y^2_{l,m}(\theta,\varphi)$ 计算式两边平方。例如：

p_z 原子轨道的角度部分是

$$Y_{p_z}=K\cdot\cos\theta$$

p_z 电子云的角度部分是

$$Y^2_{p_z}=K^2\cdot(\cos\theta)^2$$

将 $Y^2_{p_z}$ 值随 θ 角度变化作图，得到的图形称为电子云的角度分布图，记为 $\left|Y_{p_z}\right|^2$。用相同的方法可以画出 s、p、d 各种电子云的角度分布图，如图 9-10 所示，它表示随 θ 和 φ 角度变化时，半径相同的各点概率密度大小相同。

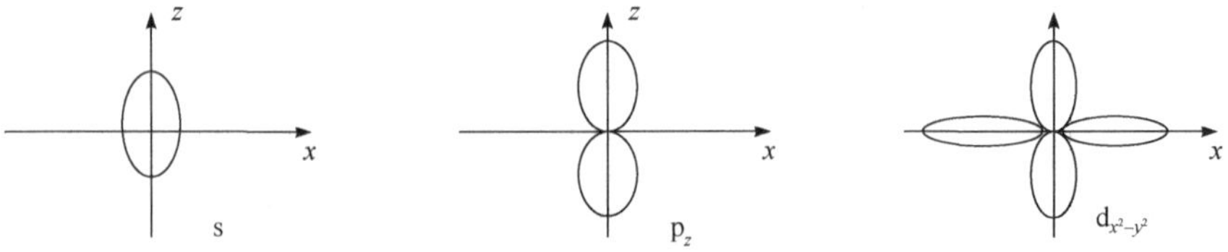

图 9-10　s、p、d 电子云的角度分布图

原子轨道的角度分布图与电子云的角度分布图是相似的。但区别有两点：电子云角度分布图比原子轨道角度分布图“瘦”些，这是Y值小于 1 之故；原子轨道角度分布图有正、负号之分，而电子云的角度分布则均为正值。

应注意，将原子轨道角度分布图和电子云角度分布图当作原子轨道和电子云的实际图像是错误的，因为它们只考虑了波函数ψ(原子轨道)和ψ^2(电子云)的角度部分，而未考虑相应的径向部分，下面我们就来讨论相应的径向部分。

9.5.2　原子轨道的径向部分

原子轨道径向部分用$R(r)$表示，若以$R(r)$对r作图，则可得到电子出现的概率随r的变化图，称为原子轨道径向分布图。

电子云的径向部分则有多种图示表示，比较重要的是概率密度径向分布图和壳层概率径向分布图。

1) 概率密度径向分布图

若以$R^2(r)$对r作图，则可得到电子的概率密度随半径r的变化图，称为概率密度径向分布图。

图 9-11 列出了常用的几种氢原子电子云的$R^2(r)$图，它表示任何角度方向上的概率密度随半径r的变化，若再考虑电子云的角度部分$Y_{l,m}^2(\theta,\varphi)$，则将两者结合起来即为电子云的空间形状。

2) 壳层概率径向分布图

前已叙述，壳层概率是指离核半径为r、厚度为dr的薄层球壳中电子出现的概率，用符号r^2R^2表示，现以最简单的球形对称的ns 电子云为例。

设想将ns 电子云通过中心分割成具有不同半径r的薄层球壳(同心圆)，如果考虑一个离核距离为r、厚度为dr的薄层球壳，如图 9-12 所示。

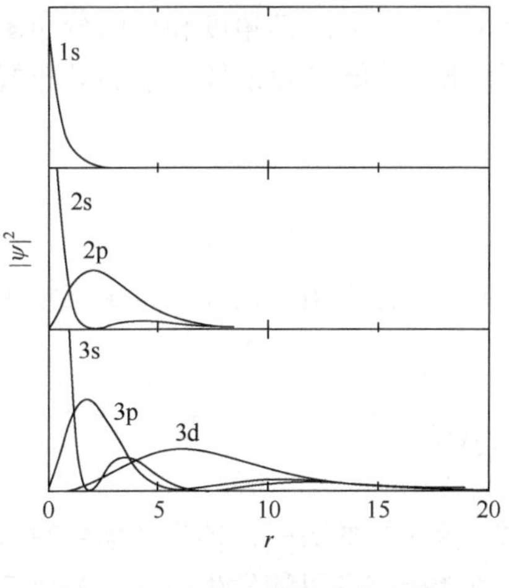

图 9-11　概率密度径向分布图

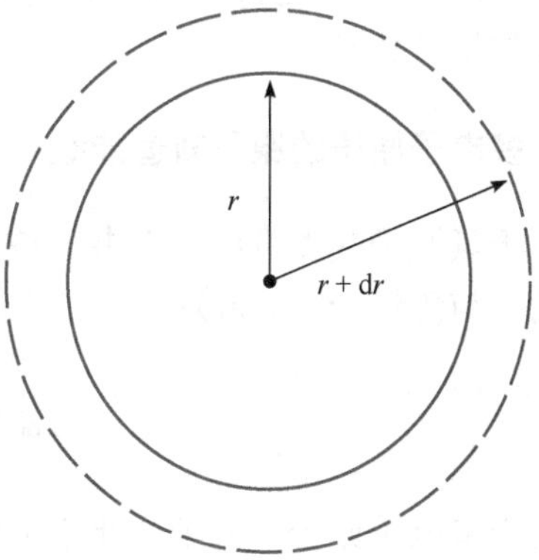

图 9-12　距离为r、厚度为dr的薄层球壳

若以 $r^2R(r)^2$ 对 r 作图，则可以得到氢原子 s、p、d 各电子云电子的壳层概率随 r 的变化图，称为壳层概率径向分布图。如图 9-13 所示，$D(r)$ 表示半径为 r 的球面上电子出现的概率密度(单位厚度球壳内电子出现的概率)，则 $D(r)$-r 图表示半径为 r 的球面上电子出现的概率密度随 r 的变化。

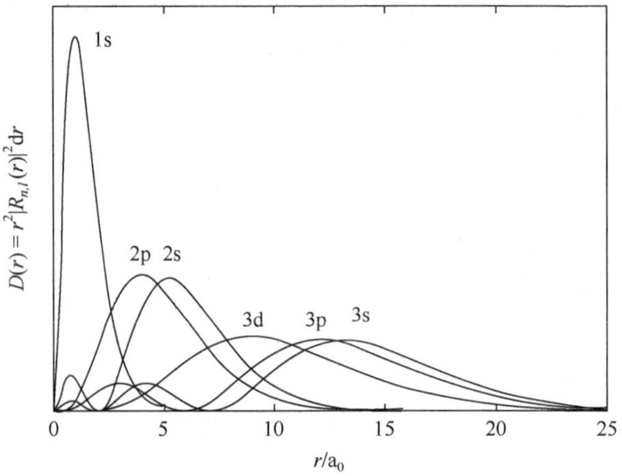

图 9-13 电子云径向分布函数图

氢原子 s、p、d 电子的壳层概率径向分布图中，峰数不同。

核外电子的分布可看作是分层的，用于研究“屏蔽效应”和“钻穿效应”对原子轨道能量的影响。

9.6 原子核外电子排布和元素周期表

从研究氢原子光谱开始，人们了解了近代量子力学原子结构理论的发展和完善过程。并得到了如波函数 ψ (原子轨道)、四个量子数、电子云及其角度和径向分布图、单电子原子(H)能级等重要概念，它们对讨论多电子原子的能级和核外电子的排布规律具有重要的指导意义。

9.6.1 多电子原子的原子轨道能级

对于氢原子或类氢离子来讲，核外只有一个电子。这个电子的能量是由主量子数 n 决定的，与角量子数 l 无关。

$$E_n = -\frac{13.6Z^2}{n^2}\text{(eV)}$$

对于多电子原子，电子的能量不仅要考虑原子核对其的吸引，还应考虑各轨道之间的电子的排斥作用。因此，多电子原子的原子轨道能级就有可能发生改变，光谱实验结果证实了这一点。

科顿(Cotton)的原子轨道能级图(图 9-14)，是在光谱实验的基础上总结出来的，其最大的优点是反映了原子轨道能级与原子序数的关系。

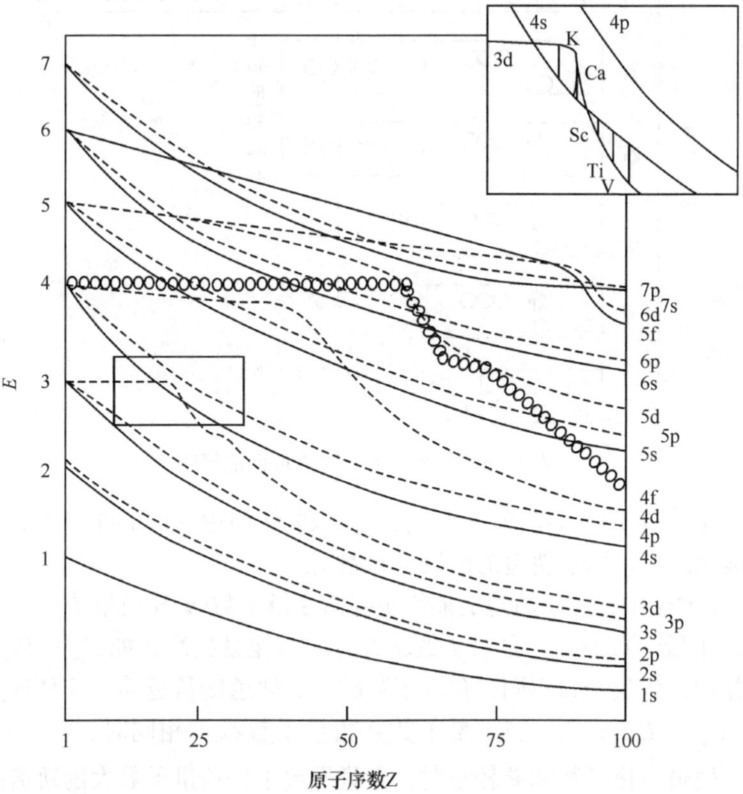

图 9-14　科顿的原子轨道能级图

从图 9-14 中可以看到，对于单电子原子如 ^{1}H，轨道能级是由主量子数 n 决定。对于多电子原子，如 ^{3}Li、^{19}K 等轨道的能量则是由主量子数 n 和角量子数 l 决定。还可看到，ns、np 轨道的能级随原子序数的增加而降低的坡度较为正常，而 nd、nf 降低的过程就很特殊，由于原子轨道能级降低的坡度不同，出现了能级交错的现象，如 3d 和 4s 能级曲线。

又如，原子序数 $Z = 31 \sim 57$ 时，$E_{6s} < E_{4f} < E_{5d}$。这些能级交错现象很好地反映在科顿原子轨道能级图中。为了近似地解释这种现象，人们提出了屏蔽效应和钻穿效应。

鲍林(Pauling)根据光谱实验的结果，总结出多电子原子中电子填充各原子轨道能级顺序(图 9-15)。

图 9-15 可以说明以下几个问题。

(1) 将能级相近的原子轨道排在一组，分为七个能级组，并按照能量从低到高的顺序从下向上排列。

(2) 每个能级组中，每一个小圆圈表示一个原子轨道，将 3 个等价 p 轨道、5 个等

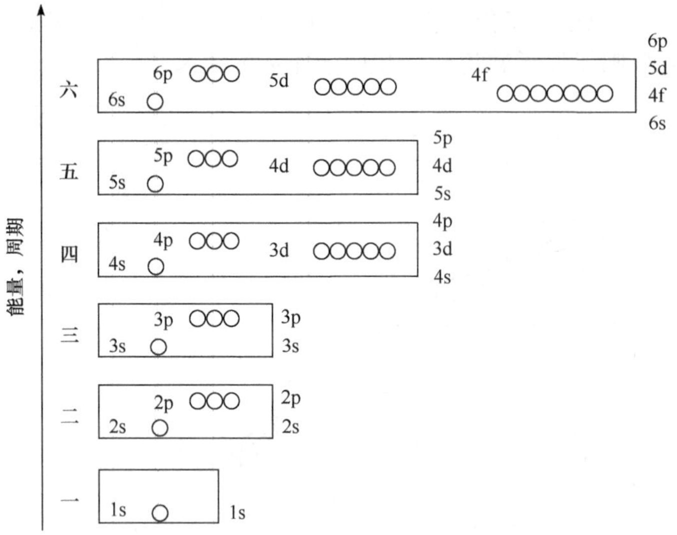

图 9-15 鲍林的原子轨道近似能级图

价 d 轨道、7 个等价 f 轨道排成一列，表示在该能级组中它们的能量相等。除第一能级组外，其他能级组中，原子轨道的能级也有差别。

(3) 多电子原子中，原子轨道的能级主要由主量子数 n 和角量子数 l 来决定。当角量子数相同，主量子数不同，主量子数越大，轨道能量越高，如 $E_{1s} < E_{2s} < E_{3s} < E_{4s}$；当主量子数相同，角量子数不同，角量子数越大，轨道能量越高，这种现象称为能级分裂，如 $E_{4s} < E_{4p} < E_{4d} < E_{4f}$。当主量子数和角量子数都不相同时，要具体问题具体分析。当两原子轨道主量子数相差较小时，主量子数小、角量子数大的轨道能量高于主量子数大、角量子数小的轨道，这种现象称为能级交错，如 $E_{4s} < E_{3d}$。以上原子轨道能级高低变化的情况，可用屏蔽效应和钻穿效应来加以解释。

由于其他电子对某一电子的排斥作用而抵消了一部分核电荷，从而有效核电荷降低，削弱了核电荷对该电子的吸引，这种作用称为屏蔽作用或屏蔽效应。

钻穿效应指的是在原子核附近出现的概率较大的电子，其可更多地避免其余电子的屏蔽，受到核的较强的吸引而更靠近核，即为一种进入原子内部空间的作用。

钻穿作用与原子轨道的径向分布函数有关。角量子数越小的轨道径向分布函数中出现峰的个数越多，第一个峰钻得越深，离核越近。与屏蔽效应相反，外层电子有钻穿效应。外层角量子数小的能级上的电子，如 4s 电子能钻到靠近原子核内层空间运动，这样它受到其他电子的屏蔽作用就小，受核引力就强，因而电子能量降低，造成 $E_{4s} < E_{3d}$。钻穿效应可以解释原子轨道的能级交错现象。

9.6.2 原子核外电子的排布

通常，人们采用鲍林提出的原子轨道近似能级图来进行核外电子的排布，还可以根据近似能级图，写出元素周期表(periodic table of the elements)中绝大多数基态原子的电子结构(atomic electron structure)，因此它被广泛用于化学教学中。根据光谱实验结果和对元素周期律的分析，绝大多数元素的原子，其核外电子排布应遵循以下三个原则。

(1) 能量最低原理：电子在原子轨道中的分布，应尽可能使整个体系的能量最低，才能符合自然界的能量越低越稳定的普遍规律。也就是说，电子在原子轨道填充的顺序，应先从最低能级 1s 轨道开始，依次向能级高的轨道上填充，称为能量最低原理(lowest energy principle)。

(2) 泡利不相容原理：1925 年奥地利科学家泡利(Pauli)在光谱实验现象的基础上，提出了一个后被实验所证实的假设，即在一个原子中不可能存在四个量子数完全相同状态的两个电子，或者说在同一原子中没有运动状态完全相同的电子，称为泡利不相容原理(exclusion principle)。

由于自旋量子数只有 $m_s=+\frac{1}{2}$ 和 $m_s=-\frac{1}{2}$ 两个取值，按照泡利不相容原理，每个原子轨道最多能容纳 2 个电子，这 2 个电子自旋量子数不同的电子可用“↑↓”表示，即一个为顺时针自旋，另一个为逆时针自旋。

(3) 洪德规则：1925 年，德国科学家洪德(Hund)根据大量光谱实验数据总结出，在 n 和 l 相同的等价轨道中，电子尽可能以自旋方向相同的形式占据各等价轨道，称为洪德规则(Hund's rule)，也称为等价轨道原理。量子力学计算证实，按洪德规则分布，且自旋方向相同的单电子越多，能量就越低，体系就越稳定。

此外，量子力学理论还指出，在等价轨道中电子排布全充满、半充满和全空状态时，体系能量最低最稳定。

全充满 p^6、d^{10}、f^{14}；半充满 p^3、d^5、f^7；全空 p^0、d^0、f^0。

原子的电子结构式主要是根据核外电子排布三原则和光谱实验的结果书写的，有时也用电子轨道式来表示。下面我们根据核外电子排布三原则来讨论核外电子排布和书写电子结构式的几个实例。

按照鲍林原子轨道近似能级图，电子填充各能级轨道的先后顺序(图 9-16)为：

1s　2s2p　3s3p　4s3d4p　5s4d5p
　　6s4f5d6p　7s5f6d7p…

为了避免电子结构过长，可写出前面的通常是稀有气体元素电子结构的原子符号，并用[ ]括起来，称为原子实体，如前面 Ar 的原子序数为 18 写成[Ar]。当按鲍林近似能级图排布电子后，体系的能量就会发生变化。例如，Cr 内层 3d 轨道上有电子，就会对外层上的电子有屏蔽效应，使 4s 轨道上的电子能量升高，所以此时 $E_{4s}<E_{3d}$。而电子的失去和得到都是从最外层开始的，所以需要进行调整，其目的是便于写出它的离子电子结构。例如：

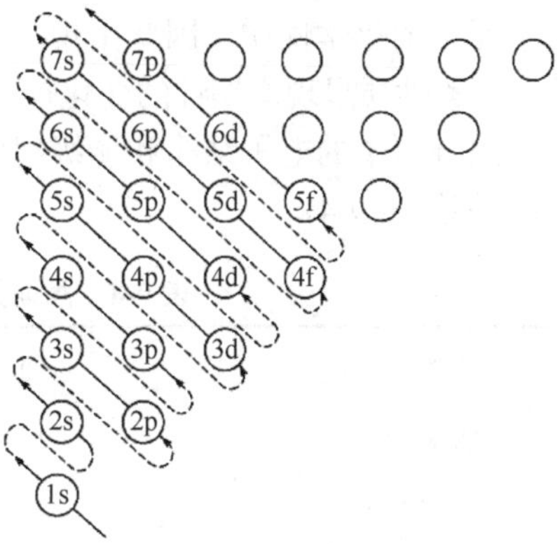

图 9-16　电子填充顺序图

$$Cr \text{电子结构为} \quad [Ar]3d^5 4s^1$$

$$Cr^+ \text{电子结构为} \quad [Ar]3d^5 4s^0$$

同理，原子序数为 9 的 F，电子结构为$1s^2 2s^2 2p^5$，其F^-电子结构为$1s^2 2s^2 2p^6$，只需在外层加一个电子即可。

9.6.3 原子的电子层结构和元素周期性

1) 原子的电子层结构

根据核外电子排布的三原则和光谱实验的结果，可以得到周期表中各元素原子的电子层结构。

应该说明，核外电子排布的三原则只是一般的排布规律，对绝大多数原子来说是适用的。由于核外电子的数目逐渐增多，电子间的相互作用增强，核外电子的排布就越显复杂。对某些元素，如第五周期、第六周期镧系元素和第七周期锕系的某些元素，光谱实验测定的结果常出现“例外”的情况。例如：

	元素	按三原则排布	实际
第五周期	铌 ^{41}Nb	$[Kr]4d^3 5s^2$	$[Kr]4d^4 5s^1$
第五周期	钌 ^{44}Ru	$[Kr]4d^6 5s^2$	$[Kr]4d^7 5s^1$
第六周期	钆 ^{64}Gd	$[Xe]4f^8 6s^2$	$[Xe]4f^7 5d^1 6s^2$

因此，对某些元素原子的电子排布，还应该尊重实验事实加以确定。

2) 原子的电子层结构与周期的划分

为什么会有元素性质周期性地出现呢？人们发现，随着原子序数(核电荷)的增加，不断有新的电子层出现，并且最外层的电子的填充始终是从ns^1开始到ns^2np^6结束(除第一周期外)，即都是从碱金属开始到稀有气体结束重复出现。由于最外电子层的结构决定了元素的化学性质，因此出现了元素性质呈现周期性变化的一个又一个周期。同时表明，元素性质呈现周期性的变化规律(周期律)是由于原子的电子层结构呈现周期性。

结合原子的电子结构和能级组的划分及元素性质呈现周期性变化的规律，它们有以下的关系(表 9-4)。

表 9-4　周期数与能级组数和最大电子容量关系

能级组	1s	2s2p	3s3p	4s3d4p	5s4d5p	6s4f5d6p	7s5f6d7p
能级组数	1	2	3	4	5	6	7
周期数	1	2	3	4	5	6	7
电子层数 (最外层主量子数)	1	2	3	4	5	6	7
元素数目	2	8	8	18	18	32	32
最大电子容量	2	8	8	18	18	32	32

即　　　　　　　　　　周期数 = 能级组数 = 电子层数

由能级组和周期的关系可知，能级组的划分是周期表中各元素能划分为周期的本质原因。

3) 原子的电子层结构与族的划分

如图 9-17 所示，族的划分是按长周期表(元素周期表)，将元素分为 16 个族，排成 18 个纵列，其中：

8 个主族(A 族)：ⅠA～ⅧA 族，ⅧA 族为稀有元素

8 个副族(B 族)：ⅠB～Ⅷ族，Ⅷ族占了三个纵列

族数 = 价电子层上电子数(参与反应的电子) = 最高氧化值(ⅠB 族有例外，ⅧB 族只有 Ru 和 Os 元素可达+8)

价电子层为参与反应的电子层 —— 主族：价电子层为 *ns* *n*p；副族：价电子层为 (*n*–1) d*n*s

	ⅠA																	0
1	H	ⅡA											ⅢA	ⅣA	ⅤA	ⅥA	ⅦA	He
2	Li	Be											B	C	N	O	F	Ne
3	Na	Mg	ⅢB	ⅣB	ⅤB	ⅥB	ⅦB	Ⅷ			ⅠB	ⅡB	Al	Si	P	S	Cl	Ar
4	K	Ca	Sc	Ti	V	Cr	Mn	Fe	Co	Ni	Cu	Zn	Ga	Ge	As	Se	Br	Kr
5	Rb	Sr	Y	Zr	Nb	Mo	Tc	Ru	Rh	Pd	Ag	Cd	In	Sn	Sb	Te	I	Xe
6	Cs	Ba	La	Hf	Ta	W	Re	Os	Ir	Pt	Au	Hg	Tl	Pb	Bi	Po	At	Rn
7	Fr	Ra	Ac	Rf	Db	Sg	Bh	Hs	Mt	Ds	Rg	Cn	Nh	Fl	Mc	Lv	Ts	Og

La	Ce	Pr	Nd	Pm	Sm	Eu	Gd	Tb	Dy	Ho	Er	Tm	Yb	Lu
Ac	Th	Pa	U	Np	Pu	Am	Cm	Bk	Cf	Es	Fm	Md	No	Lr

图 9-17　元素周期表

族数与价层电子构型的关系见表 9-5。

表 9-5　族数与价电子层结构的关系

族数	价电子层	价电子层构型	实例		
			价电子层上电子数	属	最高氧化值
ⅠA	外层	ns^1	$2s^1$、$3s^1$	ⅠA	+1
ⅡA	外层	ns^2	$2s^2$、$3s^2$	ⅡA	+2
ⅢA～ⅧA	外层	$ns^2 \sim np^{1\sim6}$	$3s^23p^1$、$3s^23p^4$	ⅢA、ⅥA	+3、+6
ⅠB	次外层+外层	$(n-1)d^{10}ns^1$	$4d^{10}5s^1$	ⅠB	+1、有例外
ⅡB	次外层+外层	$(n-1)d^{10}ns^2$	$3d^{10}4s^2$	ⅡB	+2

续表

族数	价电子层	价电子层构型	实例		
			价电子层上电子数	属	最高氧化值
ⅢB～ⅦB	次外层+外层	$(n-1)d^{1\sim5}ns^{1\sim2}$	$3d^14s^2$、$3d^54s^2$	ⅢB、ⅦB	+3、+7
Ⅷ较复杂	次外层+外层	$(n-1)d^{6\sim9}ns^{1\sim2}$ 电子数 8～10 个(除 Pd $4d^{10}$ 外)	$3d^64s^2$、$3d^74s^2$、$5d^96s^1$	Ⅷ	只有 Ru、Os 可达+8

要特别注意，ⅠB、ⅡB 族与ⅠA、ⅡA 族的主要区别在于：ⅠB、ⅡB 族次外层 d 轨道上电子是全满的，而ⅠA、ⅡA 族从第四周期开始元素才出现次外层 d 轨道，且还未填充电子。

由于同一族元素的价电子层构型相似，因此它们的化学性质也十分相似。

4) 原子的电子层结构与各区元素的划分

根据各元素原子的核外电子排布及价电子层构型的特点，可将长式周期表中的元素分为五个区。如图 9-18 所示。

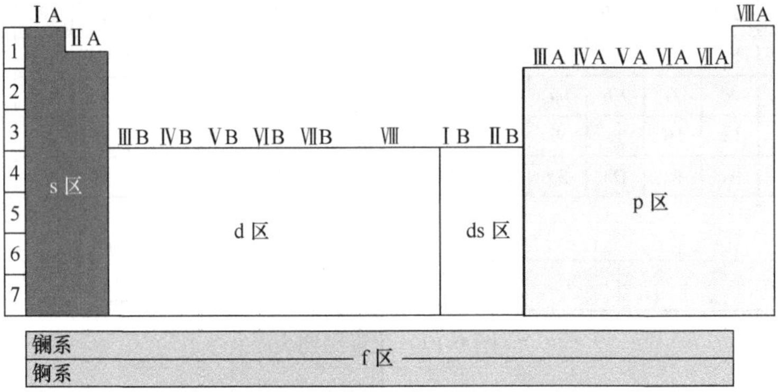

图 9-18 周期表中元素分区

由于元素的电子层结构呈现周期性(表 9-6)，因此与电子层结构有关的元素的某些性质，如原子半径、电离势、电子亲和势、电负性等也显现明显的周期性。

表 9-6 元素分区与价层电子结构的关系

元素分区	含族	价层电子构型
s 区	ⅠA、ⅡA	$ns^{1\sim2}$
p 区	ⅢA～ⅦA，0 族	$ns^2np^{1\sim6}$
d 区	ⅢB～Ⅷ	$(n-1)d^{1\sim10}ns^2(n=4、5、6)$，有$(n-1)d^{1\sim10}ns^{0\sim2}$
ds 区	ⅠB、ⅡB	$(n-1)d^{10}ns^{1\sim2}(n=4、5、6)$
f 区	镧系和锕系	$(n-2)f^{1\sim14}(n-1)d^{0\sim1}ns^2(n=6、7)$

(1) s 区元素。

氦也属于 s 区元素。s 区元素主要包括元素周期表中ⅠA 族元素和ⅡA 族元素。ⅠA 族元素包括氢、锂、钠、钾、铷、铯、钫七种元素。由于钠和钾的氢氧化物是典型的碱，因此除氢外的六种元素又称为碱金属。ⅡA 族元素包括铍、镁、钙、锶、钡、镭六种元素。由于钙、锶、钡的氧化物的性质介于碱金属与稀土元素之间，因此又称为碱土金属。由于氦的电子排布为 $1s^2$，因此被分为 s 区元素。钫和镭都是放射性元素。在本区元素中同一主族从上到下、同一周期从左至右性质的变化都呈现明显的规律性。

(2) p 区元素。

p 区元素包括元素周期表中ⅢA～ⅧA 族元素。ⅢA 族元素又称硼族元素，包括硼、铝、镓、铟、铊；ⅣA 族元素又称碳族元素，包括碳、硅、锗、锡、铅；ⅤA 族元素又称氮族元素，包括氮、磷、砷、锑、铋；ⅥA 族元素又称氧族元素，包括氧、硫、硒、碲、钋；ⅦA 族元素又称卤素，包括氟、氯、溴、碘、砹；ⅧA 族元素或零族元素，又称稀有气体或惰性气体，包括氦、氖、氩、氪、氙、氡。

(3) d 区元素。

d 区元素是元素周期表中的副族元素，即ⅢB～Ⅷ族元素。这些元素中具有最高能量的电子是填在 d 轨道上的。这些元素有时也称过渡金属。

(4) ds 区元素。

ds 区元素是指元素周期表中的ⅠB、ⅡB 两族元素，包括铜、银、金、锌、镉、汞六种自然形成的金属元素。ds 区的名称为 ds 是因为它们的电子构型都是 $d^{10}s^1$(ⅠB)或 $d^{10}s^2$(ⅡB)。ds 区是 d 区元素的一部分，ds 区元素都是过渡金属。但由于它们的 d 层是满的，所以体现的性质与其他过渡金属有所不同(如它们中最高的氧化态只能达到+3)。

(5) f 区元素。

f 区元素指的是元素周期表中的镧系元素和锕系元素。大多数元素具有最高能量的电子是排布在 f 轨道上的。这一区中同周期的元素之间的性质差别很小，这一点在镧系各元素中表现得很明显。

9.7　元素基本性质的周期性

9.7.1　原子半径

1) 原子半径的概述

从量子力学理论观点考虑，电子云没有明确的界限，因此严格来讲原子半径有不确定的含义，也就是说要给出一个准确的原子半径是不可能的。原子半径是假设原子为球形，根据实验测定和间接计算方法求得的。在不同的情况下，常用的原子半径有三种，即共价半径、范德华半径和金属半径。

(1) 共价半径：同种元素的两个原子以共价单键结合时(如 H_2、Cl_2 等)，它们核间距离的一半称为原子的共价半径。如果给出的是共价双键或共价三键结合的共价半径，必须要加以注明。

(2) 范德华半径：对于稀有气体，它们不能生成共价键或金属键。因此，只能在低温形成分子晶体中，测得相邻原子间两个邻近原子的核间距离的一半称为范德华半径。

(3) 金属半径：将金属晶体看成是由球状的金属原子堆积而成，则在金属晶体中，相邻的两个接触原子的核间距离的一半称为该原子的金属半径。

通常情况下，范德华半径都比较大，而金属半径比共价半径大一些。在比较元素的某些性质时，原子半径取值最好用同一套数据。

在讨论原子半径在周期系中的变化，采用的是共价半径。而稀有气体(ⅧA 族元素)通常为单原子分子，只能用范德华半径。

2) 原子半径在周期系中的变化

原子半径的大小与原子的核外电子层数和有效核电荷有关。同一周期和同一族中原子半径的变化趋势见图 9-19。

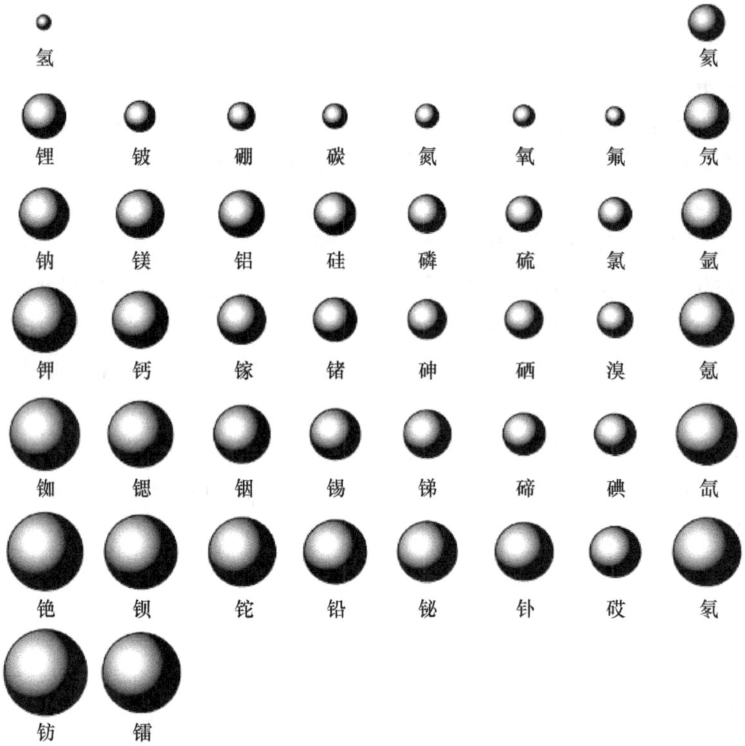

图 9-19 同一周期和同一族中原子半径的变化趋势图

(1) 同一周期元素原子半径的变化。

短周期是指周期表中第一、二、三周期的元素。在同一短周期中从左到右，由于增加的电子排布在最外层的 s 轨道或 p 轨道，它们对核电荷的屏蔽作用小，导致原子的有效核电荷逐渐增大，对核外电子的吸引力逐渐增强，因此原子半径依次变小。而最后一个稀有气体的原子半径变大，是由于稀有气体的原子半径采用范德华半径。短周期主族元素的原子半径如表 9-7 所示。

表 9-7　短周期的主族元素原子半径

元素	r/pm	元素	r/pm
Li	152	Na	186
Be	113	Mg	160
B	86	Al	143
C	—	Si	118
N	—	P	108
O	—	S	106
F	72	Cl	—
Ne	—	Ar	—

长周期：在同一长周期中，从左到右，原子半径的变化总体趋势与短周期相似，也是依次变小的。由于过渡元素的变化所增加的电子填充在次外层的 d 轨道上，它们对核电荷的屏蔽作用较大，原子的有效核电荷增加较少，因此过渡元素的原子半径依次变小的幅度很缓慢。当电子填充至 d^{10} 全满的稳定状态时，对核外电子的屏蔽效应更加显著，故原子半径有所变大。这种情况也发生在超长周期(第六、七周期)的内过渡元素(镧系元素和锕系元素)。长周期和超长周期的元素原子半径见表 9-8 和表 9-9。

表 9-8　长周期的过渡元素原子半径

元素	r/pm	元素	r/pm
Sc	162	Y	180
Ti	147	Zr	160
V	134	Nb	146
Cr	128	Mo	139
Mn	127	Tc	136
Fe	126	Ru	134
Co	125	Rh	134
Ni	124	Pd	137
Cu	128	Ag	144
Zn	134	Cd	149

表 9-9　超长周期的内过渡元素原子半径

元素	r/pm	元素	r/pm
La	183	Tb	177
Ce	182	Dy	176
Pr	182	Ho	176
Nd	181	Er	176
Pm	183	Tm	176
Sm	180	Yb	194
Eu	208	Lu	174
Gd	180		

镧系元素(^{57}La～^{71}Lu 共 15 种元素)和锕系元系(^{89}Ac～^{103}Lr，共 15 种元素)随着核电荷 Z 增加，增加的电子进入 $(n-2)f$ (即 4f 或 5f)轨道，故也称为“内过渡元素”，对最外层 ns (6s 或 7s)屏蔽更完全($\sigma \approx 1$)，有效核电荷数 Z^* 几乎无增加，La 的半径为 187pm、Lu 的半径为 173pm，从 La 到 Lu(镥)共 15 种元素，从 La 到 Lu 总的原子半径缩小值达到 14pm，十分显著。这种现象对 La 系和 Ac 系后面的元素性质产生了较大的影响，称为 La 系收缩。La 系收缩的结果，第二和第三过渡系列的 Zr 和 Hf、Nb 和 Ta、Mo 和 W 等元素的半径相似，分离变得十分困难。镧系收缩对原子半径的影响见表 9-10。

表 9-10　镧系收缩对原子半径的影响

元素	r/pm	元素	r/pm	元素	r/pm
K	232	Rb	248	Cs	265
Ca	197	Sr	215	Ba	217
Sc	162	Y	180	La	183
Ti	147	Zr	160	Hf	159
V	134	Nb	146	Ta	146
Cr	128	Mo	139	W	139
Mn	127	Tc	136	Re	137
Fe	126	Ru	134	Cr	135

(2) 同一族元素原子半径的变化。

主族元素：同一主族元素，从上至下，电子层逐渐增加所起的作用大于有效核电荷增加的作用，所以原子半径逐渐增大。

副族元素：同一副族元素，从上至下原子半径的变化趋势总体上与主族相似。第一过渡系原子半径较小、第二和第三过渡系半径较大。由于在第三过渡系前有电子填充在 $(n-2)f$ 轨道上的镧系元素，镧系元素引起的镧系收缩导致第三过渡系列的原子半径几乎不增加或增大不很明显，因此同一副族上下两元素的原子半径非常接近，性质相似，分离困难。

9.7.2　电离能

1) 电离能的概述

若原子失去电子成为正离子，需要克服核对电子的吸引力而消耗一定的能量。元素的一个气态原子在基态时失去一个电子成为气态的正一价离子时所消耗的能量，称为该元素的第一电离能(first ionization energy)，常用符号 I_1 表示，单位为 $kJ \cdot mol^{-1}$ 。从气态的正一价离子再失去一个电子成为气态的正二价离子时所消耗的能量，称为该元素的第二电离能 I_2 ，依次类推，分别称为 I_3、I_4 等。通常情况下 $I_1 < I_2 < I_3 < I_4 \cdots$ 。

一般气态的高于正三价离子就很少存在，电离能的大小可表示原子失去电子的倾向。若电离能越小表示原子失去电子所消耗能量越少，则该原子就越容易失去电子，该元素在气态时金属性就越强。

元素的电离能可以从元素的发射光谱实验测得。通常情况下，常使用的是第一电离能。元素的电离能在周期表中呈现明显的周期性变化(图 9-20)。元素周期表列出了周期系中各元素的第一电离能数据。

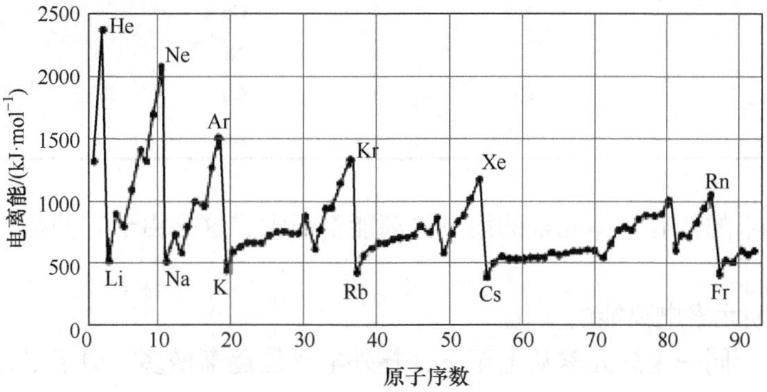

图 9-20　周期表中元素的第一电离能

2) 电离能在周期系中的变化

元素的第一电离能 I_1 的大小与原子的核外电子层数和原子半径及有效核电荷相关。

(1) 同一周期元素电离能的变化。

短周期：同一短周期的元素具有相同的核外电子层数，从左到右，有效核电荷逐渐增大，原子半径逐渐减小，原子核对外层电子的吸引力逐渐增强，所以元素第一电离能 I_1 总的趋势逐渐增大的，失去电子的趋势逐渐减弱。

短周期主族元素中 O 和 S 失去一个 p 电子后，将得到较稳定的 p 轨道的半充满结构，所以这两种元素的第一电离能分别小于 N 和 P。短周期元素的第一电离能见表 9-11。

表 9-11　短周期元素的第一电离能

元素	I_1 / (kJ·mol^{-1})	元素	I_1 / (kJ·mol^{-1})
Li	520	Na	196
Be	900	Mg	738
B	801	Al	578
C	1086	Si	787
N	1402	P	1012
O	1314	S	1000
F	1681	Cl	1251
Ne	2081	Ar	1521

长周期：同一周期，从左到右，第一电离能 I_1 总体趋势也是逐渐增大的，到ⅡB 族时增大幅度变大，是由于失去一个电子以后 s 轨道处于半满状态。进入 p 区元素时第一电离能 I_1 又突然减小，而后又增大，这与它们的电子层结构有关。第一过渡金属的第一电离能见表 9-12。

表 9-12 第一过渡系列金属的第一电离能

元素	I_1 / (kJ · mol^{-1})	元素	I_1 / (kJ · mol^{-1})
Sc	633	Fe	762
Ti	659	Co	760
V	651	Ni	737
Cr	653	Cu	746
Mn	717	Zn	906

每一周期末的稀有气体元素的第一电离能都很大，这是由于它们都具有稳定的 8 电子结构。

(2) 同一族元素电离能的变化。

主族元素：同一主族元素从上至下，核外电子层逐渐增多，原子半径变大的趋势大于有效核电荷增大的趋势，故第一电离能 I_1 逐渐减小，元素的金属性依次增强。碱金属和碱土金属的第一电离能见表 9-13。

表 9-13 碱金属和碱土金属的第一电离能

元素	I_1 / (kJ · mol^{-1})	元素	I_1 / (kJ · mol^{-1})
Li	520	Be	900
Na	496	Mg	738
K	419	Ca	590
Rb	403	Sr	550
Cs	376	Ba	503

副族元素：同一副族元素从上至下，第一电离能的变化幅度较小且不规则，主要原因是新增加电子填充次外层$(n-1)$d 轨道，且外层 ns 轨道电子数相近，以及镧系收缩。第二和第三过渡系金属的第一电离能见表 9-14。

表 9-14 第二和第三过渡系金属的第一电离能

元素	I_1 / (kJ · mol^{-1})	元素	I_1 / (kJ · mol^{-1})
Y	600	La	538
Zr	640	Hf	659
Nb	652	Ta	728
Mo	684	W	759
Te	702	Re	756
Ru	710	Os	814
Rh	720	Ir	865
Pd	804	Pt	864
Ag	731	Au	890
Cd	868	Hg	1007

9.7.3 电子亲和能

1) 电子亲和能的概述

与原子失去电子需消耗一定的能量正好相反，电子亲和能是指原子获得电子所放出的能量。元素的一个气态原子在基态时获得一个电子成为气态的负一价离子所放出的能量，称为该元素的第一电子亲和能(first electron affinity)。依此类推，也可得到第二、第三电子亲和能。第一电子亲和能用符号 E_1 表示，单位为 $kJ \cdot mol^{-1}$ 。例如：

$$Cl(g) + e^- \longrightarrow Cl^-(g) \qquad E_1 = +348kJ \cdot mol^{-1}$$

大多数元素的第一电子亲和能都是正值(放出能量)，也有的元素为负值(吸收能量)。这说明这种元素的原子获得电子成为负离子时能量升高，或者说获得电子比较困难。例如：

$$O(g) + e^- \longrightarrow O^-(g) \qquad E_1 = +141kJ \cdot mol^{-1}$$

$$O^-(g) + e^- \longrightarrow O^{2-}(g) \qquad E_1 = -780kJ \cdot mol^{-1}$$

元素的电子亲和能数据目前还不完整。

2) 电子亲和能在周期系中的变化

电子亲和能的大小也与核外电子层数、原子半径、有效核电荷数有关。元素的电子亲和能也可衡量元素的金属性，电子亲和能的值越小，表明元素的原子获得电子形成负离子的趋势越小，所以非金属性越弱。

(1) 同一周期元素第一电子亲和能的变化。

因数据不完整，用主族元素作为比较。

同一周期从左到右，元素的第一电子亲和能 E_1 总体趋势是增大的。由于核外电子层未增加，随着有效核电荷的增加，原子半径变小，失去电子的倾向减弱，而获得电子的倾向增大，因此元素的第一电子亲和能增大。但也有反常的现象，这与它们的电子层结构有关。

ⅤA 族元素由于原子最外层电子组态为半充满稳定状态，因此其电子亲和能较小；ⅡA 族(碱土金属)元素由于原子半径大，且有 ns^2 全充满电子层结构，较难得到电子，因此其电子亲和能为负值；稀有气体元素由于具有 2 或 8 电子稳定电子层结构，更难得到电子，因此其电子亲和能为最小。第二和第三周期元素的第一电子亲和能见表 9-15。

表 9-15　第二和第三周期元素的第一电子亲和能

元素	E_1 / ($kJ \cdot mol^{-1}$)	元素	E_1 / ($kJ \cdot mol^{-1}$)
Li	59.6	Na	52.9
Be	—	Mg	—
B	26.7	Al	42.6
C	121.9	Si	133.6
N	—	P	72.0
O	141.0	S	200.4
F	328.2	Cl	348.6
Ne	—	Ar	—

(2) 同一族元素第一电子亲和能的变化：

同一族元素，从上至下，由于核外电子层的增加趋势大于有效核电荷的增加趋势，因此原子半径依次变大，电子亲和能总体来说逐渐减小，获得电子的能力依次减弱，非金属性减弱。

同一主族元素第一电子亲和能也有反常现象。例如，第二周期ⅦA 族氟元素的第一电子亲和能要比第三周期同一族氯元素要小。原因是 $r_F < r_{Cl}$，形成负一价离子时，半径小的原子间排斥力较大。氧族和卤族元素的第一电子亲和能见表 9-16。

表 9-16　氧族和卤族元素的第一电子亲和能

元素	E_1 / (kJ·mol^{-1})	元素	E_1 / (kJ·mol^{-1})
O	141.0	F	328.2
S	200.4	Cl	348.6
Se	195.0	Br	324.5
Te	190.2	I	295.2

9.7.4　元素的电负性

1) 元素电负性的概述

元素的电离能和电子亲和能可反映某元素的原子失去和获得电子的能力，但并不是完美的。因为许多元素在形成化合物时，并不是简单地失去或获得电子，电子只是在它们的原子之间发生偏移。为了更全面地反映分子中原子对成键电子的吸引能力，人们又提出了元素电负性的概念。

1932 年，鲍林首先提出：在分子中，元素原子吸引电子的能力称为元素的电负性(electronegativity)，用符号“χ_p”表示，并指定氟的电负性为 4.0，以此为标准，再根据热化学的方法可求出其他元素的相对电负性，故元素的电负性没有单位。目前各种电负性不少于 20 种，本书采用的是鲍林电负性标度，它不仅简便还非常实用。

2) 元素电负性在周期系中的变化及应用

元素的电负性也呈现出周期性变化。根据元素的电负性大小也可判断元素的金属性和非金属性的强弱。

(1) 同一周期元素的电负性的变化。

短周期：同一周期，从左到右，元素的电负性逐渐增大，原子吸引电子的能力增强，元素的非金属性逐渐增强。在所有元素中氟的电负性最大，是非金属性最强的元素。

长周期：同一周期，从左到右，元素的电负性总体趋势逐渐增大，非金属性增强。但过渡元素变化趋势不是很有规律，这与电子层结构有关。

(2) 同一族元素的电负性的变化。

主族元素：从上至下，元素的电负性逐渐减小，原子吸引电子的能力趋弱，相反失电子的能力趋强，故非金属性依次减弱，金属性依次增强。在所有元素中铯的电负性最小，是金属性最强的元素。

副族元素：从上至下，元素的电负性没有明显的变化规律，这与过渡元素的电子层结构有关。而且第三过渡元素(第六周期)与同族的第二过渡元素(第五周期)除ⅠB 族和ⅡB 族元素外，元素的电负性非常接近，这仍然是受镧系收缩的影响所致。

通常情况下，金属元素的电负性在 2.0 以下，非金属元素的电负性在 2.0 以上。但它们没有严格的界限。

总之，元素的电离能、电子亲和能和电负性在判断元素的金属性和非金属性强弱时结果是大致相同的。但由于元素的电负性的大小是表示分子中原子吸引电子的能力大小，因此它能方便地反映元素的某些性质，如金属性与非金属性、氧化还原性，估计化合物中化学键的类型、键的极性等，故它在化学领域中被广泛地运用。部分元素的电负性见表 9-17。

表 9-17　元素的电负性

元素	χ_p	χ_M	元素	χ_p	χ_M
Li	0.98	0.91	F	3.98	4.19
Na	0.93	0.87	Cl	3.16	2.87
K	0.82	0.73	Br	2.96	2.69
Rb	0.82	0.71	I	2.66	2.36
Cs	0.79	—			

习　题

1. 如果电子的质量是 9.1×10^{-28}g、运动速度是 3.0×10^{7}cm·s^{-1}，求其波长。

2. 氧分子 O_2 的键能为 494kJ·mol^{-1}，试计算氧分子在吸收波长为多少以下的光才能使其解离为氧原子。

3. 将氢原子核外电子从基态激发到 2s 或 2p 轨道所需要的能量有无差别？若是氦原子情况又会如何？

4. 原子核外电子排布遵循哪几条原则？将碳原子的电子排布式写成 $1s^2 2s^1 2p^3$ 和 $1s^2 2s^2 2p_x^2$ 分别违反了哪一条原则？

5. 假定有下列电子的各套量子数，指出哪些不可能存在，并说明原因。

(1) 3，2，2，$\frac{1}{2}$　　(2) 3，0，−1，$-\frac{1}{2}$　　(3) 2，2，2，2

(4) 1，0，0，0　　(5) 2，−1，0，$\frac{1}{2}$　　(6) 2，0，−2，$-\frac{1}{2}$

6. 满足下列条件之一的是哪一族或哪一个元素？

(1) 最外层具有 6 个 p 电子；

(2) 价电子数是 $n=4$、$l=0$ 的轨道上有 2 个电子和 $n=3$、$l=2$ 的轨道上有 5 个电子；

(3) 次外层 d 轨道全满，最外层有一个 s 电子；

(4) 该元素+3 价离子和氩原子的电子构型相同；

(5) 该元素+3 价离子的 3d 轨道电子半充满。

7. 下列说法是否正确？若不正确，应如何改正？

(1) s 电子绕核旋转，其轨道为一圆圈，而 p 电子是走“∞”形；

(2) 主量子数为 1 时，有自旋相反的两条轨道；

(3) 主量子数为 3 时，有 3s、3p、3d、3f 四条轨道。

8. 写出下列元素的电子组态。

(1) 电子亲和能最大的元素；

(2) 电负性最大的元素；

(3) 第三周期含有两个成单电子的元素。

9. 基态时，He 和 He^+中电子离核距离哪个远？为什么？

10. 外围电子构型满足下列条件之一的是哪一族或哪一个元素？

(1) 具有两个 p 电子；

(2) $n=4$、$l=0$ 的电子有 2 个，$n=3$、$l=2$ 的电子有 6 个；

(3) $n=3$、$l=2$ 的电子全充满，$n=4$、$l=0$ 的电子有 1 个。

11. ⅠA 族元素与ⅠB 族元素原子的最外层都只有一个 s 电子，但前者单质的活泼性明显强于后者，试从它们的原子结构特征加以说明。

12. 已知离子 M^{2+} 3d 轨道中有 5 个电子，试推出：

(1) M 原子的核外电子排布；

(2) M 元素的名称和元素符号；

(3) M 元素在周期表中的位置。

13. 某元素原子 X 的最外层只有一个电子，其 X^{3+}的最高能级三个电子的主量子数为 3、角量子数为 2，请写出该元素符号，说明该元素在周期表中的位置？

14. 从元素电负性数据判断下列化合物中哪些是离子型化合物，哪些是共价型化合物。

NaF，AgBr，RbF，HI，CuI，HBr，CsCl

15. 元素 A 在 $n=5$、$l=0$ 的轨道上有一个电子，它的次外层 $l=2$ 的轨道上电子处于全充满状态，而元素 B 与 A 处于同一周期中，若 A、B 的简单离子混合则有难溶于水的黄色沉淀 AB 生成。

(1) 写出元素 A 及 B 的核外电子分布式、价层电子构型；

(2) A、B 各处于第几周期第几族？是金属还是非金属元素？

(3) 写出 AB 的化学式。

16. 周期表中哪一个元素的电负性最大？哪一个元素的电负性最小？周期表从左到右和从上到下元素的电负性变化呈现什么规律？为什么？

17. 什么是镧系收缩？镧系收缩产生的原因是什么？镧系收缩有什么特点？镧系收缩对元素的性质产生了哪些影响？

18. 根据原子结构理论，预测：

(1) 第八周期将包括多少种元素？

(2) 电子开始填充 5g 轨道时，元素的原子序数为多少？

(3) 写出第 114 号元素的价电子构型。

19. 根据元素周期表填写下表中的空格：

元素符号	元素名称	所属周期	所属族	价电子层的结构
V				
Bi				
	钼			
	钨			
Pt				

20. 有 A、B、C、D 四种元素，其中 A 为第四周期元素，与 D 可形成 1∶1 和 1∶2 原子比的化合物；B 为第四周期 d 区元素，最高氧化数为 7；C 和 B 是同周期元素，具有相同的最高氧化数；D 为所有元素中电负性第二大元素。给出四种元素的元素符号，并按电负性由大到小的次序排列。

21. 第四周期的 A、B、C、D 四种元素，其价电子数依次为 1、2、12、7，其原子序数按 A、B、C、D 顺序依次增大，已知 A 与 B 的次外层电子数为 8，而 C、D 的次外层电子数为 18，试推断：

(1) 哪些是金属元素？

(2) D 与 A 的简单离子是什么？

(3) 哪一元素的氢氧化物碱性最强？

(4) B 与 D 原子间能形成何种类型化合物？写出其路易斯电子结构式。

22. 有 A、B、C、D 四种元素，其价电子数依次为 1、2、6、7，其电子层数依次减小。已知 D^-的电子层结构与 Ar 相同，A 和 B 的次外层均为 8 个电子，C 的次外层有 18 个电子。试推断这四种元素，写出它们的元素符号、元素名称，用原子实加外围电子构型的方式写出它们的电子分布式，确定它们在周期表中的位置(周期和族)。

23. 现有 A、B、C 三种元素的原子，已知它们的电子最后排布在相同的能级组上，而且 B 的核电荷比 A 大 12、C 的质子数比 B 多 4 个。1mol 的 A 与酸反应，能置换出 1g 氢气，同时转化为具有氩原子型电子层结构的离子。

(1) 判断 A、B、C 各为何种元素？

(2) 写出 A 的原子、B 的阳离子、C 的阴离子的电子排布式。

24. 已知甲、乙、丙、丁四种元素，其中甲为第四周期元素，它与丁元素能形成原子比为 1∶1 的化合物；乙为第四周期 d 区元素，其最高正氧化数为+7；丙与乙同周期，并具有相同的正氧化数；丁为所有元素中电负性最大的元素。

(1) 填写下表：

元素	价电子层构型	周期	族	金属或非金属
甲				
乙				
丙				
丁				

(2) 四种元素电负性大小顺序＿＿＿＿＿＿＿＿＿＿＿＿＿＿。

第 10 章　分子的结构与性质

分子是由原子通过某种键合顺序和空间排列而结合在一起的整体，这一键合顺序和空间排列关系称为分子结构，它进一步决定了分子的性质。具有相似的结构或化学键特征的分子，它们的化学性质也是相似的。本章将介绍原子如何形成分子及分子的结构对物质的性质有什么影响。

原子和原子通过强烈的相互作用形成分子，这一强烈相互作用也就是化学键，它包括离子键、金属键和共价键，其中最重要的是共价键。此外分子与分子之间还存在一些相对较弱的作用力，如范德华力、氢键、离子极化作用等，它们影响着物质的一些重要物理化学性质，如熔点、沸点等。本章将主要介绍离子键、现代共价键理论及分子间作用力、氢键、离子极化作用。

10.1　离　子　键

10.1.1　离子键的形成

大自然中存在很多这样的化合物：外观是结晶状的固体，熔点较高，易溶于水，在熔融状态下或在水溶液中能导电，这类化合物中形成的化学键就是离子键。

离子键是指当两个或两个以上原子或基团失去或获得电子而成为离子后，两种带相反电荷离子之间的静电作用。两个带相反电荷的离子从一定距离相互靠近时，会产生静电相互吸引力，但同时它们的电子与电子、原子核与原子核之间又存在着静电排斥作用，当两者接近并处于某一个合适的距离时，它们之间相互的静电吸引和排斥作用会到达一种平衡。此时，这两种带相反电荷离子便形成离子键。离子键的本质就是一种正离子与负离子(或阳离子与阴离子)之间通过静电作用形成的化学键。

离子键通常在金属与非金属原子之间形成。失去电子的往往是金属原子，而获得电子的往往是非金属原子。带有相反电荷的离子因静电作用而相互吸引，从而形成化学键。

1916 年，德国化学家科塞尔(Kossel)提出离子键理论，科塞尔认为离子键的形成主要经历了两个过程：

(1) 当活泼金属原子和活泼非金属原子在一定条件下相遇时，由于双方的电负性相差较大，金属原子可能失去价电子，而非金属原子则从中得到电子，从而发生了原子间的电子转移，这一转移导致金属原子变成带正电荷的正离子，非金属原子变成带负电荷的负离子。

(2) 正负离子之间由于静电库仑作用而相互吸引从而相互接近，但当它们充分接近时，它们的电子云之间及两者原子核之间又会产生静电排斥力。当吸引力和排斥力处于平衡状态时，整个体系的能量降低到最低值，这时正负离子间就形成了稳定的化学键，即离子键。

科塞尔的离子键理论是建立在近代原子分子结构的理论基础之上的，它解释了离子键的产生，阐明了离子键的本质是正负离子之间的静电吸引力。

10.1.2　离子键的特点

与其他化学键，如共价键和非共价相互作用相比，离子键具有一些不同的特点。

(1) 离子键的本质是正负离子的静电吸引力，它与共价键的本质不同，与氢键、范德华力的本质也不相同。

(2) 离子键的作用特点是没有方向性和饱和性。一方面，由于离子是处于球形对称的离子电场中，在空间各个方向均可与其异号电荷的离子相互作用，因此离子键作用是没有方向性的。而另一方面，离子在空间许可的情况下，可以与尽可能多的相反电荷离子进行相互作用，因此离子键作用也是没有饱和性的。这与共价键具有方向性(沿某一特定方向)和饱和性(有确定与之成键的最多个数)是不同的，氢键作用也具有方向性和饱和性。典型离子晶体氯化钠的晶胞结构见图 10-1，它可以帮助我们理解离子键作用无方向性和无饱和性的特点。

(3) 离子键的强度与共价键接近，但远比氢键、范德华力要强。离子键的强度通常用晶格能大小来判断。一般离子晶体的晶格能高达几百甚至上千千焦每摩，这与共价键达几百千焦每摩或者更高的键能相当，但远高于只有几十千焦每摩的氢键或范德华力。由于离子化合物晶格能较大，因此它的硬度较大且具有较高的熔点和沸点。影响离子键的强度(晶格能大小)的主要因素有离子的电荷数和离子半径。一般来说，离子电荷数越大，离子半径越小，离子间核间距越小，晶格能就越大，相应的离子晶体熔点和沸点越高，硬度越大。

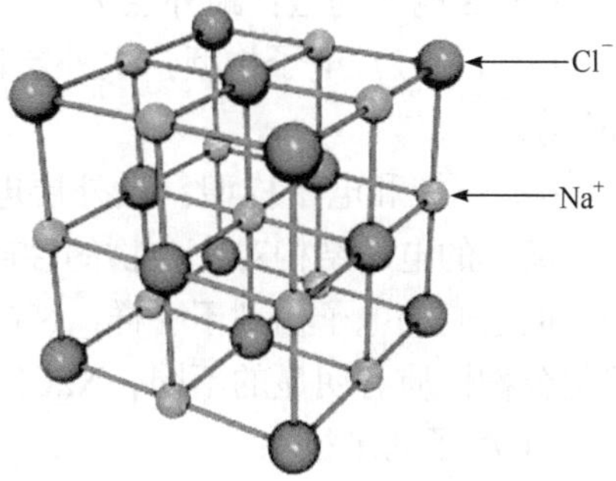

图 10-1　离子晶体氯化钠的晶胞结构

10.1.3　离子的特征和离子晶体

离子有三个重要的特征，即离子的电荷、离子的电子层结构和离子的半径，它们影响了离子的性质和离子键的强度。离子化合物各种状态下(如晶体状态、熔融状态、蒸气状态或溶液中)基本都是以离子形式存在的，离子的三个重要特征是决定离子型化合物的共性和特性的根本原因。

1) 离子的电荷

离子键的形成过程中，正离子的电荷数就是相应原子失去的电子数，而负离子的电荷数就是相应原子得到的电子数。不同的元素原子得失电子不同，形成离子的电荷也不同，而它失去或得到多少个电子与该元素所属族和周期表位置及其电子层构型有关。

一般来说，主族元素失去或得到电子形成 8 电子稳定结构，形成离子的电荷较为确定或单一，如ⅠA族碱金属元素和ⅦA族卤素元素通常会形成正一价阳离子和负一价阴离子。而副族元素则可能存在不同电荷数的离子，如Ⅷ族的铁元素，可形成 Fe^{2+}和 Fe^{3+}。ⅠB 族的铜、银、金三种元素形成的最稳定常见离子电荷各不相同，分别是 Cu^{2+}、Ag^{+}、Au^{3+}。

离子的电荷对离子间的相互作用力影响很大，离子电荷高的离子化合物其熔点和沸点较高，如 CaO 的熔点远高于 KF，前者高达 2590℃，后者仅为 857℃。离子的电荷除了影响离子化合物的物理性质，还影响离子化合物的化学性质。例如，铁形成的 Fe^{2+}和 Fe^{3+}就有明显不同的化学性质：Fe^{3+}在溶液中能跟 SCN^{-}作用生成血红色的 $Fe(SCN)^{2+}$，而 Fe^{2+}则不发生这种反应；Fe^{3+}在水溶液里呈黄色，Fe^{2+}在水溶液里则显浅绿色。此外，离子的电荷还影响离子在溶液的各种性质，如影响溶液的离子强度、溶液的蒸气压等。

2) 离子的电子构型

离子电子构型的形成主要取决于相应原子本身的性质和电子层构型。一般简单的负离子如 F^{-}、Cl^{-}、O^{2-}等最外层都是稳定 8 电子结构，但正离子却情况比较复杂，除 8 电子构型外，还有如下多种构型：

(1) 2 电子构型：最外层为 2 个电子的离子，如 Li^{+}、Be^{2+}等。

(2) 18 电子构型：最外层为 18 个电子的离子，如 Zn^{2+}、Hg^{2+}、Ag^{+}等。

(3) (18+2) 电子构型：次外层为 18 个电子，最外层为 2 个电子的离子，如 Pb^{2+}、Sn^{2+}等。

(4) 不饱和电子构型：最外层电子为 9～17 个不饱和结构离子，如 Ni^{2+}、Fe^{2+}等。

离子的电子结构对化合物的性质也有一定的影响，如 Na 和 Ag 均形成正一价的离子，但它们的电子构型不一样，Na^{+}为 8 电子构型的离子，Ag^{+}则为 18 电子构型，它们的化合物性质有明显的不同，NaCl 易溶于水，AgCl 则难溶于水。

3) 离子的半径

离子的半径是离子的重要性质之一，它可以通过X射线衍射法测定两个相邻离子之间平衡距离即核间距得到。核间距可以看作是这两个相邻离子的离子半径之和。

离子半径存在如下的一些变化规律：

(1) 同一元素形成的不同电荷的正离子，高价离子的半径小于低价离子的半径。

(2) 同一元素正离子半径小于它的原子半径，而负离子半径则大于其原子的半径。正离子半径相对较小，一般范围在 10～170pm；负离子的半径一般较大，在 130～250pm。

(3) 周期表同一主族元素中，从上到下具有相同电荷数的同族离子半径依次增大。

(4) 周期表同一周期中，从左到右，主族元素正离子电荷增加，其半径减小。

离子半径是决定离子间引力大小的重要因素，它显著地影响了离子键的强弱，因而对离子化合物的各种性质也有明显的影响。离子半径越小，则离子间的引力越大，其相应的化合物熔点、沸点就越高。离子化合物很多是以晶体形态出现的，这种以正负离子通过离子键形成的晶体，统称为离子晶体。

离子晶体具有如下的一些特点：

(1) 离子晶体中不存在单个分子。

(2) 导电性：在水溶液中或熔融态时能导电。

(3) 熔点、沸点较高：正负离子间的静电作用力较强。

(4) 硬度大，但延展性差：受外力冲击时，易发生错位。

离子晶体具有较大的硬度，但比较脆且延展性较差，这是因为当晶体受到冲击力时各层离子会发生错位，吸引力被大大减弱，所以易破碎。

离子晶体在熔融状态或在水溶液中都具有良好的导电性，但在固体状态时则基本不导电，这是因为离子被限制在晶格的一定位置上振动。

离子晶体中正负离子在空间呈现有规则的排列，且排列具有周期重复性，从而形成不同的空间结构。离子晶体的结构可以用X射线衍射法分析测定，它的类型多种多样。例如，按化学式分类，可分为 AB 型、AB_2 型和 A_2B_3 型。其中 AB 型中又有 NaCl 型、CsCl 型、闪锌矿型和纤锌矿型 4 种基本结构类型；AB_2 型中则有 CaF_2 型和金红石(TiO_2)型两种基本结构类型；A_2B_3 型中则有刚玉(α-Al_2O_3)型。最典型的离子晶体结构是 NaCl 型，自然界有几百种化合物都属于此种结构。

10.2　现代共价键理论

与离子键、金属键相比，分子中的共价键更为常见和重要。而共价键也具有不同于离子键和金属键的一些特点，如具有方向性和饱和性。本节将介绍现代共价键的相关理论知识，包括价键理论、杂化轨道理论、价层电子对互斥理论、分子轨道理论等。通过对这些理论的学习和了解，将更好和更深入地理解共价键。

10.2.1　价键理论

1916 年，路易斯首次提出了共价键理论用来解释分子的形成，他认为分子中每个原子都具有类似稀有气体原子的电子结构，这种电子结构的形成不是像离子键那样通过电子的转移形成，而是通过原子间电子对的共用来形成。路易斯的共价键理论揭示了共价键和离子键的区别，但它并不能揭示出共价键使原子结合成分子的本质。而解决这一问题的是德国化学家海特勒(Heitler)和伦敦(London)。在 1927 年，他们将量子力学应用处理氢分子问题并进行推广从而建立了价键理论。

海特勒和伦敦用量子力学处理氢原子形成氢分子时得到了氢分子的能量(E)和核间距离(R)的关系曲线见图 10-2。两个氢原子相互靠近会存在两种状态：当两个氢原子的成单电子处于自旋方向相反的时候，分子处于能量较低的状态(基态)，距离由远至近时，能量不断降低，且整个分子的能量低于两个单独氢原子能量之和。核间距离达到一个平衡位置时，氢分子的能量处于最低值，越过此平衡位置，氢原子之间产生斥力，能量上升；当两个氢原子的成单电子处于自旋方向相同时，分子处于能量较高的状态(推斥态)，距离由远至近时，能量一直上升，且整个分子的能量高于两个单独氢原子能量之和。对基态而言：两个氢原子的轨道相互重叠，核间电子云密集形成一负电区，体系能量发生降低。理论计算当两个原子核之间距离达到 0.87Å(实验测定值为 0.74Å)时原子轨道重叠最大，系统能量最低，此时形成稳定的氢分子。而对于推斥态，当两原子核相互接近时，由于两成单电子自旋方向平行，两原子轨道重叠的波函数相减，出现在核间的电子的概率密度几乎为零，体系的能量很高，不能形成稳定的分子。海特勒和伦敦以稳定氢分子的形成为例，揭示了共价键的本质实际是原子自旋方向相反的电子发生配对形成负电区与原子核之间形成的静电引力。

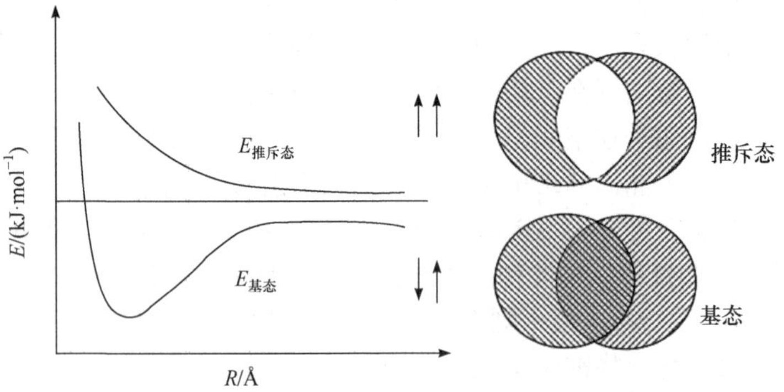

图 10-2　氢分子势能曲线和氢分子的两种状态

价键理论的基本要点如下：

(1) 电子配对原理：具有自旋反向的未成对电子的原子接近时，通过原子轨道的重叠而形成共价键。两原子没有成单电子不能形成共价键；当一个电子与另一个自旋反向的电子配对成键后，不能再与第三个电子配对成键。

(2) 共价键的饱和性：每个原子能形成共价键的数目是一定的，且取决于该原子的成单电子数。例如，氢原子和卤素原子只有一个单电子，一般只能形一个共价键。氧原子和氮原子分别有两个和三个单电子，则可分别形成两个和三个共价键。

(3) 共价键的方向性：共价键具有方向性，导致形成的分子具有特定的键角。它的方向性的产生是由于原子轨道的重叠具有方向性。原子轨道重叠总是按最大化程度的重叠进行，这也称为原子轨道最大重叠原理。原子轨道之间重叠程度越大，两个原核间的出现电子的概率越大，共价键越牢固。原子轨道中除了 s 轨道是球形对称，没有方向性，其他的 p、d、f 轨道均有一定的空间取向，故形成共价键时原子轨道应尽量沿其轨道的伸展方向进行重叠，这就是共价键的方向性。

(4) 共价键的类型：由于原子轨道重叠的不同，可形成不同类型的共价键，其中最常见的有两种类型：σ 键和 π 键。如图 10-3 所示，按最大重叠原则，当两个原子轨道沿键轴(成键两原子的原子核中心连线)方向以“头碰头”的方式进行重叠时所形成的共价键为 σ 键；而当两个原子轨道按沿键轴方向以“肩并肩”的方式重叠所形成的共价键为 π 键。这两种共价键由于重叠方式的不同，因而性质有差别。σ 键轨道重叠部分沿键轴呈圆柱形对称，只向一个方向进行轨道重叠，这种重叠方式的特点使得 σ 键轨道的重叠程度大，键能大且不易参加反应。π 键的轨道重叠则沿键轴的节面呈平面对称且轨道沿多个方向重叠，这使得其轨道重叠程度小且形成节面，能量较高键能小易发生反应。常见的 σ 键可由 s 与 s、s 与 p_x、p_x 与 p_x 轨道形成。而 π 键则可由 p_z 与 p_z 轨道形成(此时键轴方向为 p_x 方向)。

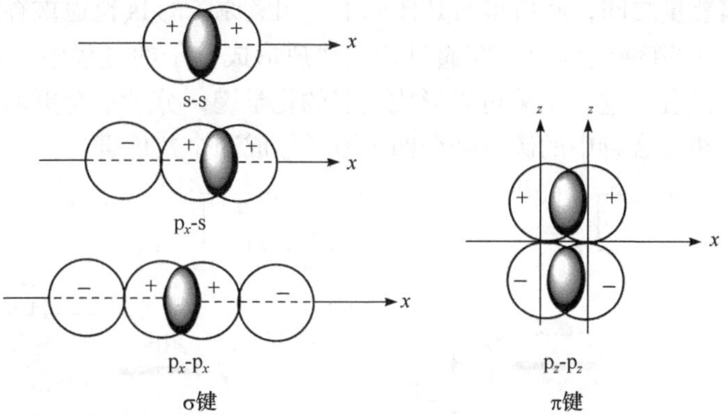

图 10-3　常见的 σ 键和 π 键

(5) 共价键的本质：共价键结合力的本质是两个原子核与配对共用电子对核间负电区之间的吸引力，它完全不同于离子键的正负离子库仑吸引力。这种吸引力的大小与原子轨道重叠的数量、重叠程度、重叠方式和重叠方向等有关。

价键理论不仅成功地揭示了共价键的本质，还圆满地解释了共价键具有方向性和饱和性的原因。但是需要指出的是：价键理论也存在不少局限，如处理大分子体系较为困难、不能解释氧气分子顺磁性问题。此外，对于一些特殊的键，如单电子键、三电子键、多中心多电子键等无法处理。由于这些局限，价键理论的应用受到了限制，基于这些问题，科学家们发展了分子轨道理论，具体内容将在下面小节中的分子轨道理论中进行介绍。

10.2.2　杂化轨道理论

价键理论揭示了共价键的形成和本质，并成功地解释了共价键的方向性和饱和性。但在解释碳的四价和分子的空间结构却碰到了困难。碳原子只有两个成单电子，按照价键理论只能形成两个共价键，然而有机物中的碳可形成四个共价键，如甲烷 CH_4 和乙烷 C_2H_6。而甲烷的四面体结构，四个氢原子占据四面体的四个顶点，四个碳氢键完全等同，这也无法用价键轨道理论进行解释。为了解决这些问题，1931 年，鲍林在价键理论的基础上提出了杂化轨道理论，很好地解释了分子的空间构型，从而发展和完善了价键理论。杂化轨道理论取得了很大的成功，在有机化学中得到广泛应用，至今它仍有效地应用于解释有机化合物结构。下面就杂化轨道理论的概念、基本要点、杂化轨道的类型进行一一介绍。

1) 杂化和杂化轨道的概念

杂化是指当形成分子时，同一原子中能量相近的一些原子轨道受环境的影响进行重新组合成新的轨道，这一轨道混合并重新组合的过程称为杂化，而经杂化过程形成的新原子轨道称为杂化轨道。如图 10-4 所示，碳原子中自旋平行向下的 2s 电子可以被激发到 2p 空轨道上且自旋方向变为平行向上(平行向上遵循洪德规则可以能量更低)。发生激发后，1 个 2s 轨道和 3 个 2p 轨道发生杂化，形成新的 4 个能量相等的轨道，这 4 个轨道根据它混合的 4 个轨道特点可命名为 sp^3 杂化轨道。新形成的杂化轨道能量位于原 2s 轨道和 2p 轨道能量之间，然后可与其他原子，如氢原子的 1s 轨道重叠成键，从而形成 CH_4 分子。杂化轨道理论认为：在通过杂化轨道形成分子的过程中，需经历激发、杂化、轨道重叠的过程，这一结果可以形成更多的化学键，分子也会更加稳定。这很好地解释了为什么有机化合物中的碳可结合四个原子形成四个共价键。

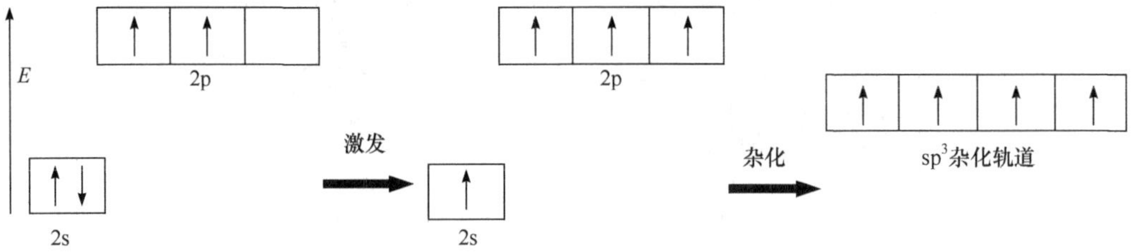

图 10-4　碳原子的 sp^3 杂化过程

2) 杂化轨道理论的基本要点

在原子形成分子的过程中，同一原子中能量相近的若干不同类型的原子轨道可以相互混合叠加，重新组合形成等能量完全相同的一种“混合”原子轨道，这一重新组合成的新原子轨道称为杂化轨道；通过杂化过程形成分子的过程需要经过激发、杂化、轨道重叠成键的三个步骤。首先形成杂化轨道的原子受其他原子的影响，电子从一种原子轨道激发到另一原子轨道形成更多的成单电子，随后原子轨道进行杂化，重新组合形成能量相等的杂化原子轨道。最后杂化轨道与其他原子的轨道重叠形成 σ 键；形成杂化轨道的不同原子轨道需要能量相近才能发生杂化；发生杂化后轨道的数目不变，但成单电子数增加，可以形成更多的化学键。此外需要说的明的是：原子轨道的杂化过程中，能量升高，当形成分子时因形成更多的化学键可以弥补这一能量的升高，故杂化可以发生，但不形成分子时，孤立的原子杂化能量是不利的，杂化不能发生。因此，杂化只发生在分子形成过程中，单个原子不发生杂化。

3) 杂化轨道的类型

杂化轨道所组合原子轨道的种类和数量不同，可形成不同类型的杂化轨道，并形成相应的分子空间构型。常见的杂化轨道有 sp、sp^2、sp^3 这三种，图 10-5 展示了这三种杂化轨道及其典型代表分子。

(1) sp 杂化轨道：同一原子的 1 个 ns 轨道和 1 个 np 轨道组合形成的杂化轨道称为 sp 杂化轨道，它的特点是每个杂化轨道含有 1/2 的 s 成分和 1/2 的 p 成分。sp 杂化轨道间的夹角为 180°，所形成的分子是一种直线形的构型。形成 sp 杂化轨道的典型代表分子有 $BeCl_2$，其空间结构是直线形。除 $BeCl_2$ 外，形成 sp 杂化轨道的典型代表分子还有 $HgCl_2$ 和 C_2H_2 等。

(2) sp^2 杂化轨道：同一原子的 1 个 ns 轨道和 2 个 np 轨道组合形成的杂化轨道称为 sp^2 杂化轨道，它的特点是每个杂化轨道含有 1/3 的 s 成分和 2/3 的 p 成分。sp^2 杂化轨道间的夹角为 120°，呈平面三角形，所形成的分子具有平面三角形的结构。形成 sp^2 杂化轨道的

典型代表分子有 BF_3。硼原子的电子结构是 $1s^2 2s^2 2p_x^1$，2s 轨道上的 1 个电子可以激发到 2p 轨道上，电子结构变为 $1s^2 2s^2 2p_x^1 2p_y^1$，通过杂化可以形成 3 个能量相等的 sp^2 杂化轨道，再与 3 个氟原子的 p 轨道重叠形成 3 个相同的 σ 键，由于 3 个 sp^2 杂化轨道处于同一平面，相互间的夹角为 120°，所形成的 BF_3 分子具有平面三角形的结构。除 BF_3 外，形成 sp^2 杂化轨道的典型代表分子还有 BCl_3。有机化合物中的苯和乙烯分子中也形成 sp^2 杂化轨道。

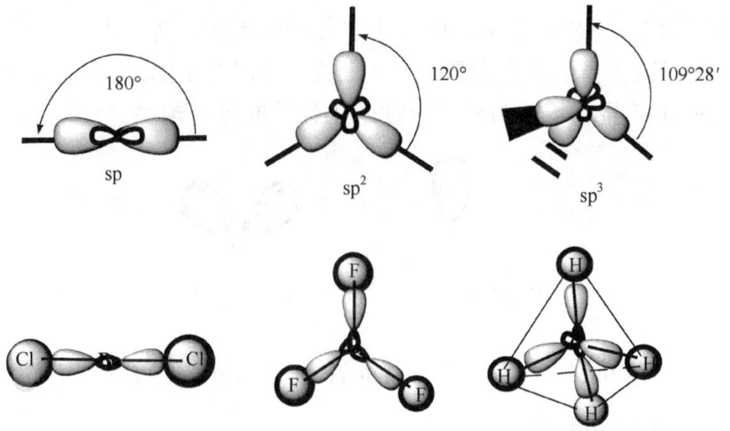

图 10-5　三种常见杂化轨道及其典型代表分子

(3) sp^3 杂化：同一原子的 1 个 *n*s 轨道和 3 个 *n*p 轨道组合形成的 4 个相对的轨道称为 sp^3 杂化轨道，它的特点是每个杂化轨道含有 1/4 的 s 成分和 3/4 的 p 成分。sp^3 杂化轨道间的夹角为 109°28′，4 个 sp^3 杂化轨道分别指向正四面体的 4 个顶角，一般情况下，相应的空间构型为正四面体构型。CH_4 是形成 sp^3 杂化轨道的比较典型的代表分子之一。在 CH_4 分子中，C 原子中 2s 轨道上的 1 个电子激发到 2p 轨道后组合形成 4 个相同的 sp^3 杂化轨道，然后这 4 个杂化轨道与 4 个氢原子的 s 轨道发生重叠形成 CH_4 分子，并形成正四面体的空间结构，这一结果与实验测定完全一致。

除这三种常见的杂化轨道外，还有 sp^3d (或 dsp^3)和 sp^3d^2 (或 d^2sp^3)杂化轨道。sp^3d 杂化轨道是由 1 个 *n*s 轨道、3 个 *n*p 和 1 个 *n*d 轨道组合而成，轨道间夹角为 90°或 180°，分子空间构型为三角双锥，典型代表分子有 PCl_5。而 sp^3d^2 杂化轨道则由 1 个 *n*s 轨道、3 个 *n*p 和 2 个 *n*d 轨道组合而成，轨道间夹角也为 90°或 180°，分子空间构型为八面体，典型代表分子有 SF_6。

上面所介绍的杂化轨道也称为等性杂化轨道，形成的杂化轨道都是等同的，不仅能量相等且原子轨道成分完全相同。但也有一些分子所形成的杂化轨道中各杂化轨道的原子轨道成分有所不同，这种轨道称为不等性杂化。例如，H_2O 和 NH_3 分子中 O 原子和 N 原子形成的杂化轨道就是不等性 sp^3 杂化。水分子中 O 原子的电子组态为 $2s^2 2p^2$，O 的 2s 和 2p 轨道线性组合成 4 个 sp^3 杂化轨道，其中 2 个 sp^3 杂化轨道填充两对孤对电子，另外 2 个 sp^3 杂化轨道各有 1 个电子，分别与 H 原子 s 轨道重叠成键。填充孤对电

子的 sp^3 杂化轨道比另外 2 个 sp^3 杂化轨道离 C 原子近、s 成分较多，所以 H_2O 中的 O 采取了不等性 sp^3 杂化。而 NH_3 分子中 N 中填充一对孤对电子的 sp^3 杂化轨道比另外的 3 个 sp^3 杂化轨道离 N 原子近、s 成分较多，所以 N 也采取不等性 sp^3 杂化。不等性杂化的一个结果是分子的键角偏离了相应等性杂化的标准键角，它们的分子构型分别为角形和三角锥形。故水分子的键角不是 109°28′而是 104.5°，这是孤对电子对成键电子的排斥而使键角变小。氨分子因为只有一对孤对电子，孤对电子对成键电子的排斥力小，其键角小于标准 sp^3 杂化键角，但大于水分子的键角，为 107.3°。杂化轨道的不等性杂化概念可较好地解释水分子和氨分子的键角，如果它们没有发生杂化，则较难解释其空间构型。图 10-6 显示了这两种不等性杂化分子的分子构型。

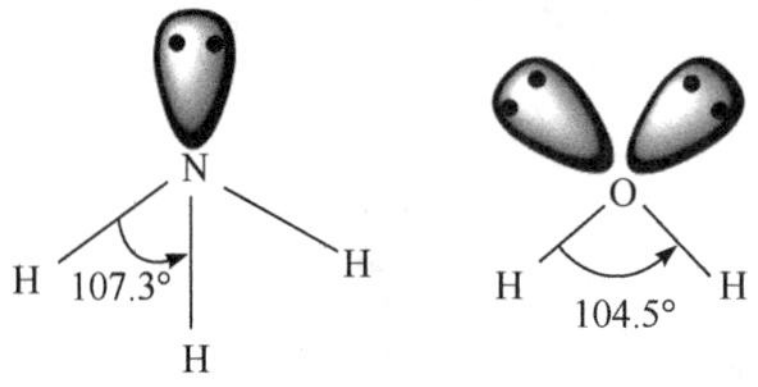

图 10-6　形成不等性 sp^3 杂化氨分子和水分子的空间构型

10.2.3　价层电子对互斥理论

杂化轨道理论很好地解释不少分子的空间构型，但对第三周期以后一些元素形成的分子中，有些情况下采用何种杂化轨道类型难以确定，无法预见其分子的空间构型。而价层电子对互斥理论(valence shell electron pair repulsion，VSEPR)正是一种为预测单个共价分子空间构型而发展起来的一种相对简单有效的理论方法。

VSEPR 理论的基本要点如下：

(1) 多原子分子 AB_n 的空间构型主要取决于中心原子 A 价电子层中电子对(包括成键电子对 BP 和非键孤对电子对 LP)的相互排斥作用，分子的空间构型总是采取电子对相互排斥力最小的结构。例如，BeH_2 分子有两对成键电子对，只有当这两对成键电子处于 Be 原子核的两侧，BeH_2 分子采取直线形的空间构型，才能使它们之间的斥力最小。

(2) 决定分子几何形状的主要因素是价层电子对的数目和类型，分子的几何构型与价层电子对数目和类型的关系如表 10-1 所示。

表 10-1　VSEPR 理论中心原子 A 价层电子对排布与分子几何构型的对应关系

价层电子对数	成键电子对数	孤对电子对数	分子类型	中心原子 A 价层电子对排列方式	分子几何构型	分子实例
2	2	0	AB_2	:——A——:	直线形	BeH_2、$HgCl_2$、CO_2
3	3	0	AB_3		平面三角形	BF_3、BCl_3

续表

价层电子对数	成键电子对数	孤对电子对数	分子类型	中心原子 A 价层电子对排列方式	分子几何构型	分子实例
3	2	1	AB_2	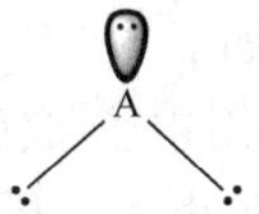	角形	$SnCl_2$、$PbCl_2$
4	4	0	AB_4	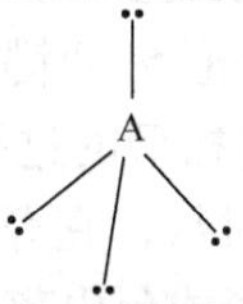	四面体	CH_4、SiH_4
	3	1	AB_3	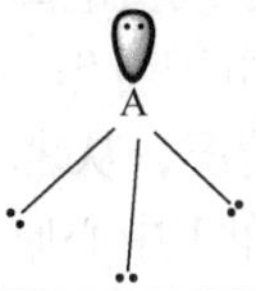	三角锥形	NH_3、NF_3
	2	2	AB_2	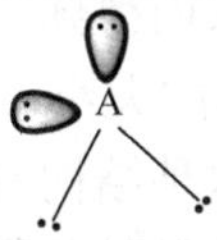	V 形	H_2O、H_2S
5	5	0	AB_5	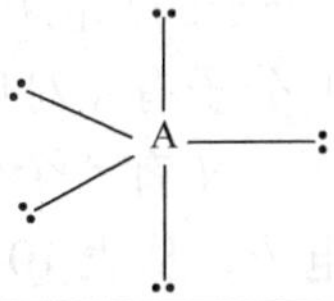	三角双锥	PCl_5
	3	2	AB_3	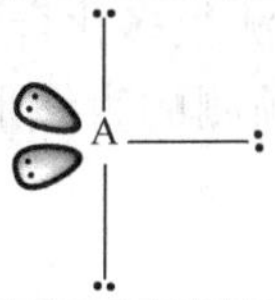	T 形	ClF_3
6	6	0	AB_6	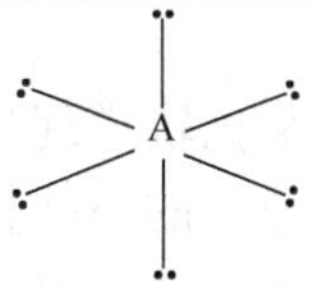	八面体	SF_6
	5	1	AB_5	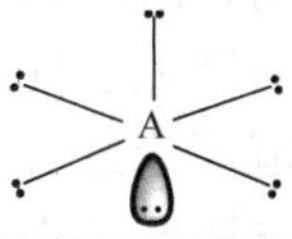	四角锥形	IF_5
	4	2	AB_4	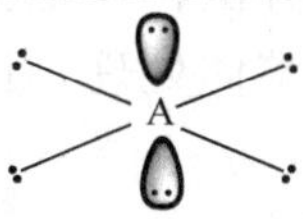	平面正方形	XeF_4

(3) 价层电子对相互排斥作用大小取决于价层电子对之间的夹角和电子对的成键情况。一般规律如下：

(i) 价层电子对之间夹角越小排斥力越大。

(ii) 不同的价层电子对由于电子云差异，相互之间的排斥力大小存在差别。孤对电子对的电子云较“肥大”，排斥力较大。成键电子对电子云较紧缩，排斥力相对小一些。价层电子对之间斥力大小顺序如下：

孤对电子-孤对电子 > 孤对电子-成键电子对 > 成键电子对-成键电子对

(iii) 多重键比单键包含的电子数更多，其排斥力大小的顺序如下：

三键-三键 > 三键-双键 > 双键-双键 > 双键-单键 > 单键-单键

使用 VSEPR 法来预测分子空间构型的过程如下：

(1) 确定中心原子 A 的价电子对数，它等于中心原子价电子数和与之成键 B 原子供给的电子数总和除以 2。若是正离子或负电离子还需要减去或增加 1 个电子得到价电子总数。若出现奇数个电子，可将单电子看作一个电子对。

(2) 根据中心原子价电子对数情况，从表 10-1 中找到对应的理想几何构型。

(3) 由几何构型，将 B 原子排布于中心原子 A 周围，之间形成的为成键电子对，余下未结合的电子对则为孤对电子。从而得到一种或几种可能的分子几何构型。

(4) 根据电子对之间相互排斥力的大小，确定排斥力最小的分子几何构型作为该分子的空间构型，必要时还可以估计这种结构偏离理想几何构型的偏离程度。

使用 VSEPR 法，可判断一些分子的几何构型。例如，CCl_4 中 C 有 4 个价电子，4 个 Cl 原子提供 4 个电子，因而此分子有 4 对价电子，从表 10-1 中可找到对应的几何构型为正四面体。又如，NO_2 分子，N 有 5 个价电子，2 个 O 原子提供 2 个电子，可看作两对成键电子对和一个孤对电子，从表 10-1 中可找到对应的几何构型为角形。

价层电子对互斥理论能准确预测很多化合物分子的几何构型，但也有少量化合物判断不准，如 CaF_2 是弯曲形而不是预测的直线形。此外，它也不太适用于过渡金属化合物的预测。

10.2.4 分子轨道理论

前面分别介绍了价键理论、杂化轨道理论和价层电子对互斥理论，这些理论能直观简明地说明共价键的形成和分子的空间构型，但它们将形成共价键的电子局限于成键两个原子之间的小区域运动，缺乏对分子整体的考虑，同时对于单电子键、三电子键或多中心多电子键这类问题无法处理，此外对于氧气分子的磁性也不能解释。而这些问题可以通过分子轨道理论进行解决。分子轨道理论是现今量子化学中应用最为广泛的一种化学键理论方法，注重分子的整体性，认为分子中的电子围绕整个分子运动，将分子作为一个整体处理，比较全面地反映了分子内部电子的各种运动状态。

分子轨道理论的基本要点主要有:

(1) 分子中的电子不再从属于某个特定的原子，而是在遍及整个分子空间范围内运动。在分子中每个电子的运动状态可用波函数 ψ 来进行描述，这个波函数称为分子轨道(molecular orbital，MO)。

(2) 分子轨道由原子轨道线性组合得到，新组合的分子轨道数目和进行组合的原子轨道数目相等，如 2 个氢原子形成氢分子，2 个氢原子的 2 个 s 轨道组合成氢分子的 2 个 MO。

(3) 原子轨道组合成分子轨道后能量发生变化，如图 10-7 所示，新形成的分子轨道比原来原子轨道能级低称为成键分子轨道(MO)；而比原来原子轨道能级高则称为反键分子轨道(MO^*)；能级与原来原子轨道相等的分子轨道则称为非键轨道。成键轨道经原子轨道相加重叠，经符号相同的波函数叠加，两核间电子的概率密度增大，能量较原来的原子轨道降低；反键轨道则由原子轨道相减重叠，由正负符号不同的波函数叠加后，两核间电子的概率密度很小，能量较原来的原子轨道升高。而根据原子重叠类型的不同，一般分子轨道可分为 σ、π 型。原子轨道“头碰头”重叠形成的分布称为 σ 成键轨道和 σ^* 反键轨道，通过键轴“肩并肩”和“面对面”重叠形成的分布称为 π 轨道和 δ 轨道。图 10-7 显示了几种常见的 σ、π 成键和反键轨道。例如，2s 轨道形成的 σ 成键轨道和 σ 反键轨道，可分别用 σ_{2s} 和 σ_{2s}^* 来表示。

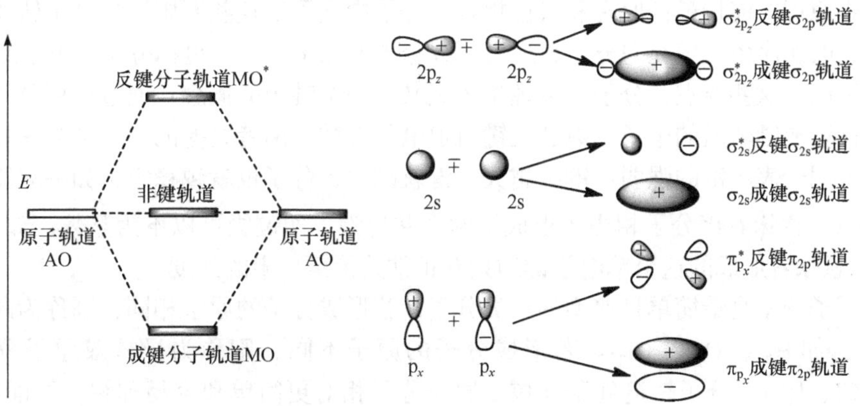

图 10-7　原子轨道组合分子轨道能级示意图

(4) 原子轨道线性组合成分子轨道需要满足下列三条原则：

(i) 能量近似原则：组合分子轨道的原子轨道之间需要能量相近才能组成有效的分子轨道，原子轨道之间能量越相近越好。例如，H 原子的 1s 轨道和 Cl 原子的 3p 轨道能量为分别为 $-1318kJ \cdot mol^{-1}$ 和 $-1259kJ \cdot mol^{-1}$ 较为相近，可组合成分子轨道，而 Na 原子的 3s 轨道能量为 $-502kJ \cdot mol^{-1}$，Na 和 Cl 不能组合成分子轨道形成共价键，只能形成离子键。

(ii) 最大重叠原则：原子轨道组合成分子轨道时，重叠程度最大，成键轨道能量下降越多，形成的键越牢固，成键应按最大可能重叠的方向进行。

(iii) 对称性原则：组合成分子轨道的原子轨道必须对称性一致，只有对称性匹配的原子轨道才能组合成分子轨道，这称为对称性原则。当满足对称性原则时，原子轨道之间重叠部分的正负号相同，波函数得到叠加，这样轨道能量才可能下降，形成有利的成键轨道。而如果不满足对称性原则，由于对称性不同，原子轨道重叠有叠加也有抵消，这样体系能量不发生变化，组合得到的分子轨道就是非键分子轨道，没有发生成键。图 10-8 列出了一些满足对称性原则的原子轨道组合及非键组合的原子轨道。

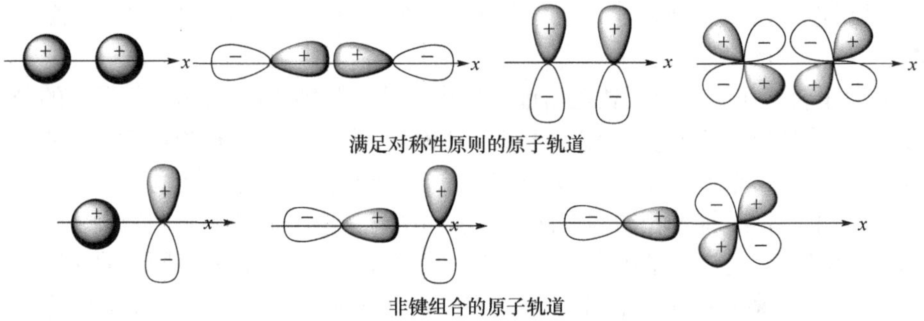

图 10-8　一些满足对称性原则的原子轨道组合及非键组合的原子轨道

在这三条原则中，对称性原则最为重要，它决定着原子轨道是否能组合成分子轨道。而能量近似原则和轨道最大重叠原则决定组合分子轨道的效率。

(5) 分子中的电子在填充分子轨道时仍遵循原子轨道电子排布的原则，即需满足泡利不相容原理、能量最低原理和洪德规则。分子中电子依这些原则，按分子轨道的能量由低到高的次序依次填充完分子轨道后形成分子的电子结构，也称分子的电子组态。

除了以上这些要点，分子轨道理论还定义了一个键级的概念：通过根据分子的电子结构，计算成键轨道的电子总数和反键轨道电子总数，两者之差的一半称为键级。键级的大小可用于表示键的强弱：键级越大，键就越强，分子也就越稳定，如一双原子分子键级为 2，意味着该分子相当于形成了两个共价键。而键级可以不为整数，如 H_2^+ 键级为 0.5，意味着形成的这个单电子键约只有正常共价键一半的强度。

双原子分子是最简单且典型的一类分子，若形成分子的原子相同，则称为同核双原子分子，如 H_2、O_2、Cl_2。若形成分子的原子不同，则称为异核双原子分子，如 HF、HCl、HBr。分子轨道处于同核双原子分子相对更简单和容易理解。下面以 H_2、H_2^+、He_2^+、O_2 和 N_2 等一些同核双原子分子为例来学习分子轨道理论的应用。

如图 10-9 所示，H_2 分子由两个氢原子的1s 原子轨道组成两个分子轨道 σ_{1s} 和 σ_{1s}^*，两个电子按泡利不相容原理和能量最低原理填充在 σ_{1s} 轨道，其电子组态可以写为 σ_{1s}^2，它的键级等于 1，意味着形成了一个 σ 键， 其总自旋量子数 $S=0$，自旋多重度为 1，称此分子处于单重态(singlet)。由于无成单电子，氢分子具有抗磁性。H_2^+ 分子相当于在 H_2 分子基础上失去了一个电子，它的分子轨道和 H_2 分子类似，但只有一个电子填充在 σ_{1s} 轨道，其电子组态为 σ_{1s}^1，其键级为 0.5，相当于半个强度氢的氢键，所形成键是一个单电子 σ 键，这是价键理论中所没有的。其分子中有 1 个自旋未配对电子，故其自旋量子数 $S=n/2=1/2$ (n 是分子中的成单电子数)，自旋多重度为 $2S+1=2$，称此分子处于二重态(doublet)。He_2^+ 分子有三个电子，同样可按泡利不相容原理和能量最低原理由低到高填充分子轨道，填充后得到的电子组态为 $\sigma_{1s}^2\sigma_{1s}^{*1}$。这里形成的是一个特殊的三电子键，其键级也为 0.5，自旋多重度为 $1/2$。由于存在成单电子，因此 H_2^+ 和 He_2^+ 分子的磁性均为顺磁性。

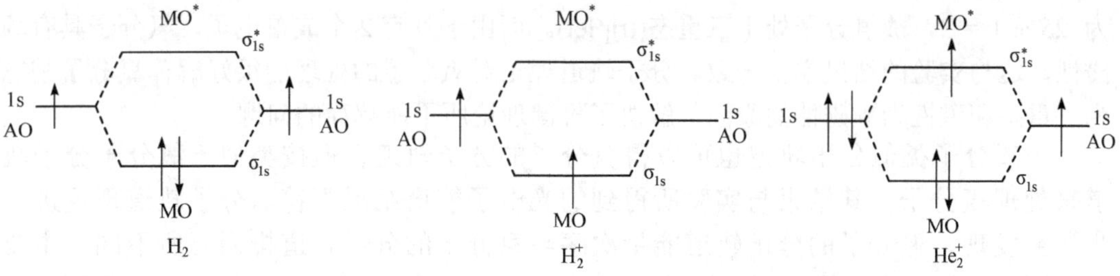

图 10-9　H_2、H_2^+、He_2^+ 分子的分子轨道示意图

O_2 分子和 N_2 分子是第二周期最具代表性的两个同核双原子分子。图 10-10 显示了这两个分子的分子轨道能级示意图。由图 10-10 可知，氧分子通过氧原子的原子轨道组合重叠，形成了一系列能量由低到高的分子轨道，按照两个原理和洪德规则，氧分子的 16 个电子可以按能量由低到高的次序填充到各个分子轨道上，从而可以得到 O_2 分子的电子组态为

$$\sigma_{1s}^2\sigma_{1s}^{*2}\sigma_{2s}^2\sigma_{2s}^{*2}\sigma_{2p_z}^2\left(\pi_{2p_x}^2,\pi_{2p_y}^2\right)\left(\pi_{2p_x}^{*1},\pi_{2p_y}^{*1}\right)$$

在此电子组态的表达式中，从左到右，能量依次升高，其中 π_{2p_x} 和 π_{2p_y} 轨道能量相等，用圆括号并列表示能量相等。而最后两个电子按洪德规则分别以自旋平行向上方向占据简并的 $\pi_{2p_x}^*$ 和 $\pi_{2p_y}^*$ 轨道。根据 O_2 分子的电子组态可以计算分子的键级和确定其磁性。氧分子键级为 $(10-6)/2=2$，共形成 1 个 σ 键和 2 个三电子 π 键，其成键强度相当于 2 个共价键。氧分子中有 2 个成单电子，故其总自旋量子数 $S=n/2=1$，自旋多重度

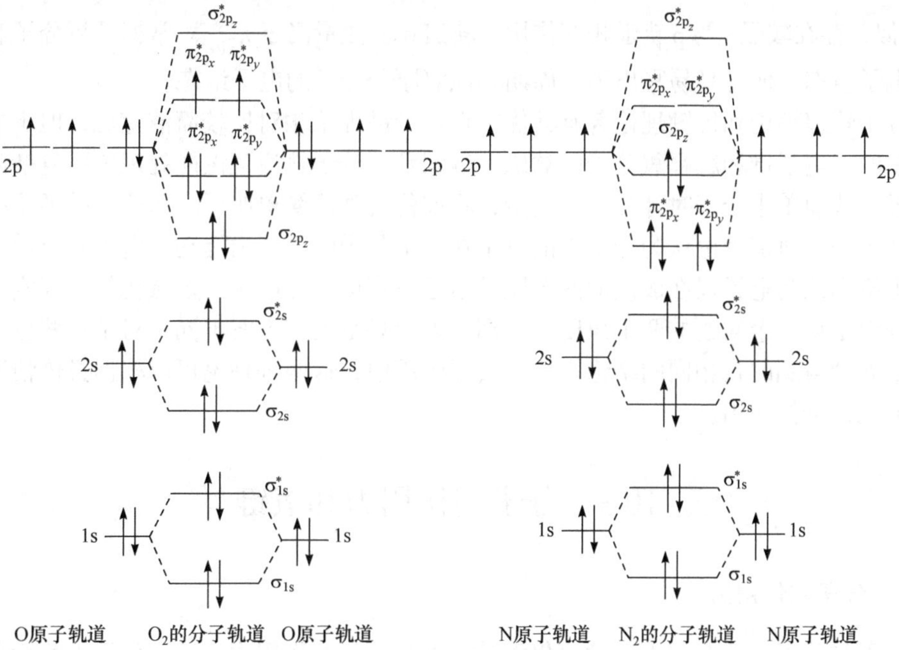

图 10-10　O_2 和 N_2 分子轨道能级示意图

为 $2S+1=3$，故氧分子处于三重态(triplet)。而由于具有 2 个成单电子，氧分子具有顺磁性，这与实验的结果完全一致。分子轨道理论对氧分子的处理能很好解释氧分子基态为三重态和磁性为顺磁性的原因，解决了价键理论所不能解释的问题。

按氧分子类似分子轨道也可以得氮分子的分子轨道，但按类似于氧分子分子轨道来处理氮分子，其结果与实验所得到的光电子能谱结果不符。分子轨道理论进一步研究发现，氮分子的分子轨道能量次序与氧分子的分子轨道排列有所不同，主要的差别在于氮分子在组合原子轨道中 2s 轨道与 2p 有较强的相互作用，这一作用导致在氮分子中，σ_{2p_z} 轨道能量高于 π_{2p_x} 和 π_{2p_y} 轨道，由此最终可得到正确的 N_2 分子电子组态为

$$\sigma_{1s}^2\sigma_{1s}^{*2}\sigma_{2s}^2\sigma_{2s}^{*2}\left(\pi_{2p_x}^2,\pi_{2p_y}^2\right)\sigma_{2p_z}^2$$

由此电子组态可计算出氮分子键级为 3，共形成 1 个 σ 键和 2 个 π 键。自旋量子数 $S=n/2=0$，自旋多重度为 $2S+1=1$，氮分子处于单重态，分子的磁性为抗磁性。由于氮分子的键级高，分子很稳定，要使氮分子变为氮的其他化合物需要很高的能量才能破坏氮氮三重键，因此虽然氮气分子是空气的主要成分，却很难被转换为氮的其他形式而被利用。

比较氧分子和氮分子的电子组态，它们主要差别在于分子中 σ_{2p_z} 轨道与 π_{2p_x} 和 π_{2p_y} 轨道能量次序相反，产生这一差别的原因是氮分子中有 2s 轨道与 2p 的强相互作用，而氧分子中这一作用很弱可以忽略。在第二周期的其他元素形成的双原子分子，F_2 的电子组态与 O_2 电子组态类似，也是轨道 π_{2p_x} 能量高于 σ_{2p_z}；但 Li_2、Be_2、B_2、C_2 与 N_2 相似，存在较强 s 与 p 轨道相互作用，轨道 σ_{2p_z} 能量高于 π_{2p_x}。掌握了氧分子和氮分子的电子组态，便可轻易写出第二周期其他双原子分子的电子组态。

分子轨道理论和价键理论各有其优缺点。价键理论相对比较简洁直观，但不能处理更复杂的三电子键和解释氧分子的顺磁性等问题。分子轨道理论能处理这些复杂问题，但处理一些简单小分子时计算过于复杂，不如价键理论简单明了。而这两种理论的主要区别在于分子轨道理论认为分子中的电子在整个分子的范围内运动，电子是离域化的。价键理论则认为电子仅在成键的两个原子附近范围运动，电子是定域化的。事实上，这两个理论是从一个问题的两个角度去分别处理，只是处理方案不同，对于一些分子，其实最后处理得到的是相同的结论。故在实际应用中，这两种理论可以根据具体情况进行互相补充，选择使用。

10.3　分子间作用力和氢键

10.3.1　分子间作用力

分子与分子之间存在着一种比化学键弱得多的相互作用力，这一作用力称为分子间作用力，也称范德华力。1873 年，范德华发现实际气体的行为偏离理想气体。他提出

用范德华气体方程式来进行修正，方程中的修正项与分子间作用力有关。后来人们就将这种分子间作用力称为范德华力。

范德华力比化学键弱很多，也称为次级键，虽然它比化学键弱很多，但是却有非常重要的作用，影响物质的熔点、沸点、溶解度等重要性质。一般来说范德华力越大，其熔点、沸点越高。范德华力是一种较弱的分子间吸引力，其强度不仅弱于共价键也弱于氢键，它的强度一般只有几个千焦每摩。与共价键和氢键作用特点相比，范德华力没有方向性和饱和性。

范德华力的产生与分子的极性有关。分子的极性是分子中电荷分布的一种性质，若分子的电荷分布均匀，则分子是非极性的。反之若分子电荷分布不均匀，则分子是极性的。具体而言，分子中存在一个正电荷中心和一个负电荷中心，当正负电荷中心重合，分子是非极性分子；而分子的正负中心不重合则分子是极性分子。对于双原子分子，若形成分子的原子相同，其电负性相同，形成的共价键是非极性键，分子的正负中心重合，则分子为非极性分子，如 H_2、O_2。而若形成分子原子不同，由于电负性不相同，形成的共价键是极性键，分子的正负中心不重合，电荷分布不均匀，则分子为极性分子，如 HF、CO。对于多原子分子，分子极性还与分子的构型有关，如构型为角形的 H_2O 是极性分子而直线形分子 CO_2 却是非极性分子。分子的极性可定量地用分子偶极矩μ来衡量。分子的偶极矩定义为偶极长(正负电荷中心之间距离) d 乘偶极上一端电荷 q，即 $\mu = q \cdot d$。偶极矩的单位是德拜，用 deb 表示，$1\text{deb} = 3.33 \times 10^{-30}\,\text{C} \cdot \text{m}$。对于极性分子，由于它有始终不重合的正负电荷中心，而这种分子固有的偶极矩称为永久偶极。对非极性分子，当它与极性分子接近时会受极性分子偶极的影响而发生正负电荷重心位移产生偶极矩，这样的偶极矩称为诱导偶极。对于分子无论是极性分子还是非极性分子，分子内部的原子核和电子都在不断地运动中，由这种瞬间运动而产生的偶极矩称为瞬间偶极。

了解关于分子极性的知识，可以进一步学习范德华力的分类。按范德华力产生的原因和特点，范德华力可以分为三种：取向力、诱导力和色散力。

(1) 取向力：取向力是存在于极性分子与极性分子之间的吸引力，是两个永久偶极之间的吸引作用。取向力的本质是一种静电吸引力，与分子的偶极矩和温度有关。一般来说，分子的偶极矩越大，取向力越大；温度越高，取向力越小。

(2) 诱导力：诱导力是非极性分子与极性分子之间的吸引力，是诱导偶极与永久偶极之间的作用力。诱导力的大小与极性分子偶极矩大小有关但与温度无关。一般而言，极性分子偶极矩越大则诱导力越大。

(3) 色散力：色散力是存在于所有分子和原子之间的一种吸引力，是瞬间偶极与瞬间偶极之间的吸引作用，因其公式与光色公式相似而得名。色散力与分子的变形性有关，一般来说，分子变形性越大，色散力越大。

这三种类型的力比较而言，对大多数分子来说，色散力是主要的。但对于一些极性很强的分子(如水分子)，取向力则相对占主导地位。

10.3.2 氢键

氢键是与电负性较强原子相连的氢原子和另一电负性也较强原子之间的相互作用，它强于范德华力但比共价键弱。氢键的发现主要来自于水的反常沸点。氢键可存在于分子之间，如水分子形成了很典型的分子间氢键；它也可存在于分子内部，如邻硝基苯酚分子可以形成分子内氢键。由于氢键作用的强度和作用特点与范德华力不同。根据它有氢原子和较强分子间相互作用而命名为氢键并与范德华力进行区别。

一般可以用 X—H···Y 来表示氢键作用，X 和 Y 是电负性较强的一些原子，如氟、氧、氮原子等。在此表达式中，将 Y 称为质子受体、X—H 称为质子供体。由于氢原子半径小，与电负性强的原子形成共价键后，电子强烈偏向于电负性强的 X 原子，氢原子几乎成了裸露的质子，具有相当强的正电性，它与另一具有孤对电子的 Y 原子产生强的静电吸引力，这是氢键形成的本质。形成氢键的基本条件有两个，一是与氢相连的原子需具有较大的电负性，二是与氢作用的质子受体 Y 必须有孤对电子。

氢键具有以下特点：

(1) 氢键具有方向性：当 X—H 与 Y 原子形成氢键作用时，应使 Y 与 H 的作用方向与 X—H 键的键轴在同一个方向，这样可使 X 和 Y 距离最远，两者之间的电子云排斥力最小。

(2) 氢键具有饱和性，因为氢原子半径特别小而原子 X 和 Y 半径相对比较大，所以当 X—H 中的氢原子与第一个 Y 原子结合形成氢键后，更多的 Y 原子接近这个氢原子时会受到氢键体系中 X 和 Y 的排斥力，故氢原子难以再形成第二个氢键，这就是氢键的饱和性。

(3) 氢键的强弱与 X 和 Y 的电负性有关，电负性越强，形成的氢键越强。例如，几种常见氢键强弱次序如下：

$$\text{F—H}\cdots\text{F} > \text{O—H}\cdots\text{O} > \text{O—H}\cdots\text{N} > \text{N—H}\cdots\text{N}$$

氢键的键能一般在 25～40kJ · mol^{-1}，低于 25kJ · mol^{-1} 的氢键称为弱氢键，高于 40kJ · mol^{-1} 则称为强氢键作用。氢键显著地影响化合物的性质，如熔点和沸点。在氢化物中，水、氟化氢、氨因氢键作用的存在而具有较高的沸点。氢键在有机化学、生命科学、超分子自组装中也具有很重要的应用。氢键作用调控可用于有机化学中手性不对称化合物的合成。而生命科学中，生物大分子蛋白质中存在大量氢键作用，氢键是维持蛋白质二级结构的主要作用力，而另一种重要的生物大分子脱氧核糖核酸 DNA 中也存在很多的氢键作用，DNA 中两条核苷酸链主要靠碱基之间形成氢键作用而配对相连。其中的鸟嘌呤(G)和胞嘧啶(C)可形成三个氢键，腺嘌呤(A)与胸腺嘧啶(T)则形成两个氢键。如果生物大分子中的氢键作用被破坏，分子的空间结构就会发生相应改变，其生理功能也会丧失。故对生物或医学专业的学生来说，氢键的概念和知识具有相当重要的意义。

习　题

1. 离子键和共价键作用特点有什么不同?

2. BF_3 和 NF_3 分子构型各是什么？为什么它们的几何构型不同？

3. 用杂化轨道理论分析 CO_2、C_2H_4 和 C_2H_2 的化学键组成及分子构型。

4. 用价层电子对互斥理论分析 ClF_3 和 XeF_4 分子的几何构型。

5. 用分子轨道理论写出 Li_2、B_2、F_2 分子的分子轨道式，计算其键级并判断其磁性。

6. 用分子轨道理论写出 O_2、O_2^-、O_2^+ 的分子轨道式，计算其键级、自旋多重度、判断其磁性。

7. 判断下列说法的正误并解释原因。

(1) 硫酸钾晶体中既有离子键，又有共价键；

(2) 某原子所形成共价键的数目，等于该原子基态时未成对电子的数目；

(3) 中心原子所形成的杂化轨道数等于参加杂化的原子轨道数；

(4) CH_4 分子中的 sp^3 杂化轨道是由 C 的 3p 轨道和 H 的 1s 轨道混合形成的；

(5) 氮气分子中有三键，化学性质很不活泼，因此含有三键的分子都不活泼；

(6) 氢键是共价键和离子键以外的一种化学键；

(7) HF 分子的极性比 HCl 强；

(8) 非极性分子之间存在诱导力。

8. 苯和水、苯和四氯化碳、CO_2 和CO、HBr和HF，这四组分子之间存在什么形式的分子间作用力?

9. 试解释：

(1) H_2Se 的沸点比 H_2S 高，但又低于 H_2O；

(2) 常温常压下，卤素单质 Cl_2 为气体，Br_2 为液体，I_2 为固体。

10. 比较下列化合物中正离子的极化能力大小。

$SiBr_4$、$AlBr_3$、PBr_5、$MgBr_2$、NaBr

第 11 章　配位化合物

配位化合物(coordination compounds)简称配合物(complex compound)，是配位化学研究的对象，是一类组成比较复杂且应用范围极广的化合物。配合物在自然界中广泛存在，但是由于实验手段和理论等条件的限制，因此这一类物质往往被认为是简单的无机盐类。最早应用的配合物是一种含有氢、蒽、醌、钙、铝的螯合物，可作为鲜红色的茜素燃料。有记录的配合物可以追溯到德国的炼金家于 1693 年观察到的蓝色 $[Cu(NH_3)_4]^{2+}$ 和德国柏林的染料工人偶然制得的普鲁士蓝 $KCN \cdot Fe(CN)_2 \cdot Fe(CN)_3(KFe[Fe(CN)_6] \cdot nH_2O)$。1798 年法国化学家塔赫特(Tassaert)在钴的重量分析中偶然得到橙黄色晶体 $CoCl_3 \cdot 6NH_3$，该化合物的出现引发了当时化学理论无法解释的诸多问题。例如，该化合物相当稳定，加热到 150℃也没有分解放出氨气，将其溶解于稀硫酸后也未检测出硫酸铵，说明氨分子仅通过分子间作用力与 $CoCl_3$ 结合；此外，向该化合物溶液中加入 $AgNO_3$ 溶液，可沉淀 3 个 Cl^-，说明该化合物中 3 个 Cl^- 以游离的形式存在。在其之后 100 多年又发现了 Vauquelin 盐、Gmelin 化合物、Zeise 盐等大量配合物，但始终没有合适的理论来解释这些物质的内部作用力、化学稳定性及相应的电学性质。直到 1893 年，年仅 26 岁的瑞士化学家维尔纳(Werner)相继发表了 20 多篇关于配合物的文章，提出了配合物中“主价”和“副价”概念及结构中存在“内界”和“外界”的概念假设，至此配位化学正式确立。维尔纳由于在配位化学理论上的杰出贡献，于 1913 年获得了诺贝尔化学奖。

配位化学是研究配位化合物的合成、结构、性质和应用的学科，在现代结构化学理论和近代物理实验方法的推动下，已经发展成为一个内容丰富、成果丰硕的学科，被广泛应用于工业、生物、医药等领域。例如，1963 年诺贝尔化学奖联合授予德国普朗克学院的齐格勒(Ziegler)博士和意大利米兰理工大学的纳塔(Natta)教授，他们所研究的齐格勒-纳塔聚合催化剂是金属铝和钛的配合物，使得乙烯的低压聚合成为可能，这项研究使数千种聚乙烯物品成为日常用品。21 世纪的配位化学处于现代化学的中心地位，配位化学正在形成一个新的二级化学学科，和其他二级化学学科及生命科学、材料科学、环境科学等一级学科都有紧密的联系和交叉渗透，促进了分离技术、配位催化、原子能、火箭等尖端技术的发展，以及化学模拟固定氮、光合作用人工模拟和太阳能利用等。总之，配位化学在整个化学领域中具有极为重要的理论和实践意义。本章将概括地介绍一些配位化学中最基本的知识和理论。

11.1　配位化合物的基本概念

11.1.1　定义

1980 年，中国化学会公布的《无机化学命名原则》将配位化合物定义为：由可以给出孤对电子或多个不定域电子的一定数目的离子或分子(称为配体)和具有接受孤对电子或多个不定域电子的空位的原子或离子(统称中心体)按一定的组成和空间构型所形成的化合物。2005 年，国际纯粹与应用化学联合会(IUPAC)对配合物的定义为：任何包含有配位实体的化合物都是配合物。配位实体可以是离子或者中性分子，配位实体中有中心原子，通常为金属，中心原子周围有序排列的原子或基团称为配体。目前，可以将定义简化为：由中心原子或者离子和几个配体分子或者离子以配位键相结合而形成的复杂分子或离子，通常可以称为配位单元，凡是由配位单元组成的化合物称为配位化合物简称配合物。

大家需要注意的是还有两类有别于配合物的化合物。例如，铝钾矾 $KAl(SO_4)_2 \cdot 12H_2O$，俗称明矾，是由硫酸钾和硫酸铝作用生成的。将其溶解于水，便可发现在水溶液中铝钾矾都解离为简单的组成离子(K^+、Al^{3+}、SO_4^{2-} 等)，就像 K_2SO_4 和 $Al_2(SO_4)_3$ 的混合水溶液一样。这样的化合物称为复盐，不是配合物。氯化钙与氨水生成 $CaCl_2 \cdot 2NH_3$，在水溶液中也是以 $Ca^{2+}(aq)$、$Cl^-(aq)$、$NH_3(aq)$ 的水合离子形式存在，为区别于氨配合物，称为氨化合物。还要指出，在简单化合物和配合物之间不可能划出一条明显的界限，因为即使在明矾的水溶液中也存在少量的 $[Al(SO_4)_2]^-$。NH_4^+ 也可认为是 H^+ 与 NH_3 分子生成的配离子。还有一类金属有机化合物，一般指的是含一个或多个金属-碳键的化合物，如球烯配合物 $[(\eta^2\text{-}C_{60})Rh(H)(CO)(PPh_3)]$ 等。需要注意的是并非所有含金属-碳键的化合物都属于金属有机化合物，如普鲁士蓝 $KFe^{II}[Fe^{III}(CN)_6] \cdot nH_2O$ 等。

11.1.2　组成

从配合物的定义可知在其结构中必然含有一个独立的结构单元作为配合物的特征部分，称为内界。例如，在 $[Cu(NH_3)_4]SO_4$ 和 $K_2[HgI_4]$ 中，它们的内界分别是 $[Cu(NH_3)_4]^{2+}$ 和 $[HgI_4]^{2-}$，通常表示在方括号内部。外界一般是简单正负离子或者酸根离子，可以起到平衡化合物电荷的作用，从上面两个化合物看外界分别是 SO_4^{2-} 和 K^+。若配合物的内界本身就是中性的，则不需要外界来平衡电荷，如 $[Fe(CO)_5]$、$[Ni(CO)_4]$、$[PtCl_2(NH_3)_2]$ 等。内界一般是由中心体(离子或原子)按照一定的空间构型和配体共同组成。配离子(分子)的电荷数等于中心体和配体电荷的代数和，配合物组成部分所带电荷数的计算规则遵循电荷守恒原则。若配体全部是中性分子，则配离子(分子)的电荷数为中心体的电荷数。例如，$[Cu(NH_3)_4]^{2+}$ 中，配离子的电荷为：$(+2)+4\times0=+2$；在$[Fe(CN)_6]^{4-}$中，配离子的电荷为：$(+2)+6\times(-1)=-4$；而在$[PtCl_2(NH_3)_2]$中，配合单元的电荷为$(+2)+2\times(-1)+2\times0=0$，故$[PtCl_2(NH_3)_2]$本身是一个电中性的配合物。除像$[PtCl_2(NH_3)_2]$这种内界不带电荷的配合物外，一般配合物内界均带电荷，为了保持配合物整体的电中性，必然有电荷相等但符号相反的外界离子与配离子结合，因此也可根据外界离子的电荷来计算配离子的电荷，如在$K_3[Fe(CN)_6]$中配离子的电荷为-3，从而推知中心离子 Fe 的氧化数为$+3$。

内界　外界

$[Cu(NH_3)]_4SO_4$　中心离子　配体(NH_3)配位原子　配位数

$[Fe(CO)_5]$　中心原子　配体 CO 配位原子　配位数

中心体也可称为形成体，往往可以提供合适的空轨道，一般位于元素周期表的 d 区或者 ds 区，如上述配合物的带正电荷的Cu^{2+}、Hg^{2+}及中性原子 Fe、Ni。此外一些具有高氧化态的非金属原子由于外层也存在空轨道，也是较常见的中心体，如$[SiF_6]^{2-}$中的Si^{4+}、$[PF_6]^-$中的P^{5+}等。

配体指的是和中心体结合的分子或者离子，每个配体中直接同中心体相连接形成配位键的原子称为配位原子(简称配原子)，如$[Cu(NH_3)_4]SO_4$中 NH_3 配体的 N 原子，$Fe(CO)_5$中 CO 配体的 C 原子等。配体的种类非常多且繁杂，新的配体被不断合成出来，新的配合物也随之不断涌现。根据配体所提供的配位原子个数不同，可以将配体简单分为单齿配体和多齿配体。单齿配体只提供一个配原子和中心体结合，如NH_3、H_2O、Cl^-、吡啶等，常见的单齿配体见表 11-1。多齿配体可提供两个或两个以上的配原子和中心体结合，如CO_3^{2-}、NO_3^-、$C_2O_4^{2-}$(草酸根，缩写 ox)、$H_2N—CH_2—CH_2—NH_2$(乙二胺，缩写 en)等。

表 11-1　常见单齿配体

中性分子配体	名称	配位原子	阴离子配体	名称	配位原子	阴离子配体	名称	配位原子
H_2O	水	O	F^-	氟	F	NH_2^-	氨基	N
NH_3	氨	N	Cl^-	氯	Cl	NO_2^-	硝基	N
CO	羰基	C	Br^-	溴	Br	ONO^-	亚硝酸根	O
CH_3NH_2	甲胺	N	I^-	碘	I	SCN^-	硫氰酸根	S
NO	亚硝酰基	O	OH^-	羟基	O	NCS^-	异硫氰酸根	N
C_5H_5N	吡啶	N	CN^-	氰基	C	$S_2O_3^-$	硫代硫酸根	O

配位数是指中心体所接受的配位原子的数目。若配体是单齿的，则配体数目就是该中心体的配位数，如 $[Cu(NH_3)_4]SO_4$ 中 Cu^{2+} 的配位数就是配体 NH_3 的个数为 4，$[Co(NH_3)_5H_2O]Cl_3$ 中 Co^{2+} 的配位数为配体 H_2O 和 NH_3 分子数目之和为 6。若配体是多齿的，配位数则不等于中心体的配体数目，如 $[Cu(en)_2]^{2+}$ 中有 2 个乙二胺(en)配体，乙二胺含有 2 个配原子 N，因此 Cu^{2+} 的配位数为 4。总的来说，配位数和配位原子的数目相等。配合物中，中心体的配位数在 2～12，最高可以达到 16，其中 4 和 6 最为常见。配位数在 8 以上的中心体一般出现在由镧系、锕系或者个别重元素。配位数的多少取决于中心体和配体所带电荷、体积及电子分情况，此外配合物形成或结晶时的条件也会对配位数造成影响，如反应物比例、浓度、温度、pH 等。一般来讲，中心体的电荷高，有利于形成配位数较高的配合物。例如，Ag^+ 特征配位数为 2，如 $[Ag(NH_3)_2]^+$；Cu^{2+} 特征配位数为 4，如 $[Cu(NH_3)_4]^{2+}$；Co^{3+} 特征配位数为 6，如 $[Co(NH_3)_6]^{3+}$。但对配体来说需要满足的是负电荷数越高，半径越大，则对同一中心体来说配位数减少。负电荷的增加、半径的增大使得配体的变形性增大，增加了配体之间的斥力。例如，$[Co(H_2O)_6]^{2+}$ 与 $[CoCl_4]^{2-}$，前者的配体是中性分子，后者是带负电荷的 Cl^-，使 Co^{2+} 的配位数由 6 降为 4。中心体的半径越大，周围可容纳的配体数目越多，配位数也就越高。例如，碱土金属离子 Mg^{2+}、Ca^{2+} 和 Ba^{2+}，离子半径依次增大，其配位数分别为 4、6 和 6(8)。同样与 F^- 配位，半径较大的 Al^{3+} 与 F^- 可形成 $[AlF_6]^{3-}$，而半径较小的 B^{3+} 与 F^- 就只能生成 $[BF_4]^-$。但应注意中心体半径的增大固然有利于形成高配位数的配合物，若半径过大又会减弱它同配体的结合，反而降低了配位数。例如，Co^{2+} 可与 Cl^- 形成 $[CoCl_6]^{4-}$，半径比 Co^{2+} 大的 Hg^{2+} 与 Cl^- 却只能形成 $[HgCl_4]^{2-}$。若配体的半径较大，则在中心体周围容纳不下过多的配体，配位数将会减少。例如，F^- 可与 Al^{3+} 形成 $[AlF_6]^{3-}$，但半径比 F^- 大的 Cl^-、Br^-、I^- 与 Al^{3+} 只能形成 $[AlX_4]^-$ (X 代表 Cl^-、Br^-、I^-)。

温度升高，常使配位数减小。这是因为温度升高，分子中的热振动加剧将会削弱中心离子与配体间的配位键，导致配体的离去而降低了配位数。而配位体浓度增大有利于形成高配位数的配合物。

综上所述，影响配位数的因素是复杂的、由多方面因素决定的，但对于某一中心离子与不同的配体结合时，常具有一定的特征配位数。现将某些常见金属离子的特征配位数列于表 11-2 中。

表 11-2 某些常见金属离子的特征配位数

配位数	金属离子	举例
2	Cu^+、Ag^+、Au^+、Hg^{2+}	$[Ag(NH_3)_2]^+$、$[AgCN]_x$、$[AgSCN]_x$、$[AuI]_x$
3	Cu^+、Au^+、Hg^{2+}、Pt	$[Cu(CN)_2]^-$、$[Cu_2Cl_2(Ph_3P)_2]$、$[Au(PPh_3)_3]^+$、$[HgI_3]^-$、$[Pt(PPh_3)_3]$
4	Zn^{2+}、Fe^{2+}、Ni^{2+}、Au^{3+}	$[Zn(NH_3)_4]^{2+}$、$[FeCl_4]^{2-}$、$[Ni(CN)_4]^{2-}$、$[AuCl_4]^-$
5	Cd^{2+}、Cu^{2+}、Co^{2+}、Ni^{2+}	$[CdCl_5]^{3-}$、$[Cu_2Cl_8]^{4-}$、$[Co(CN)_5]^{3-}$、$[Ni(CN)_5]^{3-}$

续表

配位数	金属离子	举例
6	Fe^{2+}、Fe^{3+}、Co^{3+}、Pt^{2+}、Cr^{3+}、Al^{3+}	$[Fe(CN)_6]^{4+}$、$[FeF_6]^{3-}$、$[Co(NH_3)_6]^{3+}$、$[Cr(NH_3)_6]^{3+}$、$[AlF_6]^{3-}$、$[Pt(Nh_3)_6]^{4-}$
7	Zr^{4+}、Fe^{2+}、Fe^{3+}、Mn^{3+}	$[ZrF_7]^{3-}$、$Na_2[Fe^{II}(H_2O)(edta)]\cdot 2NaClO_4\cdot 6H_2O$、$Li[Fe^{III}(H_2O)(edta)]\cdot 2H_2O$、$Li[Mn^{III}(H_2O)(edta)]\cdot 4H_2O$
8	Eu^{3+}、U^{4+}、Zr^{2+}、Mo^{4+}	$[Eu(dbm)_4]^-$、$[U(NCS)_8]^{4-}$、$[Zr(NO_3)_2(acac)_2]$、$[Mo(CN)_8]^{4-}$
9	Pr^{3+}、Nd^{3+}	$[Pr(NCS)_3(H_2O)_6]$、$[Nd(H_2O)_9]^{3+}$
10	La^{3+}	$[La(H_2O)_4(Hedta)]\cdot 3H_2O$

11.1.3 类型

配合物分类方法多种多样。根据配体与中心体的结合方式可以分为简单配合物和螯合物；根据中心体的个数可以分为单核配合物、多核配合物和聚合物；根据配合物中配体的种类分为单一配体配合物和混合配体配合物。配合物种类繁多，很多配合物具有多种特点，因此分类方法不能一概而论。下面介绍几种常见的配合物类型。

1. 简单配合物

简单配合物是指由一个中心离子与若干个单齿配体所形成的配合物。本章前面所提到的配合物，如$[Cu(NH_3)_4]SO_4$、$K_2[HgI_4]$、$[Ag(NH_3)_2]^+$、$[ZnCl_4]^{2-}$、$[Ni(CN)_4]^{2-}$等均属于这种类型。这类配合物中一般没有环状结构，在溶液中常发生逐级生成和逐级解离现象，如$[Ag(NH_3)_2]^+$的形成如下：

$$Ag + NH_3 \rightleftharpoons [Ag(NH_3)]^+ \tag{11-1}$$

$$[Ag(NH_3)] + NH_3 \rightleftharpoons [Ag(NH_3)_2]^+ \tag{11-2}$$

2. 螯合物

螯合物(chelate)是由中心离子和多齿配体配合而成的具有环状结构的配合物。例如Cu^{2+}与乙二胺(en)结合时，由于 en 中的两个氮配位原子可以同时和Cu^{2+}配合形成环状结构的配合物。在螯合物分子中，配体好似螃蟹的螯钳一样牢牢地钳着中心离子，故形象地称为螯合物。螯合物的中心离子和配位体数目之比称为配合比，在$[Cu(en)_2]^{2+}$中，其配合比为 1∶2。螯合物的稳定性较高，很少有逐级解离现象。

形成螯合物的配体称螯合剂。作为螯合剂一般必须具备下列两个条件：①配体必须含有两个或两个以上能同时给出电子对的原子，主要是 O、N、S、P 等配位原子。②这种含两个或两个以上能给出孤对电子的配位原子应该间隔两个或三个其他原子。因为只有这样才能形成稳定的五原子环或六原子环，获得稳定的环状结构。例如，联氨

$H_2N—NH_2$，虽有两个配位原子 N，但中间没有间隔其他原子，与金属配合后形成一个三原子环，成环张力太大，这是一种不稳定的结构，故不能形成螯合物。常见的螯合配体见表 11-3。

表 11-3　常见的螯合配体名称及缩写

名称	缩写	分子式
乙二胺四乙酸	EDTA	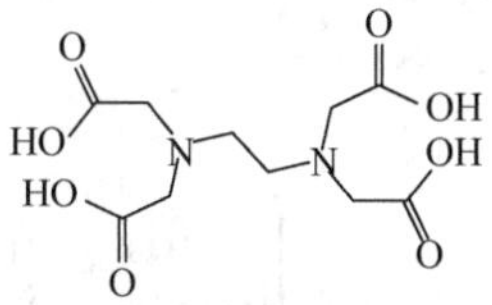
亚氨基二乙酸	IDA	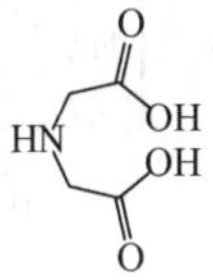
乙二酸(草酸)	ox	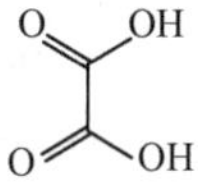
2,2′-联吡啶	bpy	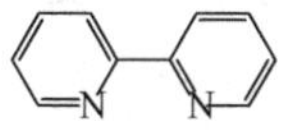
1,10-菲咯啉	phen	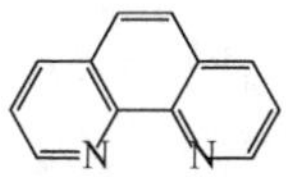

应用最广的一类螯合剂是乙二胺四乙酸，简称 EDTA。它是一个四元酸，可表示为 H_4Y，因其在水中溶解度不大，常用其二钠盐 Na_2H_2Y，在它的分子中有 6 个配位原子，2 个是 N，4 个是 O，可与绝大多数金属离子形成螯合物。EDTA 具有广泛的应用，是最常用的配合滴定剂、掩蔽剂和水的软化剂，其在医药上也有多种用途，如可用于医治重金属和放射性元素的中毒。

3. 单核配合物

只含有一个中心体的配合物称为单核配合物，如 $[Cu(NH_3)_4]SO_4$、$[Ni(CO)_4]$ 等。

4. 多核配合物

含有两个或两个以上有限中心体的配合物称为多核配合物，如双核配合物、三核配合物、四核配合物，甚至数百个核的配合物等，如图 11-1 所示。在多核配合物中，几个中心离子之间可以通过配体在两个金属之间“搭桥”连接。这种配体称为桥联配体，简称桥基。作为桥联配体必须具备下列条件，在其配位原子或原子基团中有一对以上的孤对电子，能同时与两个或两个以上的金属离子形成配位键。例如，在 Pd

的配合物中，桥基上的 Cl^- 提供两对孤对电子，每一对分别与一个 Pd^{2+} 形成配位键，这种 Cl^- 称为氯桥。常见的桥基有 OH^-、NH_2^-、O^{2-}、O_2^{2-}、Cl^-、SO_4^{2-}、—COOH 等。在实践中最常遇到的多核配合物是多核羟桥配合物，它们可以在金属离子水解过程中形成。此外，多核配合物中心体可以不通过配体直接键合形成原子簇合物，如 $[Co_2(CO)_8]$、$[Fe_2(CO)_9]$ 等(图 11-1)。原子簇合物在结构及催化领域均有重要作用。

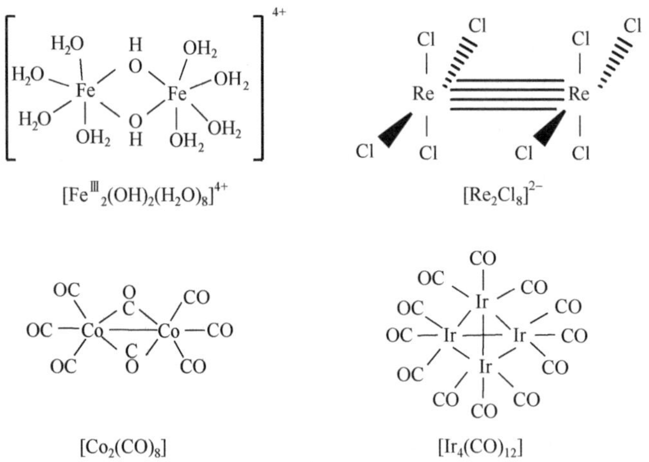

图 11-1 经典多核配合物

5. 配位聚合物

中心体和桥联配体通过配位键形成高度规整的一维、二维或三维无限网络结构的配合物称为配位聚合物。配位聚合物中存在无限个中心体和配体，具有丰富的结构类型。例如，利用间位的吡啶醛缩水合肼的构型，辅助配体对苯二甲酸多样化的配位模式和过渡金属离子不同的壳层结构从而获得 7 个具有不同结构的配位聚合物(图 11-2)。

配位聚合物除结构多样化外，其独特的性质，如非线性光学、磁性、吸附、催化和超导等都有广阔的应用前景。现在最受人们广泛关注的多核和配位聚合物是一类被称为金属-有机框架(metal-organic frameworks，MOFs)化合物。2013 年，IUPAC 将 MOFs 定义为含有机配体、具有潜在孔隙的配位网格。这些骨架材料系列主要有 IRMOF、HKUST、MIL、ZIF、UiO、PCP、PCN 等。例如，Yaghi 课题组采用 $[M_2(CO_2)_4]$($M = Cu$和Zn) 作为次级构筑单元(second building blocks，SBUs)构筑了系列从单核到配位聚合物的多层次结构，其 2003 年报道的用对苯二甲酸和 Zn_4O 簇结合的晶体框架材料的比表面积高达 $2900cm^2 \cdot g^{-1}$，可以吸附氮气、氢气和多种有机溶剂分子。

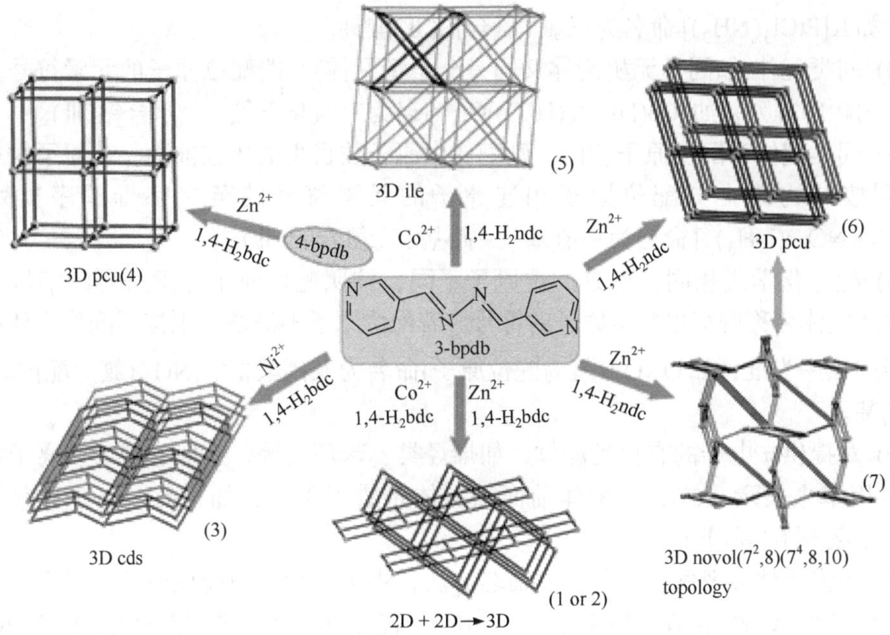

图 11-2　吡啶醛缩水合肼与不同羧酸配体构筑的 7 个不同结构的配位聚合物拓扑结构

11.1.4　命名

配位化合物种类繁多，除少数按照习惯命名外，如黄血盐 $K_4[Fe(CN)_6]$、赤血盐 $K_3[Fe(CN)_6]$ 等，大多数配合物遵循 1980 年中国化学会无机化学学科委员会按照《无机化学命名原则》制定的命名规则。下面介绍这类命名方式的最基本原则。

1. 配合物总命名规则

遵循盐类命名习惯，先命名阴离子，再命名阳离子。例如，配合物的外界酸根是一个简单的阴离子(如 Cl^-、OH^-、S^{2-} 等)，其与配阳离子结合，则称为“某化某”，如 $[Ag(NH_3)_2]Cl$ 称为氯化二氨合银(Ⅰ)；若外界是复杂酸根(如 SO_4^{2-})，与配阳离子结合则称为“某酸某”，如 $[Cu(NH_3)_4]SO_4$，称为硫酸四氨合铜(Ⅱ)；若内界为配阴离子的配合物，也称为“某酸某”，如 $K_6[Ni(CN)_6]$ 称为六氰合镍酸钾；若配合物为中心分子则按照中性化合物命名规则，如 $[Co_2(CO)_8]$ 称为八羰基合二钴。

内界命名顺序为：配位数–配体名称–合(表示配位结合)–中心体–(中心体氧化态)。中性配合物无外界，可不标记氧化态。例如，$[FeF_6]^{3-}$ 的命名为六氟合铁(Ⅲ)酸根离子、$[Ag(NH_3)_2]^+$ 命名为二氨合银(Ⅰ)配离子、$[AuCl_4]^{3-}$ 命名为四氯合金(Ⅰ)配离子等。

2. 配体命名次序及规则

(1) 若配体中既有无机配体又有有机配体，则无机配体在前，有机配体在后，如 $[PtCl_2(Ph_3P)_2]$ 命名为二氯·二(三苯基膦)合铂(Ⅱ)。

(2) 在无机配体中既有离子型配体又有分子型配体，则按照阴离子、中性分子顺序排列，如 $K[PtCl_3(NH_3)]$ 命名为三氯 · 氨合铂(Ⅱ)酸钾。

(3) 同类配体(如同是无机配体又同是分子型配体)，按配位原子的元素符号在英文字母中的顺序排列，如 $[Co(NH_3)_5(H_2O)]Cl_3$ 命名为三氯化五氨 · 一水合钴(Ⅲ)。

(4) 同类配体，配位原子相同，则配体中原子数目少的排在前面。若原子数目也相同，则按结构式中与配位原子相连原子的元素符号的英文字母顺序排列，如 $[Pt(NH_2)(NO_2)(NH_3)_2]$ 命名为一氨基 · 一硝基 · 二氨合铂(Ⅱ)。

(5) 配体化学式相同，但是配位原子不同，按照配位原子元素符号的字母顺序排列，并在配体名称后写出配位原子的符号。若配位原子不清楚，则按照配位个体的化学式中所列顺序为准，如 ONO^- (氧为配位原子)命名为亚硝酸根、NO_2^- (氮为配位原子)命名为硝基。

(6) 对提供 π 电子的有机类配体，如烯烃类、苯环类等，一般表现为阴离子特征，命名时用基来表示，或者在配体前面加斜体希腊字母 η ，如 $[PtCl_2(C_2H_4)]$ 命名为二氯·氨·(η-乙烯)合铂(Ⅱ)。

(7) 多齿配体参考配合物的英文命名方法，将多齿配体中配位原子的元素符号用斜体希腊字母 κ 表示在配体之后，在其右上角标记配位的原子个数，如 $[Cu^{II}(3,4\text{-dmba})_2\text{-}\kappa^2O,O'(1,10\text{-phen})]\text{-}\kappa^2N,N'$ 命名为二(3,4-二甲氧基苯甲酸根-κ^2O,O')(1,10-邻二氮杂菲-κ^2N,N')合铜(Ⅱ)。

(8) 桥联配体的命名参考英文配合物的命名方法，在桥联配体的前面加上斜体希腊字母 μ 并在其右下角标明桥联的中心体数。同一种配体既有桥联基团也有非桥联基团，先列桥联基团。当中心体间既有桥联配体又有金属键相连时，在整个配合物的名称后加括号，标记上金属键的成键方式，如 $[(NH_3)_5Cr\text{-}OH\text{-}Cr(NH_3)_5]Cl_5$ 命名为五氯化 μ-羟基·二[五氨合铬(Ⅲ)]。

(9) 配体个数用倍数词头二、三、四等数字表示，中英文对照见表 11-4。

表 11-4 倍数词头中英文对照

二	三	四	五	六	七	八
di	*tri*	*tetra*	*penta*	*hexa*	*hepta*	*octa*

11.2 配位化合物的化学键理论

鲍林等在 20 世纪 30 年代首次提出了杂化轨道理论，他首先将杂化轨道理论与配位共价键、简单的静电理论结合起来用于解释和处理配合物的形成、几何构型等问题，建立了配合物的价键理论(valence bond theory，VBT 理论)。此外，配合物的化学键理论还有晶体场理论(CFT)、配体场或配位场理论(LFT)和分子轨道理论(MOT)等，这里我们介绍了共价键理论和晶体场理论。

11.3　配位化合物的价键理论

鲍林等在原有价键理论的基础上，将过渡金属配合物构型解释统一到共价键理论中，提出所有配合物中的中心原子与配体之间都以配位键结合，配体中配位原子所提供的孤对电子向中心体的空杂化轨道配位形成配位键，这种配位键一般是靠配体提供的孤对电子与中心体共用 M←:L 而成键，称为 σ 配键。根据价键理论，形成配合物时中心体需要提供能量相近的空轨道(s、p，s、p、d 或者 d、s、p)并进行杂化，形成数目相同、能量相等且有一定空间取向的新的杂化轨道，它们分别和配位原子的孤对电子轨道在一定方向上彼此接近，发生最大重叠而形成配位键，这样就形成了不同配位数和不同空间构型的配合物。由此可以看出，配合物的构型也就是说配位单元的构型由中心体的轨道杂化方式决定。

例如，如图 11-3 所示，$Ni^{2+}(3d^8)$ 可以形成配合物 $[Ni(NH_3)_4]^{2+}$ 和 $[Ni(CN)_4]^{2-}$，中心体为 Ni^{2+}，要满足 4 个配体所提供的孤对电子需要提供 4 个空轨道。对 $[Ni(NH_3)_4]^{2+}$ 来说，Ni^{2+} 采取的杂化形式为 sp^3，即 1 个 4s 和 3 个 4p 轨道杂化成 4 个 sp^3 杂化轨道，接受 4 个 NH_3 提供的 4 对电子，形成 4 个配位键。配位单元的构型为正四面体；而对 $[Ni(CN)_4]^{2-}$ 来说，Ni^{2+} 采取的杂化形式为 dsp^2，即 1 个 3d、1 个 4s 和 2 个 4p 杂化形成 4 个 dsp^2 杂化轨道，配位单元的构型为平面四边形。这里 sp^3 是由外层轨道形成的，像这种由 *n*s-*n*p-*n*d 杂化形成的杂化轨道称为外轨型杂化轨道，配合物称为外轨型配合物；而 dsp^2 是由内层 3d 轨道和外层轨道形成，像这种由 $(n-1)$d-*n*s-*n*p 形成的杂化轨道称为内轨型杂化轨道，配合物称为内轨型配合物。

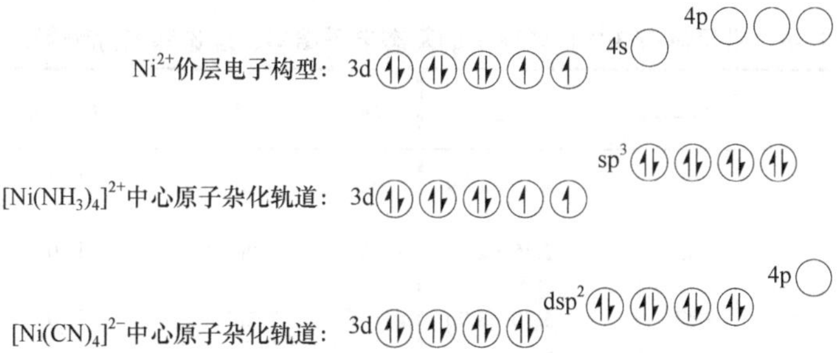

图 11-3　Ni^{2+}的价层电子构型及在两种配合物中的杂化类型

这种情况在六配位的配合中也会出现。例如，对于 Fe^{3+}，可以采取 sp^3d^2 外轨型杂化(如 $[FeF_6]^{3-}$)，也可以采取 d^2sp^3 内轨型杂化(如 $[Fe(CN)_6]^{3-}$)，这两个配离子均为正八面体构型。如图 11-4 所示，对采取内轨杂化的 $[Fe(CN)_6]^{3-}$ 来说，当 CN^- 接近 Fe^{3+}时，Fe^{3+}中 3d 轨道上的 5 个成单电子会发生重排，分别填充到 3 个 3d 轨道中，剩余 2 个空的 3d 轨道将会和外层的 4s、4p 轨道杂化形成 d^2sp^3 的杂化轨道。对采取外轨杂化的$[FeF_6]^{3+}$来说，当F^-靠近Fe^{3+}时，Fe^{3+}内层3d轨道及所容纳的5个成单电子并未发生变化，外层的4s、4p及4d参与杂化形成了6个杂化轨道，6对成对电子填充6个杂化轨道形成6个配位键。从配离子$[Fe(CN)_6]^{3-}$可以看出，其内层只有一个成单电子，而$[FeF_6]^{3+}$内层有5个成单电子，通常将自旋成单电子数较多的配合物称为高自旋配合物，反之称为低自旋配合物。具有成单电子的配合物往往具有顺磁性，未成对电子越多，顺磁磁矩越高。例如，有2个Fe^{3+}的配合物在磁天平上测出的磁矩值分别为2.0～2.3 μ_B和5.8～5.9 μ_B。磁矩μ和物质轨道中成单电子数n之间的关系满足公式：$\mu=\sqrt{n(n+2)}\mu_B$，式中，μ_B为玻尔磁子，是磁矩单位。上述Fe^{3+}的2个配合物的磁矩计算值分别为1.73 μ_B和5.92μ_B，与实测值比较接近。表11-5列出了一些金属离子的基态电子结构、理论和实际测量磁矩，表11-6列出了常见中心体在形成配合物时所采用的杂化轨道类型与配位几何构型，供大家参考。

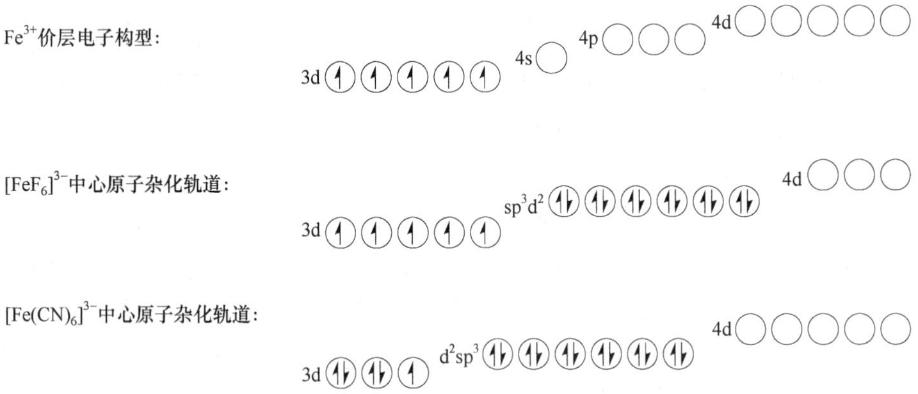

图11-4 Fe^{3+}的价层电子构型及在两种配合物中的杂化类型

表11-5 常见具有$3d^n$金属离子的基态电子结构、理论和实际测量磁矩

离子	$3d^n$	$\sqrt{n(n+2)}\mu_B$	μ_{eff}^{exp}	离子	$3d^n$	$\sqrt{n(n+2)}\mu_B$	μ_{eff}^{exp}
Ti^{3+}	$3d^1$	1.73	1.65～1.79	Fe^{3+}	$3d^5$	5.92	5.70～6.00
V^{3+}	$3d^2$	2.83	2.75～2.85	Fe^{2+}	$3d^6$	4.90	5.10～5.70
V^{2+}	$3d^3$	3.87	3.80～3.90	Co^{3+}	$3d^6$	4.90	5.30
Cr^{3+}	$3d^3$	3.87	3.70～3.90	Co^{2+}	$3d^7$	3.87	
Cr^{2+}	$3d^4$	4.90	4.75～4.90	Ni^{3+}	$3d^7$	3.87	4.30～5.20
Mn^{3+}	$3d^4$	4.90	4.90～5.00	Ni^{2+}	$3d^8$	2.83	2.80～3.50
Mn^{2+}	$3d^5$	5.92	5.65～6.10	Cu^{2+}	$3d^9$	1.73	1.71～2.20

表 11-6　杂化轨道类型与配位几何构型

配位数	杂化轨道类型	配位几何构型	举例
2	sp	直线形	$[Ag(NH_3)_2]^+$、$[Cu(CN)_2]^-$
3	sp^2	平面三角形	$[CuCl_3]^{2-}$
4	sp^3	四面体	$[Zn(NH_3)_4]^{2+}$、$[HgI_4]^{2-}$、$[Co(SCN)_4]^{2-}$
	dsp^2	平面正方形	$[AuCl_4]^-$、$[Ni(CN)_4]^{2-}$、$[PtCl_4]^{2-}$
5	dsp^3	三角双锥	$Fe(CO)_5$、$[Ni(CN)_5]^{3-}$
	d^4s	四方锥	$[TiF_5]^-$
6	sp^3d^2	八面体	$[FeF_6]^{3-}$、$[Fe(H_2O)_6]^{3+}$
	d^2sp^3		$[Co(NH_3)_6]^{3+}$、$[Fe(CN)_6]^{3-}$

上面讨论了价键理论的基本内容，价键理论简单明了，能较好地说明中心体与配体结合的本质、配合物的配位数与立体构型的关系，合理地解释某些配合物的磁性等。但该理论存在不少缺点，如不能解释成键电子的能量问题，不能定量解释配合物的稳定性，不能解释第一过渡系列金属配合物的稳定性变化规律，也不能解释配合物的可见、紫外吸收光谱的特征及过渡金属配合物普遍具有特征颜色等问题。价键理论根本缺点是它只看到孤对电子占据中心离子空轨道这一过程，而没有看到配体负电场对中心离子的影响，特别是中心离子的价层 d 轨道在负电场影响下电子云分布和能量的变化，因而难以阐明配合物的某些性质，这些问题可用晶体场理论得到比较满意的解释。

11.4　晶体场理论

1928 年贝特(Bethe)首先提出了晶体场理论(crystal field theory，CFT)，这一理论将中心体(中心金属离子或原子)和配体(离子或强极性分子)之间的相互作用看作纯静电作用，认为这是配合物稳定的根本原因，类似于离子晶体中的作用力，因此命名为晶体场理论。这一理论直到 1953 年成功地解释了$[Ti(H_2O)_6]^{3+}$的颜色之后才迅速发展起来。它在解释配合物的光学、颜色、磁学等性质方面十分成功。

11.4.1　晶体场模型理论的基本要点

(1) 中心体(中心金属离子或者原子)与配体(离子或者强极性分子，可被视为点电荷)之间存在有静电相互吸引力，依靠这种静电作用力中心体与配体结合在一起，既不交换电子也不形成共价键。

(2) 中心体在配体负电荷的作用下，它的 d 电子轨道将受这种负电场的影响而改变其能级，原来五重简并的 d 轨道(空间分布不同但是能量相同)各谱项就会发生分裂，称为能级分裂。能级分裂的情况因配体在空间的不同分布而异。

晶体场理论主要就是讨论中心离子在配位体负电场作用下所造成的 d 轨道能级的分裂及这种分裂与配合物性质之间的关系。

11.4.2 中心离子 d 轨道的能级分裂

金属离子价电子层中的 d 轨道有 5 个，即 $d_{x^2-y^2}$ 、 d_{z^2} 、 d_{xy} 、 d_{xz} 、 d_{yz} 。它们在没有外电场影响时是一组空间伸展方向不同、能量相同的简并轨道。若将金属离子(原子)放在一个球形对称性负电场的中心，则各个 d 轨道上的电子将受到负电场的斥力，能量会升高，但由于这是一个球形对称的负电场，它是从各个方向均匀地作用于中心离子，因此 5 个 d 轨道的能量虽然升高，但它们彼此能量仍相同，仍为一组简并的 d 轨道。若将金属离子(原子)放在非球形对称性的配体负电场中，则情况不相同。

11.4.3 正八面体场中的能级分裂

将中心体置于直角坐标的原点，令 6 个配位体分别沿 $\pm x$ 、 $\pm y$ 、 $\pm z$ 轴方向接近中心离子，这就构成了一个八面体场，即配位数为 6 的八面体构型的配合物场。观察中心离子的 5 个 d 轨道在八面体场所受到的影响，由于 5 个 d 轨道在空间的伸展方向不同，在坐标轴方向上电子云密度最大的 $d_{x^2-y^2}$ 、 d_{z^2} 两个轨道正好与配体迎头相撞，这两个轨道受到配位体场的排斥最大，因而它们的能量同等程度升高，形成新的二重简并轨道。另外三个轨道 d_{xy} 、 d_{xz} 、 d_{yz} 正好伸向配体的空隙之间(即夹在两坐标轴之间)，避开了配体的方向，因而受到斥力较小，能量比前者低，这三个轨道除极大值所在的平面不同外，形状和受周围环境影响均相同，形成了新的三重简并轨道。这样，中心离子原来简并的 5 个 d 轨道，在正八面体场作用下分裂成两组：能量较高的一组为 $d_{x^2-y^2}$ 、 d_{z^2} ，通常表示为 e_g 或 d_γ 轨道；能量较低的 d_{xy} 、 d_{xz} 、 d_{yz} 为一组，通常可表示为 t_{2g} 或者 d_ε 轨道。如图 11-5 所示。

11.4.4 四面体场中的能级分裂

将中心体置于立方体的中心，直角坐标系的 x、y、z 轴分别指向立方体的面心，四个配体占据立方体八个顶点中互相错开的四个顶点位置，这就构成一个四面体场，如图 11-5 所示。在这种情况下 $d_{x^2-y^2}$ 、 d_{z^2} 轨道指向立方体棱边的面心，受到较弱的静电排斥力，能量降低一般称为 e_g 或者 d_γ 组； d_{xy} 、 d_{xz} 、 d_{yz} 指向立方体的每条边的中点，后者比前者更靠近配体，受到较强的静电排斥力，能量升高，一般称为 t_{2g} 或 d_ε 组。这样，在四面体配离子中，中心离子的 d 轨道能级分裂的方式刚好与八面体场相反，又由于 d 轨道没有与配体处于迎头相撞的状态，因此静电排斥作用的程度也不像八面体配合物那样强烈，能级分裂不如八面体场大。

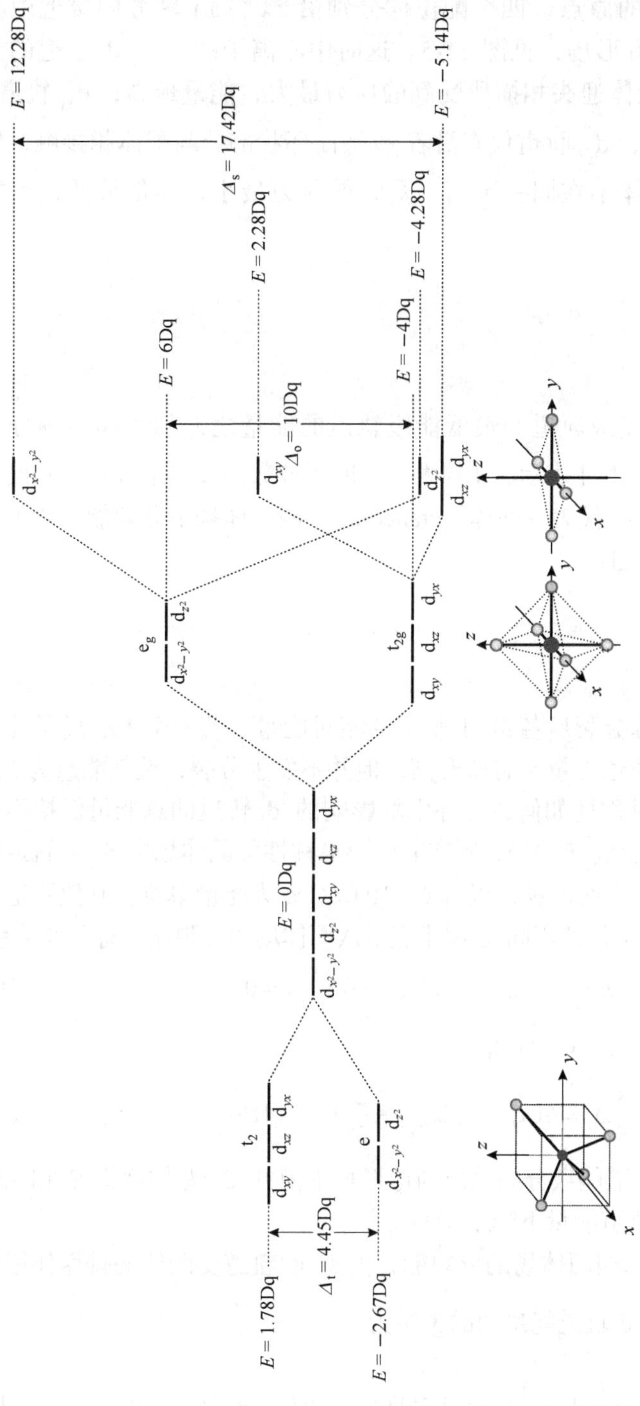

图11-5　正八面体、四面体及平面正方形能级分裂示意图

11.4.5 平面四方形场中的能级分裂

中心离子处于直角坐标的原点，四个配位体分别沿 $\pm x$ 、$\pm y$ 轴方向接近中心离子，这就构成了一个平面四方形场，见图 11-5。这时中心离子的 5 个 d 轨道的能级分裂为四组，$d_{x^2-y^2}$ 轨道与配体迎头相撞所受到的斥力最大，能量最高；d_{xy} 轨道与 x 轴和 y 轴互成 45°，能量次之；d_{z^2} 轨道仅有沿着 xy 平面环状部分与配体相接触，能量更次之，d_{xz} 、d_{yz} 轨道与配体不在同一平面，受到的斥力最小，能量最低，其能级次序见图 11-5。

11.4.6 晶体场分裂能

1. 分裂能的定义

d 轨道分裂后，其最高能级轨道和最低能级轨道的能量之差称为晶体场分裂能(crystal field splitting energy)，用 Δ 表示，Δ 的大小一般用波数(cm^{-1})来表示，八面体场中分裂能一般表示为 Δ_o(下标 o 代表八面体 octahedral)，四面体场中分裂能一般表示为 Δ_t(下标 t 代表四面体 tetrahedral)。

2. 影响分裂能的因素

1) 晶体场对称性的影响

根据晶体场理论可以计算分裂后各组 d 轨道的相对能量。若一个中心离子处于球形对称的负电场中，它的 d 轨道能量会有所升高，但并不发生分裂，设其能量为 E。量子力学指出，无论晶体场的对称性如何，受外电场影响的 d 轨道的总能量保持不变。现选择球形对称中 d 轨道的能量 $E = 0$，则在非球形对称性的晶体场中各 d 轨道的总能量也为零。因此，对于一个八面体场，以 Δ_o 或 10 Dq(Dq 为能量单位，其值不定，因晶体场的对称性、中心离子和配体的不同而不同)表示八面体场的分裂能。有下列关系：

$$E_{(e_g)} - E_{(t_{2g})} = \Delta_o \qquad 4E_{(e_g)} + 6E_{(t_{2g})} = 0 \tag{11-3}$$

令 $\Delta_o = 10Dq$，解上述联立方程，即得

$$E_{(e_g)} = \frac{3}{5}\Delta_o = 6Dq \qquad E_{(t_{2g})} - \frac{2}{5}\Delta_o = -4Dq \tag{11-4}$$

可见在八面体场中，d 轨道能级分裂结果与球形场中简并 d 轨道能级 E 相比较，t_{2g} 轨道能量上升了 $6Dq$，e_g 轨道能量下降了 $4Dq$。

在四面体场中，用 Δ_t 表示四面体场的分裂能，由于 d 轨道受配体的排斥作用比八面体小，$6Dq = \frac{4}{9}\Delta_o$，因此其 d 轨道能量间的关系为

$$E_{(t_2)} - E_{(e)} = \Delta_t = \frac{4}{9}\Delta_o = \frac{4}{9}Dq = 4.45Dq \qquad 6E_{(t_2)} + 4E_{(e)} = 0 \tag{11-5}$$

解上述联立方程，即得

$$E_{(e)} = -\frac{3}{5}\Delta_t = -2.67\text{Dq} \qquad E_{(t_2)} = \frac{2}{5}\Delta_t = 1.78\text{Dq} \tag{11-6}$$

现将八面体场、四面体场、平面四方形场中 d 轨道能级分裂的相对数值(用 Dq 作单位)列在表 11-7 中，它们的相对关系见图 11-5。

表 11-7　各种对称场中 d 轨道的能量(单位：Dq)

晶体场	$d_{x^2-y^2}$	d_{z^2}	d_{xy}	d_{yz}	d_{xz}
八面体场	6.00	6.00	−4.00	−4.00	−4.00
四面体场	−2.67	−2.67	1.78	1.78	1.78
正方形场	12.28	−4.28	2.28	−5.14	−5.14

仅从配合物的几何构型看，分裂能 Δ 大小的顺序为：平面正方形 > 八面体 > 四面体。

必须指出，这些能级图严格地讲只能用于 1 个 d 电子的情况，多于 1 个 d 电子的体系，能级会因电子之间相互作用变得复杂，有时能级甚至会相反。此外，更重要的是分裂能 Δ 仅占组成配合物的总结合能的一小部分(5%～10%)。例如，$[Ti(H_2O)_6]^{3+}$ 的 Δ_o 约为 $251.04\text{kJ}\cdot\text{mol}^{-1}$，而 Ti^{3+} 的水合能约为 $4184\text{kJ}\cdot\text{mol}^{-1}$。但是 Δ_o 的意义很大，它是晶体场的核心。

2) 配体和中心离子的影响

分裂能的大小除与晶体场对称性有关外，还与配体和中心离子的性质有关，通常具有下列规律：

(1) 对同一中心离子，Δ 值随配体不同而变化，大致按下列顺序增加：

$I^- < Br^-(0.76) < Cl^- < SCN^- < F^-(0.9) <$ 尿素 $< OH^- \sim < ONO^-$(亚硝酸根)$\sim HCOO^-$

$< C_2O_4^{2-}(0.98) < H_2O(1.00) < NCS^- < Y^{4-} <$ 吡啶(1.25) $< NH_3 < en(1.28) < SO_3^{2-}$

$<$ 联吡啶～邻二氮菲(1.34) $< NO_2$(硝基) $< CN^-(1.5\sim3.0) < CO$

括号内的数字是 H_2O 的$\Delta_o = 1.00$ 时的相对值。这个顺序称为光谱化学序列(spectrochemical series)，即配体场强度的顺序。它是从光谱实验中总结得到的。通常将 Δ 值大的配体，如 CN^- 等称为强场配体，而 Δ 值小的配体，如 I^-、Br^- 等称为弱场配体。从光谱化学序可粗略地看出，按配位原子来说 Δ 值的大小为：卤素 < 氧 < 氮 < 碳。

下面列出金属离子相同配体不同的 Ni 和 Cr 配合物的晶体场分裂能值，从中可看出配体场强弱的规律，见表 11-8。

表 11-8　相同配体不同的 Ni 和 Cr 配合物的晶体场分裂能值

ML_6	Δ/cm^{-1}					
	Br^{-1}	Cl^{-1}	H_2O	NH_3	乙二胺	CN^-
NiL_6	7000	7300	8500	10800	11600	16400
CrL_6		13600	17400	21600	21900	26300

(2) 对于相同的配体，同一金属原子高价离子的 Δ 值比低价离子大，如 $[Fe(H_2O)_6]^{3+}$ 和 $[Fe(H_2O)_6]^{2+}$ 的 Δ 值分别为 13700cm^{-1} 和 10400cm^{-1}。

(3) 在配位体和金属离子的氧化数相同时，Δ 值按下列顺序增加：第一过渡系 < 第二过渡系 < 第三过渡系。例如，Co^{3+}、Rh^{3+}、Ir^{3+} 的乙二胺配离子的 Δ 值分别为 23300cm^{-1}、34400cm^{-1} 和 41200cm^{-1}。由此可见 Δ 和 Dq 的值在不同的配合物中是不同的。分裂能 Δ 的值从实验测得，一般情况下其范围在 10000～40000cm^{-1}，处于可见和近紫外光区。

3. 晶体场中 d 电子的排布

对于自由的过渡金属离子，5 个 d 轨道属于同一能级。根据泡利不相容原理和洪德规则，d 电子尽可能分占不同的 d 轨道而且保持自旋平行。但是若这个离子处于配体的负电场作用下，中心离子的 d 轨道发生能级分裂，此时电子的排布究竟是以洪德规则为准，还是先分布在配位体影响下的最低能级的 d 轨道，要看具体的中心离子在具体的配位场中哪一种排布能量上有利。在正八面配合物中，当中心离子的 d 电子数为 1、2、3、8、9 或 10 时，d 电子按两种原则的分布是一致的，但当 d 电子数为 4、5、6 或 7 时，就可能有两种不同的分布方式(表 11-9)。

表 11-9　八面体场中 d 电子在 t_{2g} 和 e_g 中的电子分布

d 电子数	弱场($E_p > \Delta_o$)						强场($E_p < \Delta_o$)					
	t_{2g}			e_g		未成对电子数	t_{2g}			e_g		未成对电子数
1	↑					1	↑					1
2	↑	↑				2	↑	↑				2
3	↑	↑	↑			3	↑	↑	↑			3
4	↑	↑	↑	↑		4	↑↓	↑	↑			2
5	↑	↑	↑	↑	↑	5	↑↓	↑↓	↑			1
6	↑↓	↑	↑	↑	↑	4	↑↓	↑↓	↑↓			0
7	↑↓	↑↓	↑	↑	↑	3	↑↓	↑↓	↑↓	↑		1
8	↑↓	↑↓	↑↓	↑	↑	2	↑↓	↑↓	↑↓	↑	↑	2
9	↑↓	↑↓	↑↓	↑↓	↑	1	↑↓	↑↓	↑↓	↑↓	↑	1
10	↑↓	↑↓	↑↓	↑↓	↑↓	0	↑↓	↑↓	↑↓	↑↓	↑↓	0

分裂后 d 轨道中电子究竟如何排布取决于下面两项能量的相对大小。

电子成对能：当中心离子的 1 个轨道中已有 1 个电子占据之后，要使第二个电子进入同一轨道并与第一个电子成对时，必须克服电子间的相互排斥作用，并且电子从自旋平行到自旋相反，这都需要一定的能量，这部分能量称为电子成对能，简称成对能，用符号 E_p 表示。

晶体场分裂能要求电子优先占据能量较低的轨道，而成对能要求各个电子尽可能分占不同的轨道并保持自旋平行。

在正八面体场中：

若 $E_p > \Delta_o$，中心离子的 d 电子按表 11-9 中弱场的方式分布，电子尽可能分占不同的 d 轨道，使尽可能多的电子自旋平行，这样对体系能量有利，其顺序是电子先进入 t_{2g} 轨道再进入 e_g 轨道，每个轨道先占有一个电子，然后按顺序再成对，这种排布称为高自旋排布。形成的配离子具有较多的未成对电子，其配合物称为高自旋配合物(表 11-9 中弱场)。弱场配位体对中心离子所造成的分裂能小，因此多形成高自旋配离子。

若 $E_p < \Delta_o$，说明电子尽可能进入能量较低的 t_{2g} 轨道，中心离子的 d 电子在进入 e_g 轨道之前，优先充满 t_{2g} 轨道并自旋成对，这样有利于体系能量降低。形成的配离子其自旋平行电子数较少，这种排布称为低自旋排布，其配合物称为低自旋配合物(表 11-9 中强场)。强场配体使中心离子的 d 轨道分裂能增大，因此多形成低自旋配合物。

以 Fe 离子八面体构型的配合物为例，Fe^{3+} 有 5 个 3d 电子。d 轨道在八面体场中分裂成 3 个低能量的 t_{2g} 轨道和 2 个高能量的 e_g 轨道，根据能量最低原理，3 个 d 电子先分别进入 t_{2g} 轨道，另外 2 个 d 电子的排布就有两种情况，见图 11-6 和表 11-10，第一种情况是根据洪德规则，电子进入高能级的 e_g 轨道，且保持自旋平行，但这种排布方式需要克服分裂能 Δ_o。第二种方式是根据能量最低原理，这 2 个电子仍排在 t_{2g} 轨道上，这样就必须克服电子成对能。由图 11-6 可知，第一种方式未成对电子的数目比第二种方式多，因此，以第一种排布方式形成的配合物是高自旋配合物，以第二种排布方式形成的配合物是低自旋配合物。

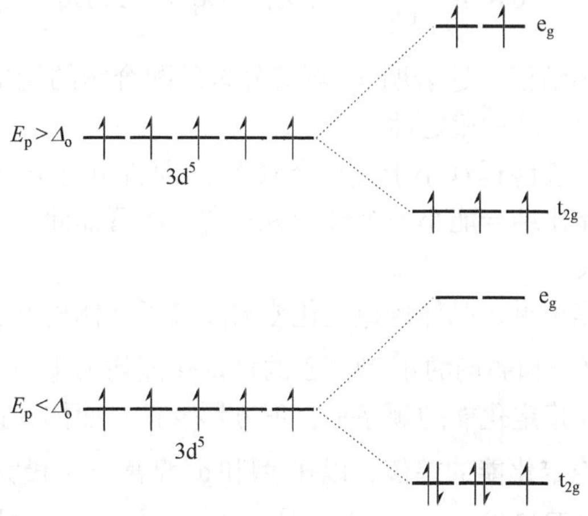

图 11-6　Fe^{3+} 形成配合物时的电子成对能和分裂能的关系

表 11-10　Fe^{3+} 形成配合物时的电子成对能和分裂能

配离子	成对能 E_p / cm^{-1}	分裂能 Δ_o / cm^{-1}
$[Fe(H_2O)_6]^{3+}$	30010	13696
$[Fe(CN)_6]^{3-}$	30010	32980

四面体构型配离子分裂能 Δ_t 只有八面体构型配离子分裂能 Δ_o 的 $\frac{4}{9}$，这种情况总是 $E_p > \Delta_t$。因此，已知的四面体构型配离子都是高自旋排布。

4. 晶体场稳定化能

晶体场稳定化能：在晶体场作用下，d 轨道发生能级分裂，电子进入分裂轨道后的总能量往往低于未分裂前的总能量，这个总能量的下降值称为晶体场稳定化能(crystal field stabilization energy，CFSE)，它可以给配合物带来额外的稳定性。根据分裂后各轨道的相对能量和进入其中的电子数，就可计算出配合物的晶体场稳定化能。例如，对八面体配合物：

$$CFSE = (-4Dq) \times n_{(t_{2g})} + (6Dq) \times n_{(e_g)} \tag{11-7}$$

式中，n 为进入 t_{2g} 轨道和 e_g 轨道的电子数。由式(11-7)可见分裂能既与 Δ_o 有关，又与进入 t_{2g} 轨道和 e_g 轨道的电子数目有关。当 Δ_o 一定时，进入低能 t_{2g} 轨道的电子数目越多，则稳定化能越大，配合物越稳定，如 $[Fe(CN)_6]^{3-}$ 比 $[FeF_6]^{3-}$ 稳定。

$$CFSE_{[FeF_6]^{3-}} = 3 \times (-4Dq) + 2 \times (6Dq) = 0Dq \tag{11-8}$$

$$CFSE_{[Fe(CN)_6]^{3-}} = 5 \times (-4Dq) = -20Dq \tag{11-9}$$

晶体场稳定化能为负值，这表明 d 轨道分裂后配合物的能量与不分裂时的能量相比降低了，配合物获得额外的稳定性。

必须指出，由于分裂能远远小于气态金属离子(即自由离子)与配位体形成配合物时的能量，通常稳定化能比结合能小一个数量级左右。尽管如此，配合物的稳定性和其他性质都与稳定化能有关。

从表 11-11 中数据可见，晶体场稳定化能与配离子立体构型、d 电子数和晶体场强弱有关。d^0、d^{10} 型离子和弱场的 d^5 型离子的稳定化能均为零。除上述情况外，无论是在弱场还是在强场中，稳定化能的顺序是：正方形 > 正八面体 > 正四面体。在弱场中，正方形与正八面体的稳定化能的差值，以 d^4 型和 d^9 型离子为最大；在强场中，以 d^8 型离子的差值为最大。在弱场中，d^1 与 d^6、d^2 与 d^7、d^3 与 d^8、d^4 与 d^9 均相差五个 d 电子，各对稳定化能分别相等。这是因为在弱场中，无论何种几何形态的场，根据重心不变原理可知，多出的 5 个电子对稳定化能没有贡献。

表 11-11　d^n 构型的过渡元素金属离子在不同配位体场中的晶体场稳定化能

d^n	弱场			强场		
	正方形	正八面体	正四面体	正方形	正八面体	正四面体
d^0	0	0	0	0	0	0
d^1	5.14	4	2.67	5.14	4	2.67
d^2	10.28	8	5.34	10.28	8	5.34
d^3	14.56	12	3.56	14.56	12	8.01
d^4	12.28	6	1.78	19.70	16	10.68
d^5	0	0	0	24.84	20	8.90
d^6	5.14	4	2.67	29.12	24	7.32
d^7	10.28	8	5.34	26.84	18	5.34
d^8	14.56	12	3.56	24.56	12	3.56
d^9	12.28	6	1.78	12.28	6	1.78
d^{10}	0	0	0	0	0	0

注：表中计算的稳定化能均未扣除成对能 E_p，而且是以 $\varDelta_o$ 为基准比较所得的相对值。

综上所述，晶体场理论的核心内容是配位体的静电场与中心离子作用引起的 d 轨道的能级分裂和 d 电子进入低能轨道时所产生的稳定化能。

5. 晶体场理论的应用

1) 配合物的磁性(自旋状态)

在八面体场中，d^1 型、d^2 型、d^3 型离子，按洪德规则，其 d 电子只能分占三个简并的 t_{2g} 低能轨道，即只有一种 d 电子的排布方式。而 d^4 型、d^5 型、d^6 型和 d^7 型离子，则分别有两种可能排布方式，当 $E_p > \varDelta_o$ 时，因电子成对需要能量高，故 d 电子将尽量分占轨道，而具有最多自旋平行的成单电子的状态，即高自旋态；反之，当 $E_p < \varDelta_o$ 时，因电子进入 e_g 轨道体系不是能量最低状态，故 d 电子将尽量占据低能级轨道并成对，而具有较少的成单电子，即低自旋态。高自旋态即是 $\varDelta_o$ 较小的弱场排列，配合物不够稳定，成单电子多而磁矩高。低自旋态即是 $\varDelta_o$ 较大的强场排列，配合物较稳定，成单电子少而磁矩低。对比配合物的稳定性时，高自旋与价键理论中的外轨型相对应，低自旋与价键理论中的内轨型相对应。但二者是有区别的，高、低自旋是从稳定化能出发的，内、外轨型是从内外层轨道的能量不同出发的。实验证明，对于第一过渡系金属离子的四面体配合物，因 $\varDelta_t = \dfrac{4}{9}\varDelta_o$，即 $\varDelta_t$ 较小，通常不宜超过 E_p，尚未发现低

自旋配合物。

2) 水合热

离子的水合热是 1 个气态金属离子与水作用生成 1 个水化离子时所产生的热量。Ca^{2+} 和第一过渡系二价金属离子几乎都能形成八面体构型的水合离子(除了 Sc^{2+})。假设不考虑 CFSE 而只考虑从静电作用，二价金属离子随着核电荷的增加 3d 电子层的逐步收缩，极性水分子配体与金属离子的距离逐渐减小，离子水合热曲线应该如图 11-7 中虚线所示，呈单调上升的趋势，然而实验结果显示的是如图 11-7 所示的双峰曲线。当考虑了 CFSE，结果就与实际测量值比较吻合。水是弱场，所以这些八面体水合离子 $[M(H_2O)_6]^{2+}$ 都是高自旋配合物，表 11-12 给出了 M^{2+} 水合离子 d^0～d^{10} 电子进入 t_{2g} 和 e_g 轨道的晶体场稳定化能 CFSE 与 d 电子数的对应关系，发现虚线上的点加上相对应的 CFSE 值就可以和实线上的点相对应，相反则得到虚线上的点。类似的情况也出现在 $4d^n$ 和 $5d^n$ 金属离子的水配合物中。

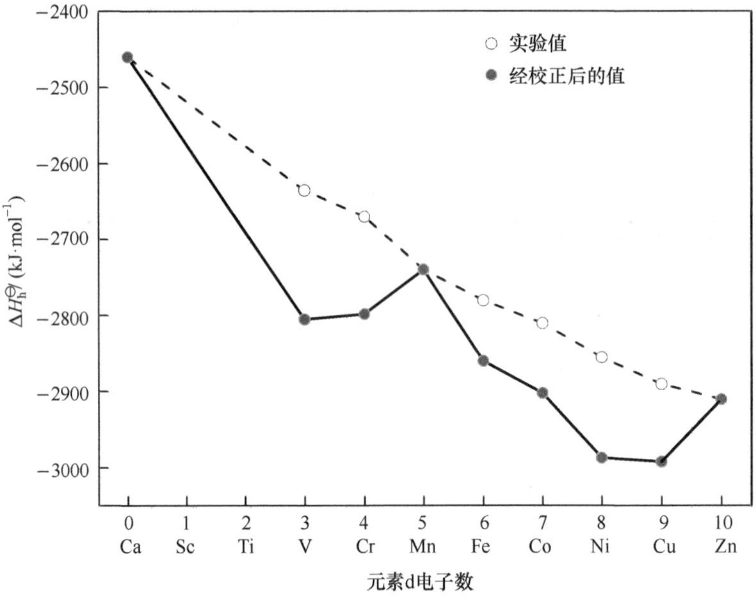

图 11-7　第一过渡系一些金属离子水合热和 d 电子数的关系

表 11-12　d^0～d^{10} 电子进入 t_{2g} 和 e_g 轨道的晶体场稳定化能 CFSE 与 d 电子数的对应关系

d 电子数目	0	1	2	3	4	5	6	7	8	9	10
e_g 轨道电子数	0	0	0	0	1	2	2	2	2	3	4
t_{2g} 轨道电子数	0	1	2	3	3	3	4	5	6	6	6
CFSE/ Dq	0	4	8	12	6	0	4	8	12	6	0

利用晶体场理论很好解释了第一过渡系列金属水合热的双峰特性。

3) 配离子的空间结构

晶体场理论可以帮助人们推测配离子的空间结构。因为晶体场稳定化能既与分裂能有关，又与 d 电子数及其在 e_g 与 t_{2g} 轨道中的分布有关，由表 11-11 可见，对于 d^0(全空)型、d^{10}(全满)型及弱场中的 d^5(半满)型过渡金属的配离子，其稳定化能均为零。除此以外，其余 d 电子数的过渡金属配离子无论是何种空间结构，其稳定化能均不为零，而且稳定化能越大(即 CFSE 的负值越大)，则配离子越稳定。按此比较，除 d^0 型、d^{10} 型及 d^5 (弱场)型过渡金属的配离子没有稳定化能的额外增益外，相同金属离子和相同配体的配离子的稳定性应有如下顺序：

平面正方形 > 正八面体 > 正四面体

但实际情况却是正八面体离子更常见(即更稳定)。这主要是由于正八面体配离子可以形成 6 个配位键，而平面正方形配离子只形成 4 个配位键，总键能前者大于后者，而且稳定化能与总键能相比是很小一部分，因而正八面体更常见。只有两者的稳定化能的差值最大时，才有可能形成正方形配离子。而弱场中的 d^4 型、d^9 型离子及强场下的 d^8 型离子，才是差值最大的情况，如弱场中 $Cu^{2+}(d^9)$ 形成接近正方形的 $[Cu(NH_3)_4]^{2+}$ 和 $[Cu(H_2O)_4]^{2+}$、强场中的 $Ni^{2+}(d^8)$ 形成正方形的 $[Ni(CN)_4]^{2-}$。

比较正八面体和正四面体稳定化能可以看出，只有 d^0、d^{10} 及 d^5 (弱场)时二者才相等，因此这三种组态的配离子只有在适合的条件下才能形成四面体，如 d^0 型的 $[TiCl_4]^-$、d^{10} 型的 $[Zn(NH_3)_4]^{2+}$、$[Cd(CN)_4]^{2-}$ 及弱场 d^5 型的 $[Fe(Cl)_4]^-$ 等都是四面体构型。

4) 配合物的颜色

含有 $d^{1\sim9}$ 构型的过渡元素配合物大多是有颜色的。不同金属水合配离子的颜色见表 11-13。

表 11-13　不同金属水合离子的颜色

d 电子	配合物离子	颜色	d 电子	配合物离子	颜色
d^1	$[Ti(H_2O)_6]^{3+}$	紫红色	d^2	$[V(H_2O)_6]^{3+}$	绿色
d^3	$[Cr(H_2O)_6]^{3+}$	紫色	d^4	$[Cr(H_2O)_6]^{2+}$	天蓝色
d^5	$[Mn(H_2O)_6]^{2+}$	肉红色	d^6	$[Fe(H_2O)_6]^{2+}$	淡绿色
d^7	$[Co(H_2O)_6]^{2+}$	粉红色	d^8	$[Fe(H_2O)_6]^{2+}$	绿色
d^9	$[Cu(H_2O)_6]^{2+}$	蓝色	d^{10}	$[Zn(H_2O)_6]^{2+}$	无色

晶体场理论认为，这些配离子的形成体(或中心离子)由于 d 轨道未填满，有未成对电子，因此 d 电子吸收光能在低能级的 d 轨道到高能级的 d 轨道之间发生跃迁，这种跃迁称 d-d 跃迁，其相应的能量间隔一般在 10000～40000cm^{-1}，相当于可见光及近紫外光

区的波长范围。例如，正八面体配离子$[Ti(H_2O)_6]^{3+}$的水溶液显紫红色，这是因为Ti^{3+}只有 1 个 3d 电子，它在八面体场中的电子排布为t_{2g}^1，当可见光照射到该配离子溶液时，处于t_{2g}轨道上的电子吸收了可见光中波长为 492.7nm 附近的光而跃迁到e_g轨道。这一波长光子的能量恰好等于配离子的分裂能，相当于 20400cm^{-1}，这时可见光中蓝绿色光被吸收，剩下红色和紫色的光，故溶液显紫红色，如图 11-8 所示。

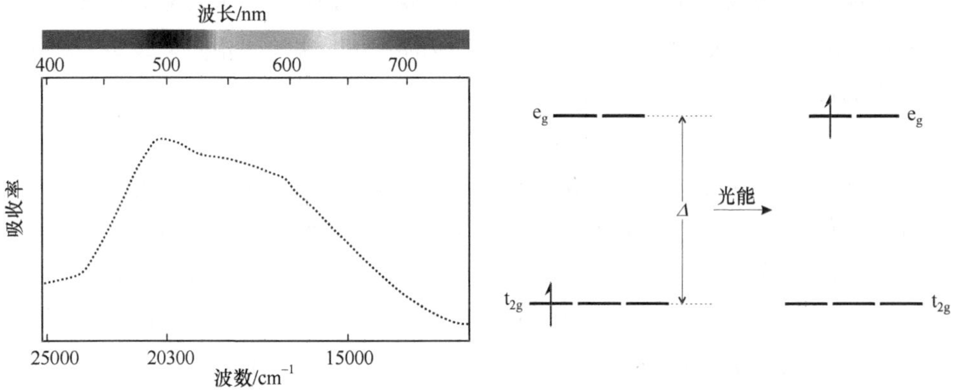

图 11-8　配合物$[Ti(H_2O)_6]^{3+}$ d-d 跃迁对可见光的吸收

根据晶体场理论，配合物的颜色与Δ值有关，分裂能越大，要实现 d-d 跃迁就需要吸收高能量的光子(即波长短的光子)，从而使配合物吸收光谱向短波方向移动。$[Cu(H_2O)_4]^{2+}$显蓝色(吸收橙红光为主，吸收峰约在126000cm^{-1}处)而$[Cu(NH_3)_4]^{2+}$显深蓝色(吸收橙黄色光为主，吸收峰约在 15100 cm^{-1}处)，其原因是NH_3作为强场配体引起晶体场分裂能比H_2O的分裂能大。

电子在简并轨道中的不对称占据会导致分子的几何构型发生畸变，从而降低分子的对称性和轨道的简并度，使体系的能量进一步下降，这种效应称为姜-泰勒(Jahn-Teller)效应。该效应与配合物的立体化学有关，需要注意的是该效应只能预测配合物能发生几何构型的畸变，若要知道畸变的本质和大小，则需通过量子力学计算。此外，畸变前后配合物构型的中心对称不会发生改变。

例如，利用姜-泰勒效应可以解释为什么$[Cu(NH_3)_4(H_2O)_2]^{2+}$为拉长的八面体结构而$[Cu(NH_3)_4]^{2+}$为正方形结构。在溶液状态$Cu^{2+}$周围有 4 个$NH_3$配位，此外，还有 2 个弱配位的$H_2O$，可以形成具有拉长八面体结构的$[Cu(NH_3)_4(H_2O)_2]^{2+}$，轴向位置被$H_2O$占据，“赤道”平面位置被 4 个$NH_3$所占据。根据 Cu—O 和 Cu—N 键长分析，发现 Cu—O 之间距离过长，可以认为Cu^{2+}和H_2O之间无作用，则剩下的$[Cu(NH_3)_4]^{2+}$部分正好处于“赤道”平面，形成平面正方形结构。按晶体场理论，Cu^{2+}为d^9电子构型。简单来说，在八面体场中，3d 轨道发生分裂，最后一个电子有两种排布方式：一种是最后一个电子排布到$d_{x^2-y^2}$轨道，则 xy 平面上的 4 个配体受到的斥力大，距核较远，形成压扁的八面体(图 11-9)，另外一种是最后一个电子填充在d_{z^2}轨道上，在 z 轴方向的排斥力增大，形成拉成八面体构型$[Cu(NH_3)_4(H_2O)_2]^{2+}$，若轴向的两个配体拉得太远，则失去轴向两个配体，变成$[Cu(NH_3)_4]^{2+}$正方形结构(图 11-9)。此时，八面体场会畸变为平面正方形场(图 11-5)。

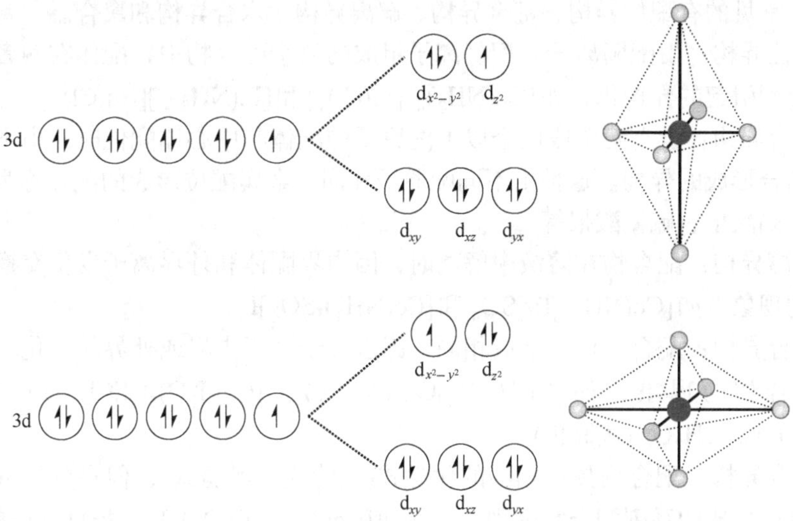

图 11-9　配合物$[Cu(NH_3)_4(H_2O)_2]^{2+}$的姜-泰勒效应示意图

晶体场理论在配位化学中有着广泛的应用，它能解释一些价键理论不能解释的实验现象。用晶体场理论能说明过渡金属配离子的吸收光谱和配合物呈现颜色的原因；根据配位场强弱，电子成对能E_p与分裂能Δ的相对大小，可决定 d 电子的排布、了解配合物的自旋状态是高自旋还是低自旋、解释配合物的磁性等。但是晶体场理论也有它的局限性，它只考虑了中心离子与配体之间的静电作用，而没有考虑它们之间有一定程度的共价结合，因此它既不能解释像$[Ni(CO)_4]$、$[Fe(CO)_5]$等以共价为主的配合物，也不能解释光谱序列的本质。例如，中性H_2O分子为什么比带负电的卤素离子分裂能更大，而 CO 和CN^-等配位体的分裂能特别大，这些问题无法单纯用静电场解释。核磁共振等近代实验证明，金属离子的轨道与配位体分子轨道仍有重叠，也就是说金属离子与配位体之间的化学键具有一定程度的共价成分。从 1952 年开始人们将晶体场(或静电场)理论与分子轨道理论结合起来，提出了配位场理论。配位场理论更为合理地说明配合物结构及其性质的关系，配位场理论在此不作介绍。

11.5　配位化合物的异构现象

配合物的异构现象指的是化学组成完全相同，但是由于中心体周围配体排列方式不同或者连接方式不同而引起配合物结构不同的现象。配合物的异构现象主要有两大类：构造异构(结构异构)和立体异构(空间异构)。一般在动力学上不稳定的配合物极少出现异构现象，因为这类配合物结构会倾向于重排为配合物最稳定几何构型。

11.5.1 构造异构

构造异构指的是配合物中心体和配体的成键方式不同所引起的配体在内、外界分配不同或者在阴阳离子间分配不同等结构变化，从而导致配合物的物理和化学性质发生相应的改变。常见的有配位异构、键合异构、解离异构、水合异构和聚合。

(1) 配位异构：由配阳离子和配阴离子组成的复杂配合物中，配体在两者之间可以进行不同分配引起的异构化，如$[Cu(NH_3)_4][Pt(Cl)_4]$和$[Pt(NH_3)_4][Cu(Cl)_4]$。

(2) 键合异构：含有两个或两个以上配原子的配体与中心体配位时，由不同配原子和中心体结合形成的异构。这种由不同配原子和同一金属配位形成的配体称为异性双基配体，如亚硝酸根、硫氰酸根等。

(3) 解离异构：配合物在溶液中解离时，因内界配体和外界离子发生交换而产生不同配离子的现象，如$[Co(NH_3)_5Br]SO_4$和$[Co(NH_3)_5SO_4]Br$。

(4) 水合异构：配合物化学组成相同，因水分子处于内界或外界的变化不同而产生的不同配合物的现象，如$[Cr(H_2O)_6]Cl_3$（紫色）、$[Cr(H_2O)_5Cl]Cl_2 \cdot H_2O$（绿色）、$[Cr(H_2O)_4Cl_2]Cl \cdot 2H_2O$ (灰绿色)。

(5) 聚合异构：配合物具有相同的化学式(经验式、实验式)，但是分子量却出现成倍变化，进而生成的系列配合物的现象，例如$[Co(NH_3)_3(NO_2)_3]_n$，根据 n 值的不同(n = 1~6)存在多组聚合异构体。

11.5.2 立体异构

配合物化学式相同、中心体和配体的键连方式也相同，因配体在中心体周围的空间排布不相同，而形成的异构现象称为立体异构。常见的类型有几何异构和旋光异构两类。

1) 几何异构

其特征是同构型配合物的化学组成相同，但是配体在中心体的空间相对位置不同。造成这种异构现象的因素有很多，如配合物的空间构型、配体的种类、配体所含配原子个数和多齿配体中配原子的种类等。一般来说，空间构型中的等价点越多，几何异构体越少；配体种类越多，几何异构体越多。总体来说，配合物的体系越复杂，出现的异构体概率就会越大。例如，在中心体为 4 配位的配合物中，中心体的几何构型可能为四面体或者平面四方形，若配位单元为平面四方形，其组成可能有以下 3 种情况：$ML_1L'_3$、$ML_2L'_2$、$ML_1L'_1L''_2$ (M 为中心体，L、L′ 和 L″ 为配体，1、2、3 为配体个数)，几何异构体只存在于后两种构型，分别为 2 个和 3 个。例如，在配合物$[PtCl_2(NH_3)_2]$中，中心体 Pt 为四配位平面四方形构型，存在 2 个几何异构体。其中两个相同配体 Cl 和 NH_3 位于四边形相邻两个顶点上的称为顺式(*cis*-)结构，两个相同配体不在相邻的顶点上的为反式(*trans*-)结构。这两种几何异构体的制备方法、颜色和化学性质都有差异，甚至在人体内的生理、病理作用也有所不同，如现已发现 *cis*-$[PtCl_2(NH_3)_2]$具有抑制肿瘤的作用，可作抗癌药物，而 *trans*-$[PtCl_2(NH_3)_2]$则无此作用。注意其命名一般用“顺-”(或 *cis*-)表示顺式异构体，用“反-”(或 *trans*-)表示反式异构体。这两个配合物分别可命名为顺-二氯·二氨合铂(Ⅱ)和反-二氯·二氨合铂(Ⅱ)。配位单元中心体的配位数为 6，在其八面体的构型中也存在类似的顺、反异构现象。若配位单元中只有两种配体，则其配位单元可以表示为 $ML_2L'_4$ 或者 $ML_3L'_3$，其各有两种异构体。例如，$[Co(NH_3)_4Cl_2]$，存在顺、反两个异构，其结构见图 11-10。$[Co(CN)_3(NH_3)_3]$ 也存在两种异构体分别为面式(*fac*-)和经式(*mer*-)，其结构见图 11-11。应当注意的是配合物的实际异构体的数目和根据几何对称推导出的异构体是有出入的，因为稳定配合物的形成除考虑结构外还要满足一些其他条件，如配位数为 5、7、8 的配合物的异构体几乎无法获得。

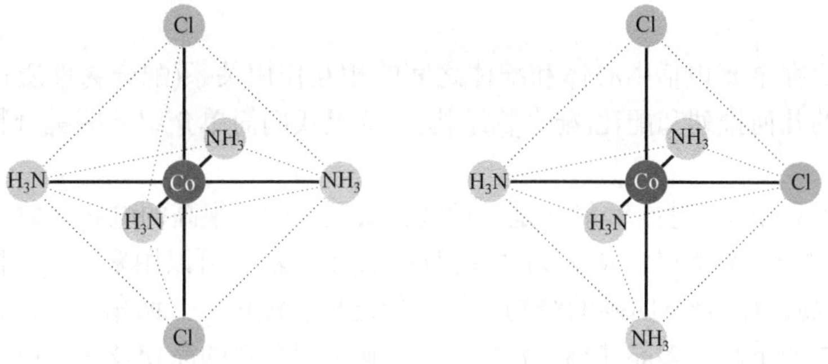

trans-$[Co(NH_3)_4Cl_2]$　　*cis*-$[Co(NH_3)_4Cl_2]$

图 11-10　配合物 $[Co(NH_3)_4Cl_2]$ 两种几何异构体

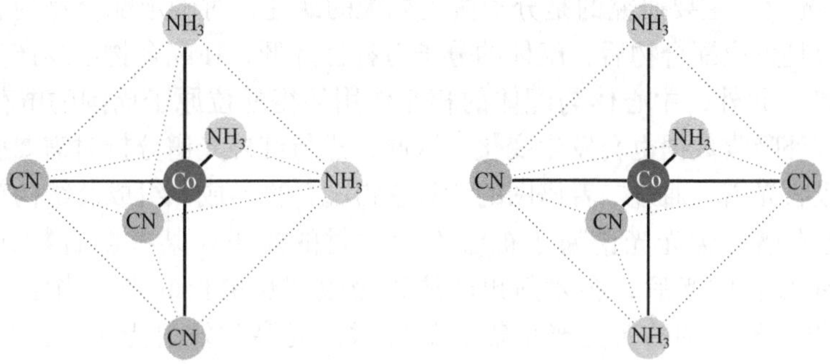

fac-$[Co(CN)_3(NH_3)_3]$　　*mer*-$[Co(CN)_3(NH_3)_3]$

图 11-11　配合物 $[Co(CN)_3(NH_3)_3]$ 两种几何异构体

2) 旋光异构

配体在中心体周围的相对位置相同，但是由于配体排列取向不同造成两个异构体之间呈现镜面对称，就和我们的左手和右手一样，称为旋光异构。用偏振光照射组成相同的对映体时，光的方向会朝不同的方向偏转，其中使偏振光向右旋转的，称为右旋异构体，用符号 D 或(+)表示，使偏振光向左旋转的，称为左旋异构体，用符号 L 或(−)表示，将二者等量混合，称为外消旋混合物，混合物旋光性消失，如 D-$[Cr(OX)_3]^{3-}$ 和 L-$[Cr(OX)_3]^{3-}$。不同的旋光异构体组成虽然相同，但是其在生命体内有可能会产生不同的作用和活性，如天然的 L-尼古丁的毒性要远大于实验室制的 D-尼古丁，因此将外消旋混合物进行分离是十分重要且必要的，这个过程称为拆分，如可以将 *cis*-$[Co(en)_2Cl(NH_3)]^{2+}$拆分为左旋和右旋一对对映异构体。但是，有些理论上可以形成旋光异构体的物质，因其转变速度太快，故不一定能够获得其异构体，如 *trans*-$[Co(en)_2Cl(NH_3)]^{2+}$其对映异构体无法拆分。这个方法可以判断$[Co(en)_2Cl(NH_3)]^{2+}$是顺式还是反式。

11.6 配位化合物的结构及性质表征

配合物研究主要包括中心体和配体之间的相互作用关系(配合物性质)及分子(晶体)中组成粒子的几何排列和配比(配合物结构)。这里我们简单介绍一些配合物结构及性质的研究方法。

(1) X 射线晶体衍射：X 射线是一种波长很短、能量很高的电磁辐射。X 射线晶体衍射包括 X 射线单晶衍射法及 X 射线多晶(粉末)衍射法，可以用来研究晶体的结构。单晶衍射法可以获得配合物明确的结构数据，如键长、键角、二面角等，但是需要培养出适合进行测试的单晶。多晶(粉末)衍射法可以确定配合物的晶相及一些晶体学参数，但是无法获得大多数配合物的具体构型。目前已经开发了相关的软件可以对粉末数据进行结构模拟，解决了部分单晶培养困难的问题。

(2) 红外光谱：主要研究的是分子振动能级的跃迁，对确定配合物的有机配体起到重要作用。但是形成配合物后，配体的分子对称性降低，在配合物中易产生原来没有的新光谱吸收带，此外，中心体与配体的相互作用使得配位原子周围的电荷分布发生改变，相应的红外吸收数据也会发生变化。因此，进行红外光谱分析时需要获得配体和配合物的红外吸收光谱，通过二者谱图的比较获得配合物形成、组成及结构等方面信息。

(3) 荧光光谱：荧光光谱属于被激发后发射的光谱。某些配合物在光线的照射下，吸收特定波长的光后，会发射出较原来吸收波长更长的光，当停止照射后，发光也随之消失。配合物的荧光光谱需要研究激发光谱和发射光谱。激发光谱可以通过连续改变激发光波长，固定某一个发射波长，测定该波长下的荧光发射强度随激发波长变化获得。发射光谱可以通过固定某一激发波长，测定荧光发射强度随发射波长变化获得。配合物的结构不同，其发射波长也会有差异，可以用来研究具有荧光性质的配合物。

(4) X 射线光电子能谱：利用 X 射线将样品原子内层电子激发电离，通过分析样品发射出来的具有特征能量的电子，实现分析样品表面元素组成和化学状态及分子中原子周围的电子密度。对于研究配合物来说，可以利用结合能标记元素及其相应价态，利用半峰信息研究元素化学状态，利用化学位移研究分子结构等。

此外，还有电子吸收光谱、拉曼光谱、核磁共振、顺磁共振、圆二色谱、电化学等，感兴趣的同学可自行查阅相关资料进行学习。

11.7 配位化合物的稳定性及配位平衡

配合物的稳定性本质上是配位单元的稳定性，包括配合物在溶液中的稳定性和氧化还原稳定性等。在溶液中的稳定性主要是指它的热力学稳定性，也就是配合物在水溶液中的解离情况。氧化稳定性指的是配合物中金属离子得失电子的难易程度。

11.7.1 配位化合物的稳定常数

1. 稳定常数和不稳定常数

在配合物中，配离子与外界离子以离子键结合，在水溶液中能完全解离，产生配离子和外界离子，外界离子很容易被检测出来。而配离子中的中心离子与配体之间是以配位键结合，在水溶液中很少解离。例如，在 $CuSO_4$ 溶液中加入氨水，外界离子仍为 SO_4^{2-}，加入 $BaCl_2$ 溶液便可得到 $BaSO_4$ 沉淀。此外，在水溶液中配位单元也存在着解离和生成反应的平衡，当二者反应速率相等时，反应达到平衡状态，可以用如下反应式表示：

$$Cu^{2+}(aq) + 4NH_3(aq) \rightleftharpoons [Cu(NH_3)_4]^{2+}(aq) \tag{11-10}$$

由前面所学的化学平衡原理，可得到该式的标准平衡常数、稳定常数或者生成常数 $K_f^\ominus$，一般表示为 $K_f^\ominus$ 或者 $K_稳^\ominus$，式(11-10)的稳定常数可表示为

$$K_f^\ominus = \frac{\alpha_{[Cu(NH_3)_4]^{2+}}}{\alpha_{Cu^{2+}} \cdot \alpha_{NH_3}^4} \tag{11-11}$$

式中，α 为各质点的平衡活度。通常没有特别指明，以各物质的物质的量浓度来进行计算，此外依据化学平衡的一般原理，其标准平衡常数表达式中，每一浓度项需要除以标准浓度，由于溶液中反应的标准浓度均为 $1.0mol \cdot L^{-1}$，为了书写方便，在此都省去。对于相同类型的配位单元来说，$K_f^\ominus$ 越大，配位单元越稳定，生成配离子的倾向越大，而解离的倾向就越小。例如，$[Ag(NH_3)_2]^+$ 和 $[Ag(CN)_2]^-$ 的 $K_f^\ominus$ 分别为 1.1×10^7 和 1.2×10^{21}，可见后者比前者稳定得多。如前所述，加碘化钾于 $[Ag(NH_3)_2]^+$ 溶液中，可因生成碘化银沉淀而破坏 $[Ag(NH_3)_2]^+$，但在同样条件下却不能破坏 $[Ag(CN)_2]^-$，这一点可通过计算得到证明。

【例 11-1】 比较在 $0.10mol \cdot L^{-1}$ $[Ag(NH_3)_2]^+$ 溶液中含有 $1.0mol \cdot L^{-1}$ 的氨水和在 $0.10mol \cdot L^{-1}$ $[Ag(CN)_2]^-$ 溶液中含有 $1.0mol \cdot L^{-1}$ 的 CN^- 时，溶液中的 Ag^+ 浓度。已知 $K_f^\ominus([Ag(NH_3)_2]^+) = 1.1 \times 10^7$，$K_f^\ominus([Ag(CN)_2]^-) = 1.2 \times 10^{21}$。

解 第一步：求 $[Ag(NH_3)_2]^+$ 和氨水的混合溶液中的 Ag^+ 浓度。

设 $[Ag^+] = x$，根据配位平衡，有如下关系：

$$Ag^+ + 2NH_3 \rightleftharpoons [Ag(NH_3)_2]^+$$
$$x \quad 1.0+2x \qquad 0.10-x$$

NH_3 过量时解离受到抑制，此时 $0.10-x \approx 0.1$ ，$1.0+2x \approx 1.0$ 。

解得 $x = 9.1\times10^{-9}\,mol\cdot L^{-1}$ ，即 $[Ag^+] = 9.1\times10^{-9}\,mol\cdot L^{-1}$ 。

第二步：计算 $\left[Ag(CN)_2\right]^-$ 和 CN^- 混合溶液中的 Ag^+ 浓度。

设 $[Ag^+] = y$ ，与上面的计算相似：

$$Ag^+ + 2CN^- \rightleftharpoons [Ag(CN)_2]^-$$
$$y \quad 1.0+2y \qquad 0.10-y$$

解得 $y = 7.7\times10^{-23}\,mol\cdot L^{-1}$ ，即 $[Ag^+] = 7.7\times10^{-23}\,mol\cdot L^{-1}$ 。

例 11-1 计算结果表明，在水溶液中 $[Ag(CN)_2]^-$ 解离出的 Ag^+ 浓度比 $[Ag(NH_3)_2]^+$ 解离出的 Ag^+ 浓度小得多，即 $[Ag(CN)_2]^-$ 更稳定。

如果在上述混合溶液中含有 $0.1mol\cdot L^{-1}$ 的 I^- ，由于 AgI 的 $K_{sp} = 8.3\times10^{-17}$ ，因此在 $[Ag(NH_3)_2]^+$ 的溶液中会产生 AgI 的沉淀($0.10\times9.1\times10^{-9} > 8.3\times10^{-17}$)，而在 $[Ag(CN)_2]^-$ 溶液中不会产生 AgI 的沉淀($0.10\times7.7\times10^{-23} < 8.3\times10^{-17}$)。

应当注意，在用 $K_f^\ominus$ 比较配离子的稳定性时，配位单元类型必须相同才能进行比较。例如，$\left[CuY\right]^{2-}$ 和 $\left[Cu(en)_2\right]^{2+}$ 的 $K_f^\ominus$ 分别为 6.2×10^{18} 和 1.0×10^{20} ，从 $K_f^\ominus$ 看，似乎后者比前者稳定，但通常情况下是前者更稳定，因为前者是 1∶1 型螯合物，后者是 1∶2 型螯合物，配位单元类型不同会影响配合物的稳定性，所以不能直接用 $K_f^\ominus$ 比较，只能通过计算出离子的具体浓度来进行比较。

除了可用 $K_f^\ominus$ 表示配离子的稳定性，早期的教科书或文献中也常用不稳定常数表示。例如，配离子 $[Cu(NH_3)_4]^{2+}$ 在水中的解离平衡为

$$[Cu(NH_3)_4]^{2+}(aq) \rightleftharpoons Cu^{2+}(aq) + 4NH_3(aq) \tag{11-12}$$

其平衡常数表达式为

$$K_d^\ominus = \frac{[Cu^{2+}]\cdot[NH_3]^4}{[Cu(NH_3)_4^{2+}]} \tag{11-13}$$

这个平衡常数称为 $[Cu(NH_3)_4]^{2+}$ 的解离常数或不稳定常数，可用 $K_d^\ominus$ 或者 $K_{不稳}^\ominus$ 来表示。因为它越大则表示配离子越容易解离，即越不稳定。

很明显，$K_f^\ominus$ 与 $K_d^\ominus$ 之间存在如下关系：$K_d^\ominus = 1/K_f^\ominus$ ，使用时需要注意，不要混淆。

配合物稳定常数可以通过一些实验手段来进行测定，常用的方法有：电位法、极谱法、分光光度法、萃取法、离子交换法、量热滴定法等。

2. 逐级稳定常数和累积稳定常数

以上所讨论的配合物形成和解离反应及其平衡关系式是代表了配合物的总生成或总解离反应的平衡关系式。实际上在溶液中配合物的形成与解离也像多元弱酸一样是分步进行的。例如，$[Cu(NH_3)_4]^{2+}$ 的形成和解离是分四步来完成，每一步均对应相应的标准平衡常数 K_f。

第一步形成(相应于第四步解离)：

$$Cu^{2+}(aq) + NH_3(aq) \rightleftharpoons [Cu(NH_3)]^{2+}(aq) \tag{11-13}$$

$$K_{f1} = \frac{[Cu(NH_3)^{2+}]}{[Cu^{2+}]\cdot[NH_3]} = 2.0\times10^4$$

第二步形成(相应于第三步解离)：

$$[Cu(NH_3)]^{2+}(aq) + NH_3(aq) \rightleftharpoons [Cu(NH_3)_2]^{2+}(aq) \tag{11-14}$$

$$K_{f2} = \frac{[Cu(NH_3)_2^{2+}]}{[Cu(NH_3)^{2+}]\cdot[NH_3]} = 4.7\times10^3$$

第三步形成(相应于第二步解离)：

$$[Cu(NH_3)_2]^{2+}(aq) + NH_3(aq) \rightleftharpoons [Cu(NH_3)_3]^{2+}(aq) \tag{11-15}$$

$$K_{f3} = \frac{[Cu(NH_3)_3^{2+}]}{[Cu(NH_3)_2^{2+}]\cdot[NH_3]} = 1.1\times10^3$$

第四步形成(相应于第一步解离)：

$$[Cu(NH_3)_3]^{2+}(aq) + NH_3(aq) \rightleftharpoons [Cu(NH_3)_4]^{2+}(aq) \tag{11-16}$$

$$K_{f4} = \frac{[Cu(NH_3)_4^{2+}]}{[Cu(NH_3)_3^{2+}]\cdot[NH_3]} = 2.0\times10^2$$

配合物的每步生成常数称为逐级稳定常数。由化学平衡可知总的平衡常数和逐级平衡常数之间的关系为

$$K_f^{\ominus} = \frac{[Cu(NH_3)_4^{2+}]}{[Cu^{2+}]\cdot[NH_3]^4} = K_{f1}\times K_{f2}\times K_{f3}\times K_{f4} = 2.1\times10^{13}$$

配离子的逐级稳定常数之间一般差别不大(除少数例外)，通常是比较均匀地逐级减小，这是因为后面配合的配体受到了前面已经配合的配体的排斥。因此，在计算离子浓度过程中需要考虑各级配离子的存在。一般在实验过程中，会加入过量的配位试剂，因此在计算简单离子浓度时往往按照总的平衡稳定常数来进行计算。

3. 影响配位化合物稳定的因素

影响配合物稳定性的因素有很多，分为内因和外因两个方面，内因主要是指中心体和配体自身的性质特点引起的稳定性差异；外因主要是指配合物所存在外界环境条件引起的稳定性差异，如溶液的酸度、浓度、温度和压力等。这里主要讨论内因引起的稳定性差异。

4. 中心体和配体的关系(软硬酸碱理论)

根据路易斯酸碱电子论的定义，配合物中，中心体是电子对的接受体，是路易斯酸；配体是电子对给予体，是路易斯碱。1963 年皮尔逊(Pearson)提出了软硬酸碱(hard and soft acids and bases，SHAB)概念，即根据酸、碱对外层电子控制的程度，应用了“软”和“硬”两字进行分类，将接受孤对电子能力强、难极化、电荷半径比较小的金属离子称为“硬酸”；将接受电子能力弱、易极化、易变形、电荷半径比较大的金属离子称为“软酸”，将介于二者之间的金属离子称为“交界酸”。按同样道理也将配体分为软、硬和交界三类。给出电子对的原子电负性大、不易失去电子、对外层电子吸引力强、变形性小称为“硬碱”；给出电子对的原子电负性小、易给出电子、对外层电子吸引力弱、变形性大称为“软碱”；介于二者之间的配体称为“交界碱”。

硬酸和硬碱之所以称为“硬”是形象化地表明它们不易变形；软酸和软碱之所以称为“软”是形象化地表明它们较易变形，表 11-14 列举了常见的软硬酸碱。

表 11-14　常见软硬酸碱

酸类	硬酸											
	H^+											
	Li^+	Be^{2+}	Al^{3+}	Si^{4+}								
	Na^+	Mg^{2+}	Sc^{3+}	Ti^{4+}	VO^{2+}	Cr^{3+}	Mn^{2+}	Fe^{3+}	Co^{3+}	Ca^{3+}		As^{3+}
	Ka^+	Ca^{2+}	Y^{3+}	Zr^{4+}		MoO^{3+}				In^{3+}	Sn^{4+}	
	Rb^+	Sr^{2+}	La^{3+}	Hf^{4+}		U^{4+}/UO_2^{2+}						
		Ba^{2+}		Th^{4+}								
	交界酸											
					Fe^{2+}	Co^{3+}	Ni^{2+}	Cu^{2+}	Zn^{2+}			
					Ru^{2+}	Rh^{3+}				Sn^{2+}	Sb^{3+}	
					Os^{2+}	Ir^{3+}				Pb^{2+}	Bi^{3+}	
	软酸											
							Cu^{3+}					
						Pb^{2+}	Ag^+	Cd^{2+}				
					Pt^{2+}	Pt^{r4+}	Au^+	Hg^+	Tl^+			
								Hg^{2+}	Tl^{3+}			
碱类	硬碱											
			H_2O	OH^-	CH_3COO^-	PO_4^{3-}	SO_4^{2-}	CO_3^{2-}	NO_3^-	ROH		
			R_2O[1]	F^-	Cl^-	NH_3		$R—NH_2$[2]		N_2H_4		
			Br^-	N_3^-[3]		NO_2^-	SO_3^{2-}	$ph—NH_2$[4]	N_2			
			R_2S[5]		RSH[6]		RS^-	SCN^-	$S_2O_3^{2-}$			
			R_3P[7]		$(RO)_3P$[8]		R_3As[9]					
			I^-	CN^-	CO	C_2H_4[10]	C_6H_6[11]	H^-				

注：[1]醚；[2]脂肪胺；[3]叠氮酸根；[4]苯胺；[5]硫醚；[6]硫醇及硫酚；[7]膦；[8]亚磷酸酯；[9]胂；[10]乙烯；[11]苯。

由于路易斯酸碱多种多样，分类比较粗糙，反应也较为复杂，因此目前还没有公认的定量理论，只有一个软硬酸碱规则，其内容是：硬酸倾向于与硬碱相结合，软酸倾向于与软碱结合。用通俗的话来说，是“硬亲硬，软亲软，软硬交界就不管”。“软硬交界就不管”的意思是指中间酸(交界酸)与软、硬碱也能结合，中间碱与软、硬酸也能结合，但稳定性较前者差。显然这一规则不定量，而且有不少例外，但它仍是一个很有用的简单规则，能用它说明大量的事实，并能对许多配合物的稳定性做一定的预测。例如，能对化合物相对稳定性给予较好的解释，如 F^- 可以将 SCN^- 从 $[Fe(SCN)_6]^{3-}$ 中取代出来，因为 Fe^{3+} 是硬酸，SCN^- 是软碱，取代前是硬-软结合不太稳定，取代后是硬-硬结合将更稳定。

软硬酸碱规则在生物学和医药学上也有应用，如化学治疗重金属中毒，对于汞、金的中毒，常用含有给电子的原子为硫的药物，如二巯丙醇 $SHCH_2SHCHCH_2OH$ 等来治疗。而治疗铍中毒，则用含有供电子原子为氧原子的药物，如精金三酸等。因为汞、金为软酸，二巯丙醇中的给电原子硫为软碱，软-软结合；而铍为硬酸，精金三酸中的给电原子氧则为硬碱，硬-硬结合，这两种结合均可使这些有害金属离子形成稳定的螯合物而排出体外，从而消除其毒害。

下面结合软硬酸碱理论从中心体和配体两个方面对配合物稳定性影响因素进行分析。

1) 中心体的影响

(1) 中心体的电子构型。

中心体 d 电子的数目会影响配合物的稳定性，第一过渡系金属离子的高自旋配合物的稳定性，从 Mn^{2+} 到 Cu^{2+} 随着 d 电子数目的增加而递增。大量实验数据表明，在八面体场中 CFSE 为 0 的离子配合物通常不够稳定，原因是中心离子 d 电子数目改变引起的 CFSE 贡献有差异。从稳定性增加顺序看，也是酸性增加的顺序(阳离子尺寸的减小和静电效应的降低)。

(2) 中心离子的半径和电荷。

若中心离子同配体间的结合力纯粹为静电引力，则相同构型的金属离子形成配合物的稳定性应随金属离子半径的减小而增大。表 11-15 列出了某些稀有气体构型的金属离子的半径(r)、电荷(Z)与 $K_f^\ominus$ 的关系。从表 11-15 可以看出，与同一种配体形成配合物时，当中心离子电荷相同，半径增大，配合物稳定性减小。

表 11-15　ⅠA、ⅡA 族金属离子与酒石酸根配合物的 r 和 $\lg K_f^\ominus$

中心离子	r/pm	$\lg K_f^\ominus$	中心离子	r/pm	$\lg K_f^\ominus$
Li^+	60	0.76	Be^{2+}	31	—
Na^+	95	0.55	Mg^{2+}	65	1.49
K^+	133	0.40	Ca^{2+}	99	2.00
Rb^+	148	0.36	Sr^{2+}	113	1.96
Cs^+	169	0.30	Ba^{2+}	135	1.85

同一元素或者同周期元素作为中心金属离子，半径相近时，中心离子电荷增大，配合物稳定性增大。如表 11-16 所示。

表 11-16　同一元素或者同周期元素作为中心金属离子，中心离子电荷和 lg $K_f^\ominus$ 关系

配体	$K_f^\ominus$	配体	$K_f^\ominus$	配体	$K_f^\ominus$
$[Co(NH_3)_6]^{3+}$	1.58×10^{35}	$[Fe(CN)_6]^{3-}$	1.00×10^{42}	$[Ni(NH_3)_6]^{2+}$	5.49×10^{8}
$[Co(NH_3)_6]^{2+}$	1.29×10^{5}	$[Fe(CN)_6]^{4-}$	1.00×10^{35}		

2) 配体的影响

(1) 螯合效应。

若配体与中心离子形成螯合物，则螯合物的稳定性往往比与组成和结构相近的非螯合型配合物的稳定性要大，如 $[Cu(NH_3)_4]^{2+}$ 和 $[Cu(en)_2]^{3+}$ 的 $K_f^\ominus$ 分别为 2.1×10^{13} 、1.0×10^{20},后者是螯合物，比前者稳定得多，这种现象称为螯合效应。

螯合物的稳定性与它的环状结构的大小和多少有关。一般来说，以五元环和六元环最为稳定，少于五元环或多于六元环的配合物一般稳定变差，而且少见。一个螯合剂与中心离子形成五元环或六元环的数目越多，螯合物越稳定。

(2) 位阻效应。

在螯合剂的配位原子附近，如果存在着体积较大的基团时，会阻碍配位原子和金属离子的配位，从而降低了配合物的稳定性的现象，称为空间位阻效应，简称位阻效应。位阻出现在配位原子的邻位上时特别显著，称为邻位效应。例如，8-羟基喹啉能和 Al^{3+} 按下式生成配合物沉淀：

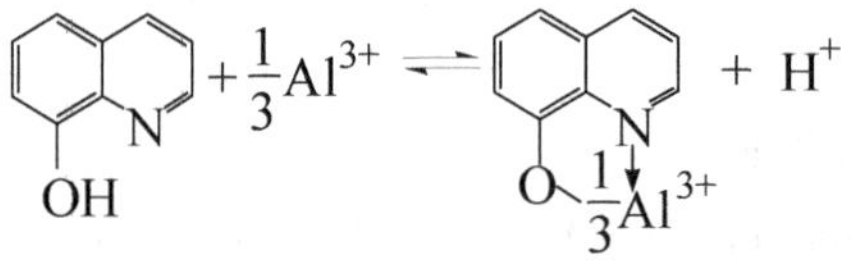

如果在它的 N 的邻位引入 —CH_3 等基团时，那么它就不能和 Al^{3+} 产生沉淀。这是 —CH_3 的空间位阻引起的后果。若在其他位置上引入 —CH_3，则对配合物的生成影响不大。这是因为与配位原子 N 相距较远，不产生位阻现象。

(3) 配位原子的电负性。

对于 8 电子或者 2 电子型阳离子，配位原子的电负性越大，配合物越稳定；对于 18 电子或者(18+2)电子型阳离子，配位原子电负性越小，配合物越稳定，如 $[Co(CN)_6]^{3-} > [Co(NH_3)_6]^{3+}$；对于 d 电子数较多、电荷较低的过渡金属来说，若配位原子有空的 d 轨道或配体有空的π^*轨道，则可以形成反馈π键，增强配合物的稳定性。

此外，一些其他内因对配合物的稳定性也会造成一定的影响，如配体的碱性、18 电子规则等。

11.7.2　配位平衡的移动及影响因素

金属离子和配位体在溶液中形成配离子时存在配位平衡：

$$M^{n+}(aq) + aL^- \rightleftharpoons ML_n^{n-a}(aq)$$

根据平衡移动原理，改变金属离子或配体的浓度均会使平衡发生移动，从而导致配离子的生成或解离。例如，加入某种沉淀剂使金属离子生成难溶化合物或者当配体是弱酸根离子时，改变溶液的酸度使L^-生成难解离的弱酸，都可使平衡左移，引起配离子解离。下面讨论配位平衡与酸碱平衡、沉淀平衡及氧化还原平衡的关系。

1. 配位平衡与酸碱解离平衡

1) 配体的酸效应

在配位平衡时，溶液中存在着配离子、未配位的金属离子和配位体，它们的浓度会因溶液酸度的改变而发生不同程度的变化，故酸度对配位平衡有较大的影响。

从酸碱质子理论的观点来看，一般配位体都可以认为是碱。例如，常见的NH_3和酸根离子，如F^-等，可与H^+结合形成相应的共轭酸，反应的程度取决于配体碱性的强弱，碱越强就越容易与H^+结合。因此在溶液中除了要考虑中心离子和配体的配合反应外，还要考虑配体与H^+的酸碱反应。例如：

$$NH_3(aq) + H^+(aq) \rightleftharpoons NH_4^+(aq) \tag{11-17}$$

在酸性溶液中Cu^{2+}与NH_3分子实际上不能生成配合物，因为当H^+浓度大时，溶液中游离的NH_3浓度很低。$Cu^{2+}(aq) + 4NH_3(aq) \rightleftharpoons [Cu(NH_3)_4]^{2+}(aq)$反应进行极微，实际上不能形成配合物，即此时酸碱反应代替了配合反应。

又如，在弱酸性介质中F^-能与Fe^{3+}配位，$Fe^{3+}(aq) + 6F^-(aq) \rightleftharpoons [FeF_6]^{3-}(aq)$，但若酸度过大($[H^+] > 0.5mol \cdot L^{-1}$)，由于发生$H^+(aq) + F^-(aq) \rightleftharpoons HF(aq)$的酸碱反应，$[F^-]$降低，配位平衡左移，大部分$[FeF_6]^{3-}$解离。因此，从配体方面来看，酸度增大会导致配合物的稳定性降低，这种现象一般称为配体的酸效应。可见酸度对配合物稳定性有一定的影响，实质上这是酸度影响了游离配体的浓度，从而导致配位平衡的移动。增加$[H^+]$，会使$[L^-]$变小，不利于配合物的形成；而降低$[H^+]$，会使$[L^-]$变大，有利于配合物的形成。酸效应的强弱显然与配体碱性有关，碱性越大酸效应越强。若配体是极弱的碱，则基本上不与H^+结合，它的浓度实际上不受溶液酸度的影响，这时酸度也不会影响配合物的稳定性。例如，硫氰酸 HSCN 是强酸，其共轭碱SCN^-是弱碱，以SCN^-作配体时，配合物在强酸性溶液中仍然很稳定。

2) 金属离子的水解效应

金属离子在水中都会有不同程度的水解，如Fe^{3+}可能发生如下的水解反应：

$$Fe^{3+}(aq) + H_2O(l) \rightleftharpoons [Fe(OH)]^{2+}(aq) + H^+(aq) \tag{11-18}$$

$$[Fe(OH)]^{2+}(aq) + H_2O(l) \rightleftharpoons [Fe(OH)_2]^{+}(aq) + H^{+}(aq) \tag{11-19}$$

$$[Fe(OH)_2]^{+}(aq) + H_2O(l) \rightleftharpoons Fe(OH)_3(s) + H^{+}(aq) \tag{11-20}$$

显然溶液的酸度越小，水解越彻底，最后生成 $Fe(OH)_3$ 沉淀，从而使溶液中游离金属离子浓度降低，故 $[FeF_6]^{3-}$ 在酸度小的溶液中遭到破坏，可见金属离子的水解反应也会对配位平衡有影响。因此，从防止金属离子水解的角度来看，增加溶液的酸度可抑制水解，防止游离金属离子浓度的降低，从而有利于配合物的形成，这种现象一般称为金属离子的水解效应。

从上述两种效应来看，酸度对配合物稳定性的影响是复杂的，既要考虑配位体的酸效应，又要考虑金属离子的水解效应，而酸效应和水解效应两者的作用刚好相反，因为酸度对配体和金属离子浓度的影响完全相反，所以在考虑酸度对配合物稳定性的影响时要全面地考虑这些因素。一般每种配合物均有其最适宜的酸度范围，调节溶液的 pH 可导致配合物的形成或破坏，这在实际工作中十分有用。

2. 配位平衡与沉淀溶解平衡

在一配合物溶液中加入某种沉淀剂，它可与该配合物中的中心离子生成难溶化合物，则该沉淀剂或多或少地会导致配离子的破坏。例如，在 $[Cu(NH_3)_4]^{2+}$ 的溶液中加入 Na_2S 溶液，就有 CuS 沉淀生成，而 $[Cu(NH_3)_4]^{2+}$ 则被破坏。即原先的配位平衡被破坏，而代之以沉淀平衡。用反应式表示：

$$[Cu(NH_3)_4]^{2+}(aq) \rightleftharpoons Cu^{2+}(aq) + 4NH_3(aq) \tag{11-21}$$

$$Cu^{2+}(aq) + S^{2-}(aq) \rightleftharpoons CuS(s) \tag{11-22}$$

$$[Cu(NH_3)_4]^{2+}(aq) + S^{2-}(aq) \rightleftharpoons CuS(s) + 4NH_3(aq) \tag{11-23}$$

该反应的标准平衡常数为

$$K^{\ominus} = \frac{[NH_3]^4}{[Cu(NH_3)_4^{2+}]\cdot[S^{2-}]}$$

因将 CuS 固体看为纯相，故在平衡表达式中不写出。将上式右边分子、分母均乘以 $[Cu^{2+}]$，则：

$$K^{\ominus} = \frac{[NH_3]^4\cdot[Cu^{2+}]}{[Cu(NH_3)_4^{2+}]\cdot[S^{2-}]\cdot[Cu^{2+}]} = \frac{1}{K_f^{\ominus}K_{sp}^{\ominus}} = 7.59\times10^{21}$$

该反应的平衡常数很大，正向反应可以进行且很完全。

从 $K^{\ominus} = \dfrac{1}{K_f^{\ominus}K_{sp}^{\ominus}}$ 的关系式可见，沉淀反应代替配合反应的程度取决于配合物的稳定性和所生成的难溶化合物的溶解度。显然配合物越不稳定 $K_f^{\ominus}$ 越小，沉淀的溶解度越小，$K_{sp}^{\ominus}$ 越小，正向反应的倾向越大，反之亦然。

同样，在化学上也能用配位平衡反应来破坏沉淀平衡，用配位剂来促使沉淀的溶解，如用浓氨水溶解氯化银沉淀，这是沉淀物中的金属离子与所加的配位剂形成了稳定的配合物，导致沉淀溶解。例如：

$$AgCl(s) \rightleftharpoons Ag^+(aq) + Cl^-(aq) \tag{11-24}$$

$$Ag^+(aq) + 2NH_3(aq) \rightleftharpoons [Ag(NH_3)_2]^+(aq) \tag{11-25}$$

总的反应为　$$AgCl(s) + 2NH_3(aq) \rightleftharpoons [Ag(NH_3)_2]^+(aq) + Cl^-(aq) \tag{11-26}$$

反应的平衡常数为

$$K^\ominus = \frac{[Ag(NH_3)_2^+]\cdot[Cl^-]}{[NH_3]^2}$$

上式分子、分母均乘以 $[Ag^+]$，则

$$K^\ominus = \frac{[Ag(NH_3)_2^+]\cdot[Cl^-]\cdot[Ag^+]}{[NH_3]^2\cdot[Ag^+]} = K_f^\ominus K_{sp}^\ominus = 2.0\times10^{-4}$$

从 $K^\ominus$ 值来看，上述反应进行的程度不大，故欲使 AgCl 沉淀溶解应加浓氨水，促使反应的进行。配位反应代替沉淀反应的趋势取决于反应的 $K^\ominus$ 值，因为 $K^\ominus = K_f^\ominus K_{sp}^\ominus$，形成的配合物越稳定，沉淀的溶解度越大，正向反应进行越完全。

【例 11-2】　在 $0.1mol\cdot L^{-1}$ 的 $[Cu(NH_3)_4]^{2+}$ 溶液中加入 Na_2S，使 Na_2S 的浓度达到 $1.0\times10^{-3}mol\cdot L^{-1}$，有无 CuS 沉淀生成？已知 $K_f^\ominus([Cu(NH_3)_4]^{2+}) = 2.1\times10^{13}$，$K_{sp}^\ominus(CuS) = 6.3\times10^{-36}$。

解　设 $[Cu(NH_3)_4]^{2+}$ 解离所生成的 $[Cu^{2+}] = x$。

$$Cu^{2+}(aq) + 4NH_3(aq) \rightleftharpoons [Cu(NH_3)_4]^{2+}(aq)$$

平衡时浓度　　x　　$4x$　　$0.1-x$

$$K_f^\ominus = \frac{[Cu(NH_3)_4^{2+}]}{[Cu^{2+}]\cdot[NH_3]^4} = \frac{0.1-x}{x\cdot4x^4} = 2.1\times10^{13}$$

因 $K_f^\ominus$ 较大，x 很小，$0.1-x\approx0.1$，则

$$x = 4.51\times10^{-4}mol\cdot L^{-1}$$

溶液中：

$$[S^{2-}] = 1.0\times10^{-3}mol\cdot L^{-1}$$

$$[Cu^{2+}][S^{2-}] = 4.51\times10^{-4}\times1.0\times10^{-3} = 4.51\times10^{-7} > 6.3\times10^{-36}$$

所以有 CuS 沉淀生成。

【例 11-3】　在 298.15K 时，1L 6 $mol\cdot L^{-1}$ 氨水可溶解多少物质的量浓度 AgCl？

解　已知

$$AgCl(s) + 2NH_3(aq) \rightleftharpoons [Ag(NH_3)_2]^+(aq) + Cl^-(aq)$$

该反应的 $K^\ominus = 2.0\times10^{-4}$，设 1L 6 $mol\cdot L^{-1}$ 氨水可溶解 x mol 的 AgCl。

平衡时各成分的浓度分别为

$$[Ag(NH_3)_2^+] = x,\ [Cl^-] = x,\ [NH_3] = 6 - 2x$$

可以认为所溶解的 Ag^+ 基本上以 $[Ag(NH_3)_2]^+$ 形式存在，将各浓度代入平衡关系式：

$$K^\ominus = \frac{[Ag(NH_3)_2^+]\cdot[Cl^-]}{[NH_3]^2} = \frac{x\cdot x}{(6-2x)^2}$$

解得　$x = 0.0825\ mol\cdot L^{-1}$

计算结果表明，在 1L 6 $mol\cdot L^{-1}$ 氨水中有 0.0825$mol\cdot L^{-1}$ AgCl 溶解，故促使 AgCl 沉淀溶解需要增加氨水浓度。

3. 配位平衡与氧化还原平衡

配位反应的发生可使溶液中的金属离子的浓度降低，从而改变金属离子的氧化还原能力。例如，溶液中 Cu^+ 不稳定，易发生歧化反应，$\varphi^\ominus = 0.521V$。若在溶液中加入 KCN，则由于形成了 $[Cu(CN)_2]^-$ 溶液中 Cu^+ 浓度大大降低，从而使电极电势降低，溶液中的 Cu^+ 趋于稳定。配合反应不仅能改变金属离子的稳定性，而且还能改变氧化还原的方向或者阻止某些氧化还原反应的发生。例如，Fe^{3+} 可以氧化 I^-，$2Fe^{3+}(aq) + 2I^-(aq) \rightleftharpoons 2Fe^{2+}(aq) + I_2$，若在溶液中加入 F^-，则会生成较稳定的 $[FeF_6]^{3-}$，使溶液中 Fe^{3+} 大大降低，导致电对的 $\varphi^\ominus$ 值大大下降，从而使上述反应逆向进行。又如，在通常情况下，氧不能氧化金，但在 NaCN 存在下，氧就能使金发生下列反应：

$$6Au(s) + 12CN^-(aq) + 2O_2(g) + 4H_2O(l) \rightleftharpoons 6[Au(CN)_2]^-(aq) + 8OH^-(aq)$$

这可用下列电对的标准电极电势来说明。因 $\varphi^\ominus_{Au^+/Au} = 1.69V$、$\varphi^\ominus_{O_2/OH^-} = 0.40V$，$\varphi^\ominus_{O_2/OH^-} - \varphi^\ominus_{Au^+/Au} < 0$，故氧不能氧化金。但在 NaCN 存在下形成了 $[Au(CN)_2]^-$，改变了电极电势，$\varphi^\ominus_{[Au(CN)_2]^-/Au} = -0.57V$，$\varphi^\ominus_{O_2/OH^-} - \varphi^\ominus_{[Au(CN)_2]^-/Au} > 0$，而使该氧化反应得以顺利进行，工业上就是利用上述反应来从金矿中提取金。

根据能斯特方程和配位平衡可以计算形成配合物时的标准电极电势。

【例 11-4】 求反应 $[Au(CN)_2]^-(aq) + e \rightleftharpoons Au(s) + 2CN^-(aq)$ 的 $\varphi^\ominus$值。

解　该反应可分解为

$$Au^+ + e^- \longrightarrow Au \xrightarrow{2CN^-} [Au(CN)_2]^-$$

根据能斯特方程得

$$\varphi_{Au^+/Au} = \varphi^\ominus_{Au^+/Au} + \frac{0.0591}{1}\lg[Au^+]$$

因 $[Au^+] = \dfrac{[Au(CN)_2^-]}{K_f^\ominus\cdot[CN^-]^2}$，代入上式可得

$$\varphi_{Au^+/Au} = \varphi^{\ominus}_{Au^+/Au} - \frac{0.0591}{1}K_f + \frac{0.0591}{1}\lg\frac{[Au(CN)_2^-]}{[CN^-]^2}$$

令 $[Au(CN)_2^-] = [CN^-] = 1mol \cdot L^{-1}$，此时，电对的电极电势为电对 $[Au(CN)_2]^- / Au$ 的标准电极电势，即

$$\varphi^{\ominus}_{[Au(CN)_2]^-/Au} = \varphi^{\ominus}_{Au^+/Au} - \frac{0.0591}{1}K_f^{\ominus}$$

查表得 $\lg K_f([Au(CN)_2]^-) = 38.3$、$\varphi^{\ominus}(Au^+ / Au) = 1.69V$，代入上式得

$$\varphi^{\ominus}([Au(CN)_2]^- / Au) = 1.69 - 0.0591 \times 38.3 = -0.57(V)$$

如写成一般通式：$ML_n + ne^- \longrightarrow M^{n+} + nL^-$，则

$$\varphi^{\ominus}(ML_n / M) = \varphi^{\ominus}(M^{n+}/M) - \frac{0.0591}{n}\lg K_f^{\ominus}$$

上面讨论的是金属离子和其单质组成的电对形成配合物后电极电势的变化情况。可见，对于不同氧化数的简单离子电对 Co^{3+} / Co^{2+} 及其氨配合物组成电对 $[Co(NH_3)_6]^{3+} / [Co(NH_3)_6]^{2+}$ 的值，前者 φ 比后者要大得多，这说明 Co^{3+} 在形成配合物后的氧化能力降低。但对于电对 Fe^{3+} / Fe^{2+} 及其邻二氮菲配合物电对来说，前者 φ 值比后者要小。这说明 Fe^{3+} 在形成配合物后氧化能力增加。产生两种截然相反的情况，原因在于两种氧化数离子的相应配合物稳定性的相对大小不同。

设在 298.15K 时，同一金属的 2 种不同氧化数离子构成的电对为 $M^{m+} / M^{n+} (m > n)$，其配合物的电对的标准电极电势和配合物的稳定常数间存在下列关系：

$$\varphi_{[ML_a]^{m+}/[ML_a]^{n+}} = \varphi^{\ominus}_{M^{m+}/M^{n+}} + \frac{RF}{(m-n)F}\ln\frac{K_f^{\ominus}([ML_a]^{m+})}{K_f^{\ominus}([ML_a]^{n+})}$$

从上式可知，低氧化数离子配合物的 K_f 大于高氧化值的 K_f 时，配合物电对的 φ 值将大于简单离子电对的 φ，反之亦然。

11.8　配位化合物的应用

11.8.1　检验离子的特效试剂

通常利用螯合剂与某些金属离子生成有色难溶的配合物，作为检验这些离子的特征反应。例如，二甲基二肟是 Ni^{2+} 的特效试剂，在严格的 pH 和氨的浓度条件下，它与 Ni^{2+} 反应生成鲜红色沉淀，用来检验 Ni^{2+} 的存在。

11.8.2　作为掩蔽剂或沉淀剂

多种金属离子共同存在时，要测定其中某一金属离子，其他金属离子往往会与试剂

发生同类反应而干扰测定，如 Cu^{2+} 和 Fe^{3+} 都会将 I^- 氧化成 I_2。因此在用 I^- 来测定 Cu^{2+} 时，与之共存的 Fe^{3+} 就会产生干扰，如果加入 F^- 或 PO_4^{3-}，使 Fe^{3+} 与 F^- 配位生成稳定的 $[FeF_6]^{3-}$ 或 $[Fe(HPO_4)]^+$ 就能防止 Fe^{3+} 的干扰。这种防止干扰的作用称为掩蔽作用，配位剂 NaF 和 H_3PO_4 称为掩蔽剂。

近年来发现某些有机螯合剂能和金属离子在水中形成溶解度极小的配合物沉淀，它具有相当大的分子量和固定的组成。少量的金属离子便可产生相当大量的沉淀，这种沉淀还有易于过滤和洗涤的优点，因此利用有机沉淀剂可以大大提高质量分析的精确度。例如，8-羟基喹啉能从热的 HAc-Ac^- 缓冲溶液中定量沉淀 Cu^{2+}、Ca^{2+}、Al^{3+}、Fe^{3+}、Ni^{2+}、Zn^{2+}、Mn^{2+} 等离子，这样就可使上述离子被分离出来。

11.8.3　在医药领域的应用

配合物可作为药物来医治某些疾病，且疗效更好或毒副作用更小。

例如，多数抗微生物的药物属配体，它们和金属离子(或原子)配位后形成的配合物往往能增加其活性。又如，丙基异烟肼与一些金属的配合物的抗结核杆菌的能力比丙基异烟肼更强，其原因可能是配合物的形成提高了药物的脂溶性和透过细胞膜的能力。又如，风湿性关节炎与局部缺乏铜离子有关。用阿司匹林治疗风湿性关节炎就是将体内结合的铜转化为低分子量的中性铜配合物透过细胞膜运载到风湿病变处而起治疗作用的，但阿司匹林会螯合胃壁的 Cu^{2+}，引起胃出血。若改用阿司匹林的铜配合物，则疗效增加，即使较大剂量也不会引起胃出血这一副作用。20 世纪 70 年代以来配合物作为抗癌药物的研究也受到很大重视，如顺式 *cis*-$[PtCl_2(NH_3)_2]$ 已用于临床抗癌药物。

由此可见结合实际问题开展在医药学领域中有关配合物化学的研究具有十分重要的理论和实践意义。

11.8.4　在生物领域的应用

金属配合物在生物化学中的应用非常广泛，而且极为重要。许多酶的作用与其结构中所含有的配位金属离子有关。生物体中的能量转换、传递或电荷转移、化学键的形成或断裂及伴随这些过程出现的能量变化和分配等，常与金属离子和有机体生成复杂的配合物所起的作用有关。例如，植物生长中起光合作用的叶绿素是含 Mg^{2+} 的复杂配合物。动物血液中起输送氧的血红素是 Fe^{2+} 卟啉配合物等。

习　题

1. 试述配位化合物中配位数和配体数的区别和联系。

2. 给以下各配合物(或配离子)命名。

(1) $[Zn(NH_3)_4]^{2+}$　　(2) $[Co(NH_3)_3Cl_3]$

(3) $[FeF_6]^{3-}$　　(4) $[Ag(CN)_2]^-$

(5) $[Fe(CN)_5(NO_2)]^{3-}$

3. 画出下列配离子的空间几何构型示意图：

(1) *cis*-$[CrF_2(H_2O)_4]^+$　　(2) $[CuCl(H_2O)_3]^+$(平面四方形)

(3) $[GaCl_4]^-$　　(4) *trans*-$[RuCl_2(en)_2]^+$

(5) *cis*-$[Cr(C_2O_4)_2Cl_2]^{3-}$

4. 试述配位化合物价键理论的基本要点，如何区别内轨型和外轨型配合物？

5. 配离子$[NiCl_4]^{2-}$和$[Ni(CN)_4]^{2-}$的空间构型分别为正四面体形和平面四方形。试根据价键理论分别画出它们的中心原子价层电子排布图，判断其磁性，指出Ni^{2+}的杂化轨道类型。

6. 请回答以下问题，已知下列配合物的磁矩。

(a) $[Ni(NH_3)_6]^{2+}$：$\mu = 3.2$B.M.　　(b) $[Cu(NH_3)_4]^{2+}$：$\mu = 1.73$B.M.

(1) 分别给它们命名；

(2) 根据价键理论画出中心离子价层电子排布图；

(3) 指出中心离子杂化轨道类型；

(4) 指出配离子的空间构型；

(5) 指出该配合物是内轨型还是外轨型。

7. 用价键理论写出下列配离子的电子构型、中心离子的杂化轨道类型、配离子的几何构型，并判断其是内轨型还是外轨型配合物。

(1) $[Fe(en)_2]^{2+}$($\mu_B = 5.5$B.M.)　　(2) $[Pt(CN)_4]^{2-}$

(3) $[Mn(CN)_6]^{4-}$(有一个成单电子)　　(4) $[FeF_6]^{3-}$

8. 试述晶体场理论的基本要点。

9. 根据晶体场理论估计下列各组配合物中，哪一个吸收光的波长较长？

(1) $[CrCl_6]^{3-}$, $[Cr(NH_3)_6]^{3+}$　　(2) $[Ni(NH_3)_6]^{2+}$, $[Ni(H_2O)_6]^{3+}$

(3) $[TiF_6]^{3-}$, $[Ti(CN)_6]^{3-}$　　(4) $[Fe(H_2O)_6]^{2+}$, $[Fe(H_2O)_6]^{3+}$

(5) $[Co(en)_3]^{3+}$, $[Ir(en)_3]^{3+}$

10. 在−78℃时向$NiBr_2$的CS_2溶液中加入$PEt(Ph)_2$(Et 为乙基，Ph 为苯基)，生成一种分子式为$NiBr_2[PEt(Ph)]_2$的红色配合物，在室温下静置时，该配合物转变成一种具有相同分子式的绿色配合物，红色配合物是反磁性的，而绿色配合物却具有 3.2B.M. 的磁矩。问：

(1) 这两个配合物的空间几何构型如何？简述理由。

(2) 根据它们结构上的差异，合理地说明这两个配合物的颜色。

11. 已知$[Fe(CN)_6]^{4-}$和$[Fe(H_2O)_6]^{2+}$ 两个配离子的分裂能和成对能：

	$[Fe(CN)_6]^{4-}$	$[Fe(H_2O)_6]^{2+}$
分裂能/cm^{-1}	33000	10400
成对能/cm^{-1}	17600	17000

(1) 判断它们属于什么类型的配合物(高自旋或低自旋)；

(2) 分别写出它们的 d 电子排布方式；

(3) 分别计算它们的晶体场稳定化能(CFSE)。

12. 用晶体场理论判断配离子$[Fe(H_2O)_6]^{2+}$、$[Fe(CN)_6]^{4-}$、$[CoF_6]^{3-}$、$[Co(en)_3]^{3+}$[$\Delta_o = 23300cm^{-1}$，Co(Ⅲ)的电子成对能$P = 21000cm^{-1}$]是高自旋还是低自旋，计算配合物的磁矩μ及晶体场稳定化能。

13. 根据软硬酸碱原理，比较下列各组中，不同配体与同一中心离子形成的配合物的相对稳定性大小，简述理由。

(1) Cl^-，I^-与Hg^{2+}；

(2) Br^-，F^-与Al^{3+}；

(3) NH_3，CN^-与Cd^{2+}。

14. Ni^{2+}、Pd^{2+}、Pt^{2+} 都是 d^8 电子构型，Ni^{2+} 四配位的配合物多数是四面体构型(sp^3 杂化)，少数为平面四方形构型(dsp^2 杂化)；而 Pd^{2+} 和 Pt^{2+} 的四配位的配合物基本上都是平面四方形构型(dsp^2 杂化)，为什么?

15. 已知反位效应的顺序为：$R_3P > Cl^- > R_3N$。试预测 K_2PtCl_4 与 2mol 的 R_3P 进行取代反应及它与 2mol 的 R_3N 进行取代反应的产物。

16. 已知：$Co^{3+} + e^- \longrightarrow Co^{2+}$，$\varphi^\ominus = 1.84V$；$[Co(NH_3)_6]^{3+} + e^- \longrightarrow [Co(NH_3)_6]^{2+}$，$\varphi^\ominus = 0.0062V$、$K^\ominus_{f,[Co(NH_3)_6]^{2+}} = 1.3\times10^5$，求 $K^\ominus_{f,[Co(NH_3)_6]^{3+}}$。

17. (1) 请写出 $Zn(OH)_2 + 2OH^- \rightleftharpoons [Zn(OH)_4]^{2-}$ 的平衡常数；

(2) 将 0.010mol $Zn(OH)_2$ 加入 1.0 $mol\cdot L^{-1}$ NaOH 溶液中，NaOH 浓度需要多大，才能使之完全溶解生成$[Zn(OH)_4]^{2-}$？已知 $K^\ominus_{f,[Zn(OH)_4]^{2-}} = 3.3\times10^{15}$，$K^\ominus_{sp,[Zn(OH)_2]} = 1.0\times10^{-17}$。

18. 在 $Zn(OH)_2$ 饱和溶液中悬浮着一些 $Zn(OH)_2$ 固体，将 NaOH 溶液加入上述溶液中，直到所有悬浮的 $Zn(OH)_2$ 固体恰好溶解为止。此时溶液的 pH 为 13.00，计算溶液中 Zn^{2+} 和$[Zn(OH)_4]^{2-}$ 的浓度。已知 $K^\ominus_{f,[Zn(OH)_4]^{2-}} = 3.3\times10^{15}$、$K^\ominus_{sp,[Zn(OH)_2]} = 1.0\times10^{-17}$。

19. 将 0.1$mol\cdot L^{-1}$ $AgNO_3(aq)$ 与 0.5 $mol\cdot L^{-1}$ $NH_3\cdot H_2O$ 等体积混合，平衡时，溶液中各物种的浓度是多少？已知 $K^\ominus_{f,[Ag(NH_3)_2]^+} = 1.67\times10^7$。

20. 如果 1L 氨水中溶解了 0.1mol AgCl(s)，试计算该氨水的最初浓度。已知 $K^\ominus_{f,[Ag(NH_3)_2]^+} = 1.67\times10^7$，$K^\ominus_{sp,AgCl} = 1.7\times10^{-10}$。

第 12 章　生物无机化学简论

生物无机化学(bioinorganic chemistry)是无机化学和生物学等多个生命学科交叉所形成的一门新兴学科。

20 世纪 50 年代开始，随着现代分析测试技术的发展，可以很容易地测定出百万分之一甚至十亿分之一数量级含量的元素。通过这些灵敏的检测方法，人们发现许多生命过程均有微量或痕量无机(金属)元素的参与，并涉及元素周期表中的许多元素，尤其是第一过渡系元素。现已知道，生物体系中具有发达的、令人惊叹的无机化学系统，这一系统将许多无机元素通过特定的、近乎最优化的方式有机结合在一起。现代生物无机化学可以概括为“将无机化学的原理和方法用于研究生物体系中无机元素，是金属元素及其化合物的结构及生理功能的一门交叉学科”，其研究范围包括从分子水平上理解生命体系中无机元素的循环，环境、药物及营养体系中的无机元素的正、负作用，生物体系中金属酶、金属蛋白的结构及功能，金属与生物配体间的相互作用(生物配体化学)等。

从 20 世纪 60 年代初至今，生物无机化学发生了令人瞩目的变化。特别需要提及的是，顺铂这一无机物作为抗癌药物在世界范围内的广泛使用是无机化合物在医药中应用最成功的典范。在 50 多年的历程中，一系列生物无机化学的专著、丛书及学术期刊在系统地总结和归纳生物体系中金属离子的结构及功能方面起到了非常重要的推动作用。生物无机化学已不再是早期一些实验数据的罗列和堆积，已经逐渐形成了一门独立、系统的新学科。该领域的许多热点问题正吸引着化学、生物学、医学等学科的注意力。在当今生命科学中很少有生物无机化学不涉足的范畴。21 世纪是生命科学的世纪，生物无机化学面临着前所未有的挑战和机遇。

有关生物无机化学的学术活动得到了世界各国科学家的广泛关注，每两年一次的国际生物无机化学会议均有近千名代表参加，显示了生物无机化学研究队伍的庞大和该领域的繁荣昌盛。我国生物无机化学经过几代人的共同努力，研究水平不断提高，并取得了一些在国际上具有一定影响的研究成果。

12.1　生命必需元素

12.1.1　生命元素及其功能

人们将维持生命所需要的元素称为生命体的必需元素，也称生命元素。这些元素的缺失会造成生物体生理或结构异常，重新引入这种元素可以消除上述生理或结构异常现象。至今已知地壳中天然存在的 90 多种化学元素，约有 30 种是生物所必需的(表 12-1)。依据生物体对元素需要量的多少，生命元素可以分为宏量元素(包含宏量结构元素和宏量矿物元素)和微量元素。

表 12-1 生命元素

宏量元素		微量元素		
宏量结构元素	宏量矿物元素	所有生物中	某些生物中	
H	Na	Mn	B	As
C	Mg	Fe	F	Se
N	Cl	Co	Al	Br
O	K	Cu	Si	Mo
P	Ca	Zn	V	Sn
S			Cr	I
			Ni	Ba

宏量元素指含量占生物体总质量 0.01%以上的元素，包含 H、C、O、N、P、S、Na、K、Ca、Mg、Cl 共 11 种元素，存在于所有生物中。以原子总数的百分数表示活生物中 4 种最丰富的元素是 H(49%)、O(25%)、C(25%)、N(0.27%)，它们构成大多数细胞的质量的 99%以上。H、O、N、C 能借用共用电子对分别形成 1、2、3 和 4 个稳定的共价键，具有广泛的化学结合方式，与 P 和 S 一起组成生物体内的蛋白质、脂肪、糖类和核酸等有机物，是地球上生命的基础物质。P 和 S 除参与组成生物体内的核酸和蛋白质等有机物外，还具有独特的化学性质，即 P 和 S 形成的键有水存在时不稳定，因而形成这些键需要相当大的能量。但由于这些键被水解时能量又会被释放出来，所以含 P 和 S 的分子，如三磷酸腺苷(ATP)和乙酰辅酶 A 在生命系统中适于担当能量载体的角色。Ca、K、Mg、Cl、Na 常以单原子离子形式存在于细胞溶胶中，这些离子在生物体内主要作用为非特异性作用，如维持渗透平衡、形成在神经传导和主动运输过程中的离子梯度，以及中和生物大分子上的电荷等。宏量元素是组织的结构成分，膳食中每日需要量以克数计算(Mg 除外)。

其余的必需元素在生物体中含量甚微，称为微量元素，如 Mn、Fe、Co、Cu、Zn 等，所有微量元素的总含量小于 0.1%。人对 Fe、Cu、和 Zn 的要求，每日以毫克数计，对其他微量元素的需要量则更少。科学家对于微量元素的发现及其生理功能的认知是逐渐深入的，因此在不同文献及教材中列举的必需元素数目不尽相同。微量元素是生命过程中具有重要功能的酶、激素等物质的关键组分，尤其是某些过渡金属元素，在金属蛋白和金属酶，如催化、电子转移和与外来分子的结合等生物功能中起重要作用。虽然微量元素在生物体内含量很少，但缺乏时生物不能正常生长，而稍有过量，反而对生物有害，甚至致其死亡。例如，缺铁可导致贫血，而摄入过量的铁会引起血色素沉着，肝脾肿大，胰腺受损，导致糖尿病等；缺锌会引起人体免疫缺陷，而锌过量会引起食欲不振，顽固性贫血。

人类在漫长的进化历程中，逐渐形成了一系列平衡机制，以调节控制必需元素在体内迁移和防止它们过度摄入。在最高摄入量与最低摄入量之间常有一定的余地，使机体可以在某种范围内与变化的环境相适应。当摄入量不足时，机体可以动用体内储存的元素，暂时维持正常的生理功能，但若这种状态持续下去，则势必会发展为一种疾病。当摄入量偏高时，体内平衡的机制可以将多余的微量元素排出体外，但是当摄入量过大超出机体的排泄能力时，这些元素会在体内积累，最终导致某些组织或器官受损害。这些微量元素一旦在体内累积，往往需要很长时间才能消除。

12.1.2　生命元素与环境

生物体以周围环境中含量丰富的无机物作为自身的结构材料，因此生物体的元素组成与环境有关。人处于食物链的末端，植物和动物先逐级积累各种必需元素和有害元素，然后通过食物进入人体，这是人摄取微量元素的主要途径。地表元素因环境条件的影响而发生迁移，故一些生命元素在地表分布不均，在某些地区分散、流失，在另外一些地区又富集、积累，这种生物地球营养链中生命元素含量的异常，是引起植物、动物及人类地方性疾病发生的重要原因。

在我国，地方病分布较广，大多数与微量元素有关。硒与某些地方疾病的关系是微量元素对地方病影响的典型例子。克山病是一种心脏损伤性疾病，在我国 16 个省内都有发生，病区都处于低硒地带，但低硒地区不一定都是病区。病区的粮食和人的血液、毛发及尿液中硒含量与全血谷胱甘肽过氧化物酶活性都低于非病区。因此，人们认为这种疾病与缺硒有密切关系，而补硒对于潜在型克山病和慢性克山病无显著防治作用，说明低硒可能是克山病的一种重要致病因素，但不是唯一因素。大骨节病是另一种跟缺硒密切相关的地方性疾病，为慢性对称畸形骨关节病，发病人群主要是处于发育期的青少年，补硒具有良好的防治效果。硒作为生命元素日益受到重视，但是摄入过量硒也是有毒的，在高硒地区，牲畜会因摄入过量硒而中毒、发育迟缓、脱毛甚至死亡。而职业原因，经常接触含硒粉尘和硒化合物的工人也会发生中毒。

12.1.3　工业污染金属元素

除自然环境中本来存在的元素分布外，人类生产活动，如采矿业、矿物燃料燃烧、工业排放、汽车尾气引起的环境污染日益突出，造成一些金属元素在生物体内的过量富集。

(1) 汞。汞主要通过采矿业、矿物燃料燃烧、工业排放、含汞农药施用等人类活动进入环境。汞和汞化合物在一定条件下会甲基化，转变为$(CH_3)_2Hg$ 或 CH_3HgX(X 为一价负离子)，汞甲基化后容易挥发，经过食物链在水生动物体内累积，由于 CH_3HgX 具有脂溶性，因此在富含脂肪的鱼类体内浓度较高。

汞与蛋白质的半胱氨酸残基的巯基结合牢固，可以直接抑制酶的活性部位，也可以通过改变活性部位附近的构象影响酶的活性，导致细胞色素 c 氧化酶、琥珀酸脱氢酶、磷酸甘油脱氢酶、乳酸脱氢酶、碳酸酐酶等一系列酶失活；汞进入大脑将损害神经系统；汞还能与核酸碱基和磷酸基结合，改变核酸构象；改变细胞膜的通透性，破坏细胞的离子平衡。

(2) 镉。镉通常由采矿和冶炼业进入环境，通过自然沉降和降雨，落在土壤中。土壤对镉的吸附力较强，容易累积，且当土壤 pH 降低时，镉化合物溶解度增加。镉通过呼吸道和消化道进入人体，主要存积于肾脏和肝脏，其生物半衰期长达 16～33 年。

急性镉中毒会引起化学性肺炎或中毒性肺水肿，慢性中毒则会导致肺气肿、肾脏损害、骨软化等。

(3) 铅。大气铅污染主要来自汽车尾气，另外有色金属冶炼和煤燃烧也是铅的来源。铅通过呼吸道和消化道进入人体，在人体内的半衰期长达 4 年。

铅中毒会造成神经系统和肾脏损害。早期或轻度中毒时，主要是功能性损害。晚期或严重中毒则会导致器质性损害甚至不可逆病变。铅中毒的特征症状之一是卟啉代谢功能紊乱引起的贫血症。

(4) 铝。铝是自然界中特别是地壳中含量较高的元素(占地壳质量的 7.45%)，但无论是海水还是生物体的含铝量都很少。铝在过去被人们认为是无毒的微量元素，随着工业废气排放和燃煤汽车尾气排放形成的酸雨增多，土壤中有大量铝溶出，这部分铝经过转化形成氢氧化铝和不溶性铝盐，这些胶体会堵塞植物根部的传输管道，导致大量森林被毁。

铝的毒性主要表现为对中枢神经系统的损害和在人体内干扰磷的代谢而导致骨软化症。有研究表明，铝中毒与阿尔茨海默病有关，据流行病学调查，饮用高铝水的地区，阿尔茨海默病的患病率和死亡率均高。

12.2 金属中心的结构与功能

生物体利用金属离子的特殊性质来完成一系列具有特殊功能的生命过程。在生命体系中，金属中心通常被给电子的配体所包围，形成配位化合物以发挥作用。这些配体除了简单的无机小分子或阴离子，如 H_2O、S^{2-}、O^{2-}、OH^-、PO_4^{3-}、Cl^-、HCO_3^- 等，主要是生物大分子配体，如蛋白质和核酸。金属与这些生物大分子配位后，形成一系列金属生物大分子包括金属蛋白、金属酶、离子通道蛋白、核酸酶等。它们在氧气运输、电子传递、水解、氧化还原、异构化、离子传输等方面发挥着至关重要的作用。表 12-2 列举了必需金属元素的代表性生物功能。

表 12-2 必需金属元素的代表性生物功能

金属	功能
Na	电荷载体、保持渗透压平衡、神经信号传输
K	电荷载体、保持渗透压平衡、神经信号传输
Mg	结构、水解酶、异构酶
Ca	结构、触发作用、第二信使、电荷载体
V	固氮酶、氧化酶
Mo	固氮酶、氧化酶、转氧酶
W	脱氢酶

续表

金属	功能
Mn	光合作用、氧化酶、结构
Fe	氧化酶、氧气的输运及储备、电子转移、固氮酶
Co	氧化酶、烃基转移酶
Ni	加氢酶、水解酶
Cu	氧化酶、氧气的输运、电子转移
Zn	结构、水解酶

12.2.1　金属蛋白

蛋白质是生命体系中最重要的一类生物大分子，也是生物功能的主要载体。据统计，到目前为止所发现的蛋白质中大约有 1/3 为金属蛋白，常见的金属包含钙、镁、锌、铁、铜等，此外还发现了钼、镍和锰等金属。具有催化功能的金属蛋白称为金属酶。在金属离子与蛋白质的相互作用中，一方面，金属离子对新生肽链的折叠或稳定蛋白质的高级结构具有重要作用；另一方面，肽链的折叠及形成的二级结构，也对金属离子与蛋白质的配位选择性和成键方式产生重要的影响。

1. 金属与蛋白结合方式

金属离子需要与配体结合发挥作用，蛋白质中的某些氨基酸残基含有可与金属离子配位的基团，如半胱氨酸 Cys 的巯基、组氨酸 His 的咪唑基、谷氨酸 Glu 和天冬氨酸 Asp 的羧基、酪氨酸 Tyr 的酚羟基等。多数情况下，金属离子直接与蛋白质内源配体(上述氨基酸侧链基团)配位结合到蛋白质分子中，形成金属活性中心，如锌指蛋白。如图 12-1 所示，锌指蛋白是最重要的一类 DNA 结合蛋白，具有多个 Cys 和 His 氨基酸残基，它们与 Zn^{2+} 配位形成四面体结构，类似手指状，称为“锌指”结构。在锌指蛋白中，锌的地位不可替代，只有锌指蛋白才具有选择结合核酸的能力，脱锌或用铁、铜、锰、钴、镍等金属离子置换锌离子都将可能丧失其功能。锌提供的链间交联及锌结合位点侧面保守的疏水核使得锌指蛋白能够维持稳定的折叠成螺旋结构体系。

金属离子除直接与蛋白中氨基酸侧链配位外，另一种结合方式是与一些外源配体(如水分子、酸根离子、有机小分子如卟啉环等)先形成具有特定配位结构的单核或多核金属中心，它们作为金属辅基插入蛋白质分子的特定结构部位，形成金属活性中心，血红素蛋白是这类蛋白的典型代表。其中铁与卟啉构成的配位结构就是血红素辅基(图 12-2)，铁卟啉是铁占主导地位的生物有效形式。在许多氧化还原系列中，生物体系有时候需要较复杂的无机金属簇合物来获得特定的功能，铁-硫蛋白中含有的 Fe_nS_m 铁硫簇是重要的活性中心，它就是以金属簇合物的方式与蛋白结合的。

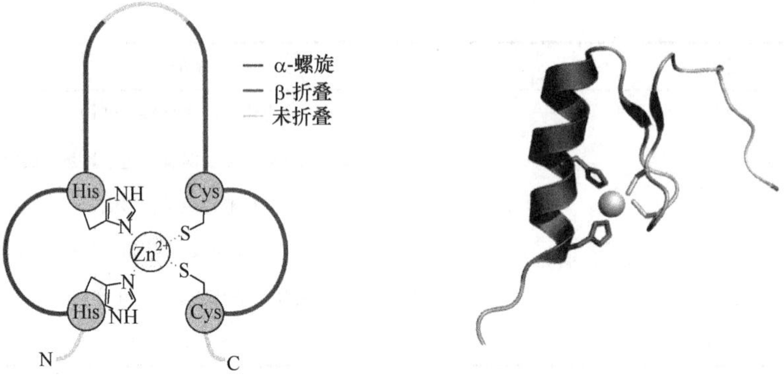

图 12-1　锌指蛋白结构示意图

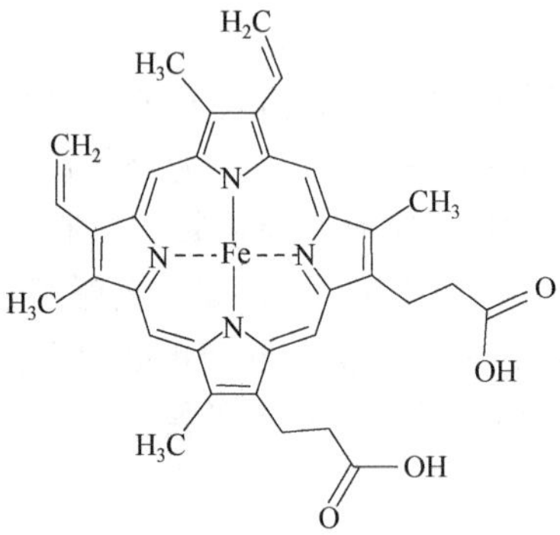

图 12-2　血红素结构示意图

2. 金属蛋白中的金属功能

金属蛋白在生物体中承担着各种各样的功能，如氧气运输、电子传递、水解、氧化还原、异构化、离子传输等。下面主要介绍在一些常见金属蛋白中的典型金属功能。

1) 氧载体

生物体内的天然氧载体具有可逆载氧能力，能将外界吸入体内的氧气运送到各种组织，供细胞内维持生命所必需的各种氧化作用。按照蛋白质载氧活性部位的化学本质，天然氧载体可分为三类：含血红素辅基的蛋白，如血红蛋白和肌红蛋白；不含血红素的铁蛋白，如蚯蚓血红蛋白；含铜的蛋白，如血蓝蛋白。这些蛋白中的功能性金属核心示于图 12-3。在这些蛋白中，存在着一个精确的化学平衡，在 O_2 分子结合的铁或铜中心处，无一不进行着可逆的电子转移反应或者氧化还原反应。在血红蛋白(hemoglobin，Hb)和肌红蛋白(myoglobin，Mb)中，双氧结合部位是铁-卟啉配合物，结合以后结构会发生变化。对于血红蛋白，结构的变化触发了蛋白质链的微妙运动，从而导致摄取双氧的协同作用。其他两个呼吸蛋白在双氧结合反应中调用了一对金属离子，在软体动物和节肢动物的血蓝蛋白(hemocyanin，Hc)中，双氧结合在两个铜原子之间，而在海洋无脊椎动物的蚯蚓血红蛋白(hemerythrin，Hr)中，O_2 分子配位于 Fe_2 单元的端梢位置。在这两种结合方式中，O_2 结合反应都包括对双金属中心还原(或脱氧)性的氧化加成，产生氧化性的过氧化物或氢过氧化物衍生物。在生物无机化学中，Hc 和 Hr 是典型例子，利用一对金属离子表现出的功能(可逆结合氧)，与不同类型蛋白 Hb 或 Mb 中金属卟啉单元所表现出的作用是相同的。而且，在这三类反应中应用的化学机理也非常相似。自然界就是这样用不同的过渡金属，在不同的有机体中，执行着相同的功能。类似的这些认识，构成了生物无机化学原理的基础。

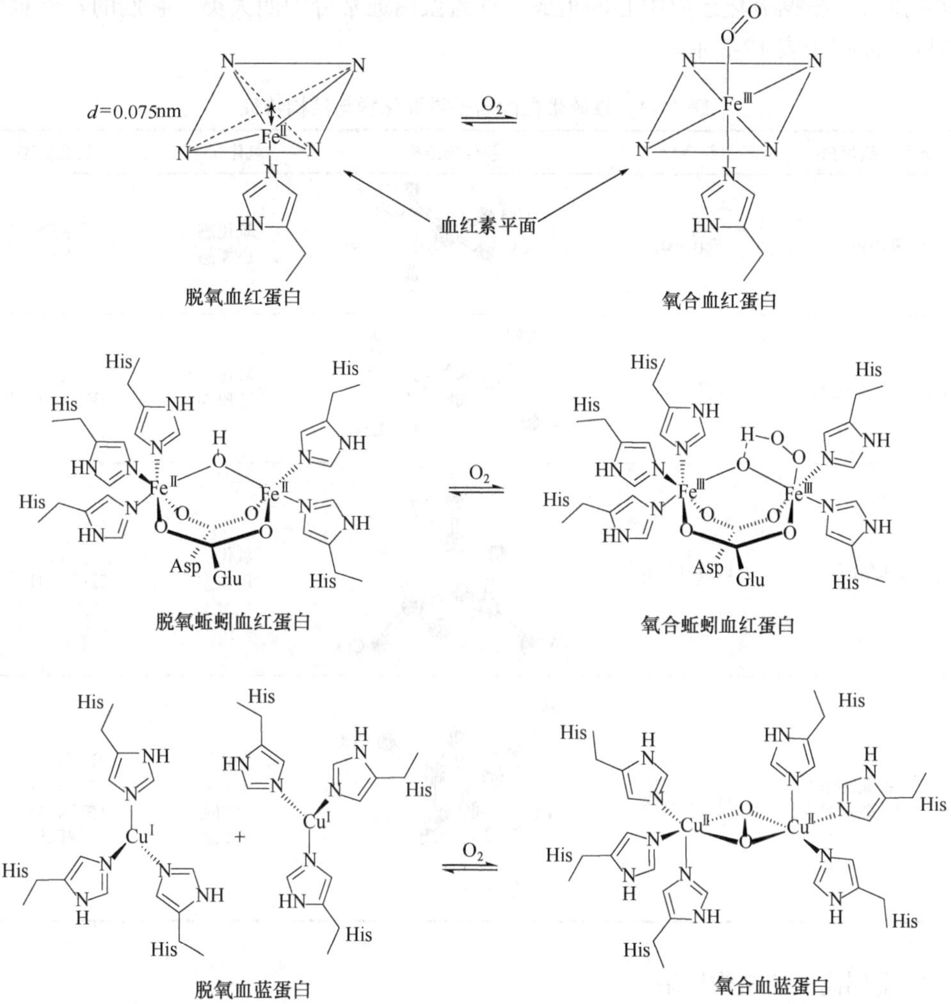

图 12-3　三类双氧结合蛋白中存在的功能单元(其中原卟啉Ⅸ被描述为血红素)

2) 电子传递

在生物体系中，电子传递反应是一系列重要生物过程的基本反应，所有的氧化还原反应都会涉及电子的转移。由于铁、铜等过渡金属离子有可变的化合价，通过其价态之间的变化，如 Fe(Ⅲ)/Fe(Ⅱ)、Cu(Ⅱ)/Cu(Ⅰ)等，可以有效地进行电子传递。正因如此，在生物进化过程中形成了一些含铁、铜等过渡金属离子的蛋白作为生物过程中的电子传递体。目前已经知道的电子传递蛋白有三类：一类是含有血红素辅基的蛋白，即细胞色素类；另外一类是铁硫蛋白，这是一类活性中心含有铁硫簇合物的非血红素蛋白；还有一类是活性中心含有铜的蓝铜蛋白。

铁硫簇合物是铁硫蛋白的活性部位，化学组成为$Fe_nS_m(Cys)_x$，其中 Cys 为半胱氨酸，S 称为无机硫或活泼硫，当遇到无机酸时会变成H_2S溢出。铁硫蛋白相对分子质量较小，多数在 10000 左右。所有铁硫蛋白中的铁都可变价，它们的主要功能是作为电子传递体参与生物体内多种氧化还原反应，特别是在生物氧化、固氮作用和光合作用中具有重要意义。根据氧化还原中心的组成，铁硫蛋白通常分为四大类，它们的若干重要化与结构特征列于表 12-3 中。

表 12-3　铁硫蛋白的若干重要化学与结构特征

典型铁硫蛋白	簇合物	簇合物结构	氧化状态	表观价态
红氧还蛋白	$Fe(Cys)_4$	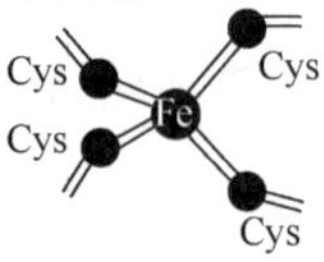	氧化态 还原态	Fe^{3+} Fe^{2+}
植物型铁氧还蛋白	$Fe_2S_2(Cys)_4$	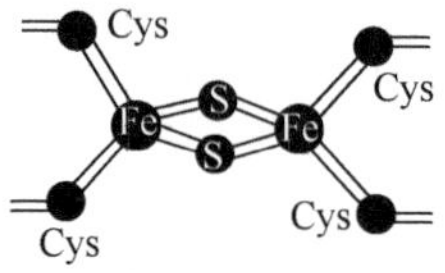	氧化态 还原态	$2Fe^{3+}$ $1Fe^{2+}$，$1Fe^{2+}$
乌头酸酶	$Fe_3S_4(Cys)_3$	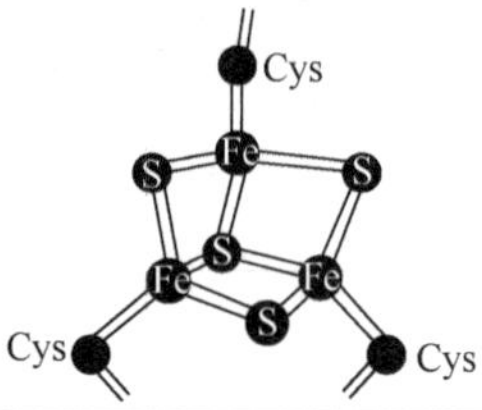	氧化态 还原态	$3Fe^{3+}$ $2Fe^{3+}$，$1Fe^{2+}$
高电位铁氧还蛋白 细菌型铁氧还蛋白	$Fe_4S_4(Cys)_4$	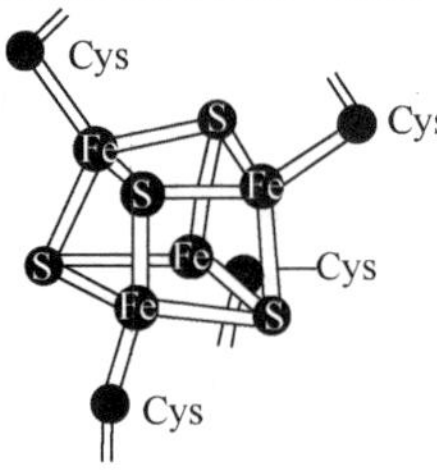	氧化态 中间态 中间态 还原态	$3Fe^{3+}$，$1Fe^{2+}$ $2Fe^{3+}$，$2Fe^{2+}$ $1Fe^{3+}$，$3Fe^{2+}$ $4Fe^{2+}$

3) 金属离子的结构作用

近来发现调节基因表达的一些蛋白质家族中含有Zn^{2+}。第一例被发现的这类金属蛋白是转录因子Ⅲ(TFⅢA)，它存在于非洲的爪蟾(*Xenopus*)卵母细胞中，是一种精确转录 5S 核糖体 RNA 基因所必需的蛋白。在这些蛋白质中，金属离子起结构作用，形成小核酸结合域的中心核，称为“锌指”。在以 TFⅢA 为代表的一类蛋白质中，金属离子表现出和 DNA 的直接相互作用。与基因调节有关的其他类含锌蛋白质已经发现，其中的金属稳定域可能还有其他作用。例如，Zn^{2+}存在于大部分 DNA 和 RNA 的聚合酶中，金属离子在这些重要酶中的作用有待详细阐述。最后，几种与基因表达的金属调节作用有关的蛋白质现已得到表征。在这样的金属调节体系中，蛋白质的活性取决于是否存在结合金属离子。细菌 MerR 蛋白就是一例，它能在从 DNA 转录到 RNA 的层次上调节汞解毒系统的表达，也能调节哺乳动物中铁的应答系统。铁的应答系统在 RNA 翻译为蛋白质的层次上控制着铁蛋白、铁储存蛋白和铁输运蛋白的表达。

12.2.2　金属酶

由金属离子参与催化反应的酶称为金属酶(metalloenzyme)。金属酶可分为两类：一类金属离子作为酶的辅助因子与酶蛋白结合较为牢固，其稳定常数≥10^8，仍然称为金属酶；另一类金属离子作为酶的激活剂与酶结合较松弛，可以从酶中解离出来，其稳定常数<10^8，称为金属离子激活酶。表 12-4 归纳了含各种金属离子的金属酶。

表 12-4　重要金属酶

金属离子	酶
Zn^{2+}	碳酸酐酶(carbonic anhydrase)、醇脱氢酶(alcohol dehydrogenase)、羧肽酶(carboxypeptidase)A 和 B、DNA 聚合酶(DNA-polymerase)
Cu^{2+}	细胞色素氧化酶(cytochrome oxidase)、超氧化物歧化酶(superoxide dismutase)
K^+	丙酮酸激酶(pyruvate kinase)、丙酰 CoA 羧化酶(propionyl CoA carboxylase)
Mg^{2+}	己糖激酶(hexokinase)、丙酮酸激酶、6-磷酸葡糖磷酸酶(glucose-6-phosphatase)
Mn^{2+}	精氨酸酶(arginase)、核糖核酸还原酶(RNA reductase)、超氧化物歧化酶
Fe^{3+}或 Fe^{2+}	过氧化物酶(catalase)、过氧化氢酶(peroxidase)、细胞色素氧化酶(cytochrome oxidase)
Ni^{2+}	脲酶(urease)
Mo^{2+}	硝酸盐还原酶(nitrate reductase)、固氮酶(nitrogenase)
Na^+	质膜 ATP 酶(plasmalemma adenosine triphosphatase)

1. 金属离子作为酶的辅助因子

金属离子作为酶的辅助因子，在酶促反应中传递电子、原子或功能基团，有些则维持酶蛋白活性必需的空间结构，多属于过渡金属离子，如 Fe^{3+}、Fe^{2+}、Cu^{2+}、Zn^{2+}、Mn^{2+}、Co^{2+}。例如，羧肽酶 A 是较早具有高分辨三维晶体结构的金属酶，主要催化具有各种 C 末端氨基酸的肽链水解，在羧肽酶 A 中，每个酶分子中含有一个 Zn^{2+} 作为辅基，是维持羧肽酶 A 活性所必需的组分。铜锌超氧化物歧化酶(Cu_2Zn_2-SOD)含有两个相同的亚基，每个亚基中均含有一个铜和一个锌离子，其中铜离子为五配位的变形四方锥构型，锌离子为四配位的变形四面体构型，通过组氨酸侧链上的咪唑基团将二者桥联在一起，形成一种特殊的双核异金属活性中心。

2. 金属离子作为酶的激活剂

松散结合的金属离子通常为碱金属和碱土金属离子，如 K^+、Na^+、Mg^{2+}、Ca^{2+} 等金属离子可作为酶的激活剂，其中 Mg^{2+} 是很多种酶(如糖激酶)的激活剂。激活剂对酶的作用有一定的选择性，即某一激活剂只对某一种或某几种酶起激活作用。有时离子之间有抑制作用，如 Mg^{2+} 激活的酶常被 Ca^{2+} 抑制。有时同一种酶有不止一种激活剂金属离子，可以互相替代，如 Mn^{2+} 可以代替 Mg^{2+} 作为激酶的激活剂。激活剂浓度升高，一些酶可以从被激活转为被抑制，如 NADP 合成酶，$[Mg^{2+}]$为 $(5\sim10)\times10^{-3}\,mol\cdot L^{-1}$ 时，有激活作用，在 $3\times10^{-2}\,mol\cdot L^{-1}$ 时则酶活性下降。

12.3　医药中的金属

现代无机药物化学是一个多学科交叉的综合研究领域，它将化学、药理学、生物化学和药物化学紧密联系在一起，从药物设计、合成、结构与活性的关系，到药物的反应、代谢动力学及毒理学，再到药物的靶向、结构、构象变化等，都属于无机药物化学的研究领域。它注重于基础的无机化学问题，同时考虑新型无机化合物在医学领域的应用潜力。在现代医学中无机化合物的使用已经非常普遍。从生命必需元素到有益元素甚至放射性元素都在医学上占有一席之地，而且涉及多种疾病的诊断和治疗：在抗肿瘤药物方面，最重要的是抗癌药顺铂(cisplatin) *cis*-$Pt(NH_3)_2Cl_2$，通过静脉注射可用来治疗睾丸、卵巢及头颈部的肿瘤。顺铂对早期诊断出的睾丸癌，治愈率超过 90%。除广泛使用的铂类化合物外，含钌、金、铜等的配合物也表现出显著的抗癌潜力，部分化合物正在进行不同阶段的临床试验；一价金化合物治疗风湿性关节炎已经有几十年的历史。一个重要的药物是金诺芬(auranofin)$[Au(PEt_3)(ttag)]$，此处 ttag 表示 4-*O*-乙酰硫葡萄糖(4-*O*-acetylthioglucose)，这是第一个治疗类风湿关节炎的口服药。它是抗关节炎黄金试剂中一个重要药剂，其他的黄金试剂都是注射液。$Tc(CNR)_6^+$ 这类配合物中的锝是放射性同位素 ^{99m}Tc，可被心肌纤维选择性地吸收，已证明它对心脏造影非常有用。含铋化合物在胃溃疡的治疗中疗效显著，多种化合物在临床中使用；含钒、铬的配合物能够模拟胰岛素的功能，从而能够用于糖尿病的治疗；金属卟啉、酞菁化合物可以作为光敏剂在癌症的光动力学治疗中发挥作用；钆配合物作为核磁共振造影剂在临床诊断中的使用日益广泛。由于无机化合物的广泛性和多样性，生物无机化学用于改善人类健康的可能性是无止境的。

第 13 章　滴 定 分 析

分析化学(analytical chemistry)是化学的一个分支学科，是关于测定物质的质和量的科学。具体来说，分析化学是发展和应用各种方法、仪器和策略以获得有关物质在空间和时间方面组成和性质的信息的一门学科，其主要任务是鉴定物质的化学组成、测定物质有关组分的含量、确定物质的结构和存在形态及其与物质性质之间的关系等。分析化学是由许多分析方法构成的，而分析方法是根据被测物质在某种变化或某种条件下所表现的性质建立的实验方法。按照分析任务的不同，分析方法可分为定性分析(qualitative analysis)、定量分析(quantitative analysis)和结构分析(structure analysis)。其中，定量分析根据所采用的具体方法又可分为以物质的化学反应为基础的化学分析法(chemical analysis)和以物质的物理或物理与化学性质为基础的仪器分析法(instrumental analysis)。

滴定分析(titrimetric analysis)是化学定量分析中常用的分析方法之一，多用于各种无机物和有机物的常量和半微量分析。该方法不需要使用昂贵的精密仪器，具有快速、简便及准确度较高(相对误差 $<0.2\%$)的特点，且经常作为标准方法使用。因此，滴定分析法在各行业的应用相当广泛，涉及石油化工、冶金、煤炭电力、食品、烟草、制药等行业的产品质量分析检测及监督、检验部门的监控分析等多方面的应用。当其与现代滴定分析仪联用时，还可延伸进行达 400 多种被测物的分析检测，所以滴定分析法是学习化学定量分析方法中最重要的一种分析方法。

13.1　滴定分析方法简介

13.1.1　滴定分析术语与特点

滴定(titration)是将一种已知准确浓度的试剂溶液——标准溶液(standard solution)，用滴定管滴加到一定量被测物质——试样(sample)溶液中的过程。当标准溶液与被测组分按化学计量关系式反应完全时，称反应达到了化学计量点(stoichiometric point，sp)，根据滴定所消耗的标准溶液(滴定剂)的浓度和用量即可计算出试样的含量。

在化学计量点时，许多化学反应往往没有可观察的特征性变化，因此必须借助于某种手段，如加入某种试剂，使其在化学计量点或附近产生如颜色变化、生成沉淀等易观察的现象以指示反应的完成，加入的试剂通常称为指示剂(indicator)，根据指示剂的工作原理，当其颜色发生突变时的那个点称为滴定终点(end point，ep)。若指示剂不是恰好在化学计量点时变色，则会导致滴定终点与化学计量点不一致，由此而造成的分析误差称为滴定误差(titration error)，也称终点误差。滴定误差是滴定分析误差的主要来源之一，其大小取决于滴定反应的完全程度和指示剂的选择是否恰当。

13.1.2　滴定分析法对化学反应的基本要求

能够在水溶液或非水体系中进行的化学反应种类很多，但并非所有的反应都可用于滴定分析，适用于直接进行滴定分析的化学反应需具备以下条件：

(1) 反应要按一定的化学反应式进行，即反应应具有确定的化学计量关系，不发生副反应。

(2) 反应必须定量进行。通常要求反应完全程度≥99.9%。

(3) 反应速率要快。对于速率较慢的反应，可以通过加热、增加反应物浓度或加入催化剂等措施来提高反应速率。

(4) 有适当的方法确定滴定终点。

13.1.3　滴定分析方法的分类

1) 按滴定方式分类

(1) 直接滴定法(direct titration)：是用标准溶液直接滴定被测物质的方法，凡是满足滴定反应基本要求的化学反应，都能用直接滴定法进行分析测定。

(2) 返滴定法(back titration)：对于反应较慢或反应物是固体或没有合适的指示剂指示终点的反应，可以使用两种标准溶液进行滴定。即先定量加入一种过量的标准溶液，使试样完全反应，剩余的标准溶液再用另一种标准溶液滴定，从而测定出试样的含量，这种滴定方式称为返滴定法，也称回滴法。

(3) 间接滴定法(indirect titration)：有些不能与滴定剂直接反应的物质，可通过其他化学反应间接进行滴定。

(4) 置换滴定法(replacement titration)：有些不按确定化学计量关系(如伴有副反应)进行的化学反应，无法通过直接滴定法来分析待测组分，此时可先用适当试剂与被测物质反应，定量置换出可以直接滴定的另一物质，然后再用现有的标准溶液滴定该物质，从而求出待测物质的含量。

2) 按化学反应类型分类

按所使用的化学反应类型不同，可将滴定分析分为酸碱滴定法、氧化还原滴定法、配位滴定法和沉淀滴定法四种。这四种滴定法将在本章中逐一介绍。

13.1.4　滴定分析过程及标准溶液的配制

滴定分析的一般过程包含三个步骤，即标准溶液的配制、标准溶液的标定和试样组分含量的测定。标准溶液的配制方法可分为直接法和间接法两种。

1) 直接法

准确称取一定量的基准物质(能用于直接配制标准溶液或标定溶液准确浓度的物质)，溶解后转移至容量瓶中定容，经计算可得标准溶液的准确浓度。作为基准物质必须具备下列条件：

(1) 试剂组成与化学式完全相符。

(2) 试剂纯度达 99.9%以上。

(3) 性质稳定，如不易吸收空气中的水分和CO_2、不易分解，也不易被空气所氧化等。

(4) 最好有较大的摩尔质量，以减少称量时的相对误差。

(5) 试剂参与滴定反应时，应按反应式定量进行，无副反应。

2) 间接法

若试剂不满足基准物质的条件，则可用间接法配制标准溶液，即先配成近似于所需浓度的溶液，然后用基准物质或另一种标准溶液来确定其准确浓度。这一操作过程称为标定(standardization)。

13.2 滴定分析结果的误差及数据处理

13.2.1 误差产生的原因和分类

某一物理量本身具有的客观存在的真实数值，即为该物理量的真值。由于对试样的分析通常涉及多个步骤和多种物理量的测定，加之受到方法、仪器、试剂及分析工作者主观条件等诸多因素的制约，因此测量或测定的结果总是存在着或多或少的不可靠性和不确定性，即物理量的测量值不可能与真实值绝对一致，这种测量值与真值之间的差异称为实验误差，简称误差(error)。在定量分析中产生误差的原因很多，根据其性质和来源一般可分为系统误差(systematic error)和随机误差(accidental error)。

1) 系统误差

系统误差来自于分析时的某些固定因素，在同一条件下重复测定时，其数值具有重复性，因而也称为可测误差。它的主要来源有以下几个方面。

(1) 方法误差：因分析方法不够完善而引起的误差。例如，滴定分析反应进行不完全或有干扰物质存在、指示剂选择不当造成滴定终点与化学计量点相差较远等。

(2) 仪器和试剂误差：因测定所用仪器不够精确而引起的误差称为仪器误差。例如，分析天平灵敏度欠佳、容量仪器刻度不准等。因试剂本身纯度不够而引起的误差称为试剂误差。例如，所用试剂或蒸馏水中含有微量杂质或干扰物质等。

(3) 操作误差：因分析人员的操作不够正确所引起的误差。例如，称量前对试样的预处理不当；滴定终点判断不当等。

(4) 主观误差：又称个人误差，是因分析操作人员的主观因素或习惯不同而引起的误差。例如，操作者读取数据时习惯性偏高或偏低、辨别滴定终点颜色时习惯性偏深或偏浅等。主观误差的数值可能因人而异，但对某一具体操作者基本上是一相对固定值。

2) 随机误差

随机误差也称偶然误差，它是由难以预料的某些偶然因素所造成的，其数值的大小、正负都难以控制。例如，分析测定过程中，温度、湿度、气压的微小变动及电压和仪器性能的微小改变都会引起测定数据的波动，从而产生偶然误差。虽然随机误差无法测量、不可避免，但是当平行测定次数增加得足够多时，可发现随机误差服从统计规律，从而可以通过数理统计的方法减小随机误差。

应当注意的是，除系统误差和随机误差外，在分析过程中还往往会遇到由于疏忽或差错引起的所谓“过失”，其实质就是一种错误，不能称为误差。例如，操作过程中有沉淀的溅出或沾污、试样溶解或转移时不完全或损失、记录和计算错误等，这些都属于不允许的过失，其结果绝对不能纳入平均值的计算中。

13.2.2 分析结果的数据处理

1) 误差与准确度

准确度(accuracy)是指测定值(x)与真实值(x_T)符合的程度。准确度的高低用误差的大小来衡量，误差越小，表示分析结果的准确度越高。

误差可分为绝对误差(E)和相对误差(E_r)，分别表示为

$$E = x - x_T \tag{13-1}$$

$$E_r = \frac{E}{x_T} \times 100\% \tag{13-2}$$

绝对误差和相对误差都有正、负之分，分别表示测定结果高于或低于真实值。相对误差反映误差在真实值中所占的比例大小，对于衡量测定结果的准确度更为合理。因此，通常用相对误差来表示分析结果的准确度。

2) 偏差与精密度

在实际工作中，分析试样含量的真实值通常是未知的，因而无法求得分析结果的准确度，为此常用精密度(precision)来判断分析结果的可靠性。精密度是指几次平行测定结果相互接近的程度，其大小用偏差(deviation)表示，偏差越小说明精密度越高。某单次测定值(x_i)与多次测定值的算术平均值($\bar{x}$)的差，称为绝对偏差(d_i)，即

$$d_i = x_i - \bar{x} \tag{13-3}$$

显然，对于不同的测量值 x_i，绝对偏差必然有正负之分，还有一些可能为零。如果将各单次测定的绝对偏差相加，其和应为零或接近零，这样就无法客观、真实地反映出测量数据之间的接近程度。

在实际分析工作中，常用绝对平均偏差($\bar{d}$)、相对平均偏差($\bar{d}_r$)和标准偏差(s)来表示分析结果的精密度。

$$\bar{d} = \frac{1}{n}\left(|d_1| + |d_2| + \cdots + |d_n|\right) = \frac{1}{n}\sum_{i=1}^{n}|d_i| \tag{13-4}$$

$$\bar{d}_r = \frac{\bar{d}}{\bar{x}} \times 100\% \tag{13-5}$$

$$s = \sqrt{\frac{\sum\limits_{i=1}^{n}(x_i - \bar{x})^2}{n-1}} \tag{13-6}$$

式中，$|d_i|$ 为各单次测定绝对偏差的绝对值；n 为测定次数。

在分析化学中，有时也用重现性(repeatability)或再现性表示数据的精密度。前者指

在相同条件下，同一操作者获得一系列结果之间的接近程度；后者指在不同条件下，不同操作者用相同方法获得的单个结果之间的接近程度。

如前所述，准确度用来科学地描述测量结果与真实值的差异，而精密度指的是相同条件下测量结果的变化。例如，某运动会上三个射击手进行比赛，这三人分别射击五发子弹后的结果如图 13-1 所示，靶心相当于真实值。图中甲的结果分布在远离中心的一个较大的区域内，准确度和精密度都不高；乙的结果集中在同一区域，重现性很好即精密度很高，但偏离真实值较大，即准确度不高；而丙的结果准确度和精密度都高。

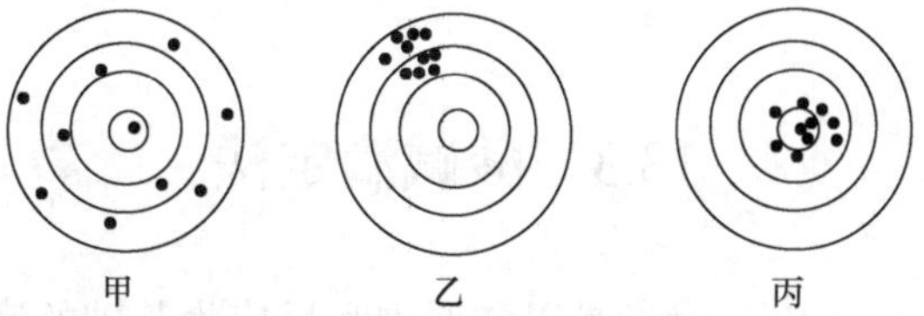

图 13-1　准确度与精密度的关系

这说明，准确度高一定需要精密度高，但精密度高并不一定意味着准确度高。精密度是准确度的先决条件，只有在精密度高的条件下，准确度高的测定结果才是可信的。只有消除了系统误差，高精密度才能保证高的准确度。

13.2.3　提高分析结果准确度的方法

所有能产生误差的因素都会影响结果的准确度，而精密度的大小取决于随机误差的大小。如果精密度高而准确度不高，通常是由于存在系统误差(如图 13-1 中乙的结果可能是枪的系统误差所致)，因此可从这方面寻找原因并加以消除。

1) 消除系统误差

系统误差是由确定的原因引起的，因此可以对测量过程中的系统误差进行消除或校正，常采用的方法如下：

(1) 仪器校准：由于仪器不精准而引起的系统误差，可通过校准仪器来消除或减小，在精准的分析中，砝码、滴定管和移液管等仪器都必须进行校准，并采取校准值计算分析结果。

(2) 分析方法的选择：不同的定量分析方法有不同的适用范围，因此选择分析方法必须恰当。滴定分析法准确度高，适用于质量分数 $w > 1\%$的常量分析，但是其灵敏度较低，对于 $w < 1\%$的微量组分相对误差较大，需要采用准确度虽稍差，但灵敏度高的仪器分析方法。另外，从分析方法本身考虑，由于分析方法不完善引起的方法误差是系统误差最重要的来源，应尽可能地找出原因，设法消除。例如，在滴定分析中选择更合适的指示剂，减小终点误差，消除干扰离子的影响等。

(3) 对照实验：将已知准确含量的标准试样与被测试样按照相同的方法和条件进行平行测定称为对照实验。将对照实验测得的含量值与已知的含量值相比较，可得分析误差。利用此误差，不仅可判断在试样的测定中有无系统误差及其大小，还可校正试样的测定值，从而使测定结果更接近真实值。

(4) 空白实验：在不加试样的情况下，按照分析试样同样的条件、方法、步骤进行分析称为空白实验，所得结果称为空白值。从试样的分析结果中扣除空白值，就能得到更准确的分析结果。空白实验可以消除或减小由试剂、蒸馏水带入的杂质及实验器皿引起的误差。空白值一般不应很大，否则应提纯试剂或改换器皿。

2) 减小随机误差

随机误差是偶然产生的，不能通过校正的方法来减小或消除，但其正负误差概率相等，在消除系统误差的前提下，可以通过增加平行测定次数来减小。对同一试样，通常要求平行测定 3～5 次，然后取其平均值，在获得较高的精密度基础上，获得较准确的分析结果。

13.3　酸碱滴定法

酸碱滴定法(acid-base titrimetry)是以酸碱中和反应为基础的滴定分析方法。滴定剂一般是强酸或强碱，如 HCl、H_2SO_4、NaOH 和 KOH 等；被滴定物质是具有适当强度的酸和碱，如 NaOH、Na_2CO_3、NH_3、HCl、HAc、H_3PO_4等。酸碱滴定法简便、快速、滴定终点指示剂的选择范围广，不仅可以测定许多具有酸碱性的物质，而且可以测定一些能与酸碱间接发生反应的非酸、非碱性物质。因此，该方法在工农业生产和教学科研中得到了广泛的应用。

13.3.1　酸碱指示剂

由于大多数酸碱滴定反应的过程无特征性变化，因此需要在滴定过程中借助指示剂在特定 pH 范围内的颜色变化，来指示滴定终点的到达。为此我们需要知道滴定过程中溶液的 pH 的变化情况和指示剂的变色范围，从而选择出合适的酸碱指示剂来确定滴定终点。

1) 酸碱指示剂的变色原理

酸碱指示剂一般是有机弱酸或有机弱碱，其结构会随着溶液 pH 的变化，经质子转移过程而发生变化，即从酸式结构失质子变为碱式结构，或从碱式结构得质子变为酸式结构。一般酸式结构和碱式结构具有显著不同的颜色，从而指示滴定终点的到达。

例如，甲基橙(methyl orange，MO)是有机弱碱，它是一种偶氮类酸碱指示剂，其结构随溶液 pH 改变发生如下变化：

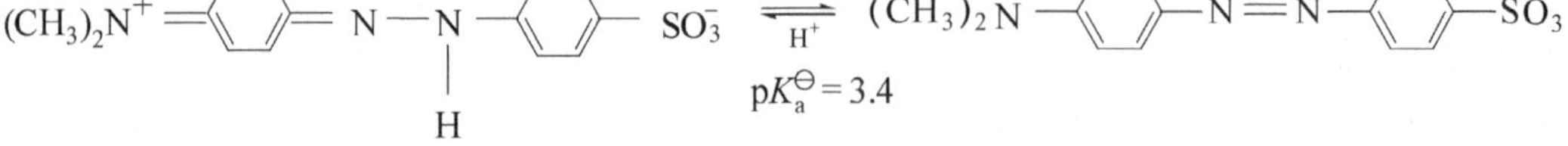

红色(醌式，酸式结构)　　　　黄色(偶氮式，碱式结构)

当溶液的酸度增加时，上述平衡左移，甲基橙由弱碱转变为共轭酸，溶液显酸式色(红色)；反之，当溶液的酸度降低时，平衡右移，溶液显碱式色(黄色)。

例如，酚酞(phenolphthalein，pp)是有机弱酸，它是在弱碱性范围内变色的指示剂。在酸性溶液中以无色形式存在，在碱性溶液中则转化为醌式而显红色。

2) 酸碱指示剂的变色范围和变色点

如果酸碱指示剂的酸式结构用 HIn 表示，碱式结构用 In^- 表示，则在溶液中指示剂的解离平衡为

$$HIn \rightleftharpoons H^+ + In^- \tag{13-7}$$

用 $K_{HIn}^{\ominus}$ 表示酸碱指示剂的解离平衡常数，则有

$$K_{HIn}^{\ominus} = \frac{[H^+][In^-]}{[HIn]} \tag{13-8}$$

即

$$\frac{[In^-]}{[HIn]} = \frac{K_{HIn}^{\ominus} c^{\ominus}}{[H^+]} \tag{13-9}$$

由此可见，溶液呈现的颜色取决于 $[In^-]/[HIn]$ 值，它由溶液的 pH 决定。根据人眼辨色能力：

当 $\dfrac{[In^-]}{[HIn]} \geqslant 10$ 时，溶液呈碱式色；

当 $\dfrac{[In^-]}{[HIn]} \leqslant 0.1$ 时，液呈酸式色；

当 $0.1 < \dfrac{[In^-]}{[HIn]} < 10$ 时，溶液呈混合色。

当 $[In^-]/[HIn]$ 在 0.1～10 时，人眼才能观察到明显的颜色变化，故通常将溶液呈现混合色(即从一种颜色变到另一种颜色)时所对应的 pH 区间，称为指示剂的理论变色范围，其值为

$$pH = pK_{HIn}^{\ominus} \pm 1 \tag{13-10}$$

通常将 $\dfrac{[In^-]}{[HIn]} = 1$ 时的混合色中间点所对应的 pH 称为指示剂的变色点，故指示剂的理论变色点：

$$pH = pK_{HIn}^{\ominus} \tag{13-11}$$

可见，酸碱指示剂的理论变色范围相差 2 个 pH 单位。

实际上指示剂的变色范围是通过人眼观察而非计算得出的。由于人眼对各种颜色的敏感度不同，因此目视得到的指示剂变色 pH 范围与上述理论变色范围通常存在着 1.6～1.8 个 pH 单位的差异。这种通过实验用人眼观察颜色变化而得到的指示剂的变色范围，称为指示剂的实际变色范围，表 13-1 中列出了几种常用酸碱指示剂的变色范围及变色情况。

表 13-1　常用酸碱指示剂的变色范围及变色情况

指示剂	变色点 $pH = pK^{\ominus}_{HIn}$	变色范围 pH	酸色	过渡色	碱色
百里酚蓝(第一次变色)	1.7	1.2～2.8	红色	橙色	黄色
甲基橙	3.7	3.2～4.4	红色	橙色	黄色
溴酚蓝	4.1	3.1～4.6	黄色	蓝紫色	紫色
溴甲酚绿	4.9	3.8～5.4	黄色	绿色	蓝色
甲基红	5.0	4.8～6.0	红色	橙色	黄色
溴百里酚蓝	7.3	6.0～7.6	黄色	绿色	蓝色
中性红	7.4	6.8～8.0	红色	橙色	黄色
酚酞	9.1	8.2～10.0	无色	粉红色	红色
百里酚蓝(第二次变色)	8.9	8.0～9.6	黄色	绿色	蓝色
百里酚酞	10.0	9.4～10.6	无色	淡蓝色	蓝色

13.3.2　酸碱滴定曲线和指示剂的选择

酸碱滴定曲线(acid-base titrations curve)是描述滴定过程中，溶液的pH变化的曲线。酸碱滴定曲线的绘制是以溶液的 pH 为纵坐标，以滴定剂加入的体积或滴定分数为横坐标，逐点描绘而成。绘制和研究滴定曲线的目的是了解滴定过程中 pH 的变化情况，并以此选择适宜的指示剂来确定滴定终点，以及了解影响滴定曲线上突跃范围大小的主要因素，从而得出一元弱酸、弱碱准确进行滴定的界限以及多元酸(碱)准确地进行分步滴定的界限。

滴定过程中溶液 pH 的得到可通过两个途径：一是用仪器测定；二是通过计算。下面以强碱滴定强酸，强碱滴定一元弱酸和强碱滴定多元酸为例来说明溶液 pH 的计算及滴定曲线的绘制。

1. 强碱滴定强酸

1) 滴定曲线的绘制

强碱和强酸之间的滴定反应为

$$H^+(aq) + OH^-(aq) \rightleftharpoons H_2O(l)$$

滴定过程中的中和百分数又称为滴定分数 a，用来衡量滴定进行的程度，如用 NaOH 标准溶液滴定 HCl，滴定分数 a 可表示为

$$a = \frac{c(\text{NaOH}) \cdot V(\text{NaOH,加入})}{c(\text{HCl}) \cdot V(\text{HCl,起始})}$$

若 $c(\text{NaOH}) = c(\text{HCl})$，则

$$a = \frac{V(\text{NaOH,加入})}{V(\text{HCl,起始})}$$

现以 $0.1000 mol \cdot L^{-1}$ NaOH 标准溶液滴定 20.00mL $0.1000 mol \cdot L^{-1}$ 的 HCl 为例，计算滴定过程中溶液的 pH。

(1) 滴定前。

溶液的$[H^+]$等于 HCl 的原始浓度。

$$[H^+] = c_{HCl}(\text{起始}) = 0.1000 mol \cdot L^{-1}$$

即滴定分数 $a = 0.000$ 时，$pH = 1.00$。

(2) 滴定开始至化学计量点前。

溶液的$[H^+]$取决于剩余 HCl 的浓度。例如，当滴入 NaOH 溶液 19.98mL，有

$$[H^+] = \frac{20.00 - 19.98}{20.00 + 19.98} \times 0.1000 = 5.00 \times 10^{-5} (mol \cdot L^{-1})$$

即滴定分数 $a = \frac{19.98}{20.00} = 0.999$ 时， $pH = 4.30$。

(3) 化学计量点时。

当滴入 NaOH 溶液 20.00mL($a = 1.000$)时，到达化学计量点。HCl 全部被中和，溶液呈中性。

$$[H^+] = [OH^-] = 1.00 \times 10^{-7} mol \cdot L^{-1}$$

即滴定分数 $a = 1.000$ 时，$pH = 7.00$。

(4) 化学计量点后：

溶液中有过量的 NaOH，溶液呈碱性。溶液的$[OH^-]$取决于过量 NaOH 的浓度。例如，滴入 NaOH 溶液 20.02mL(过量 NaOH0.02mL)时(a =1.001)：

$$[OH^-] = \frac{20.02 - 20.00}{20.00 + 20.02} \times 0.1000 = 5.0 \times 10^{-5} (mol \cdot L^{-1})$$

$$pOH = 4.30$$

$$pH = 14.00 - 4.30 = 9.70$$

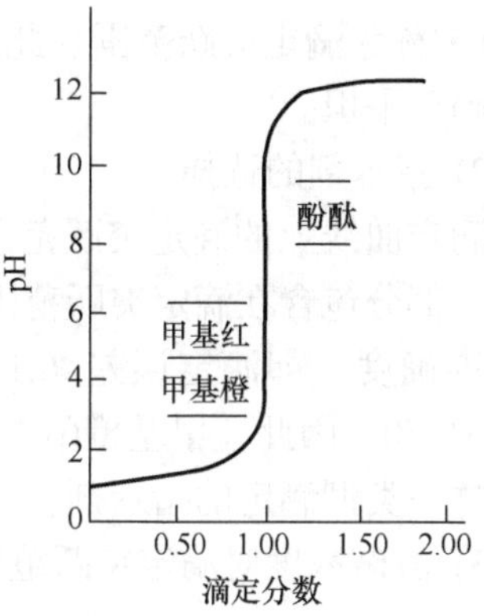

图 13-2 $0.1000 mol \cdot L^{-1}$ NaOH 滴定 $0.1000 mol \cdot L^{-1}$ HCl 的滴定曲线

如此逐一计算，将计算结果列于表 13-2 中。以 NaOH 的加入量或滴定分数为横坐标，以 pH 为纵坐标，可得到强碱滴定强酸的滴定曲线(图 13-2)。

表 13-2 用 $0.1000 mol \cdot L^{-1}$ NaOH 滴定 20.00mL 相同浓度的 HCl

加入标准 NaOH/mL	滴定分数	剩余 HCl 或过量 NaOH/mL	pH
0.00	0.000	20.00	1.00
18.00	0.900	2.00	2.28
19.80	0.990	0.20	3.30
19.96	0.998	0.04	4.00

续表

加入标准 NaOH/mL	滴定分数	剩余 HCl 或过量 NaOH/mL	pH	
19.98	0.999	0.02	4.30	突跃
20.00	1.000	0.00	计量点 7.00	范围
20.02	1.001	0.02	9.70	
20.04	1.002	0.04	10.00	
20.20	1.010	0.20	10.70	
22.00	1.100	2.00	11.70	
40.00	2.000	20.00	12.52	

由表 13-2 中数据和图 13-2 中的滴定曲线可以看出，从滴定开始到加入 19.98mL NaOH(滴定分数 0.999)，溶液的 pH 从 1.00 增加到 4.30，共发生了 3.30 个 pH 单位的变化，变化速度相对缓慢。再滴入 0.02mL(共 20.00mL)NaOH 溶液(滴定分数 1.000)，达到化学计量点，pH 很快增大至 7.00。继续滴入 0.02mL NaOH 溶液(滴定分数 1.001)，pH 迅速增至 9.70。可见，在化学计量点前后，当滴定分数从 0.999 至 1.001，即滴定由不足 0.1%到过量 0.1%，溶液的 pH 从 4.30 剧增到 9.70，增大了 5.4 个 pH 单位，溶液从酸性变为碱性。这种 pH 近似于垂线的突变形成了滴定曲线中的“突跃”部分，它所对应的 pH 范围称为滴定突跃范围。此后继续加入 NaOH 溶液，则溶液的 pH 变化又越来越小，曲线趋于平坦。

2) 指示剂的选择

滴定曲线上的滴定突跃范围是选择指示剂的依据。凡是变色范围全部(最佳情况)或至少一部分包含在滴定突跃范围内的指示剂都可用于指示滴定的终点，并保证测定有足够的准确度，即滴定误差≤0.1%。上述强碱滴定强酸的实例中，滴定突跃范围为 pH 4.30～9.70。因此，甲基橙(pH 3.1～4.4)、甲基红(pH 4.4～6.2)、酚酞(pH 8.0～9.6)都可用作这一类型滴定的指示剂。

3) 酸碱浓度对滴定突跃范围的影响

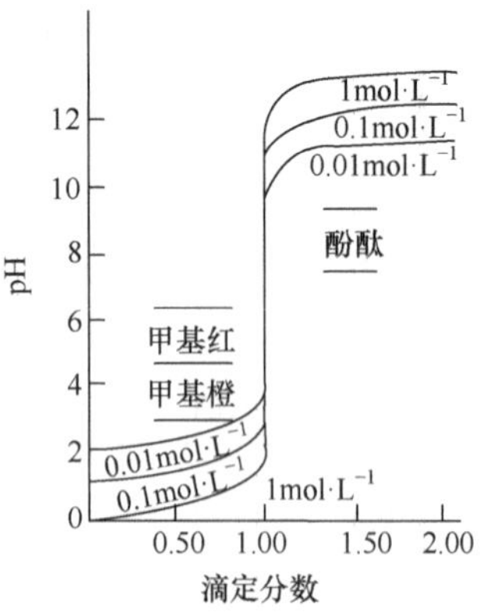

图 13-3 不同浓度 NaOH 滴定相应浓度 HCl 时的滴定曲线

如图 13-3 所示，用 1 $mol \cdot L^{-1}$ NaOH 滴定 1 $mol \cdot L^{-1}$ HCl 溶液时，滴定突跃范围为 pH 3.3～10.7，即当酸碱浓度增大 10 倍时，滴定突跃范围增大 2 个 pH 单位。当用 0.01$mol \cdot L^{-1}$ 的 NaOH 滴定 0.01$mol \cdot L^{-1}$ HCl 溶液时，滴定突跃范围为 pH 5.30～8.70。可见，滴定突跃范围的大小与酸碱的浓度有关，酸碱的浓度越低，滴定突跃范围越小，指示剂的选择余地就越小。当酸和碱的浓度低于 10^{-4} $mol \cdot L^{-1}$ 时，已没有明显的突跃，无法用一般指示剂指示终点，因此不能准确地进行常规滴定。反之，浓度越高，滴定突跃范围越大，越有利于指示剂的选择，但每一滴滴定剂所含的物质的量较多，因此在化学计量点附近多加或少加半滴标准溶液，均会引起较大的误差。所以在滴定分析中，酸碱的浓度一般控制在 $0.1\sim0.5\text{mol}\cdot\text{L}^{-1}$。

如果改用 $0.1000\text{mol}\cdot\text{L}^{-1}$ HCl 滴定 $0.1000\text{mol}\cdot\text{L}^{-1}$ NaOH 溶液，滴定曲线的形状与图 13-2 的曲线对称，即 pH 变化方向相反。

需要注意的是，滴定过程中 CO_2 可能会在溶液 pH > 5 时对滴定结果造成较大干扰，故滴定最好控制在 pH < 5 时结束。即可选择甲基橙作指示剂，滴定终点时溶液的 pH ≈ 4.4。

2. 强碱滴定一元弱酸

1) 滴定曲线的绘制

强碱滴定一元弱酸时的滴定反应为

$$HB(aq) + OH^-(aq) \longrightarrow B^-(aq) + H_2O(l)$$

现以 $0.1000\text{mol}\cdot\text{L}^{-1}$ NaOH 滴定 20.00mL　$0.1000\text{mol}\cdot\text{L}^{-1}$ HAc 为例，讨论滴定曲线和指示剂的选择。滴定分数：

$$a = \frac{V(\text{NaOH},\text{加入})}{V(\text{HAc},\text{起始})} = \frac{V(\text{NaOH},\text{加入})}{20.00}$$

经计算，这类滴定过程中溶液 pH 的变化情况见表 13-3，对应绘制的滴定曲线如图 13-4 所示。

表 13-3　$0.1000\text{mol}\cdot\text{L}^{-1}$ NaOH 滴定 20.00mL $0.1000\text{mol}\cdot\text{L}^{-1}$ HAc 溶液的 pH

加入 NaOH/mL	溶液组成	$[H^+]$ 计算公式	pH
0.00	HAc	$[H^+]=\sqrt{K_a^\ominus c}$	2.88
10.00	$HAc + Ac^-$	$[H^+]=K_a^\ominus\times\frac{[HAc]}{[Ac^-]}$	4.75
18.00	$HAc + Ac^-$		5.70
19.80	$HAc + Ac^-$		6.74
19.98	$HAc + Ac^-$	$[OH^-]=\sqrt{K_b^\ominus c_b}=\sqrt{\frac{K_w^\ominus}{K_a^\ominus}c_{\text{盐}}}$	7.80
20.00	Ac^-		8.73
20.02	$OH^- + Ac^-$		9.70
20.20	$OH^- + Ac^-$	$[OH^-]=\frac{c(\text{NaOH})\cdot V(\text{NaOH})}{V_{\text{盐}}}$	10.70
22.00	$OH^- + Ac^-$		11.68
40.00	$OH^- + Ac^-$		12.50

2) 滴定曲线的特点和指示剂的选择

(1) 滴定曲线起点高。起点 pH 是 2.88 而不是 1.00。这是因为 HAc 是弱酸，只有少量解离，所以 pH 较大。

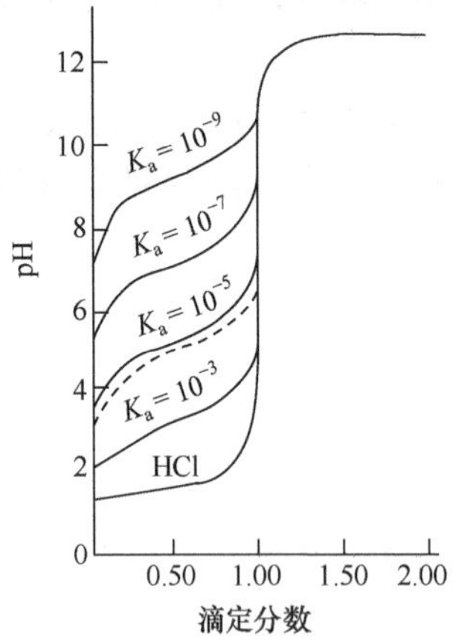

图 13-4　用 0.1mol·L^{-1} 强碱滴定同浓度各种强度酸的滴定曲线
其中虚线为 HAc

(2) 滴定开始至计量点前的曲线两端坡度较大，但其中部较平缓。原因是滴定刚开始时，生成的少量 NaAc 会对 HAc 的解离产生同离子效应，抑制了 HAc 的解离，从而使[H^+]迅速降低，于是出现坡度较大的曲线部分；但随着滴定的进行，NaAc 和 HAc 形成缓冲溶液，对滴入的 NaOH 有一定的缓冲作用，因而出现了较平坦的曲线部分；继续滴定时，c(HAc)逐渐减少，缓冲能力逐渐减弱，使溶液 pH 的变化幅度又增大，从而又出现了坡度较大的曲线部分；接近计量点时，c(HAc)已经很低。缓冲作用也很弱，这时滴加 NaOH 溶液将引起溶液 pH 的较大改变，因此出现坡度更大的曲线部分，即已临近滴定突跃。

(3) 计量点时溶液不呈中性。滴定达计量点时，HAc 与 NaOH 恰好反应完全生成 NaAc，而 Ac^- 是弱碱，pH 在 8.73 而不在 7.00。

(4) 滴定突跃范围窄。pH 仅在 7.80～9.70，比相同浓度的强碱滴定强酸的突跃范围小很多。基于此，应选择在碱性范围内变色的指示剂指示终点。因此，酚酞(pH 8.0～9.6)和百里酚蓝(第二次变色 pH 8.0～9.6)都可以被选作指示剂。

3) 弱酸浓度及强度对滴定突跃范围的影响

用 0.1000mol·L^{-1} 的 NaOH 滴定同浓度各种强度酸的滴定曲线如图 13-4 所示。可以看出，当酸的浓度一定时，酸越弱，即酸的 $K_a^\ominus$ 值越小滴定突跃范围也越小。当 $K_a^\ominus \leqslant 10^{-9}$ 时，已经没有明显的突跃。另外，当酸的 $K_a^\ominus$ 值一定时，酸的浓度越大，滴定突跃范围也越大。因此，酸碱滴定突跃范围的大小与弱酸的强弱及浓度有关。当酸太弱或浓度太小时，因为滴定突跃范围太小，无法利用一般的酸碱指示剂确定滴定终点，所以不能准确进行滴定。

目测法检测终点($\Delta pH = 0.3$)的终点误差一般要求小于 0.2%，故弱酸能否被准确滴定的界限为 $cK_a^\ominus \geqslant 10^{-8}$(弱碱：$cK_b^\ominus \geqslant 10^{-8}$)。

3. 强碱滴定多元酸

多元酸滴定过程中的 pH 计算较复杂，用 0.1000mol·L^{-1} NaOH 滴定等浓度的 H_3PO_4 溶液的滴定曲线如图 13-5 所示。由图可见，滴定曲线上有两个滴定突跃，说明 H_3PO_4 溶液中 H^+ 的滴定是逐个进行的。根据弱酸准确进行滴定的界限可说明 H_3PO_4 中三个 H^+ 的滴定情况。

$$H_3PO_4(aq) \rightleftharpoons H^+(aq) + H_2PO_4^-(aq) \qquad K_{a1}^{\ominus} = 7.6\times10^{-3}$$

$$H_2PO_4^-(aq) \rightleftharpoons H^+(aq) + HPO_4^{2-}(aq) \qquad K_{a2}^{\ominus} = 6.3\times10^{-8}$$

$$HPO_4^-(aq) \rightleftharpoons H^+(aq) + PO_4^{3-}(aq) \qquad K_{a3}^{\ominus} = 4.4\times10^{-13}$$

因 H_3PO_4 的 $K_{a1}^{\ominus}$ 和 $K_{a2}^{\ominus}$ 较大，而 $cK_{a3}^{\ominus} < 10^{-8}$，故第三个 H^+ 不能按常规方法准确滴定，因此滴定曲线上只出现了两个突跃。从图中可以看出，这两个突跃都比较明显且分开。多元酸的 H^+ 能否准确分步滴定与相邻两级解离常数的大小有关。根据强碱滴定多元酸，目测法检测终点的误差要求约为 0.5%，因此相邻两级解离常数的比值 $K_{a1}^{\ominus}/K_{a2}^{\ominus}$ 必须大于或等于 10^5。这样当滴定第一个 H^+ 至化学计量点时，第二个 H^+ 才不会产生干扰。

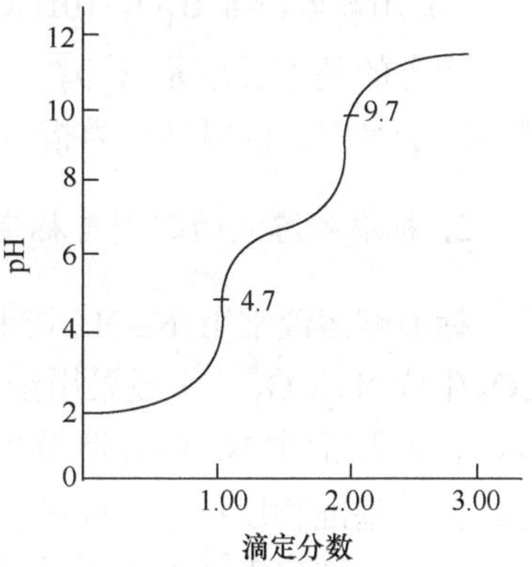

图 13-5 H_3PO_4 的滴定曲线

因此，对于多元酸的滴定，应首先根据 $cK_{a1}^{\ominus}$ 是否大于或等于 10^{-8}，判断能否对第一级解离的 H^+ 进行准确滴定。然后再看相邻两级 $K_a^{\ominus}$ 的比值是否大于或等于 10^5，判断是否能准确地进行分步滴定。若 $K_{a1}^{\ominus}/K_{a2}^{\ominus} < 10^5$，说明滴定时两个突跃将混在一起，形成一个突跃，因为第二个 H^+ 的干扰，所以不能进行分步滴定。

强碱分步准确滴定多元酸时指示剂的选择可通过分别计算各个化学计量点的 pH，并选择在此 pH 附近变色的指示剂。

混合酸滴定的情况和多元酸相似。当用强碱滴定弱酸 HA(解离常数 $K_{a1}^{\ominus}$，浓度 c_1)和弱酸 HB(解离常数 $K_{a2}^{\ominus}$，浓度 c_2)的混合溶液时，假定 HA 的酸性比 HB 强，若要判断是否能准确滴定弱酸 HA，首先用 $c_1K_{a1}^{\ominus}$ 是否大于或等于 10^{-8} 来判断其能否被准确滴定，然后用 $c_1K_{a1}^{\ominus}/c_2K_{a2}^{\ominus}$ 是否大于或等于 10^5 来判断弱酸 HB 是否会干扰弱酸 HA 的滴定。指示剂的选择可通过计算第一化学计量点的 pH 来进行。

13.3.3 酸碱标准溶液的配制与标定

1. 标准酸溶液的配制与标定

标准酸溶液常用 HCl 配制，有时也用 H_2SO_4 或 HNO_3 配制。这里介绍 HCl 标准溶液的配制与标定方法。

1) 配制

一般用化学纯(CP)或分析纯(AR)级 HCl，按所需配制的浓度，计算并量取适当体积的浓 HCl，稀释至一定体积、摇匀，先粗配制成接近所需准确浓度的溶液，再用基准物质标定其浓度。

2) 标定

(1) 用无水 Na_2CO_3 标定。

无水 Na_2CO_3 是将 $Na_2CO_3 \cdot 10H_2O$ 置于 270～300℃烘 1h 制得，在干燥器中冷却，备用。称取一定量无水 Na_2CO_3，溶于一定体积的水中，配制成准确浓度的溶液。以甲基红或甲基橙作指示剂，用待标定的 HCl 溶液滴定至终点。

(2) 用硼砂($Na_2B_4O_7 \cdot 10H_2O$)标定。

滴定的基本反应是 $B_4O_7^{2-}(aq) + 2H^+(aq) + 5H_2O(l) \Longrightarrow 4H_3BO_3(aq)$。称取一定量的硼砂溶于水中，以甲基红为指示剂，用待标定的 HCl 溶液滴定至终点。

2. 标准碱溶液的配制与标定

标准碱溶液常用 NaOH 配制，有时也用 KOH 配制。由于 NaOH 易吸收空气中的 CO_2 生成 Na_2CO_3，一般采用浓碱法配制无 CO_3^{2-} 的溶液。即先用 NaOH 配制成饱和溶液，在此溶液中 Na_2CO_3 溶解度较小，待 Na_2CO_3 沉淀后，取上层清液稀释至所需浓度，再用基准物质标定。此外，用少量(5～10mL)煮沸并冷却后的蒸馏水快速漂洗固体 NaOH 2～3 次也可除去 NaOH 表面上少量的 Na_2CO_3。水中的 CO_2 可通过煮沸法去除。

标定碱溶液的基准物质常用邻苯二甲酸氢钾(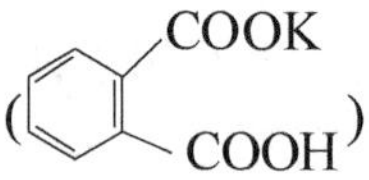)和草酸($H_2C_2O_4 \cdot 2H_2O$)。

1) 用邻苯二甲酸氢钾标定

邻苯二甲酸氢钾在 100～125℃干燥。

滴定反应为

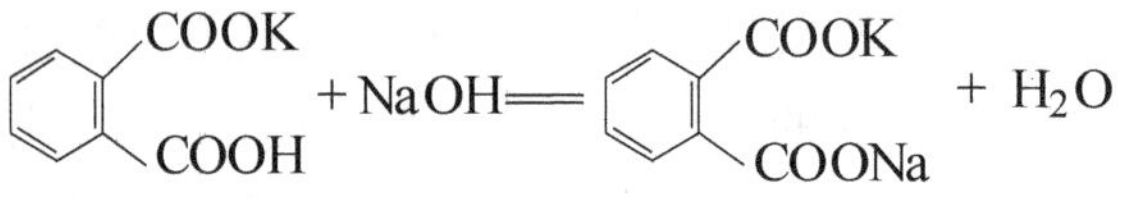

因终点产物显弱碱性，故可用酚酞作指示剂。

2) $H_2C_2O_4 \cdot 2H_2O$ 标定

滴定反应

$$H_2C_2O_4 + 2NaOH \Longrightarrow Na_2C_2O_4 + 2H_2O$$

终点产物为 $Na_2C_2O_4$，故用酚酞作指示剂。

13.3.4　酸碱滴定法的应用

酸碱滴定法的应用非常广泛，许多工业产品，如烧碱、纯碱主要成分含量的测定、钢铁及某些原材料中碳、硫、磷、硼、硅和氢等元素的测量，以及有机合成工业和医药工业中的原料和成品的分析等一般都采用酸碱滴定法，下面是几个酸碱滴定法的应用实例。

1) 乙酰水杨酸(阿司匹林)的测定

乙酰水杨酸是解热镇痛药。分子结构中含有羧基，在水溶液中可解离出 H^+，故可

用标准碱溶液直接滴定。其滴定反应为

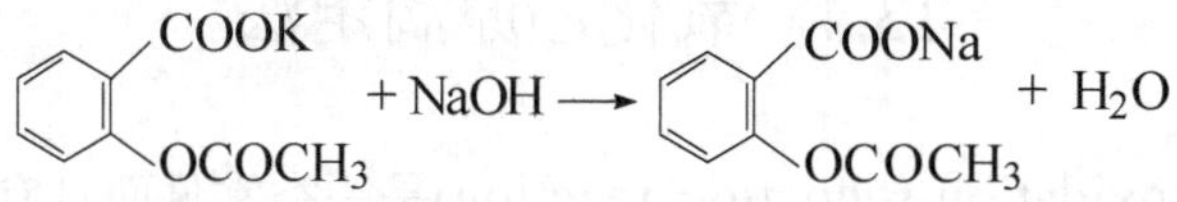

乙酰水杨酸含有酯的结构，为了防止酯在水溶液中滴定时水解而使结果偏高，滴定时应控制两个条件：一是在中性乙醇溶液中滴定；二是保持滴定时的温度在 10 ℃以下。此外，滴定时应在不断振摇下稍快地进行，以防止局部碱度过大而促使其水解。

2) 医用 NaOH 的测定——双指示剂法

NaOH 易吸收空气中的 CO_2，使部分 NaOH 变成 Na_2CO_3，形成 NaOH 和 Na_2CO_3 的混合物。为了分别测定 NaOH 和 Na_2CO_3 的含量，根据碳酸盐被滴定时有 2 个化学计量点的原理，可采用双指示剂法。滴定过程分解示意如下：

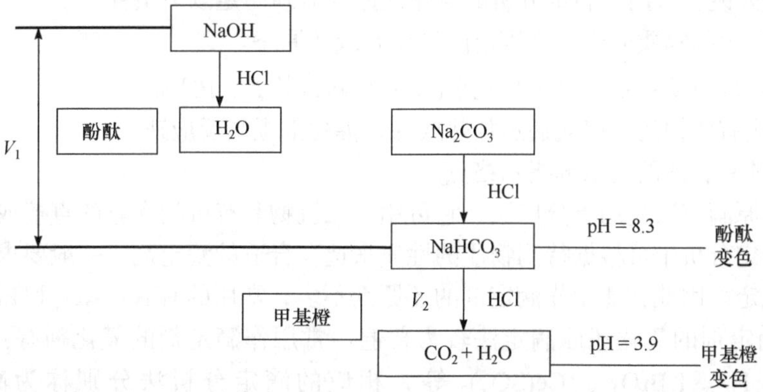

根据化学计量关系可知，Na_2CO_3 被中和为 $NaHCO_3$ 与 $NaHCO_3$ 被中和为 H_2CO_3 所消耗的 HCl 体积是相等的，即 Na_2CO_3 消耗的 HCl 体积为 $2V_2$ mL，而 NaOH 消耗的 HCl 体积为$(V_1 - V_2)$mL。

3) 无机铵盐中氮的测定

一般可用两种方法测定其含氮量：

一是蒸馏法，在试样中加入过量的碱，加热将 NH_3 蒸馏出来，用已知量过量的酸标准溶液吸收。过量的酸用 NaOH 标准溶液返滴，以甲基红为指示剂。也可先将蒸出的 NH_3 用硼酸溶液吸收，再采用甲基红-溴甲酚绿作指示剂，用酸标准溶液直接滴定。H_3BO_3 的酸性极弱，它可以吸收氨，但不影响滴定，不必定量加入。

二是甲醛法，利用铵盐与甲醛作用，生成等物质量的酸(质子化的六亚甲基四胺和 H^+)：

$$4NH_4^+(aq) + 6HCHO(aq) \xlongequal{\quad} (CH_2)_6N_4H^+(aq) + 3H^+(aq) + 6H_2O(l)$$

然后采用酚酞作指示剂，用 NaOH 标准溶液直接滴定。

13.4 氧化还原滴定法

氧化还原反应(oxidation-reduction reaction)是一类常见而且有实用价值的反应。例如，从金属矿中提炼金属就是利用氧化还原的原理。又如，生命现象涉及大量复杂的化学反应，人体获得能量的代谢过程就是营养物质在一系列酶的催化下，循序发生的氧化和还原的许多连续反应的组合。因此，氧化还原反应是化学研究的重要内容。

氧化还原滴定(oxidation-reduction titration)法是以氧化还原反应为基础的滴定分析方法，它不仅可直接用于测定具有氧化性或还原性的物质，还可用于间接测定一些能与氧化剂或还原剂发生定量反应的物质。由于氧化还原反应的反应机理比较复杂，反应速率通常较慢，且常伴有副反应发生，因此需要控制适宜的实验条件，才能实现定量分析的目的。一般来说，可用于滴定分析的氧化还原反应须满足以下条件：

(1) 被测定的物质处于适合滴定的氧化态或还原态。

(2) 滴定反应要定量而且进行完全(反应平衡常数 $K > 10^6$)。

(3) 反应有较快的速率或通过加热或加入催化剂提高反应速率。

(4) 必须有合适的指示剂指示终点。

氧化还原滴定法应用十分广泛，它可用于无机物和有机物含量的直接或间接测定。氧化还原滴定分析中可根据待测物质的性质来选择合适的滴定剂。一般要求滴定剂在空气中保持稳定。因此，能用作滴定剂的还原剂不多，常用的有 $Na_2S_2O_3$ 和 $FeSO_4$ 等。用氧化剂作滴定剂的氧化还原滴定法较为普遍。常用作滴定剂的氧化剂有：$KMnO_4$、$K_2Cr_2O_7$、I_2、$KBrO_3$、$Ce(SO_4)_2$ 等，相应的滴定分析法分别称为高锰酸钾法(potassium permanganate method)、重铬酸钾法(dichromate titration)、碘量法(iodimetry)、溴酸钾法(potassium bromate method)和硫酸铈法(cerium sulphate method)等。本节简要介绍前面三种方法。

13.4.1 高锰酸钾法

高锰酸钾是强氧化剂，一般用作滴定剂，在氧化还原滴定中具有广泛的应用。

1) 基本原理

高锰酸钾法是以 $KMnO_4$ 为滴定剂的氧化还原滴定法。$KMnO_4$ 的氧化性与溶液酸度有关，它在强酸性溶液中显示出强氧化性，本身被还原为 Mn^{2+} 。其半反应为

$$MnO_4^-(aq) + 8H^+(aq) + 5e^- \rightleftharpoons Mn^{2+}(aq) + 4H_2O(l) \qquad E^\ominus = 1.507V$$

但在弱酸性、中性或弱碱性溶液中，MnO_4^- 则被还原为褐色的 MnO_2 沉淀，碱性更强时还可能被还原为 MnO_4^- 。因此，利用高锰酸钾法进行滴定，宜在强酸性溶液中进行。通常所选用的酸性介质为 H_2SO_4，HNO_3 具有氧化性，不适宜使用；HCl 会被 $KMnO_4$ 氧化，从而引起副反应的发生。H_2SO_4 的适宜浓度为 0.5～1.0mol·L^{-1}，如果酸度过高会引起 $KMnO_4$ 分解转化为 Mn^{2+} 和 O_2。

$KMnO_4$ 本身呈紫红色，只要 MnO_4^- 的浓度达到 $2\times10^{-6}mol\cdot L^{-1}$ 就能显示其鲜明的颜色，其还原产物 Mn^{2+} 几乎无色，因此可利用 $KMnO_4$ 作为自身指示剂。当滴定至溶液呈现红色并在 30s 内不褪色，即达到滴定终点。放置时间过长，空气中的还原性物质会使 $KMnO_4$ 还原而褪色。

在酸性溶液中，利用 $KMnO_4$ 溶液作为滴定剂可直接测定 Fe^{2+}、H_2O_2、$C_2O_4^{2-}$ 等还原性物质；对于一些不能用 $KMnO_4$ 溶液直接滴定的氧化还原物质，如 MnO_2 等，可用返滴定法测定；此外，还可用间接法测定某些非氧化还原物质，如测定 Ca^{2+} 的含量。

2) 高锰酸钾标准溶液的配制和标定

高锰酸钾试剂在制备和储存过程中常混入少量 MnO_2 及其他杂质，蒸馏水也会带入还原性杂质，这些杂质能还原 MnO_4^-，生成 $MnO(OH)_2$ 和 MnO_2。此外，$KMnO_4$ 溶液在光、热、酸、碱等条件下容易分解，故不能直接用 $KMnO_4$ 试剂配制标准溶液，而要采用标定法获得 $KMnO_4$ 溶液的准确浓度，并且要现用现标定。

先配制一近似浓度的溶液，然后将溶液煮沸并保持微沸约 1h，待杂质充分氧化后，用微孔玻璃漏斗滤去 $MnO(OH)_2$ 沉淀，将滤液储存于棕色试剂瓶中待标定。用来标定高锰酸钾的基准物质较多，如 $Na_2C_2O_4$、$H_2C_2O_4\cdot 2H_2O$、$Fe(NH_4)_2SO_4\cdot 6H_2O$、$As_2O_3$ 和纯铁丝等。其中 $Na_2C_2O_4$ 因不含结晶水、不易吸潮、受热稳定、易于纯化而最为常用。

在 H_2SO_4 溶液中，MnO_4^- 与 $C_2O_4^{2-}$ 的反应为

$$2MnO_4^-(aq)+5C_2O_4^{2-}(aq)+16H^+(aq) = 2Mn^{2+}(aq)+10CO_2(g)+8H_2O(l)$$

标定反应要注意控制反应条件：

(1) 温度：为了加快反应速度，可将溶液加热至 70～85℃再滴定，但加热温度不能高于 90℃，否则部分 $H_2C_2O_4$ 会发生分解。

(2) 酸度：开始滴定时为 0.5～1$mol\cdot L^{-1}$，滴定过程会消耗 H^+，滴定终点时，酸度应保持在 0.2～0.5$mol\cdot L^{-1}$。

(3) 滴定速度：开始时的滴定速度不宜太快，等第一滴 $KMnO_4$ 的红色褪去以后再加入第二滴，否则滴入的 $KMnO_4$ 来不及与 $Na_2C_2O_4$ 反应就在热的酸性溶液中分解，从而使结果偏低。

(4) 催化剂：Mn^{2+} 起催化剂的作用，这种反应称为自动催化反应。Mn^{2+}可由滴定中产生，也可于滴定前加入。

(5) 指示剂：MnO_4^- 可作自身指示剂，如 $KMnO_4$ 标准溶液浓度较稀(如低于 0.002$mol\cdot L^{-1}$)，可采用二苯胺磺酸钠或邻二氮菲-Fe(Ⅱ)等作为指示剂。

3) 高锰酸钾法的应用实例

市售双氧水中 H_2O_2 含量可用 $KMnO_4$ 标准溶液在硫酸溶液中直接滴定：

$$2MnO_4^-(aq)+5H_2O_2(aq)+6H^+(aq) = 2Mn^{2+}(aq)+5O_2(g)+8H_2O(l)$$

市售双氧水中 H_2O_2 含量通常为 30%左右，需经稀释后方可滴定。滴定开始时反应

较慢，待有少量的 Mn^{2+} 生成后，反应速度加快。H_2O_2 受热易分解，滴定应在室温下进行。

13.4.2 重铬酸钾法

1) 基本原理

在酸性溶液中，$Cr_2O_7^{2-}$ 被还原成 Cr^{3+} 的电对半反应是

$$Cr_2O_7^{2-}(aq) + 14H^+(aq) + 6e^- \longrightarrow 2Cr^{3+}(aq) + 7H_2O(l) \qquad E^\ominus = 1.33V$$

因此，$K_2Cr_2O_7$ 是一种较强的氧化剂，用重铬酸钾法可以测定许多无机物和有机物。由于 $K_2Cr_2O_7$ 试剂容易提纯，通常条件下很稳定，因此可作为基准物质直接配制标准溶液，并且配制好的标准溶液可以长期储存使用。此外，$K_2Cr_2O_7$ 在室温下不受 Cl^- 还原作用影响，因此可以在 HCl 溶液中进行。

2) 重铬酸钾法的应用实例

污水中化学需氧量(COD)的测定：化学需氧量是量度水体受还原性物质污染程度的综合性指标。污水中 COD 的测定可在酸性介质中以重铬酸钾为氧化剂用返滴定法进行滴定。首先在水样中加入 $HgSO_4$ 消除 Cl^- 的干扰，加入一定量过量的 $K_2Cr_2O_7$ 标准溶液，在强酸介质中，以 Ag_2SO_4 作催化剂，回流加热，使其充分氧化。然后以邻二氮菲-Fe(Ⅱ)作指示剂，用 Fe^{2+} 标准溶液滴定过量的 $K_2Cr_2O_7$。根据消耗的 Fe^{2+} 的量计算出水中还原性物质所消耗的氧化剂 $K_2Cr_2O_7$ 的量，并换算为氧的量($mg \cdot L^{-1}$)。

13.4.3 碘量法

1. 基本原理

碘量法是以 I_2 的氧化性和 I^- 的还原性为基础的滴定分析法。

由于 I_2 在水中的溶解度很小(25℃时，溶解度是 $1.33\times10^{-3} mol \cdot L^{-1}$)，通常在配制时加入一定的 KI，$I_2$ 与 I^- 结合生成 I_3^-，而使溶解度增大。

$$I_2(aq) + I^-(aq) \rightleftharpoons I_3^-(aq)$$

因此，碘的氧化还原半反应为

$$I_3^-(aq) + 2e^- \longrightarrow 3I^-(aq) \qquad E^\ominus = 0.545V$$

可见，I_2 是较弱的氧化剂，而 I^- 是中等强度的还原剂。因此，碘量法可分为直接法和间接法两种。

电势比 $E^\ominus(I_2/I^-)$ 低的还原性物质，可利用 I_2 的氧化性用标准溶液直接滴定，这种方法称为直接碘量法，常用于 $S_2O_3^{2-}$、SO_3^{2-}、Sn^{2+} 和维生素 C 等具有较强还原性的物质的含量测定。直接碘量法不能在碱性溶液中进行，否则会发生歧化反应。电势比 $E^\ominus(I_2/I^-)$ 高的氧化性物质，可利用 I^- 的还原性，在一定条件下将 I^- 氧化成 I_2，然后用 $Na_2S_2O_3$ 溶液滴定生成的 I_2，从而间接计算出被测氧化性物质的含量，这种方法称为间

接碘量法，可用于测定 MnO_4^-、$Cr_2O_7^{2-}$、Cu^{2+}、IO_3^{2-}、BrO_3^- 和 H_2O_2 等氧化性物质的含量。间接碘量法比直接碘量法应用更为广泛。凡是能与 I^- 作用定量产生的 I_2 氧化性物质及能与过量 I_2 在碱性介质中作用的有机物，都可用间接碘量法测定。

碘量法中用淀粉作指示剂，淀粉与 I_2 作用形成蓝色配合物，其灵敏度很高，但温度和 pH 都将对指示剂产生一定的影响。

2. 标准溶液的配制和标定

1) 碘溶液的配制和标定

由于 I_2 具有挥发性和腐蚀性，因此通常先配制成近似浓度的溶液，然后进行标定。

配制时，先用托盘天平称取一定量的碘，放入玻璃乳钵中，加入过量 KI，再加入少许水研磨，使 I_2 充分溶解，然后将溶液稀释并转移至棕色瓶中置于暗处保存。

标定 I_2 溶液的浓度，可用已标定好的 $Na_2S_2O_3$ 标准溶液，也可用基准物质 As_2O_3。标定反应为

$$AsO_3^{3-}(aq) + I_2(aq) + H_2O(l) \xlongequal{\quad} AsO_4^{3-}(aq) + 2I^-(aq) + 2H^+(aq)$$

为使反应向右进行，反应必须控制在中性或微碱性溶液中进行，故通常加入 $NaHCO_3$ 使溶液的 pH 保持在 8 左右。

2) $Na_2S_2O_3$ 溶液的配制和标定

硫代硫酸钠($Na_2S_2O_3 \cdot 5H_2O$)容易被风化或潮解，常含有微量杂质，如 S、$Na_2S_2O_3$、Na_2SO_4 等。$Na_2S_2O_3$ 溶液不稳定，能被水中溶解的 O_2 氧化产生不具还原性的 SO_4^{2-}。此外，水中的 CO_2 和嗜硫菌等微生物都能分解 $Na_2S_2O_3$。因此，$Na_2S_2O_3$ 标准溶液只能用间接法配制。

配制溶液时，应将蒸馏水煮沸，除去水中残留的 CO_2 和 O_2，并且杀死微生物；冷却后加入少量 Na_2CO_3，使溶液保持在弱碱性，可抑制微生物再生长并防止 $Na_2S_2O_3$ 分解；将配好的溶液置于棕色瓶内，于暗处放置。现用现标定，且标定好的溶液不适宜长期存放。

$Na_2S_2O_3$ 溶液的标定可用 $K_2Cr_2O_7$、KIO_3、$KBrO_3$ 等基准物质。通常多用 $K_2Cr_2O_7$ 和 KIO_3 进行标定，在酸性溶液中 $K_2Cr_2O_7$ 或 KIO_3 与过量 KI 作用析出 I_2，待反应完全后以淀粉作为指示剂，用 $Na_2S_2O_3$ 溶液滴定析出的 I_2。根据基准物质 $K_2Cr_2O_7$ 或 KIO_3 的质量和化学计量关系，即可计算出 $Na_2S_2O_3$ 的准确浓度。

3. 碘量法的应用实例

1) 直接碘量法

用 I_2 标准溶液可直接滴定硫化物、亚砷酸盐、亚硫酸盐、安乃近、维生素 C 等还原性物质。

例如，维生素 C 的测定，维生素 C 分子($C_6H_8O_6$)中的烯二醇基具有还原性，能被 I_2 定量氧化成二酮基：

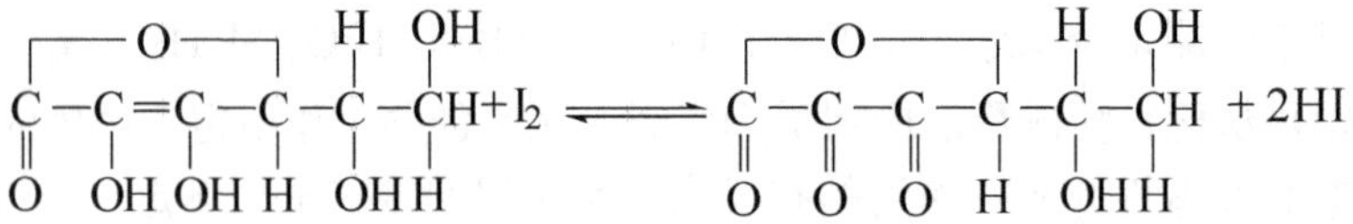

从上式可以看出，在碱性条件下更有利于反应向右进行，但由于维生素 C 在碱性溶液中更易于被空气中的 O_2 氧化，因此滴定时反而加入 HAc 使溶液保持一定的酸性，以减少维生素 C 被 I_2 以外的其他氧化剂所氧化。

2) 间接碘量法

间接碘量法既可用于测定，如甘汞、甲醛、蛋氨酸、葡萄糖等还原性物质，又可用于如 $KMnO_4$、$K_2Cr_2O_7$、KIO_3、$KBrO_3$、Cl_2、Br_2、H_2O_2、$CuSO_4$，以及漂白粉等强氧化剂的测定。

次氯酸钠作为杀菌剂，在 HCl 溶液中转化为 Cl_2，生成的 Cl_2 能将 I^- 氧化成 I_2，后者用 $Na_2S_2O_3$ 标准溶液滴定，可测定 NaClO 的含量。

13.5　配位滴定法

13.5.1　基本原理

配位滴定(complexometric titration)法也称络合滴定法，是在滴定过程中以形成配位化合物为基础的滴定分析法，广泛应用于金属离子含量的测定。配位滴定法中最常使用的滴定剂是以乙二胺四乙酸(ethylenediamine tetraacetic acid，EDTA)为代表的氨羧配位剂。由于 EDTA 与金属离子形成的配合物稳定性高，配位比简单(一般都是 1∶1)，反应速率快，且配位反应能定量完全地进行，因此用 EDTA 标准溶液滴定金属离子的分析方法是配位滴定法的主要分析方法。

EDTA 是多基配位体中的一种，它以氨基(—N<)中的氮原子和羧基(—C(=O)—O—)中的氧原子与金属离子 M 配位，其结构式为

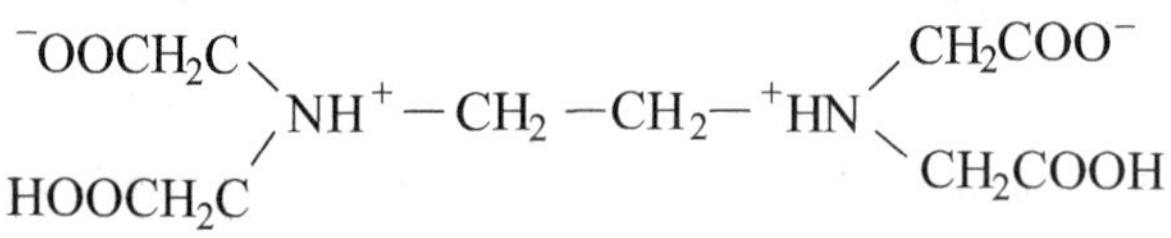

两个羧基上的 H^+ 转移到两个 N 原子上，形成双偶极离子，故 EDTA 是四元酸，通常可表示为 H_4Y，也称为 EDTA 酸。

EDTA 与金属离子 M^{n+} 形成螯合物的配位形成反应为

$$M^{n+} + Y^{4-} \rightleftharpoons MY^{(4-n)-} \quad (n = 2、3、4)$$

上述配位形成反应达平衡时的平衡常数称为稳定常数 $K^{\ominus}_{MY}$。

1. 影响 EDTA 滴定的因素

在配位滴定中，反应物 M 和 Y 除参加主反应生成 MY 配合物外，各自还会发生副反应，这些副反应的发生会影响 MY 的稳定性，从而不利于主反应的进行。

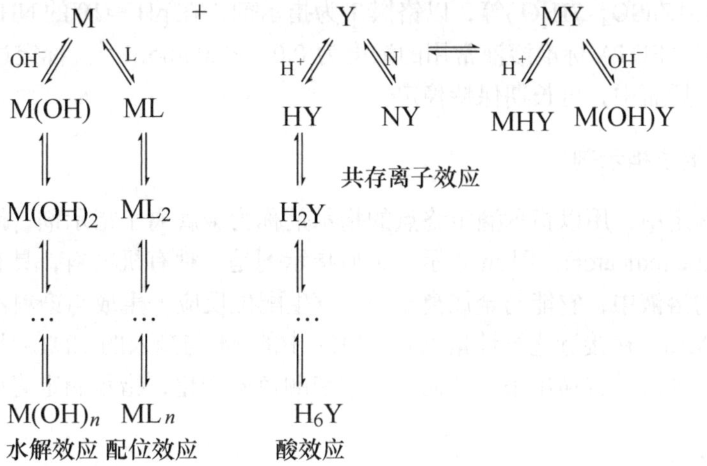

1) 酸效应

如前所述，EDTA 是一种四元酸。当酸度较高时，H_4Y 的两个羧酸根可再接受 H^+ 形成六元酸 H_6Y^{2+}。因此，EDTA 在水溶液中有 7 种型体存在，且各型体的分布情况受酸度影响较大，其中能与金属离子配位的只有 Y。如有 H^+ 存在，Y 会与 H^+ 结合形成它的共轭酸。酸度越大，Y 与 H^+ 的质子化反应程度越大，其平衡浓度越低。这种 H^+ 存在而使得 EDTA 参加主反应的能力下降的现象，称为酸效应。EDTA 的酸效应是影响配位滴定最常见、最主要的因素之一。所以在 EDTA 滴定中，常需利用缓冲溶液严格控制酸度。

2) 共存离子效应

由于 EDTA 具有广泛的配位能力，当溶液中除 M 外，同时存在其他能与 Y 配位的金属离子 N 时，M 和 N 之间会发生与 Y 的竞争配位而使 Y 参与主反应的能力降低，影响测定结果的准确度，这种现象称为共存离子效应。干扰金属离子的这种影响可在滴定前通过调节溶液 pH 或加入掩蔽剂等方式去除。

3) 配位效应

若溶液中有能与待测金属离子 M 发生反应的其他配体 L 存在，则会降低待测金属离子与 EDTA 的反应能力，这种现象称为配位效应。L 的浓度越大或 ML 的稳定性越大，则配位效应的影响就越大，主反应进行得越不完全。配位效应可通过调节溶液 pH 等方法进行控制。

4) 水解效应

当溶液的酸度较低时，金属离子 M 可因水解而形成各种氢氧基或多核氢氧基配合物。这种因水解而引起的副反应称为水解效应。由于氢氧基也是以配体的形式与 EDTA 反应，因此从本质上可以将水解效应看作一类特殊的配位效应。

2. 标准溶液的配制与标定

由于 EDTA 在水中的溶解度较小，一般用 EDTA 二钠盐配制成近似浓度的溶液，然后用基准物质，如镁盐(如 $MgSO_4 \cdot 7H_2O$、$MgCl_2 \cdot 6H_2O$)、钙盐(如 $CaCO_3$)、锌及其盐(如 Zn、ZnO、$ZnSO_4 \cdot 7H_2O$)等，以铬黑 T 为指示剂，在 pH ≈10 的 NH_3-NH_4Cl 缓冲溶液中进行标定。EDTA 标准溶液常用的浓度为 0.01～0.05mol·L^{-1}。标定过的 EDTA 溶液应储存于聚乙烯瓶中，可长期保持稳定。

13.5.2　金属离子指示剂

在配位滴定中，用以指示滴定终点的指示剂称为金属离子指示剂，简称金属指示剂(metallochromic indicator)，用 In 表示。金属指示剂是一种有机染料，具有一定的颜色。在一定条件的溶液中，它能与金属离子 M 发生配位反应，生成与染料本身颜色不同的配位化合物 MIn；在接近化学计量点时，MIn 中的 M 与滴入的 EDTA 形成稳定的配合物 MY，指示剂 In 被置换出来，从而引起溶液颜色的变化，指示滴定终点到达。变色过程如下所示：

滴定开始前

$$M + In \rightleftharpoons MIn$$

甲色　　乙色　　　　甲色变成乙色

滴定开始至滴定终点前

$$M + Y \rightleftharpoons MY$$　　保持乙色不变

滴定接近化学计量点时

$$MIn + Y \rightleftharpoons MY + In$$

乙色　　　　甲色　　　　乙色变成甲色

能够用作金属离子指示剂的显色剂应具备以下条件：

(1) 指示剂 In 本身的颜色应与显色配合物 MIn 的颜色有明显的差别。

(2) 指示剂与金属离子之间的显色反应灵敏度高、速度快，且具有良好的变色可逆性。

(3) 显色配合物 MIn 必须具有足够的稳定性($K'_{MIn} \geqslant 10^4$)，但应比 MY 的稳定性小($K'_{MY} / K'_{MIn} > 10^2$)。若 MIn 稳定性太高，则终点将延后或得不到终点。反之，则终点提前到达。

常用的金属指示剂有铬黑 T、钙红指示剂、二甲酚橙等。现以铬黑 T 为例，说明金属指示剂的变色原理。铬黑 T 为弱酸性偶氮染料，可用符号 NaH_2In 表示。它与金属离子可形成酒红色配合物，在水溶液中存在下列解离：

$$H_2In^- \xrightleftharpoons{pK_{a1}^\ominus=6.3} HIn^{2-} \xrightleftharpoons{pK_{a2}^\ominus=11.6} In^{3-}$$

(紫红色)	(蓝色)	(橙色)
pH < 6.3	pH = 6.3～11.6	pH > 11.6

从上式可知，pH < 6.3 或 pH >11.6 时，铬黑 T 呈紫红色或橙色，与其酒红色的配合物 MIn 无明显色差，所以用铬黑 T 作为指示剂时所选择的适宜 pH 范围通常为 8～11，颜色变化为从酒红色到纯蓝色，一般用 NH_3-NH_4Cl 缓冲溶液控制溶液 pH 在 10 左右进行滴定。铬黑 T 可用作测定 Zn^{2+}、Ca^{2+}、Mg^{2+}等金属离子的指示剂。

13.5.3　配位滴定法的应用实例

用 EDTA 标准溶液可以通过直接滴定、返滴定、间接滴定或置换滴定等方式测定周期表中大多数元素。不同滴定方式的应用不仅可以扩大配位滴定的范围，还可以提高配位滴定的选择性。

1. 含钙药物中 Ca^{2+}含量的测定

含 Ca^{2+}的药物比较多，如 $CaCl_2$、乳酸钙和葡萄糖酸钙等，药典多采用 EDTA 直接测定其含量。测定葡萄糖酸钙时，准确称取一定量葡萄糖酸钙试样，加 NH_3-NH_4Cl 缓冲溶液调节 pH≈10，以铬黑 T 为指示剂，用 EDTA 标准溶液滴定至溶液由红色变为蓝色，即为终点。

如果钙与镁共存，要测其总量(如水的总硬度的测定)，也可以用上述方法进行直接滴定。

2. 氢氧化铝凝胶的含量测定

氢氧化铝凝胶是一种具有缓解胃痛、保护溃疡面和局部止血等功效的常用药。由于 Al^{3+}与 EDTA 的反应速度慢、本身易水解且对指示剂有封闭作用，因此可采用返滴定法进行测定。先加入一定量过量的 EDTA 标准溶液，在 pH ≈ 3.5 时煮沸溶液。待配位完全后，调节溶液 pH 至 5～6，加入二甲酚橙，再用 Zn^{2+}标准溶液滴定至溶液由黄色变为红色，即为终点。

13.6　沉淀滴定法

沉淀滴定法(precipitation titration)是以沉淀反应为基础的滴定分析方法。虽然沉淀反应很多，但由于很多沉淀的组成不恒定，或溶解度较大，或反应速度缓慢，或共沉淀现象严重等，真正能用于沉淀滴定的沉淀反应并不多。目前应用较多并具有实际意义的是以生成难溶性银盐的沉淀反应为基础的分析方法也称为银量法(argentimetry)。银量法主要用于测定 Cl^-、Br^-、I^-、Ag^+和 SCN^-，也可以测定经处理后能定量产生这些离子的有机物。银量法据其所用的指示剂不同，又分为莫尔(Mohr)法、福尔哈德(Volhard)法和法扬斯(Fajans)法。

13.6.1　莫尔法

1) 基本原理

用铬酸钾(K_2CrO_4)作指示剂的银量法称为莫尔法。莫尔法可用 $AgNO_3$ 标准溶液直

接滴定 Cl^-或 Br^-。利用莫尔法进行滴定时需注意以下条件：

(1) 若酸性过强，CrO_4^{2-} 会与 H^+反应生成 $HCrO_4^-$ 进而转化成 $Cr_2O_7^{2-}$，降低了 CrO_4^{2-} 浓度，从而导致 Ag_2CrO_4 沉淀出现过迟或不出现；而碱性过强又会生成 Ag_2O 沉淀，所以滴定只能在中性或弱碱性(适宜 pH 6.5～10.5)条件下进行。

(2) 因为 AgI 与 AgSCN 沉淀对 I^-和 SCN^-有强烈的吸附作用，所以此法只适用于测定 Cl^-、Br^-和 CN^-，不适用于滴定 I^-和 SCN^-。

(3) 实验中还需设法除去能与 Ag^+ 形成沉淀的阴离子、能与 CrO_4^{2-} 生成沉淀的阳离子及影响终点观察的有色离子等。

以滴定中性溶液中的 Cl^-为例，说明滴定时的滴定反应和指示剂反应：

$$Ag^+(aq) + Cl^-(aq) \rightleftharpoons AgCl(s)\downarrow(\text{白色}) \qquad K_{sp}^{\ominus} = 1.8\times10^{-10}$$

$$2Ag^+(aq) + CrO_4^{2-}(aq) \rightleftharpoons Ag_2CrO_4(s)\downarrow(\text{砖红色}) \qquad K_{sp}^{\ominus} = 2.0\times10^{-12}$$

由于 AgCl 的溶解度比 Ag_2CrO_4 的溶解度小，根据分步沉淀的原理，Ag^+ 与 Cl^-首先生成 AgCl 白色沉淀。当 Cl^-被沉淀完全后，因过量一滴 $AgNO_3$ 溶液与 CrO_4^{2-} 生成砖红色的沉淀而指示到达滴定终点。

2) 标准溶液的配制与滴定

$AgNO_3$ 标准溶液可用基准物质和不含卤素离子的蒸馏水直接配制，也可粗配后用 500℃干燥过的 NaCl 基准物质标定。$AgNO_3$ 标准溶液应保存在棕色试剂瓶中。

13.6.2 福尔哈德法

1) 基本原理

以 HNO_3 为标准溶液、硫酸铁铵 $[NH_4Fe(SO_4)_2]$ 为指示剂的银量法称为福尔哈德法。与莫尔法不同，福尔哈德法适用在强酸性(0.3mol·L^{-1}的 HNO_3)条件下测定，以避免指示剂中 Fe^{3+}发生水解，以及避免 Ag^+ 与生成沉淀的 PO_4^{3-}、CO_3^{2-}、S^{2-} 等离子对测定的干扰。福尔哈德法分为直接滴定法和返滴定法。

直接滴定法通常用于测定 Ag^+。在 HNO_3 介质中用 KSCN 或 NH_4SCN 标准溶液滴定 Ag^+，生成白色的 AgSCN 沉淀。当 AgSCN 定量沉淀完全后，过量的 SCN^-与指示剂中 Fe^{3+}形成红色配合物指示终点到达。

返滴定法用于测定卤素离子。在 HNO_3 酸化的含卤素离子的试样中，加入已知过量的 $AgNO_3$ 标准溶液，以 $NH_4Fe(SO_4)_2$ 为指示剂，用 NH_4SCN 标准溶液返滴定过量的 Ag^+，当 AgSCN 定量沉淀完全后，过量的 SCN^-与指示剂中的 Fe^{3+}形成红色配合物指示终点到达。

相同温度条件下，由于 $K_{sp}^{\ominus}(AgSCN) < K_{sp}^{\ominus}(AgCl)$，因此在用返滴定法测定 Cl^-时，应在返滴定前滤除沉淀或加入硝基苯等有机溶剂隔离沉淀，以防止 AgCl 转化为 AgSCN。测定 I^-时，应先加入 $AgNO_3$ 标准溶液，使 AgI 沉淀完全后加入 $NH_4Fe(SO_4)_2$ 指示剂，以避免 Fe^{3+}与 I^-的氧化还原副反应造成测定误差。

2) 标准溶液的配制与标定

NH_4SCN 在通常条件下难以达到基准物质的要求，故不能直接配制标准溶液，应以 $AgNO_3$ 标准溶液对近似浓度的 NH_4SCN 溶液进行标定。

13.6.3 法扬斯法

用吸附指示剂确定终点的银量法称为法扬斯法。吸附指示剂是一些酸性或碱性染料。酸性染料是有机弱酸，在溶液里可解离出指示剂阴离子，如荧光黄及其衍生物。碱性染料可解离出指示剂阳离子，如甲基紫、罗丹明 6G 等。当指示剂阴离子和阳离子被吸附在胶状沉淀表面之后，指示剂分子结构发生改变而导致颜色发生变化，指示滴定终点到达。

现以 $AgNO_3$ 标准溶液滴定 Cl^- 为例来说明法扬斯滴定原理，此测定可采用荧光黄(HFIn)作指示剂。荧光黄在溶液中可解离出黄绿色的 FIn^-，在化学计量点前，溶液中 Cl^- 过量，AgCl 沉淀吸附 Cl^- 而带负电荷，由于静电排斥作用而不吸附 FIn^-，溶液呈现出 FIn^- 的黄绿色。化学计量点后，溶液中有过剩的 Ag^+，此时 AgCl 沉淀吸附 Ag^+ 而带正电荷，它强烈地吸附带负电荷的 FIn^-。荧光黄阴离子被吸附后，结构发生变化而使颜色转变为粉红色，指示终点到达。

从以上的分析可知，利用法扬斯法进行准确滴定，需考虑以下滴定条件：

(1) 控制适当酸度，以使指示剂呈离子状态。

(2) 吸附指示剂离子所带的电荷应与滴定剂离子所带的电荷相反。

(3) 因颜色变化发生在沉淀表面，故沉淀的表面积越大，终点颜色变化越明显。可加入糊精、淀粉等大分子化合物溶液以对胶体进行保护，从而阻止卤化银凝聚，以保持较大的表面积。

(4) 滴定过程中应尽量避光，以免卤化银在强光下分解析出银，溶液很快变为灰色或黑色。

思 考 题

1. 下列情况分别引起什么误差？如果是系统误差，应该如何消除？

(1) 砝码被腐蚀；

(2) 天平两臂不等长；

(3) 试剂含被测组分；

(4) 重量分析中杂质被共沉淀；

(5) 天平称量时最后一位读数估计不准；

(6) 以含量为 99.9%的邻苯二甲酸氢钾作基准物标定碱溶液。

2. 判断下列说法是否正确。

(1) 偶然误差是由某些难以控制的偶然因素所造成的，因此无规律可循；

(2) 精密度高的一组数据，其准确度一定高；

(3) 测定结果的精密度很高，说明系统误差小；

(4) 测定结果的精密度很高，说明偶然误差小。

3. 相同浓度的 HCl 和 HAc 溶液的 pH 是否相同？pH 相同的 HCl 溶液和 HAc 溶液其浓度是否相同？若用 NaOH 中和 pH 相同的 HCl 和 HAc 溶液，哪个用量大？原因是什么？

4. 下列溶液以 NaOH 溶液或 HCl 溶液滴定时，在滴定曲线上会出现几个突跃？

a. $H_2SO_4 + H_3PO_4$　　b. $HCl + H_3BO_3$　　c. HF + HAc

d. $NaOH + Na_3PO_4$　　e. $Na_2CO_3 + Na_2HPO_4$　　f. $Na_2HPO_4 + NaH_2PO_4$

5. 有一碱液，可能含有 NaOH、Na_2CO_3 或 $NaHCO_3$，也可能是其中二者的混合物。今用 HCl 溶液滴定，以酚酞为指示剂时，消耗 HCl 体积为 V_1；又加入甲基橙指示剂，继续用 HCl 溶液滴定，又消耗 HCl 体积为 V_2。当出现下列情况时，溶液各由哪些物质组成？

a. $V_1 > V_2$、$V_2 > 0$　　b. $V_2 > V_1$、$V_1 > 0$　　c. $V_1 = V_2$

d. $V_1 = 0$、$V_2 > 0$　　e. $V_1 > 0$、$V_2 = 0$

6. 在氧化还原滴定中，是否都能采用加热的办法来加速反应的进行？为什么？

7. 以 $K_2Cr_2O_7$ 为基准物标定 $Na_2S_2O_3$ 溶液的浓度，回答以下实验问题：

(1) 为何不采用直接碘量法而是采用间接碘量法标定？

(2) $K_2Cr_2O_7$ 氧化 I^- 反应为什么要加酸并加盖在暗处放置 5min？

8. 为什么使用金属指示剂时要限定适宜的 pH？为什么将同一种指示剂用于不同金属离子滴定时，适宜的 pH 条件不一定相同？

9. 用 NaOH 标准溶液滴定 $FeCl_3$ 溶液中的游离 HCl 时，Fe^{3+} 将引起怎样的干扰？加入下列哪一种化合物可消除其干扰？

EDTA、Ca-EDTA、柠檬酸三钠、三乙醇胺

10. 采用莫尔法进行滴定分析时，为什么溶液的酸度要控制在 pH = 6.5～10.5？如果在 pH = 2 时滴定 Cl^-，分析结果会怎样？

11. 说明用下述方法进行测定是否会引入误差，如有误差，则指出偏高还是偏低？

(1) 吸取 $NaCl + H_2SO_4$ 试液后，立刻用莫尔法测定 Cl^-；

(2) 中性溶液中用莫尔法测定 Br^-；

(3) 用莫尔法测定 pH≈8 的 KI 溶液中的 I^-；

(4) 用福尔哈德法测定 Cl^-，但未采用防止沉淀转化的措施。

习　　题

1. 两人分析同一试样中的含铜量，其结果质量分数(w)如下：

(1) 甲　0.3610　0.3612　0.3603

(2) 乙　0.3641　0.3642　0.3643

(3) 已知此试样中含铜量的质量分数的真实值为 0.3606。则哪个人所得结果的准确度高？哪个人的结果精密度高？为什么？

2. 百里酚蓝是二元弱酸($K_{a1}^{\ominus} = 2.24 \times 10^{-2}$，$K_{a2}^{\ominus} = 5.31 \times 10^{-10}$)指示剂：$H_2In$ 是红色、HIn^-是黄色、In^{2-}是蓝色。为什么它有 2 个 pH 变色范围？各是多少？该指示剂分别在 pH = 1、pH = 5、pH = 11 的溶

液中显什么颜色？

3. 准确称取某一元弱酸 HA 试样 1.250g，溶于 50.00mL 水中，需要用 41.20mL 0.09000mol·L^{-1} NaOH 滴定至终点。已知加入 8.24mL NaOH 时，溶液的 pH = 4.30。

(1) 求该一元弱酸的摩尔质量；

(2) 计算弱酸的解离常数 $K_a^\ominus$；

(3) 求化学计量点时的 pH，并选择合适的指示剂指示终点。

4. 下列各酸(假设浓度均为 0.1000mol·L^{-1}体积为 20.00mL)，哪些能用 0.1000mol·L^{-1} NaOH 溶液直接滴定？哪些不能？若能直接滴定，应选用什么指示剂？各有几个滴定突跃？

(1) 蚁酸($HCOOH$)$pK_a^\ominus = 3.75$；

(2) 琥珀酸($H_2C_4H_4O_4$)$pK_{a1}^\ominus = 4.16$ 、 $pK_{a2}^\ominus = 5.61$；

(3) 顺丁烯二酸($H_2C_4H_2O_4$)$pK_{a1}^\ominus = 1.83$、 $pK_{a2}^\ominus = 6.07$；

(4) 邻苯二甲酸($H_2C_8H_4O_4$)$pK_{a1}^\ominus = 2.89$ 、 $pK_{a2}^\ominus = 5.51$；

(5) 硼酸(H_3BO_3)$pK_{a1}^\ominus = 9.27$ 。

5. 测定血液中 Ca^{2+}含量时，常将其沉淀为 CaC_2O_4，再将沉淀溶解于硫酸，并用 $KMnO_4$ 标准溶液滴定。设取 5.00mL 血液，稀释至 50.00mL，再取稀释后的血液 10.00mL，经上述处理后用 0.00200mol·L^{-1} $KMnO_4$ 标准溶液滴定至终点，消耗 $KMnO_4$ 溶液 1.15mL。求 100.0mL 血液中 Ca^{2+}的质量(mg)。

6. 准确量取过氧化氢试样溶液 25.00mL，置于 250mL 容量瓶中，加水至刻度，混匀。准确吸出 25.00mL，加 H_2SO_4 酸化，用 0.02732mol·L^{-1} $KMnO_4$ 标准溶液滴定，消耗 35.86mL，计算试样溶液中过氧化氢的质量体积分数。

7. Pb_2O_3 试样 1.234g，用 20.00mL 0.2500 mol·L^{-1} $H_2C_2O_4$ 溶液处理。这时 Pb(Ⅳ)被还原为 Pb(Ⅱ)。将溶液中和后，使 Pb^{2+}定量沉淀为 PbC_2O_4。过滤，滤液酸化后，用 0.0400mol·L^{-1} $KMnO_4$ 溶液滴定，消耗了 10.00mL。沉淀用酸溶解后，用同样的 $KMnO_4$ 溶液滴定，消耗了 30.00mL。计算试样中 PbO 及 PbO_2 的质量分数。

8. 今有 25.00mL KI 溶液，用 10.00mL 0.05000 mol·L^{-1} KIO_3 溶液处理后，煮沸溶液以除去 I_2。冷却后，加入过量 KI 溶液使之与剩余的 KIO_3 反应，然后将溶液调至中性。将析出的 I_2 用 0.1008mol·L^{-1} $Na_2S_2O_3$ 溶液滴定，消耗了 21.14mL0.1008 mol·L^{-1} $Na_2S_2O_3$ 溶液，计算 KI 溶液的浓度。

9. 准确称取 0.5000g 不纯的 $SrCl_2$ 并进行溶解，溶液中除 Cl^-外，不含其他能与 Ag^+产生沉淀的物质。在上述溶液中加入 1.734g 纯的 $AgNO_3$，待溶液中 Cl^-反应完全后，过量的 $AgNO_3$ 用 0.2800mol·L^{-1} NH_4SCN 标准溶液进行回滴，滴定终点时消耗 NH_4SCN 标准溶液 25.50mL。试计算试样中 $SrCl_2$ 的质量分数。

10. 取医院放射科的含银废液 10.00mL，经 HNO_3 酸化后，以 $NH_4Fe(SO_4)_2$ 作为指示剂，用 0.04382g·mol^{-1} NH_4SCN 标准溶液滴定，消耗 NH_4SCN 标准溶液 23.48mL，求废液中 Ag^+的含量(g·L^{-1})。

11. 在下列各种情况下，分析结果是准确的还是偏高或偏低，为什么？

(1) pH≈4 时用莫尔法滴定 Cl^-；

(2) 若试液中含有铵盐，在 pH≈10 时，用莫尔法滴定 Cl^-；

(3) 用法扬斯法滴定 Cl^-时，用曙红作指示剂；

(4) 用福尔哈德法测定 Cl^-时，未将沉淀过滤也未加 1,2-二氯乙烷；

(5) 用福尔哈德法测定I^-时，先加铁铵钒指示剂，然后加入过量$AgNO_3$标准溶液。

12. 某退热止痛剂为咖啡因、盐酸喹啉和安替比林的混合物，为测定其中咖啡因的含量，称取试样 0.5000g，移入 50mL 容量瓶中，加入 30mL 水、10mL 0.35mol·L^{-1} 四碘合汞酸钾溶液和 1mL 浓盐酸，此时喹啉和安替比林与四碘合汞酸根生成沉淀，以水稀释至刻度，摇匀。将试液干过滤，移取 20.00mL 滤液于干燥的锥形瓶中，准确加入 5.00mL 0.3000mol·L^{-1} $KBiI_4$溶液，此时质子化的咖啡因与BiI_4^-反应：

$$(C_8H_{10}N_4O_2)H^+ + BiI_4^- = (C_8H_{10}N_4O_2)HBiI_4\downarrow$$

干燥过滤，取 10.00mL 滤液，在 pH 为 3～4 的 HAc-NaAc 缓冲液中，用 0.0500mol·L^{-1} EDTA 滴至BiI_4^-的黄色消失为终点，消耗 6.00mL EDTA 溶液。计算试样中咖啡因 ($C_8H_{10}N_4O_2$) 的质量分数。

13. 称取 0.5000g 煤试样，灼烧并使其中的硫完全氧化成SO_4^{2-}，将试样处理成溶液，除去重金属离子后，加入 0.05000mol·L^{-1} $BaCl_2$ 溶液 20.00mL，使其生成 $BaSO_4$ 沉淀。然后在溶液中加入铬黑 T 作为指示剂，用 0.02500mol·L^{-1} EDTA 标准溶液滴定过量的 Ba^{2+}，滴定终点时消耗 EDTA 溶液 20.00mL。计算煤试样中硫的质量分数。

14. 称取基准物质 $CaCO_3$ 0.2100g，用 HCl 溶液溶解后，配成 250.0mL 溶液，吸取 25.00mL，在 pH＝10 的缓冲体系中，以铬黑 T 为指示剂，用 EDTA 标准溶液滴定，消耗 EDTA 标准溶液 20.15mL，求 EDTA 标准溶液的浓度。

15. 取 100.00mL 水样，用缓冲溶液调节溶液 pH 为 10，以铬黑 T 为指示剂，用 0.01048g·mol^{-1} EDTA 标准溶液滴定至终点，共消耗 EDTA 标准溶液 14.20mL；另取 100.0mL 该水样，调节 pH 至 13，使 Mg^{2+}形成 $Mg(OH)_2$ 沉淀，以紫脲酸胺为指示剂，用上述 EDTA 标准溶液滴定，消耗 EDTA 标准溶液 10.54mL，计算水中 Ca^{2+}、Mg^{2+}浓度各为多少。

第 14 章　仪器分析方法简介

仪器分析法(instrumental analysis method)是采用特殊的仪器设备，以物质的物理、化学及生理特性为基础，对其结构、组成、形态和含量进行分析的一种方法。

仪器分析具有灵敏度高、选择性好、操作简单、分析速度快、容易实现自动化等特点，在化学、化工、环境、生物工程、生物医学等领域都得到了广泛的应用，对于生产、生活中的检测，以及揭示生命起源、生命过程、疾病、遗传奥秘等方面具有重要意义。特别是随着仪器分析与生物医学的结合，医药分析在药物成分含量、药物作用机制、药物代谢与分解、药物动力学、疾病诊断，以及滥用药物等的研究中是必不可少的手段。因此，仪器分析不仅是重要的分析测试方法，还是强有力的科学研究手段。

仪器分析法主要有光学分析法、电化学分析法、热分析法、质谱法和色谱法等。本章主要介绍紫外-可见分光光度法、电位分析法及气相色谱法。

14.1　吸光光度法

根据物质分子能对光进行选择性吸收而建立起来的分析方法称为吸光光度法(absorptiometry)，又称分光光度法(spectrophotometry)，包括比色法、紫外-可见分光光度法、红外吸收光谱法等。本节重点讨论紫外-可见分光光度法。

紫外-可见分光光度法(ultraviolet and visible spectrophotometry, UV-vis)又称紫外-可见吸收光谱法，是基于物质分子对紫外-可见光区(200～780nm)辐射的吸收特性而建立起来的一种定性、定量和结构分析方法。紫外-可见吸收光谱是分子光谱，主要产生于分子的外层价电子在电子能级间的跃迁，因此紫外-可见吸收光谱也属于电子光谱。

紫外-可见吸收光谱法灵敏度较高，可达 10^{-4}～10^{-6}g · mL^{-1}，紫外-可见分光光度法的相对误差为 2%～5%。随着高灵敏度和高选择性显色剂和掩蔽剂的出现，试样中的被测组分可不加分离而直接进行测定，因此操作简便、快速。又因紫外-可见分光光度法所用仪器结构简单，故其在分析测试中得到了广泛的应用。

14.1.1　物质的颜色与吸收光的关系

光是一种电磁波，具有波粒二象性。将波长为 200～400nm 的光称为紫外光；将人眼能感觉到的光称为可见光，其波长范围为 400～780nm，它是由红、橙、黄、绿、青、蓝、紫等各种色光按一定比例混合而成的。若将两种色光按照适当比例混合可得到白光，则这两种光就称为互补色光。

溶液之所以呈现不同的颜色，是与它对光的选择性吸收有关。当一束白光通过某溶液时，若溶液对各种波长的光都不吸收，则溶液为无色透明；若溶液选择性吸收某些波长的光而其他波长的光透过溶液，则溶液呈现出透过光的颜色。溶液所呈现的颜色与它吸收的光的颜色互为补色，物质的颜色和吸收光之间的互补关系见表 14-1。

表 14-1　物质颜色和吸收光颜色的关系

物质颜色	吸收光	
	颜色	波长范围/nm
黄绿色	紫	400～450
黄色	蓝	450～480
橙色	绿蓝	480～490
红色	蓝绿	490～500
紫红色	绿	500～560
紫色	黄绿	560～580
蓝色	黄	580～600
绿蓝色	橙	600～650
蓝绿色	红	650～750

14.1.2　光吸收曲线

物质分子对光的选择性吸收产生的光谱称为分子吸收光谱，又称吸收曲线(absorption curve)。为了定量描述物质分子对光的吸收情况，可绘制光吸收曲线或吸收光谱(absorption spectrum)曲线。通过测量某种物质溶液对不同波长单色光的吸收程度(吸光度，absorbance，*A*)，以波长λ为横坐标，以吸光度 *A*(或透光度 *T*)为纵坐标，即可得到该物质的光吸收曲线。图 14-1 是 $KMnO_4$ 溶液的光吸收曲线，由图中曲线可知 $KMnO_4$ 溶液对 525nm 波长附近绿色光的吸收最强，故 $KMnO_4$ 溶液呈现与绿色光互补的紫红色。对光吸收程度最大处的波长称为最大吸收波长，用 λ_{max} 表示，$KMnO_4$ 溶液的 $\lambda_{max} = 525nm$ 。图中 $KMnO_4$ 溶液浓度不同时，对光的吸收程度不同，浓度较大时，吸光度较大，但最大吸收波长不变，故光吸收曲线的形状仍相同。

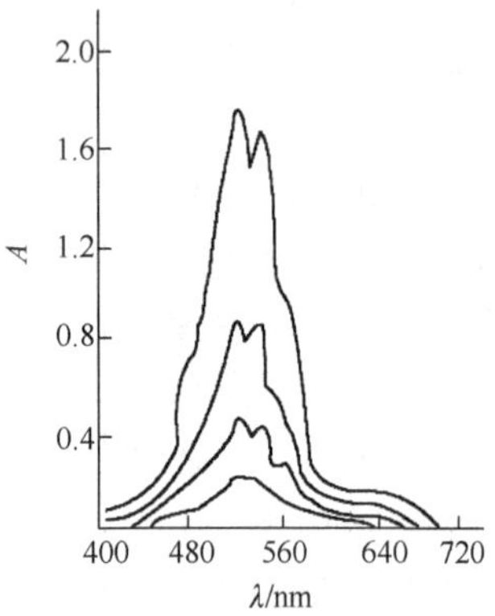

图 14-1　$KMnO_4$溶液的光吸收曲线

由于不同物质的电子能级不同，因此不同物质具有不同的吸收光谱。根据吸收光谱的特征和最大吸收波长的位置，可以对物质进行初步的定性分析。同时，不同浓度的同一物质在吸收峰附近的吸光度随浓度的增大而增大，故选取某一特定波长的光来测定物质的吸光度时，根据吸光度的大小可以确定物质的含量。吸收光谱是吸光光度分析中选择测定波长的重要依据，由于最大吸收波长处物质对光的吸收能力最大，因此，吸光光度分析中常选择最大吸收波长为测定波长，以保证较高的测定灵敏度。

14.1.3　光吸收基本定律

1. 透光率 T 与吸光度 A

当一束平行单色光照射溶液时，其中一部分光被比色皿的表面反射，一部分被待测溶液吸收，还有一部分透过溶液，如图 14-2 所示。设入射光强度为 I_0、反射光强度为 I_r、吸收光强度为 I_a、透过光强度为 I_t。因反射光强度不变，在测定中其影响可以扣除，故入射光强度可简化为

$$I_0 = I_a + I_t \tag{14-1}$$

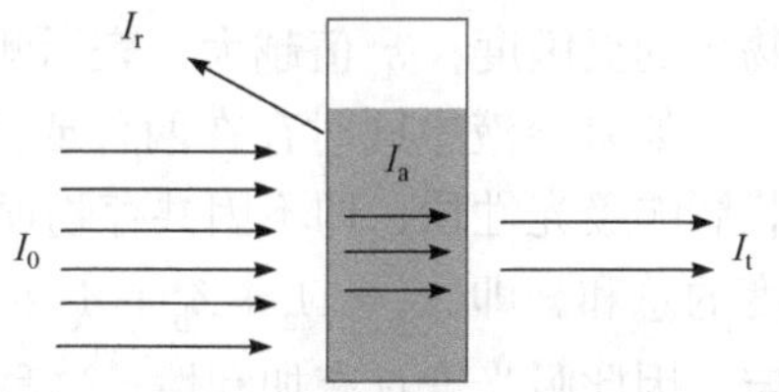

图 14-2　光通过溶液的情况

透过光强度 I_t 与入射光强度 I_0 之比称为透光度(transmittance)或透射比，用 T 表示，则

$$T = \frac{I_t}{I_0} \tag{14-2}$$

光通过溶液后光强度减弱是溶液中吸光质点(分子或离子)吸收光后所造成的，若吸收光强度越大，则透过光强度越小。因此，可用吸光度来描述溶液对光的吸收程度，用 A 表示吸光度。

$$A = \lg\frac{I_0}{I_t} \tag{14-3}$$

故吸光度 A 与透光度 T 的关系为

$$A = \lg\frac{1}{T} = -\lg T \tag{14-4}$$

2. 朗伯-比尔定律

科学家朗伯(Lambert)和比尔(Beer)分别于 1760 年和 1852 年研究了光的吸收与溶液层的厚度、溶液浓度之间的定量关系。他们的研究证明，当入射光的波长不变时，溶液的吸光度与吸光物质的浓度、溶液层的厚度成正比，这就是光的吸收定律，也称为朗伯-比尔(Lambert-Beer)定律。其数学表达式为

$$A = Kbc \tag{14-5}$$

式中，A 为吸光度；K 为比例常数，它与吸光物质的性质、入射光波长及温度等因素有关；b 为溶液层厚度(光穿过溶液层的长度)；c 为溶液中吸光物质的浓度。朗伯-比尔定律是进行定量分析的理论基础。

式(14-5)中 K 的表示与名称随 c 单位和 b 单位的不同而不同，当 b 用 cm 为单位，c 用 $\text{mol}\cdot\text{L}^{-1}$ 表示浓度时，K 用符号 ε 表示，ε 为摩尔吸光系数，其单位为 $\text{L}\cdot\text{mol}^{-1}\cdot\text{cm}^{-1}$，它表示物质的量浓度为 $1\text{mol}\cdot\text{L}^{-1}$、液层厚度为 1cm 时溶液的吸光度。此时，朗伯-比尔定律的数学表达式可变化为

$$A = \varepsilon bc \tag{14-6}$$

摩尔吸光系数值与入射光波长有关，当波长一定时，其值为一常数。溶液中吸光物质的浓度常因解离等化学反应而改变，计算时忽略这种情况，用吸光物质的总浓度代替平衡浓度进行计算，故计算得到的实为条件摩尔吸光系数 ε' 。

ε 值的大小表示吸光物质对光的吸收能力。故分光光度测定中用 ε 表示测定该吸光物质的灵敏度，ε 值越大，表示测定的灵敏度越高。

如果溶液中同时存在两种或两种以上吸光物质(a、b、c…)时，只要共存物质不互相影响吸光性质，即不因共存物而改变本身的吸光系数，则溶液的吸光度是各组分吸光度的总和，即 $A_{总} = A_a + A_b + A_c + \cdots$ ，而各组分的吸光度由各自的浓度与吸光系数所决定，因此吸光度具有加和性，这种加和性是利用分光光度法测定混合组分的依据。

14.1.4　紫外-可见分光光度计

吸光光度分析中将用于测定吸光物质溶液吸光度的仪器称为分光光度计(spectrophotometer)。紫外-可见分光光度计的工作波长范围一般为 200～780nm，可应用于无机物和有机物含量的测定。紫外-可见分光光度计又可分为单光束分光光度计和双光束分光光度计两类，其基本原理相似，主要由光源、单色器、吸收池、检测器等几部分组成，其基本部件及相互间的关系如图 14-3 所示。

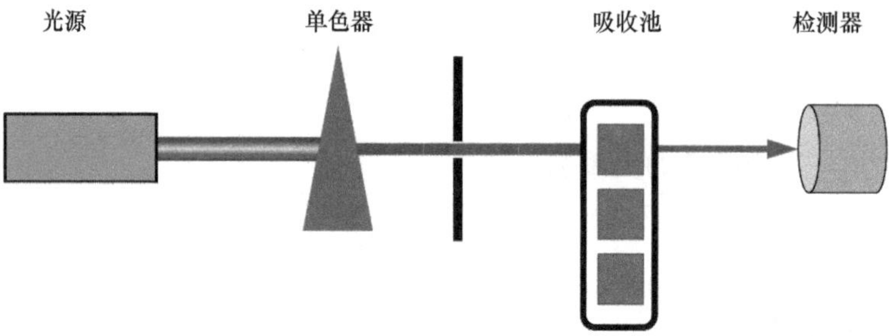

图 14-3　紫外-可见分光光度计的基本结构

1. 光源

光源是提供入射光的装置，要求有能发射强度足够高而且稳定的、具有连续光谱的光。通常紫外区和可见光区分别用氘灯和钨灯两种光源，同时配置用以保证光源稳定的电源稳压器。

2. 单色器

单色器的作用是将光源发出的复合光分解为不同波长的单色光，然后让所需波长的光通过狭缝照射到吸收池上。单色器主要由入射狭缝、准直镜、色散元件和出射狭缝等几部分构成。其中色散元件是关键部件，常见的有棱镜和光栅。由于光栅的分辨率比棱镜大，因此目前多用光栅作为色散元件。

3. 吸收池

吸收池也称比色皿，是用于盛放待测试液的容器，由石英或玻璃制成。比色皿的厚度有 0.5cm、1cm、2cm 等不同规格，此外，还有用于少量样品测试的微量比色皿。用一般光学玻璃制成的比色皿只能用于可见光区的测试，而用熔融石英制成的比色皿既可适用于紫外光区也可以用于可见光区。

4. 检测系统

检测系统包括检测器及显示装置。检测器是一种光电转换元件，其作用是将透过比色皿的光转变成电信号进行测量，常用的有光电管、光电倍增管(PMT)和光二极管阵列(DAD)等。光电管是一个真空或充有少量惰性气体的二极管。光电倍增管是由光电管改进而成，它因灵敏度比光电管高 200 多倍而被广泛采用，其适用波长范围为 160～700nm。光二极管阵列是在晶体硅上紧密排列一系列光二极管，近年来已被广泛装配到紫外-可见分光光度计上。显示装置为检流计、微安表及数字显示记录仪，现代分光光度计一般配有电脑或相关数字接口，将放大的电信号以吸光度 A 或透光度 T 的方式显示出来。722 型分光光度计是数字显示的单光束可见分光光度计，其光学系统如图 14-4 所示。

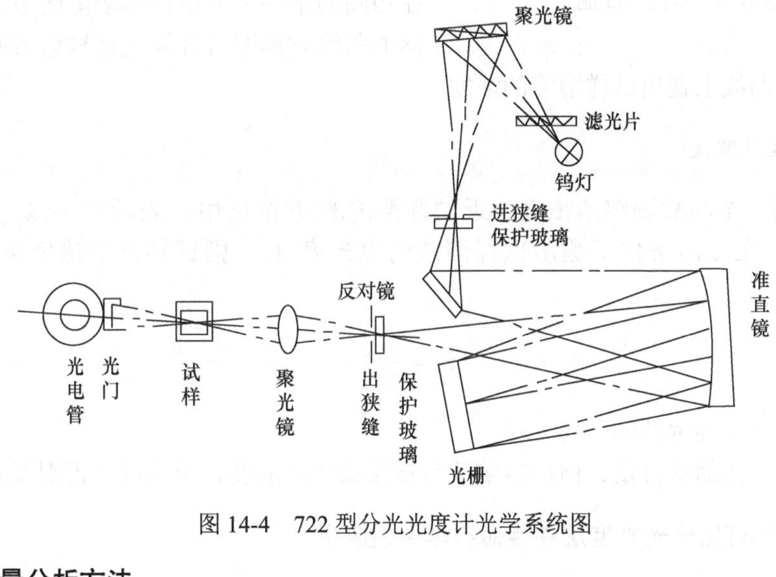

图 14-4　722 型分光光度计光学系统图

14.1.5　定量分析方法

根据朗伯-比尔定律，物质在一定波长处的吸光度与浓度之间呈线性关系。因此，只要选择一定波长测定溶液的吸光度，就可计算出其浓度。对于单组分试样，可采用吸光系数法、标准曲线法和对照法进行定量测量。

1. 吸光系数法

根据朗伯-比尔定律，若 ε 和 b 已知，则可根据测得的吸光度 A 计算出被测物质的浓度。

$$c = \frac{A}{\varepsilon b} \tag{14-7}$$

通常，ε 可以从手册或文献中查到。

2. 标准曲线法

在待测物质吸光系数未知的情况下，常用标准曲线法(standard curve method)测定并计算待测物质的浓度。其测定原理是比较吸光物质溶液对某一波长光的吸收情况。

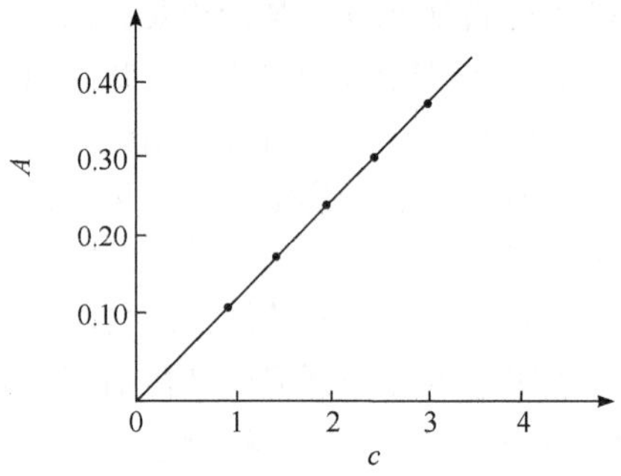

图 14-5　标准曲线图

标准曲线法需先配制一系列浓度不同的标准溶液，在测定条件相同的情况下，分别测定其吸光度，然后以标准溶液的浓度(c)为横坐标，以相应的吸光度(A)为纵坐标，绘制 A-c 关系图，理论上可获得一条通过原点的直线，如图 14-5 所示，称为标准曲线，也称为工作曲线。但大多数情况下标准曲线并不通过原点。在相同的条件下测出试样溶液的吸光度，根据标准曲线方程即可计算出试样溶液的浓度。也可以从工作曲线上查出试样溶液的浓度。

3. 标准对照法

先配制一个与被测溶液浓度相近的标准溶液(其浓度用 c_s 表示)，在 λ_{max} 处测出其吸光度 A_s，在相同条件下测出试样溶液的吸光度 A_x，则试样溶液浓度可按式(14.8)求得

$$c_x = \frac{A_x}{A_s} \times c_s \tag{14-8}$$

此方法适用于非经常性的分析工作。

标准对照法简单方便，但标准溶液与被测试样的浓度必须相近，否则误差较大。

14.1.6　紫外-可见分光光度法在生命科学中的应用

紫外-可见分光光度法在生命科学及临床医学中均有广泛的应用。例如，在临床医学的血样品检验中，铁、无机磷、肌酸肝、非蛋白氮、总蛋白、葡萄糖等都可用紫外-可见分光光度法进行测定。很多药物中某成分含量的测定也可用吸光光度法，如灰黄霉素癣药水中灰黄霉素含量的测定。此外，吸光光度法还可测定生物大分子的含量，如红细胞膜胆固醇的测定。

14.2　电位分析法

电化学分析法(electroanalytical method)是根据溶液中物质的电化学性质及其变化规律，建立在测定电学参数(如电极电势、电导、电流、电量等)与被测物质的浓度(或活度)之间计量关系的基础上对被测物质进行定性和定量分析的方法。根据测定的物理量不同，电化学分析法主要分为电位分析法、伏安分析法和库仑分析法等。

电位分析法(potentiometric analysis)是电分析化学方法中一种重要的分析方法，是通过在零电流条件下测定两个电极所构成原电池的电动势实现被测物质的分析测定。电位分析法又可以分为直接电位法(potentiometry)和电位滴定法(potentiometric titration)两类。

14.2.1　指示电极和参比电极

在电位分析法中，测量体系需要将两个电极(指示电极、参比电极)浸入待测试液中构成原电池，通过测定原电池的电动势，即可计算被测离子的活度(或浓度)。

1. 指示电极

指示电极(indicator electrode)的电极电势会随着被测物质的活度(或浓度)的变化而发生变化，根据其电势变化的情况可实现对被测物质的定量分析。根据电极材料的不同，指示电极可分为金属电极、金属-金属难溶盐电极、惰性金属电极、膜电极等。

(1) 金属电极：金属与其金属离子溶液组成的电极体系，如将银丝浸入硝酸银溶液中便构成了银电极，其电极电势取决于该电解液中金属离子的活度(或浓度)，因此可以用于测定金属离子的活度(或浓度)。此类电极主要有 Ag、Cu、Zn、Cd、Pd、Hg 等。

(2) 金属-金属难溶盐电极：由金属与金属难溶盐浸入该难溶盐的阴离子溶液中构成，它能间接反映与该金属离子生成难溶盐(或络离子)的阴离子的活度(或浓度)，常见的金属-金属难溶盐电极有 Ag-AgCl 电极、$Hg\text{-}Hg_2Cl_2$ 电极(也称甘汞电极)等。

(3) 惰性电极：也称为零类电极，是由一惰性金属浸入可溶性的电解质溶液中构成，此类电极本身不易得失电子，因此不参与氧化还原反应，仅作为交换电子的媒介，起传导电流的作用，同时这类电极的电极电势又能够指示同时存在于溶液中的氧化还原态活度的比值。常见的有金电极、铂电极、玻碳电极等。

2. 参比电极

参比电极(reference electrode)是用于测量各种电极电势时作为参照比较的电极，其电极电势不受待测试液组成变化的影响，具有较恒定的数值。参比电极是可逆电极体系，它在规定的条件下应具有稳定的、重现的可逆电极电势。最常用的参比电极有饱和甘汞电极(saturated calomel electrode，SCE)和 Ag-AgCl 电极。

饱和甘汞电极是由金属汞、甘汞(Hg_2Cl_2)及饱和 KCl 溶液组成，其结构如图 14-6(a)所示。它由两个玻璃套管组成。内套管盛有汞和氯化亚汞混合的糊状物，用

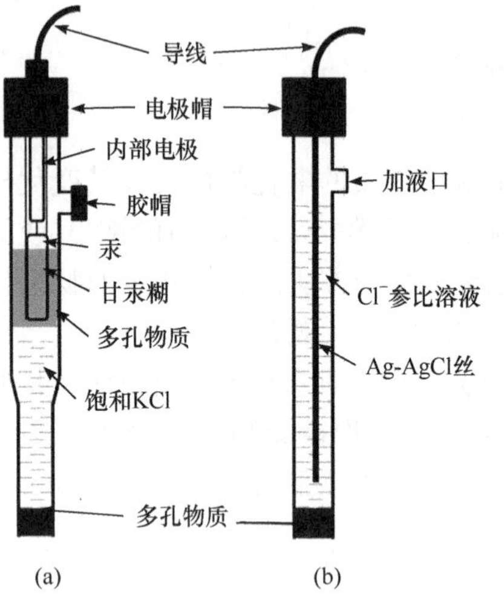

图 14-6　甘汞电极(a)和 Ag-AgCl 电极(b)

浸有饱和氯化钾溶液的脱脂棉塞紧。其上封入一段铂丝，用于连接导线。外套管的下端在吹制时用一根石棉丝封住，内部盛有饱和氯化钾溶液。外套管下端在制作时也可用微孔玻璃隔片与外套管熔接，无论采用什么方式，都要构成使溶液互相连接的通路。

Ag-AgCl电极结构如图 14-6(b)所示。将银丝镀上一层氯化银沉淀，浸在一定浓度的氯化钾溶液中，就构成了 Ag-AgCl 参比电极。在有些实验中，可直接将 Ag-AgCl 电极丝(涂有 AgCl 的银丝)插入反应体系作为参比电极来使用。因此，该电极具有体积小，使用灵活等优点。此外，Ag-AgCl 电极可以在高于 60℃的体系中使用，因为在较高温度下，饱和甘汞电极的电势变得不太稳定。

14.2.2　离子选择性电极

1. 离子选择电极的构造

离子选择性电极(ion selective electrode，ISE)是电位分析法测量溶液中某些特定离子活度的指示电极。目前已有几十种离子选择性电极，常用的且具有代表性的有玻璃电极和氟离子选择性电极。

1) 玻璃电极

玻璃电极(glass electrode)，也称玻璃膜电极，是最早被广泛使用的膜电极，它是用对氢离子活度有电势响应的玻璃薄膜制成的膜电极，因此可用来作为测量溶液 pH 的指示电极。玻璃膜电极端部通常为圆球形的玻璃薄膜，膜的厚度约为 0.1mm，玻璃管内装有一定 pH 的缓冲溶液，以及插入 Ag-AgCl电极作为内参比电极。玻璃膜电极又分为单玻璃膜电极[图 14-7(a)]和复合电极[图 14-7(b)]两种，后者集指示电极和参比电极于一体，使用更加方便。

当测量溶液的 pH 时，用玻璃电极作指示电剂、饱和甘汞电极(SCE)为参比电极时，二者浸入待测溶液中组成如下原电池：

$$(-)\mathrm{Ag|AgCl,\ 0.1mol\cdot L^{-1}\ HCl|玻璃膜\ |\ 试液\ \|\ KCl(饱和),\ Hg_2Cl_2|Hg(+)}$$

←—— 玻璃电极 ——→←—— SCE ——→

上述原电池的电动势为

$$E = K' + \frac{2.303RT}{F}\mathrm{pH}_{试} \tag{14-9}$$

K' 在一定条件下为常数，可见原电池的电动势与溶液的pH呈直线关系，该直线的斜率为 $2.303RT/F$ 。另外，该电动势还与温度有关。式(14-9)即为电位分析法测定溶液

pH 的依据。但由于常数 K' 不仅包括内参比电极电势、膜内相间电位和不对称电位，还包括测量过程中产生的外参比电极电势和液接电位，这些物理量中有些无法准确测量，并经常发生变化。此外，溶液中存在的所有电解质都会影响被测离子的活度。因此，通常不能由测量到的电动势直接计算溶液的 pH，而必须与标准溶液同时进行测量相比较才能得到结果。

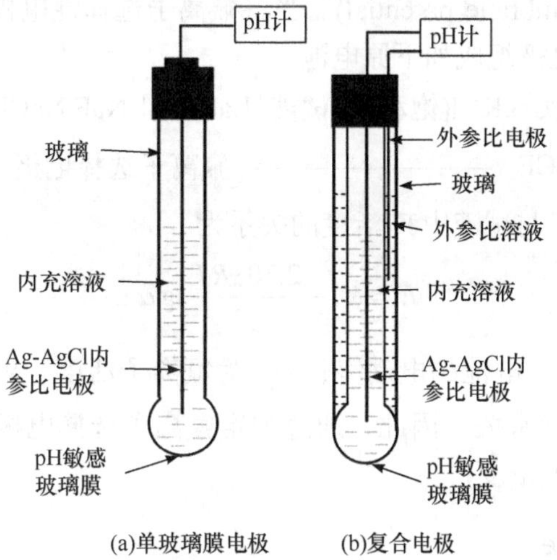

图 14-7　pH 玻璃电极

为了消去常数项的影响，需用已知 pH 的标准缓冲溶液进行标定。设标准缓冲溶液的 pH 为 pH_s，则在相同条件下，以该缓冲溶液组成原电池的电动势为 E_s，由式(14-9)可得

$$E_s = K' + \frac{2.303RT}{F} pH_s \tag{14-10}$$

以待测溶液组成原电池的电动势为 E_x，得

$$E_x = K' + \frac{2.303RT}{F} pH_x \tag{14-11}$$

由式(14-10)和式(14-11)可得

$$pH_x = pH_s + \frac{E_x - E_s}{2.303RT / F} \tag{14-12}$$

式(14-12)称为 pH 标度。因此，用 pH 计测定溶液 pH 时，必须先用标准缓冲溶液定位，同时考虑温度的影响，然后可直接在 pH 计上测出试液的 pH。

2) 氟离子选择性电极

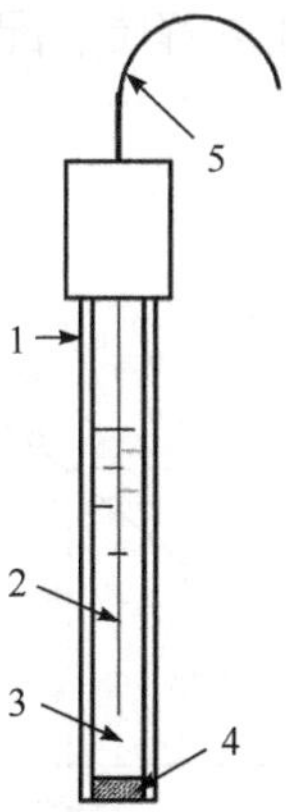

图 14-8　氟离子选择性电极

1. 塑料管或玻璃管；2. 内参比电极；3. 内参比溶液(NaF-NaCl)；4. 氟化镧单晶膜；5. 接线

氟离子选择性电极的构造示意如图 14-8 所示。氟离子选择性电极的敏感膜是氟化镧(LaF_3)单晶膜，为了提高其电导率，在其中掺入微量的 Eu^{2+} 和 Ca^{2+}。这些二

价离子的引入，导致 LaF_3 晶体中缺陷增加，从而提高了膜的导电性。图中 LaF_3 单晶膜封在聚四氟乙烯管的一端，管内装 $0.1mol \cdot L^{-1}$ NaF-$0.1mol \cdot L^{-1}$ NaCl 溶液作为内参比溶液，以及 Ag-AgCl 电极作为内参比电极。

由于溶液中的氟离子能扩散进入膜相的缺陷空位，而膜相中的氟离子也能够进入溶液中，因此，将电极插入待测离子溶液中后，在两相界面上会建立双电层结构而产生相间电位，即膜电位(membrane potential)。当将氟离子选择性电极插入待测溶液中进行测定时，其与饱和甘汞电极组成如下原电池：

$$(-)Hg|Hg_2Cl_2,KCl(\text{饱和}) \parallel \text{试液}|LaF_3\text{膜}|NaF,NaCl,AgCl|Ag(+)$$

←—— SCE ——→←—— 氟离子选择电极 ——→

此电池的电动势 E 与试液中 F^- 活度的关系为

$$E = K' - \frac{2.303RT}{F}\lg \alpha_{F^-} \tag{14-13}$$

式中，K' 为常数；E 为电池的电动势；α_{F^-} 为氟离子活度。由式(14-13)可知，其电池电动势 E 与氟离子活度有关。因此，通过测定氟离子选择电极的电池电动势可以计算溶液中氟离子的活度(或浓度)。

2. 常用的测定方法

测定过程中，由于液接电位和不对称电位的存在，以及活度系数难以计算，一般不能从电池电动势的数据通过能斯特方程来计算被测离子的活度(或浓度)，因此被测离子的含量一般通过以下几种方法来确定。

1) 标准曲线法

标准曲线法是在同样的条件下用标准物配制一系列不同浓度的标准溶液，用选定的离子选择性电极与参比电极插入已配好的标准溶液中组成原电池，并在各溶液中加入一定的由惰性电解质、配位剂及 pH 缓冲溶液等组成的缓冲溶液称为总离子强度调节缓冲溶液(total ionic strength adjustment buffer, TISAB)。依次测定一系列活(浓)度已知的标准溶液的电动势 E，然后以 E 值为纵坐标，以 $-\lg\alpha$ (或 $-\lg c$)为横坐标绘制标准曲线(又称校正曲线)。然后在相同条件下测定试液的电动势 E_x，根据标准曲线和 E_x 值即可从图中查出欲测离子的活(浓)度。如图 14-9 所示。

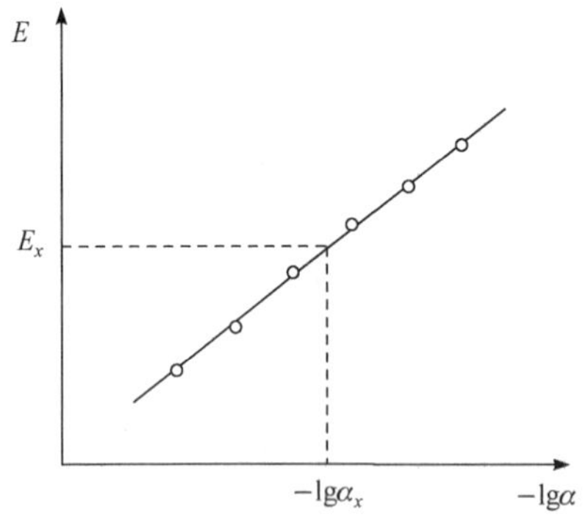

图 14-9 标准曲线法测离子活度(浓度)

由于待测溶液和标准溶液的组成基本相同，又使用同一测试体系，液接电位和不对称电位的影响可通过校准曲线校准，因此标准曲线法常用于大批比较简单的同类型样品中游离离子活度(或浓度)的测定。该方法的缺点是当试样组成比较复杂时，难以做到与校准曲线条件一致，此时可采用标准加入法进行测定。

2) 标准加入法

针对比较复杂的样品，因试液离子强度较大，且溶液中存在能引起被测离子发生副反应的配位剂，此时配制标准溶液会有一定的困难，不能使用标准曲线法进行定量分析，即使勉强使用标准曲线法，也只能测得游离离子的活度(或浓度)，而不能测出离子的总浓度。对于这种情况可以使用标准加入法来测出离子的活度或浓度。

标准加入法是将一定体积和一定浓度的标准溶液加入已知体积的待测试液中，根据加入前后电势的变化 ΔE 计算待测离子的含量。若待测溶液加入离子强度调节剂后的体积为 V 、被测定离子总浓度为 c_x 、游离离子浓度和离子总浓度的比值为 $x_{\rm i}$ 、试液中被测离子的活度系数为 $\gamma_{\rm i}$，则组成原电池的电动势 E_1 为

$$E_1 = K' \pm \frac{2.303RT}{nF} \lg \gamma_{\rm i} x_{\rm i} c_x \tag{14-14}$$

然后向试液中加入一小体积 $V_{\rm s}$ (约为试液体积 V 的百分之一)的待测离子的标准溶液(浓度 $c_{\rm s}$ 约为待测溶液浓度 c_x 的 100 倍)，混合均匀后，再测得原电池的电动势 E_2 为

$$E_2 = K' \pm \frac{2.303RT}{nF} \lg \gamma_{\rm i} x_{\rm i} (c_x + \Delta c) \tag{14-15}$$

式(14-15)中，Δc 为加入标准溶液后试液中待测离子浓度的增加量

$$\Delta c = \frac{c_{\rm s} \cdot V_{\rm s}}{V + V_{\rm s}} \approx \frac{c_{\rm s} V_{\rm s}}{V} \tag{14-16}$$

比较式(14-14)和式(14-15)可得

$$S \cdot \lg\left(1 + \frac{\Delta c}{c}\right) = \Delta E \tag{14-17}$$

标准加入法仅需要一种标准溶液，因此该操作简单、快速。在有大量过量配位剂存在的体系中，此法是利用离子选择性电极测定待测离子总浓度的有效方法。它在一定程度上可减免因标准溶液与待测试液在离子强度上的差别而引起的误差。

14.2.3　电位滴定法

电位滴定法(potentiometric titration)是指在滴定过程中通过测量电池电动势变化来确定滴定终点的方法。在滴定到达终点前后，滴液中待测离子的浓度往往连续变化几个数量级，从而引起电池电动势的突跃，被测成分的含量则通过消耗滴定剂的量来计算。

与用指示剂的滴定分析法相比，电位滴定法的优点有：

(1) 判断终点的方法比用指示剂指示终点的方法更客观，更准确。

(2) 可在非水溶液中滴定某些有机物。

(3) 可在有色的或混浊的溶液中进行滴定。

(4) 可实现自动化和连续测定。

与直接电位法相比，电位滴定法不需要准确地测量电极电势值，从而避免了温度、液接电位的影响。因此，电位滴定法有着较为广阔的应用前景。

1. 电位滴定的基本装置和过程

电位滴定的基本仪器装置如图 14-10 所示。进行电位滴定时，在待测溶液中插入一个指示电极，与一个参比电极组成工作电池。电池电动势用外电路中连接的 pH 计或毫伏计进行测量。当使用不同的指示电极时，电位滴定法可以进行酸碱滴定、氧化还原滴定、配位滴定和沉淀滴定等，如酸碱滴定时可使用 pH 玻璃电极为指示电极。

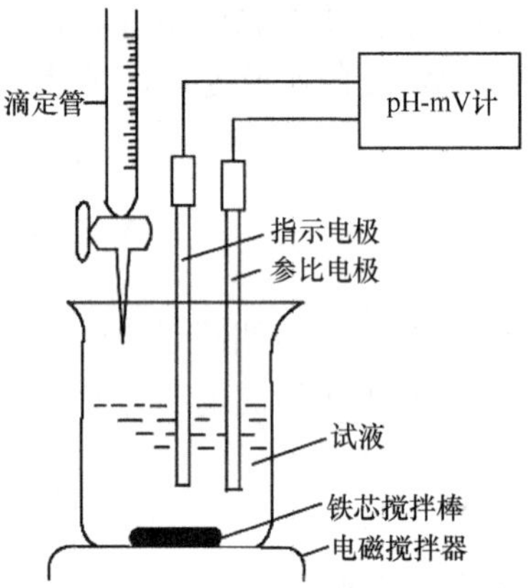

图 14-10　电位滴定基本仪器装置

滴定过程中，随着滴定剂的不断加入，被测离子的浓度不断变化，电池电动势也随之发生变化，在达到滴定终点附近若发生电动势的突跃，说明滴定到达终点。因此，通过测量电池电动势的变化，可以确定滴定终点。在电位滴定操作过程中，每滴加一定体积的滴定剂，便测量一次电动势，直到超过化学计量点为止。一般只需准确测量和记录化学计量点前后 1～2mL 滴定剂时的电动势变化即可。在化学计量点附近则每加入 0.1～0.2mL 滴定剂(每次加入量应相等，如 0.10mL)便测量一次电动势。将所有数据列表，然后作图确定滴定终点。若使用自动电位滴定仪，在滴定过程中便可以自动绘出滴定曲线，自动找出滴定终点并给出所使用滴定剂的体积，因此滴定更加快捷方便。

2. 滴定终点的确定方法

在电位滴定法中，电位滴定曲线即是随着滴定的进行，电池电动势 E 对标准溶液的加入体积 V 作图的图形。根据作图的方法不同，电位滴定曲线有以下三种类型：

1) E-V 曲线法

用加入滴定剂的体积 V 作为横坐标，用电动势 E 作为纵坐标，可绘制 E-V 曲线，曲线上的突跃范围的中点即为化学计量点，如图 14-11(a)所示。

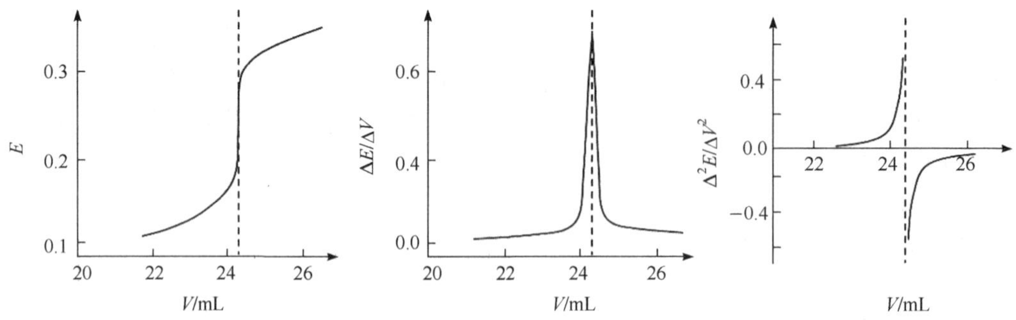

(a) E-V曲线　　(b) $\Delta E/\Delta V$-V曲线　　(c) $\Delta^2 E/\Delta V^2$-V曲线

图 14-11　电位滴定曲线

2) $\Delta E/\Delta V$-V 曲线法

首先计算出 $\Delta E/\Delta V$ 值，即 E 的变化值 ΔE 与相对应的加入滴定剂体积的增量 ΔV 之比。然后用 $\Delta E/\Delta V$ 值对 V 作图，如图 14-11(b)所示，峰尖所对应的 V 值即为滴定终点。

3) $\Delta^2E/\Delta V^2$-V 曲线法

根据微积分原理，dE/dV-V 曲线的最高点正是二阶微商 $\Delta^2E/\Delta V^2=0$ 处，因此可以通过绘制二阶微商曲线 d^2E/dV^2-V 来求得终点时所用滴定剂的体积，即曲线 $\Delta^2E/\Delta V^2$-V 中纵坐标 $\Delta^2E/\Delta V^2=0$ 处所对应的横坐标 V 就是滴定终点时所用滴定剂的体积，如图 14-11(c)所示。

14.3　气相色谱法

色谱分析法简称色谱法(chromatography)，是利用样品组分在两相间进行反复多次分配过程而产生差速迁移，从而实现混合组分分离和分析的一种技术。因此，色谱法同时具备分离和分析功能，主要用于混合物质的分离和分析。在色谱法中，固定在柱内的填充物称为固定相(stationary phase)；沿固定相流动的液体或气体称为流动相(mobile phase)；装填有固定相的柱子称为色谱柱(column)。色谱法对于科学的进步和生产的发展都具有重要的贡献，已广泛用于医药、化工、材料、环境等领域，是复杂混合物最重要的分离分析方法。

色谱法的主要类型及分类：

(1) 按流动相和固定相的物态分类。色谱法可分为气相色谱法(流动相为气体，gas chromatography, GC)、液相色谱法(流动相为液体，liquid chromatography, LC)和超临界流体色谱法(流动相为超临界流体，supercritical fluid chromatography, SFC)；按固定相的物态又可分为气-固色谱法(固定相为固体吸附剂)、气-液色谱法(固定相为涂在固体担体上或毛细管壁上的液体)、液-固色谱法和液-液色谱法。

(2) 按固定相的形式分类。色谱法可分为柱色谱法(固定相装在色谱柱中，column chromatography)、纸色谱法(滤纸为固定相，paper chromatography)和薄层色谱法(将吸附剂粉末制成薄层作固定相，thin layer chromatography，TLC)等。

(3) 按色谱过程的分离机制分类。色谱法可分为分配色谱法(partition chromatography)、吸附色谱法(adsorption chromatography)、离子交换色谱法(ion exchange chromatography)、化学键合相色谱法(chemically bonded phase chromatography)及亲和色谱法(affinity chromatography)等。

气相色谱(GC)法是采用气体(也称载气)作为流动相的一种色谱法，主要用于分析易挥发的物质。按照分离机制，可分为吸附色谱和分配色谱。按照固定相的不同，可分为气-固色谱法(gas-solid chromatography, GSC)和气-液色谱法(gas-liquid chromatography，GLC)。按照色谱柱的粗细程度不同，可分为填充柱气相色谱法和毛细管柱气相色谱法。

14.3.1　气相色谱分析流程及色谱仪的组成

气相色谱分析流程示意如图 14-12 所示。高压钢瓶供给的载气(用来载送试样的惰性气体，如氢、氮等)经减压阀后，进入载气净化干燥管除去其中的水分、氧气等杂质。由针形阀控制载气的压力和流量。再经过进样器(包括气化室)，将试样带进入色谱柱，试样中各组分在柱内分离后，依次被载气带出色谱柱，进入检测器后放空。检测器将物质的浓度或质量的变化转变成电信号，经数据处理后得到色谱图。因此，气相色谱仪的基本组成包括气路系统、进样系统、分离系统(色谱柱系统)、检测及记录系统、控制系统等五个部分。

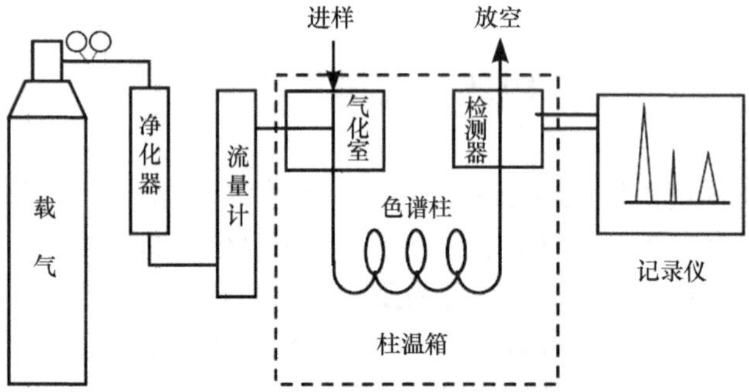

图 14-12　气相色谱仪示意图

(1) 气路系统：包括气源、气体净化、气体流速控制和测量装置。整个系统保持密封，不得有气体泄漏。

(2) 进样系统：包括进样器和气化室(用电加热的金属块制成)。气体样品用六通阀进样，液体样品用微量注射器进样。此外，进样系统还包含加热系统，其作用是使样品瞬间气化并有效地导入色谱柱。

(3) 色谱柱系统：包括色谱柱和柱温箱，是色谱仪的核心部分。色谱柱有两种，一种称为填充柱，通常用不锈钢、玻璃或聚四氟乙烯等材料制成，是 U 形或螺旋形的管子，管内填充固定相。另一种色谱柱称为毛细管柱，在毛细管的内壁上均匀地涂敷固定液，中心是空的，故称为开管柱，习惯称为毛细管柱。毛细管柱可由不锈钢、玻璃或熔融石英制作。

(4) 检测和记录系统：包括检测器、放大器、数据处理装置。检测器的作用是将经过分离后的各组分按其特性及含量转换为相应的电信号。检测器可分为浓度型检测器(concentration sensitive detector)和质量型检测器(mess flow rate sensitive detector)两种。常见的浓度型检测器有热导检测器、电子捕获检测器等；常见的质量型检测器有氢火焰离子化检测器、火焰光度检测器、热离子检测器等。

(5) 控制系统：控制整台仪器的运行，包括进样器、柱温箱、检测器的温度控制，进样控制，气体流速控制等。

14.3.2　气相色谱分析的基本理论

1. 常用术语

1) 色谱过程

如图 14-13 所示，将含有 A、B 两种组分的混合物加入色谱柱中，其在随着流动相前进过程中，在经过固定相时与固定相发生相互作用，在流动相和固定相间实现多次分配。由于 A、B 两种组分的结构和性质不同，各组分与固定相的作用类型和强度也有所差异，因此在固定相上保留的程度也不相同。图中 A 组分和固定相作用较弱，故随流动相移动较快，先从色谱柱中流出，而作用力较强的 B 组分后流出色谱柱，从而使得两组分得以分离。

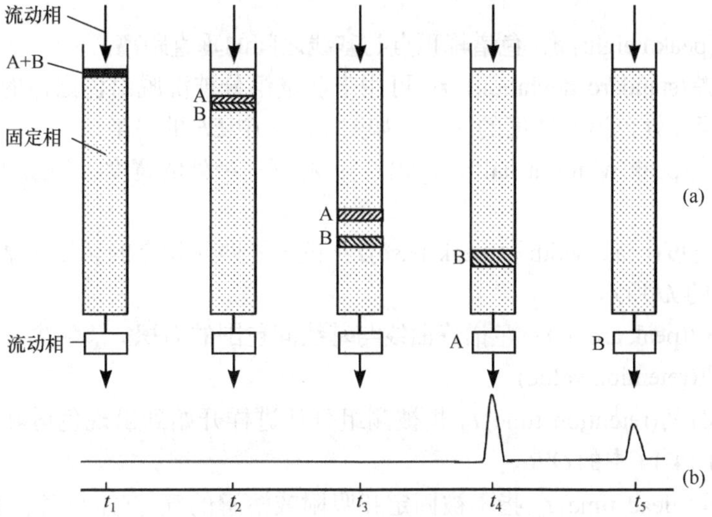

图 14-13　二组分混合样的色谱分离过程示意图
(a) 柱内洗脱过程；(b) 色谱图的记录过程

2) 色谱图

多组分试样经色谱柱分离后，依次经过检测器(图 14-13)，检测器将流动相中各组分浓度或质量的变化转变为可测量的电信号，由记录仪记录此信号强度随时间变化的关系曲线，称为色谱图(chromatogram)，也称色谱流出曲线。如图 14-14 所示，色谱图以组分的浓度变化而引起检测器的信号变化作为纵坐标，以流出时间作为横坐标。

3) 基线

色谱柱中只有载气通过时，检测器系统噪声随时间变化的曲线称为基线(base line)。稳定的基线是一条平行于横轴的直线。当基线随时间定向缓慢变化时，称为基线漂移(baseline drift)。当各种因素使得基线起伏时，称为基线噪声(baseline noise)。

4) 色谱峰

色谱图上的突起部分称为色谱峰(peak)。正常的色谱峰为对称形正态分布曲线；不正常的色谱峰有拖尾峰和前延峰。

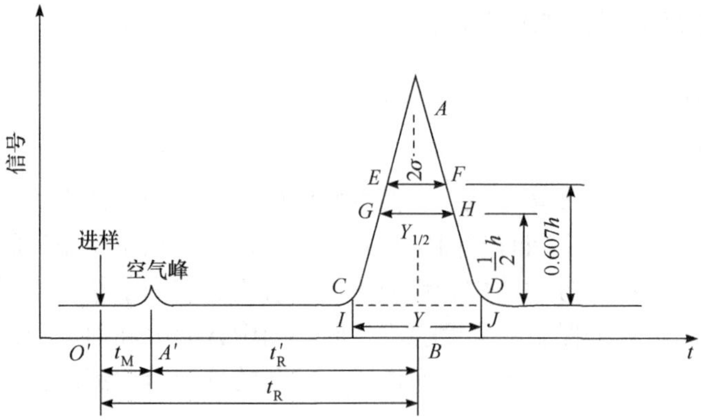

图 14-14　色谱流出曲线图

(1) 峰高(peak height) h：色谱峰顶点与基线之间的垂直距离。

(2) 标准差(standard deviation) σ：可用来衡量组分被洗脱出色谱柱的分散程度，为 0.607 倍色谱峰高处色谱峰宽度的一半，如图 14-14 中 EF 的一半。

(3) 半峰宽(peak width at half-height)$Y_{1/2}$：峰高一半处的宽度，如图 14-14 中的 GH 所示。

(4) 峰底宽度(peak width at peak base)Y：色谱峰两侧拐点的切线在基线上的截距，如图 14-14 中的 IJ 所示。

(5) 峰面积(peak area) A：色谱峰曲线与基线间包围的面积。

5) 保留值(retention value)

(1) 保留时间(retention time) t_R 指被测组分从进样开始到出现色谱峰最高点时所用的时间，如图 14-14 中的 $O'B$ 。

(2) 死时间(dead time) t_M 指不被固定相吸附或溶解的气体(如空气、甲烷)从进样开始到出现色谱峰最高点所用的时间，如图 14-14 中的 $O'A'$ 所示。

(3) 调整保留时间(adjusted retention time) t'_R 指扣除死时间后某一组分的保留时间，即组分在固定相中保留的时间。如图 14-14 中的 $A'B$ 。调整保留时间与保留时间、死时间之间的关系为

$$t'_R = t_R - t_M$$

(4) 保留体积(retention volume) V_R 指被测组分从进样开始到出现色谱峰最高点时所通过的载气体积。

(5) 死体积(dead volume) V_M 是由进样器至检测器的流路中未被固定相占有的空间体系，也是在死时间内所通过的载气体积。死体积可由死时间与色谱柱出口的载气体积流速 F_0(mL · min^{-1}) 计算。即

$$V_M = t_M \cdot F_0$$

(6) 调整保留体积(adjusted retention volume) V'_R 指扣除死体积后某组分的保留体积。调整保留体积与保留体积、死体积之间的关系为

$$V'_R = V_R - V_M = t'_R \cdot F_0$$

6) 分配系数

分配系数(partition coefficient) K 是指在一定温度和压力下，组分在两相中达到分配平衡后，其在固定相(s)与流动相(m)中的浓度之比，即

$$K = \frac{c_s}{c_m}$$

7) 分离度

分离度(resolution) R 是描述相邻两组分在色谱柱中分离情况的参数，定义为

$$R = \frac{2(t_{R_2} - t_{R_1})}{W_1 + W_2}$$

式中，t_{R_1}、t_{R_2} 分别为组分 1、2 的保留时间；W_2、W_1 分别为组分 1、2 的色谱峰宽。当 $R=1$时，两峰基本分开；当 $R=1.5$ 时，则认为两峰完全分开。

8) 相对保留值

相对保留值(relative retention value) r_{21} 指某组分(2)的调整保留值与另一组分(1)的调整保留值之比。

r_{21} 可表示固定相(色谱柱)的选择性，r_{21} 越大，相邻两组分的 t'_R 相差越大，分离效果越好，分离度越高。

2. 色谱法的基本理论

色谱理论研究主要包括热力学和动力学两方面；热力学理论是从相平衡观点来研究分配平衡，以塔板理论(plate theory)为代表；动力学理论是从动力学观点来研究各种动力学因素对峰展宽的影响，以速率理论(rate theory)为代表。

1) 塔板理论

塔板理论将色谱柱比作一个有若干层的分馏塔，在每一块塔板上，样品混合物在两相中瞬间达到分配平衡，然后被流动相携带从一块塔板转移至另一块塔板，再次达到动态分配平衡。经过多次的平衡、转移，各组分按一定的顺序依次流出色谱柱。由于色谱柱的塔板数远多于分馏塔的塔板数，因此可以获得良好的分离效果。塔板理论有如下假定：

(1) 在色谱柱一小段高度 H(塔板高度，height equivalent to theoretical plate)内，组分在两相中瞬间达到动态分配平衡。

(2) 载气进入色谱柱的每次脉动式进气为一个板体积，试样开始分配时都加在第 0 号塔板上，试样的纵向扩散可略而不计。

(3) 各塔板上的分配系数是常数。

计算塔板数 n 的经验式为

$$n = 5.54\left(\frac{t_R}{Y_{1/2}}\right)^2 = 16\left(\frac{t_R}{Y}\right)^2 \tag{14-18}$$

理论塔板高度：

$$H = \frac{L}{n} \tag{14-19}$$

式中，L为色谱柱的长度；t_R 及$Y_{1/2}$或Y用同一物理量(时间或距离)的单位。

为真实反映色谱柱分离的能力，可扣除死时间t_M的影响，有效塔板数$n_{有效}$和有效塔板高度$H_{有效}$的计算式为

$$n_{有效} = 5.54\left(\frac{t'_R}{Y_{1/2}}\right)^2 = 16\left(\frac{t'_R}{Y}\right)^2 \tag{14-20}$$

$$H_{有效} = \frac{L}{n_{有效}} \tag{14-21}$$

$n_{有效}$和$H_{有效}$可以直观地表明柱效能发挥的程度。

2) 速率理论

由于塔板理论在实际使用中具有一定的局限性，若不考虑各种动力学因素对色谱柱内传质过程的影响，则无法解释柱效与流动相流速的关系，也不能说明影响柱效的主要因素。因此，荷兰学者范第姆特(van Deemter)根据气相色谱过程中的物料平衡、扩散及传质现象，导出了速率理论，又称范第姆特方程，其方程式为

$$H = A + \frac{B}{u} + Cu$$

式中，H为塔板高度；A、B、C分别为涡流扩散项系数、纵向扩散项系数、传质阻力相系数；u为流动相线速度，可由柱长L和死时间t_M进行计算。

(1) 涡流扩散(eddy diffusion)项。

$$A = 2\lambda d_p$$

该项中影响柱效的因素有填料粒径的平均直径(d_p)及填充因子(λ)。粒径越小，填充越均匀，则柱效越高。对于空心毛细管柱，由于没有填料，因此该项可忽略。

(2) 纵向分子扩散(longitudinal diffusion)项。

$$\frac{B}{u} = 2\gamma \frac{D_m}{u}$$

组分进入色谱柱时，纵向浓度梯度的存在使组分向前、向后扩散，从而造成色谱峰展宽。柱效受该项中扩散阻碍因子(γ)、组分在流动相中的扩散系数(D_m)、流速(u)、温度等影响。

(3) 传质阻力(mass transfer resistance)相。

$$C \cdot u = (C_s + C_m)u$$

组分进入色谱柱后，在固定相和流动相间进行扩散，达到动态平衡，扩散过程中的传质阻力由固定相传质阻力系数(C_s)和流动相传质阻力系数(C_m)所决定。同时，传质阻力项还受流动相流速的影响，流速越大，柱效越低。

速率理论充分考虑了组分在两相间的扩散和传质过程，全面研究了影响色谱柱柱效的动力学因素，如填料的性状、流动相的组成及流速、柱温等。

14.3.3　气相色谱的分析方法

气相色谱分析的优点是能对多种组分的混合物进行分离和分析，结合已知纯物质和其他分析技术，不仅可以实现待测物质的定性及结构分析，还可以实现待测物质的定量分析。

1. 定性分析方法

当固定相及操作条件恒定时，各种物质均有确定不变的保留值。因此，可用保留值作定性分析。

1) 用保留时间、保留体积或相对保留值作定性鉴定

该方法的使用仅限于当未知物通过其他方法已被确定可能为某几个化合物或属于某种类型时，此时，可将未知物与每一种可能化合物的标准试样在相同的色谱条件下进行测定，对照比较两者的保留值是否相同即可。

2) 用保留指数(retention index，又称 Kováts 指数)进行定性鉴定

保留指数 I 是将物质的保留行为用两个紧靠近它(或有间隔)的标准物(一般是两个正构烷烃)来标定，并以均一标度(不用对数)来表示。

此外，对未知新化合物，不仅可采用色谱-红外光谱、色谱-质谱等联用技术进行定性鉴定与结构分析，还可与化学分析方法配合进行定性分析或者利用不同检测器具有不同的选择性和灵敏度来对未知物大致进行分类定性。

2. 定量分析方法

1) 色谱定量分析的依据

在一定操作条件下，基于被测组分 i 的质量(m_i)或其在载气中的浓度与检测器产生的响应信号(峰面积 A_i 或峰高 h_i)成正比的关系，即

$$m_i = f_i \cdot A_i \tag{14-22}$$

这就是色谱定量分析的依据。式中，f_i 为定量校正因子。因此，要得到被测组分的质量需准确测量峰面积和求出比例常数 f_i。

2) 峰面积测量法

根据峰形的不同有下列几种计算方法。

(1) 峰高乘半峰宽法：当色谱峰为对称峰时，峰面积近似等于峰高乘以半峰宽。

(2) 峰高乘峰底宽度法：此法适用于矮而宽的色谱峰。

(3) 峰高乘平均峰宽法：此法适用于不对称色谱峰。平均峰宽是指在峰高 0.15 和 0.85 处分别测峰宽，取其平均值，再与峰高相乘。

(4) 峰高乘保留值法：此法适用于狭窄的峰，在一定操作条件下，同系物的半峰宽与保留时间成正比。

3) 定量分析方法

常见的色谱定量分析方法主要有归一化法、内标法、外标法、标准加入法等。

(1) 归一化法(normalization method)。

当试样中的各组分都能产生相应的色谱峰，并且已知各个组分的相对质量校正因子(f)，通过测量各组分的峰面积(A)，则可用归一化法求出各组分的含量。归一化法就是设各组分含量的总和 m 为 100%，对于待测组分 i，其质量分数(w)为

$$w_i = \frac{A_i f_i}{A_1 f_1 + A_2 f_2 + \cdots + A_n f_n} \times 100\%$$

归一化法的定量测定结果与进样量无关，操作条件变化对结果影响较小。缺点是所有组分必须在一个分析周期内都能流出色谱柱，且检测器对它们都产生检测信号。

(2) 内标法(internal standard method)。

当试样中所有组分不能全部出峰或只需测定试样中某几个组分时，可采用内标法。

内标法是准确称取试样后，加入一定量的纯物质作为内标物。根据被测组分和内标物的质量及二者在色谱图上相应的峰面积之比，求出某组分的含量。若要测定试样中物质 i 的质量分数，可于质量为 m 的试样中加入质量为 m_s 的内标物，测得待测组分和内标物的峰面积分别为 A_i 和 A_s，则

$$m_i = f_i A_i$$

$$m_s = f_s A_s$$

由上式可得

$$m_i = m_s \frac{A_i f_i}{A_s f_s}$$

则

$$w_i(\%) = \frac{A_i f_i}{A_s f_s} \times \frac{m_s}{m}$$

式中，f 为校正因子。由上式可知，内标法是通过测量内标物及被测组分峰面积的相对值来进行计算的，因操作条件变化而引起的误差得以抵消，所以分析结果准确度更高。由于校正因子经常是未知的，此时可以先以内标物为对照，测定被测组分的相对校正因子。

在实际工作中，内标物的选择应满足以下要求：

(a) 内标物是试样中不存在的组分；

(b) 内标物色谱峰位于被测组分色谱峰附近，并完全分离；

(c) 内标物必须是纯物质。

(3) 外标法(external standard method，标准曲线法)。

外标法是用欲测组分的纯物质配制成不同浓度的标准溶液，在一定的操作条件下，定量进样，测定峰面积后，绘制含量对峰面积(或峰高)的标准曲线，并拟合出标准曲线方程。分析试样时，取等于制作标准曲线时同样量的试样，在相同的色谱条件下进样，

测得该试样的响应信号，由标准曲线方程即可计算出其质量分数。在难以找到合适的内标物或色谱图上难以插入内标时可采用此法。

14.3.4　气相色谱分析的特点及应用范围

气相色谱分析是一种高效能、选择性好、灵敏度高、操作简单、应用广泛的分离分析方法。

在痕量分析中，可以检出超纯气体、高分子单体和高纯试剂中质量分数为10^{-6}～10^{-10}数量级的杂质；在环境监测方面，可用来直接检测大气中质量分数为10^{-6}～10^{-9}数量级的污染物；在农药残留量的分析中可测出农副产品、食品、水质中质量分数为10^{-6}～10^{-9}数量级的卤素、硫、磷化物等。

气相色谱分析十分快速，可在几分钟到几十分钟内完成一个试样的分析。某些快速分析，一秒钟可分析几个组分。色谱仪上带的微处理机可使操作及数据处理自动化，从而实现了色谱分析的高速度。

气相色谱法可分析气体试样，也可分析易挥发或可转化为易挥发的液体和固体试样，不仅可分析有机物，也可分析部分无机物。气相色谱法所能分析的有机物，约占全部有机物的 15%～20%。因此，气相色谱分析在化工、环保、食品、土壤、农业、医学、临床药物等领域得到了广泛应用。例如，在药学领域中气相色谱法可测定各种有机溶剂的含水量、测定某些药物中的含醇量、测定药品的含量及分析中草药成分等。

思 考 题

1. 符合朗伯-比尔定律的某一吸光物质溶液，其最大吸收波长和吸光度随吸光物质浓度增加其变化情况如何？
2. 什么是指示电极及参比电极？试各举例说明其作用。
3. 简述离子选择性电极的类型及一般作用原理。
4. 气相色谱仪的基本设备包括哪几部分？各有什么作用？
5. 色谱定性的依据是什么？主要有哪些定性方法？
6. 有哪些常用的色谱定量方法？试比较它们的优缺点及适用情况。

习 题

1. 某种遵守朗伯-比尔定律的溶液，当浓度为c_1时，透光度为T_1，当浓度为 0.5c_1、2c_1时，在液层不变的情况下，相应的透光度分别为多少？哪一个最大？

2. 用邻苯氮菲测定铁时，已知每毫升试液中含Fe^{2+} 0.500μg，用2.00cm吸收池于508nm波长处测得吸光度为0.198，计算三(邻二氮菲)合铁(Ⅱ)配合物的ε (508nm)。

3. NO_2^-在波长 355nm 处$\varepsilon_{355} = 23.3L \cdot mol^{-1} \cdot cm^{-1}, \varepsilon_{355} / \varepsilon_{302} = 2.50$；$NO_3^-$在波长 355nm 处的吸收可忽略，在波长 302nm 处$\varepsilon_{302} = 7.24L \cdot mol^{-1} \cdot cm^{-1}$。今有一含$NO_2^-$和$NO_3^-$的试液，用 1cm 吸收池测得

$A_{302}=1.010$、$A_{355}=0.730$，计算试液中 NO_2^- 和 NO_3^- 的浓度。

4. 当下述电池中的溶液是 pH = 4.00 的缓冲溶液时，在 25℃时用毫伏计测得下列电池的电动势为 0.209V：

$$玻璃电极|H^+(a=x)\|饱和甘汞电极$$

当缓冲溶液由三种未知溶液代替时，毫伏计读数如下：(1)0.312V；(2)0.088V；(3) − 0.017V，试计算每种未知溶液的 pH。

5. 下面是用 0.1000mol·L^{-1} NaOH 溶液电位滴定 50.00mL 某一元弱酸的数据：

V/mL	pH	V/mL	pH	V/mL	pH	V/mL	pH
0.00	2.90	10.00	5.85	15.60	8.24	18.00	11.60
1.00	4.00	12.00	6.11	15.70	9.43	20.00	11.96
2.00	4.50	14.00	6.60	15.80	10.03	24.00	12.39
4.00	5.05	15.00	7.04	16.00	10.61	28.00	12.57
7.00	5.47	15.50	7.70	17.00	11.30		

(1) 绘制滴定曲线；

(2) 绘制 $\Delta pH/\Delta V$ - V 曲线；

(3) 计算试样中弱酸的浓度；

(4) 化学计量点的 pH 应为多少?

(5) 计算此弱酸的解离常数(提示：根据滴定曲线上的半中和点的 pH)。

6. 在一根长为 3m 的色谱柱上，分离一个试样的结果如下：死时间为 1min、组分 1 的保留时间为 14min、组分 2 的保留时间为 17min、峰宽为 1min。计算：

(1) 用组分 2 计算色谱柱的理论塔板数 n 及塔板高度 H。

(2) 求两组分的调整保留时间。

7. 用一根长为 2m 的色谱柱分离 A、B 两种物质，测得两物质的保留时间分别为 520s 和 560s、空气的保留时间为 40s、两物质色谱峰的基线宽度均为 1min。若要使两物质分离度达到 1.5，求所需柱长为多少?

8. 已知在混合酚试样中仅含有苯酚、邻甲酚、间甲酚和对甲酚四种组分，经乙酰化处理后，用液晶柱测得色谱图，图中各组分色谱峰的峰高、半峰宽，以及已测得各组分的校正因子分别如下。求各组分的质量分数。

物质	苯酚	邻甲酚	间甲酚	对甲酚
峰高/mm	64.0	104.1	89.2	70.0
半峰宽/mm	1.94	2.40	2.85	3.22
校正因子 f	0.85	0.95	1.03	1.00

附　　录

附表 1　SI 基本单位

量的名称	单位名称	单位符号
长度	米	m
质量	千克(公斤)	kg
时间	秒	s
电流	安[培]	A
热力学温度	开[尔文]	K
物质的量	摩[尔]	mol
发光强度	坎[德拉]	cd

注：(1) 圆括号中的名称是它前面的名称的同义词，下同。

(2) 无方括号的量的名称与单位名称均为全称。方括号中的字，在不引起混淆、误解的情况下，可以省略。去掉方括号中的字即为其名称的简称，下同。

(3) 本表中所称的符号，除特殊指明外，均指我国法定计量单位中所规定的符号及国际符号，下同。

(4) 人民生活和贸易中，质量习惯上称为重量。

附表 2　一些物质的基本热力学数据(298.15K)

物质	$\Delta_f H_m^\ominus / (kJ \cdot mol^{-1})$	$\Delta_f G_m^\ominus / (kJ \cdot mol^{-1})$	$S_m^\ominus / (J \cdot mol^{-1} \cdot K^{-1})$
$Al_2O_3(s)$	−1669.79	−1576.41	51
$BaCO_3(s)$	−1218.8	−1138.9	112.1
$B_2H_6(g)$	31.4	82.8	232.88
$B_2O_3(s)$	−1263.6	−1184.1	54.02
Br(g)	111.75	82.38	174.93
$Br_2(g)$	30.71	3.14	245.35
$Br_2(l)$	0	0	152.3
BrCl(g)	14.7	−0.88	239.9
C(g)	718.39	672.95	157.99
C(金刚石)	1.88	2.85	2.43
C(石墨)	0	0	5.69
$CCl_4(g)$	−106.7	−64	309.4

续表

物质	$\Delta_f H_m^\ominus$ / (kJ · mol^{-1})	$\Delta_f G_m^\ominus$ / (kJ · mol^{-1})	$S_m^\ominus$ / (J · mol^{-1} · K^{-1})
$CO(g)$	−110.54	−137.28	197.9
$CO_2(g)$	−393.51	−394.38	213.64
$CH_4(g)$	−74.85	−50.79	186.19
$CH_2Cl_2(g)$	−82	−58.6	234.2
$C_2H_2(g)$	226.73	209.2	200.83
$C_2H_4(g)$	52.3	68.12	219.45
$C_2H_6(g)$	−84.68	−32.89	229.49
$C_3H_8(g)$	−103.85	−23.47	269.9
$C_6H_6(g)$	82.93	129.66	269.2
$C_6H_6(l)$	49.04	124.52	172.8
$C_2H_5OH(l)$	−227.65	−174.77	160.67
$CaCO_3(s)$	−1207.1	−1128.76	92.88
$CaO(s)$	−635.5	−604.17	39.75
$CaSO_4(s)$	−1432.7	−1320.3	106.7
$Cl(g)$	121.38	105.39	165.1
$Cl_2(g)$	0	0	222.97
$CuO(s)$	−155.2	−127.2	43.5
$Cu_2O(s)$	−166.69	−146.36	100.8
$Fe_2O_3(s)$	−822.16	−741	90
Fe_3O_4	−1117.13	−1014.2	146.4
$H(g)$	217.94	203.26	114.6
$H_2(g)$	0	0	130.58
$HBr(g)$	−36.23	−53.22	198.49
$HCl(g)$	−92.3	−95.27	186.69
$HF(g)$	−268.61	−270.7	173.51
$HI(g)$	25.94	1.3	206.31
$H_2O(g)$	−241.84	−228.61	188.74
$H_2O(l)$	−285.85	−237.19	69.96
$H_2S(g)$	−20.17	−33.01	205.64
$HCHO(g)$	−115.9	−110	218.7
$He(g)$	0	0	126.06
$Hg(g)$	60.84	31.76	174.89
$Hg(l)$	0	0	77.4
$I(g)$	106.61	70.17	180.67
$I_2(g)$	62.26	19.37	260.58
$I_2(s)$	0	0	116.7
$KCl(s)$	−435.89	−408.32	82.68

续表

物质	$\Delta_f H_m^\ominus$ / (kJ·mol^{-1})	$\Delta_f G_m^\ominus$ / (kJ·mol^{-1})	$S_m^\ominus$ / (J·mol^{-1}·K^{-1})
$MgCl_2$(s)	−641.83	−592.33	89.5
MgO(s)	601.83	−569.57	26.8
MnO_2(s)	−519.7	−464.8	53.1
N(g)	472.71	455.55	153.22
N_2(g)	0	0	191.5
NH_3(g)	−46.19	−16.65	192.51
NH_4Cl(s)	−315.38	−203.89	94.6
NO(g)	90.37	86.69	210.62
N_2O(g)	81.55	103.6	219.99
NO_2(g)	33.85	51.84	240.45
N_2O_4(g)	9.67	98.28	304.3
NOCl(g)	52.59	66.36	264
NaCl(s)	−410.99	−384.01	72.38
O(g)	247.53	230.12	160.96
O_2(g)	0	0	205.02
O_3(g)	142.3	163.43	237.7
PCl_3(g)	−306.4	−286.3	311.6
PCl_5(g)	−398.9	−324.6	353
S(正交)	0	0	31.88
S(单斜)	0.3	0.096	32.55
SO_2(g)	−296.9	−300.37	248.53
SO_3(g)	−395.18	−370.37	256.23
SO_2Cl_2(l)	−389	−314	207
UO_2(s)	−1130	−1075	77.8
ZnO(s)	−347.98	−318.19	43.9

资料来源：Wagman D D, Evans W H, Parker V B, et al. NBS 化学热力学性质表. 刘天和，赵梦月，译. 北京：中国标准出版社，1998.

附表 3　一些有机化合物的标准摩尔燃烧热(298.15K)

物质		$\Delta_c H_m^\ominus$ / (kJ·mol^{-1})	物质		$\Delta_c H_m^\ominus$ / (kJ·mol^{-1})
烃类			丁烷(g)	C_4H_{10}	−2878.3
甲烷(g)	CH_4	−890.7	异丁烷(g)	C_4H_{10}	−2871.5
乙烷(g)	C_2H_6	−1559.8	戊烷(g)	C_5H_{12}	−3536.2
丙烷(g)	C_3H_8	−2219.1	异戊烷(g)	C_5H_{12}	−3527.9

续表

物质		$\Delta_c H_m^\ominus$ / (kJ · mol^{-1})	物质		$\Delta_c H_m^\ominus$ / (kJ · mol^{-1})
正庚烷(g)	C_7H_{16}	−4811.2	酸类		
辛烷(l)	C_8H_{18}	−5507.4	甲酸(l)	CH_2O_2	−254.6
环己烷(l)	C_6H_{12}	−3919.9	乙酸(l)	$C_2H_4O_2$	−874.5
乙炔(g)	C_2H_2	−1299.6	草酸(l)	$C_2H_2O_4$	−245.6
乙烯(g)	C_2H_4	−1410.9	丙二酸(s)	$C_3H_4O_4$	−861.2
丁烯(g)	C_4H_8	−2718.6	D,L-乳酸(l)	$C_3H_6O_3$	−1367.3
苯(l)	C_6H_6	−3267.5	顺丁烯二酸(s)	$C_4H_4O_4$	−1355.2
甲苯(l)	C_7H_8	−3925.4	反丁烯二酸(s)	$C_4H_4O_4$	−1334.7
对二甲苯(l)	C_8H_{10}	−4552.8	琥珀酸(s)	$C_4H_5O_4$	−1491.0
萘(s)	$C_{10}H_8$	−5153.9	L-苹果酸(s)	$C_4H_6O_5$	−1327.9
蒽(s)	$C_{14}H_{10}$	−7163.9	L-酒石酸(s)	$C_4H_6O_6$	−1147.3
菲(s)	$C_{14}H_{10}$	−7052.9	苯甲酸(s)	$C_7H_6O_2$	−3228.7
醇、酚、醚、酯类			水杨酸(s)	$C_7H_6O_3$	−3022.5
甲醇(l)	CH_4O	−726.6	油酸(l)	$C_{18}H_{34}O_2$	−11118.6
乙醇(l)	C_2H_6O	−1366.8	硬脂酸(s)	$C_{18}H_{36}O_2$	−11280.6
乙二醇(l)	$C_2H_6O_2$	−1180.7	糖类		
甘油(l)	$C_3H_8O_3$	−1662.7	阿拉伯糖(s)	$C_5H_{10}O_5$	−2342.6
苯酚(l)	C_6H_6O	−3053.5	木糖(s)	$C_5H_{10}O_5$	−2338.9
乙醚(l)	$C_4H_{10}O$	−2723.6	葡萄糖(s)	$C_6H_{12}O_6$	−2820.9
甲醛(g)	CH_2O	−570.8	果糖(s)	$C_6H_{12}O_6$	−2829.6
乙醛(l)	C_2H_4O	−1166.4	蔗糖(s)	$C_{12}H_{22}O_{11}$	−5640.9
丙酮(l)	C_3H_6O	−1790.4	乳糖(s)	$C_{12}H_{22}O_{11}$	−5648.4
丁酮(l)	C_4H_8O	−2444.2	麦芽糖(s)	$C_{12}H_{22}O_{11}$	−5645.5
乙酸乙酯(l)	$C_4H_8O_2$	−2254.2			

注：表中 $\Delta_c H_m^\ominus$ 是有机化合物在 298.15K 时完全氧化的标准摩尔焓变。化合物中各种元素完全氧化的最终产物为 CO_2(g)、H_2O(l)、N_2(g)、SO_2(g)等。

附表 4　弱酸、弱碱在水中的解离平衡常数(298.15K)

弱酸(碱)	分子式	$K_a^\ominus(K_b^\ominus)$	$pK_a^\ominus(pK_b^\ominus)$
砷酸	H_3AsO_4	$6.3\times10^{-3}(K_{a1}^\ominus)$	2.20
		$1.0\times10^{-7}(K_{a2}^\ominus)$	7.00
		$3.2\times10^{-12}(K_{a3}^\ominus)$	11.50

续表

弱酸(碱)	分子式	$K_a^\ominus(K_b^\ominus)$	$pK_a^\ominus(pK_b^\ominus)$
亚砷酸	$HAsO_2$	6.0×10^{-10}	9.22
硼酸	H_3BO_3	5.8×10^{-10}	9.24
碳酸	$H_2CO_3(CO_2+H_2O)^*$	$4.2\times10^{-7}(K_{a1}^\ominus)$	6.38
		$5.6\times10^{-11}(K_{a2}^\ominus)$	10.25
氢氰酸	HCN	6.2×10^{-10}	9.21
铬酸	H_2CrO_4	$1.8\times10^{-1}(K_{a1}^\ominus)$	0.74
		$3.2\times10^{-7}(K_{a2}^\ominus)$	6.50
氢氟酸	HF	6.6×10^{-4}	3.18
亚硝酸	HNO_2	5.1×10^{-4}	3.29
磷酸	H_3PO_4	$7.6\times10^{-3}(K_{a1}^\ominus)$	2.12
		$6.3\times10^{-8}(K_{a2}^\ominus)$	7.20
		$4.4\times10^{-13}(K_{a3}^\ominus)$	12.36
焦磷酸	$H_4P_2O_7$	$3.0\times10^{-2}(K_{a1}^\ominus)$	1.52
		$4.4\times10^{-3}(K_{a2}^\ominus)$	2.36
		$2.5\times10^{-7}(K_{a3}^\ominus)$	6.60
		$5.6\times10^{-10}(K_{a4}^\ominus)$	9.25
亚磷酸	H_3PO_3	$5.0\times10^{-2}(K_{a1}^\ominus)$	1.30
		$2.5\times10^{-7}(K_{a2}^\ominus)$	6.60
氢硫酸	H_2S	$1.3\times10^{-7}(K_{a1}^\ominus)$	6.90
		$7.1\times10^{-15}(K_{a2}^\ominus)$	14.15
硫酸	HSO_4^-	$1.0\times10^{-2}(K_{a2}^\ominus)$	1.99
亚硫酸	$H_2SO_3(SO_2+H_2O)$	$1.3\times10^{-2}(K_{a1}^\ominus)$	1.90
		$6.3\times10^{-8}(K_{a2}^\ominus)$	7.20
偏硅酸	H_2SiO_3	$1.7\times10^{-10}(K_{a1}^\ominus)$	9.77
		$1.6\times10^{-12}(K_{a2}^\ominus)$	11.8
甲酸	$HCOOH$	1.8×10^{-4}	3.74
乙酸	CH_3COOH	1.8×10^{-5}	4.74
一氯乙酸	$CH_2ClCOOH$	1.4×10^{-3}	2.86
二氯乙酸	$CHCl_2COOH$	5.0×10^{-2}	1.30
三氯乙酸	CCl_3COOH	0.23	0.64

续表

弱酸(碱)	分子式	$K_a^\ominus(K_b^\ominus)$	$pK_a^\ominus(pK_b^\ominus)$
氨基乙酸盐	$^+NH_3CH_2COOH$	4.5×10^{-3} $(K_{a1}^\ominus)$	2.35
	$^+NH_3CH_2COO^-$	2.5×10^{-10} $(K_{a2}^\ominus)$	9.60
抗坏血酸	$C_6H_8O_6$	5.0×10^{-5} $(K_{a1}^\ominus)$	4.30
		1.5×10^{-10} $(K_{a2}^\ominus)$	9.82
乳酸	$CH_3CHOHCOOH$	1.4×10^{-4}	3.86
苯甲酸	C_6H_5COOH	6.2×10^{-5}	4.21
草酸	$H_2C_2O_4$	5.9×10^{-2} $(K_{a1}^\ominus)$	1.22
		6.4×10^{-5} $(K_{a2}^\ominus)$	4.19
D-酒石酸	CH(OH)COOH | CH(OH)COOH	9.1×10^{-4} $(K_{a1}^\ominus)$	3.04
		4.3×10^{-5} $(K_{a2}^\ominus)$	4.37
邻苯二甲酸	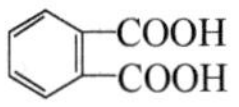	1.1×10^{-3} $(K_{a1}^\ominus)$ 3.9×10^{-6} $(K_{a2}^\ominus)$	2.95 5.41
柠檬酸	CH_2COOH | C(OH)COOH | CH_2COOH	7.4×10^{-4} $(K_{a1}^\ominus)$ 1.7×10^{-5} $(K_{a2}^\ominus)$ 4.0×10^{-7} $(K_{a3}^\ominus)$	3.13 4.76 6.40
苯酚	C_6H_5OH	1.1×10^{-10}	9.95
乙二胺四乙酸	H_6—$EDTA^{2+}$	0.13 $(K_{a1}^\ominus)$	0.9
	H_5—$EDTA^+$	3×10^{-2} $(K_{a2}^\ominus)$	1.6
	H_4—EDTA	1×10^{-2} $(K_{a3}^\ominus)$	2.0
	H_3—$EDTA^-$	2.1×10^{-3} $(K_{a4}^\ominus)$	2.67
	H_2—$EDTA^{2-}$	6.96×10^{-7} $(K_{a5}^\ominus)$	6.16
	H—$EDTA^{3-}$	5.5×10^{-11} $(K_{a6}^\ominus)$	10.26
氨水	NH_3	1.8×10^{-5}	4.74
联氨	H_2NNH_2	3.0×10^{-6} $(K_{b1}^\ominus)$	5.52
		7.6×10^{-15} $(K_{b2}^\ominus)$	14.12
羟胺	NH_2OH	9.1×10^{-9}	8.04
甲胺	CH_3NH_2	4.2×10^{-4}	3.38

续表

弱酸(碱)	分子式	$K_a^\ominus(K_b^\ominus)$	$pK_a^\ominus(pK_b^\ominus)$
乙胺	$C_2H_5NH_2$	5.6×10^{-4}	3.25
二甲胺	$(CH_3)_2NH$	1.2×10^{-4}	3.93
二乙胺	$(C_2H_5)_2NH$	1.3×10^{-3}	2.89
乙醇胺	$HOCH_2CH_2NH_2$	3.2×10^{-5}	4.50
三乙醇胺	$(HOCH_2CH_2)_3N$	5.8×10^{-7}	6.24
六次甲基四胺	$(CH_2)_6N_4$	1.4×10^{-9}	8.85
乙二胺	$H_2NCH_2CH_2NH_2$	8.5×10^{-5} $(K_{b1}^\ominus)$	4.07
		7.1×10^{-8} $(K_{b2}^\ominus)$	7.15
吡啶		1.7×10^{-9}	8.77

附表 5　一些难溶化合物的溶度积(25℃)

化合物	溶度积 $(K_{sp}^\ominus)$	化合物	溶度积 $(K_{sp}^\ominus)$
$Ag_2[Co(NO_2)_6]$	8.5×10^{-21}	$AgNO_2$	3.22×10^{-4}
$Ag_2C_2O_4$	5.40×10^{-12}	$AgOH$	2.0×10^{-8}
$AgCN$	8.1×10^{-11}	$AgSCN$	1.03×10^{-12}
Ag_2CO_3	8.45×10^{-12}	$AgSeCN$	4.0×10^{-16}
$Ag_2Cr_2O_7$	2.0×10^{-7}	$Al(OH)_3[Al^{3+},3OH^-]$	1.3×10^{-33}
Ag_2CrO_4	1.12×10^{-12}	$Al(OH)_3[H^+,AlO_2^-]$	1.6×10^{-13}
Ag_2S	6.3×10^{-50}	$AlPO_4$	9.83×10^{-21}
Ag_2SO_3	1.49×10^{-14}	$As_2S_3[2HAsO_2,3H_2S]$	2.1×10^{-22}
Ag_2SO_4	1.20×10^{-5}	$Ba(IO_3)_2$	4.01×10^{-9}
Ag_3AsO_3	1×10^{-17}	$Ba(IO_3)_2\cdot2H_2O$	1.5×10^{-9}
Ag_3AsO_4	1.03×10^{-22}	$Ba(IO_3)_2\cdot H_2O$	1.67×10^{-9}
Ag_3PO_4	8.88×10^{-17}	$Ba(MnO_4)_2$	2.5×10^{-10}
$Ag_4[Fe(CN)_6]$	1.6×10^{-41}	$Ba(OH)_2$	5×10^{-3}
$AgBr$	5.35×10^{-13}	$Ba(OH)_2\cdot8H_2O$	2.55×10^{-4}
$AgBrO_3$	5.34×10^{-5}	$Ba_2P_2O_7$	3.2×10^{-11}
$AgC_2H_3O_2$	1.94×10^{-3}	$Ba_3(AsO_4)_2$	8.0×10^{-51}
$AgCl$	1.77×10^{-10}	BaC_2O_4	1.6×10^{-7}
$AgCN$	5.97×10^{-17}	$BaCO_3$	2.58×10^{-9}
AgI	8.51×10^{-17}	$BaCrO_4$	1.17×10^{-10}
$AgIO_3$	3.17×10^{-8}	BaF_2	1.84×10^{-7}
AgN_3	2.8×10^{-9}	$BaHPO_4$	3.2×10^{-7}

续表

化合物	溶度积 ($K_{sp}^{\ominus}$)	化合物	溶度积 ($K_{sp}^{\ominus}$)
$BaSO_3$	8×10^{-7}	$Co(OH)_2$(粉红色)	1.09×10^{-15}
$BaSO_4$	1.07×10^{-10}	$Co(OH)_2$(蓝色)	5.92×10^{-15}
$Bi(OH)_3$	4×10^{-31}	$Co(OH)_3$	1.6×10^{-44}
Bi_2S_3	2×10^{-78}	$Co_2[Fe(CN)_6]$	1.8×10^{-15}
$BiAsO_4$	4.43×10^{-10}	$Co_3(AsO_4)_2$	6.79×10^{-29}
$BiO(NO_2)$	4.9×10^{-7}	$Co_3(PO_4)_2$	2.05×10^{-35}
$BiO(NO_3)$	2.82×10^{-3}	CoC_2O_4	6.3×10^{-8}
$BiOBr$	3.0×10^{-7}	$CoCO_3$	1.4×10^{-13}
$BiOCl[Bi^{3+},Cl^-,2OH^-]$	1.8×10^{-31}	α-CoS	4.0×10^{-21}
$BiOOH$	4×10^{-10}	β-CoS	2.0×10^{-25}
$BiOSCN$	1.6×10^{-7}	γ-CoS	3.0×10^{-26}
$BiPO_4$	1.3×10^{-23}	$Cr(OH)_3$	6.3×10^{-31}
$Ca(IO_3)_2$	6.47×10^{-6}	$CrAsO_4$	7.7×10^{-21}
$Ca(IO_3)_2 \cdot 6H_2O$	7.54×10^{-7}	CrF_3	6.6×10^{-11}
$Ca(OH)_2$	4.68×10^{-6}	$Cu(IO_3)_2$	7.4×10^{-8}
$Ca_3(PO_4)_2$	2.07×10^{-33}	$Cu(IO_3)_2 \cdot H_2O$	6.94×10^{-8}
CaC_2O_4	1.46×10^{-10}	$Cu_2[Fe(CN)_6]$	1.3×10^{-16}
$CaC_2O_4 \cdot H_2O$	2.34×10^{-9}	$Cu_2P_2O_7$	8.3×10^{-16}
$CaC_4H_4O_6 \cdot 2H_2O$	7.7×10^{-7}	Cu_2S	2×10^{-27}
$CaCO_3$	4.96×10^{-9}	$Cu_3(AsO_4)_2$	7.93×10^{-36}
$CaCrO_4$	7.1×10^{-4}	$Cu_3(PO_4)_2$	1.93×10^{-37}
CaF_2	1.46×10^{-10}	$CuBr$	6.27×10^{-9}
$CaHPO_4$	1.0×10^{-7}	CuC_2O_4	4.43×10^{-10}
$CaSiO_3$	2.5×10^{-8}	$CuCl$	1.72×10^{-7}
$CaSO_3$	6.8×10^{-8}	$CuCN$	3.2×10^{-20}
$CaSO_4$	7.10×10^{-5}	$CuCO_3$	1.4×10^{-10}
$CaSO_4 \cdot 2H_2O$	1.3×10^{-4}	$CuCrO_4$	3.6×10^{-6}
$Cd(CN)_2$	1.0×10^{-8}	CuI	1.27×10^{-12}
$Cd(IO_3)_2$	2.49×10^{-8}	$CuOH$	1×10^{-14}
$Cd(OH)_2$	5.27×10^{-15}	CuS	1.27×10^{-36}
$Cd_2[Fe(CN)_6]$	3.2×10^{-17}	$CuSCN$	1.77×10^{-13}
$Cd_3(AsO_4)_2$	2.17×10^{-33}	$Fe(OH)_2$	4.87×10^{-17}
$Cd_3(PO_4)_2$	2.53×10^{-33}	$Fe(OH)_3$	2.64×10^{-39}
$CdC_2O_4 \cdot 3H_2O$	1.42×10^{-8}	$Fe_4(P_2O_7)_3$	3×10^{-23}
$CdCO_3$	6.18×10^{-12}	Fe_2S_3	1×10^{-88}
CdF_2	6.44×10^{-3}	$FeAsO_4$	5.7×10^{-21}
CdS	1.40×10^{-29}	$FeCO_3$	3.07×10^{-11}
$Co(IO_3)_2 \cdot 2H_2O$	1.21×10^{-2}	FeF_2	2.36×10^{-6}

续表

化合物	溶度积($K_{sp}^{\ominus}$)	化合物	溶度积($K_{sp}^{\ominus}$)
$FePO_4$	1.3×10^{-22}	$Mn(IO_3)_2$	4.37×10^{-7}
$FePO_4\cdot2H_2O$	9.92×10^{-29}	$Mn(OH)_2$	2.06×10^{-13}
FeS	6.3×10^{-18}	$Mn_2[Fe(CN)_6]$	8.0×10^{-13}
$Hg(OH)_2$	3.13×10^{-26}	$Mn_3(AsO_4)_2$	1.9×10^{-29}
$Hg_2(CN)_2$	5×10^{-40}	$MnC_2O_4\cdot2H_2O$	1.70×10^{-7}
$Hg_2(IO_3)_2$	2.0×10^{-14}	$MnCO_3$	2.24×10^{-11}
$Hg_2(OH)_2$	2.0×10^{-24}	MnS	4.65×10^{-14}
$Hg_2(SCN)_2$	3.12×10^{-20}	$(NH_4)_2[PtCl_6]$	9.0×10^{-6}
Hg_2Br_2	6.41×10^{-23}	$Ni(IO_3)_2$	4.71×10^{-5}
$Hg_2C_2O_4$	1.75×10^{-13}	$Ni(OH)_2$	5.47×10^{-16}
Hg_2Cl_2	1.45×10^{-18}	$Ni_2[Fe(CN)_6]$	1.3×10^{-15}
Hg_2CO_3	3.67×10^{-17}	$Ni_3(AsO_4)_2$	3.1×10^{-26}
Hg_2CrO_4	2.0×10^{-9}	$Ni_3(PO_4)_2$	4.73×10^{-32}
Hg_2F_2	3.10×10^{-6}	NiC_2O_4	4×10^{-10}
Hg_2HPO_4	4.0×10^{-13}	$NiCO_3$	1.42×10^{-7}
Hg_2I_2	5.33×10^{-29}	α-NiS	3×10^{-19}
Hg_2S	1.0×10^{-47}	β-NiS	1×10^{-24}
Hg_2SO_3	1.0×10^{-27}	γ-NiS	2×10^{-26}
Hg_2SO_4	7.99×10^{-7}	$Pb(Ac)_2$	1.8×10^{-3}
HgC_2O_4	1.0×10^{-7}	$Pb(BO_2)_2$	1.6×10^{-36}
HgI_2	2.82×10^{-29}	$Pb(BrO_3)_2$	2.0×10^{-2}
HgS	6.44×10^{-53}	$Pb(IO_3)_2$	3.68×10^{-13}
$K_2[PdCl_6]$	6.0×10^{-6}	$Pb(OH)_2$	1.42×10^{-20}
$K_2[PtBr_6]$	6.3×10^{-5}	$Pb(SCN)_2$	2.11×10^{-5}
$K_2[PtCl_6]$	7.48×10^{-6}	$Pb_3(PO_4)_2$	8.0×10^{-43}
$K_2Na[Co(NO_2)_6]\cdot H_2O$	2.2×10^{-11}	$PbBr_2$	6.60×10^{-6}
$KClO_4$	1.05×10^{-2}	PbC_2O_4	8.51×10^{-10}
$KHC_4H_4O_6$(酒石酸氢钾)	3×10^{-4}	$PbCl_2$	1.17×10^{-5}
KIO_4	8.3×10^{-4}	$PbCO_3$	1.46×10^{-13}
Li_2CO_3	8.15×10^{-4}	$PbCrO_4$	2.8×10^{-13}
$Mg(IO_3)_2\cdot4H_2O$	3.2×10^{-3}	PbF_2	7.12×10^{-7}
$Mg(OH)_2$	5.16×10^{-12}	$PbHPO_4$	1.3×10^{-10}
$Mg_3(PO_4)_2$	$10^{-23}\sim10^{-27}$	PbI_2	8.49×10^{-9}
$MgCO_3$	6.82×10^{-6}	PbOHCl	2×10^{-14}
$MgCO_3\cdot3H_2O$	2.38×10^{-6}	PbS	9.04×10^{-29}
$MgCO_3\cdot5H_2O$	3.79×10^{-6}	PbS_2O_3	4.0×10^{-7}
MgF_2	7.42×10^{-11}	$PbSO_4$	1.82×10^{-8}
$MgHPO_4\cdot3H_2O$	1.5×10^{-6}	$Pd(SCN)_2$	4.38×10^{-23}

续表

化合物	溶度积 ($K_{sp}^{\ominus}$)	化合物	溶度积 ($K_{sp}^{\ominus}$)
PdS	2×10^{-37}	$SrSO_4$	3.44×10^{-7}
PtS	1×10^{-52}	$Zn(BO_2)_2 \cdot H_2O$	6.6×10^{-11}
$Sb(OH)_3$	4.0×10^{-42}	$Zn(IO_3)_2$	4.29×10^{-6}
Sb_2S_3	1.5×10^{-93}	$Zn(OH)_2$ (γ)	6.86×10^{-17}
$Sn(OH)_4$	1×10^{-56}	$Zn(OH)_2$(β)	7.71×10^{-17}
$Sn(OH)_2$	1.4×10^{-28}	$Zn(OH)_2$(ε)	4.12×10^{-17}
SnS	1.0×10^{-25}	$Zn[Hg(SCN)_4]$	2.2×10^{-7}
SnS_2	2.5×10^{-27}	$Zn_2[Fe(CN)_6]$	4.0×10^{-16}
$Sr(IO_3)_2$	1.14×10^{-7}	$Zn_3(AsO_4)_2$	3.12×10^{-28}
$Sr(IO_3)_2 \cdot 6H_2O$	4.65×10^{-7}	$Zn_3(PO_4)_2$	9.0×10^{-33}
$Sr(IO_3)_2 \cdot H_2O$	3.58×10^{-7}	ZnC_2O_4	2.7×10^{8}
$Sr(OH)_2$	3.2×10^{-4}	$ZnC_2O_4 \cdot 2H_2O$	1.37×10^{-9}
$Sr_3(AsO_4)_2$	4.29×10^{-19}	$ZnCO_3$	1.19×10^{-10}
$Sr_3(PO_4)_2$	4.0×10^{-28}	$ZnCO_3 \cdot H_2O$	5.41×10^{-11}
SrC_2O_4	5.16×10^{-7}	ZnF_2	3.04×10^{-2}
$SrC_2O_4 \cdot H_2O$	1.6×10^{-7}	ZnS	2.93×10^{-25}
$SrCO_3$	5.60×10^{-10}	α-ZnS	1.6×10^{-24}
SrF_2	4.33×10^{-9}	β-ZnS	2.5×10^{-22}
$SrSO_3$	4×10^{-8}	$ZnSeO_3$	2.6×10^{-7}

资料来源：(1) Weast R C. CRC Handbook of Chemistry and Physics. 75th ed. Boca Raton: CRC Press, 1995-1996. 8-58.

(2) 梁英教，车荫昌. 无机物热力学数据手册. 沈阳：东北大学出版社, 1993. 614-633.

(3) 杭州大学化学系分析化学教研室. 分析化学手册(第一分册：基础知识与安全知识). 2 版. 北京：化学工业出版社, 1997.

附表 6　一些标准电极电势(298.15K)

(一) 在酸性溶液中

电对	电极反应	$\varphi_A^{\ominus}$ / V
Ag^+/Ag	$Ag^+(aq)+e^- \longrightarrow Ag(s)$	0.7991
Ag^{2+}/Ag^+	$Ag^{2+}(aq)+e^- \longrightarrow Ag^+(aq)$	1.989
$AgBr/Ag$	$AgBr(s)+e^- \longrightarrow Ag(s)+Br^-(aq)$	0.07317
$AgCl/Ag$	$AgCl(s)+e^- \longrightarrow Ag(s)+Cl^-(aq)$	0.2222
Ag_2CrO_4/Ag	$Ag_2CrO_4(s)+2e^- \longrightarrow 2Ag(s)+CrO_4^{2-}(aq)$	0.4456
AgI/Ag	$AgI(s)+e^- \longrightarrow Ag(s)+I^-(aq)$	−0.1515

续表

电对	电极反应	$\varphi_A^\ominus$ / V
Ag_2S / Ag	$Ag_2S(s) + 2H^+(aq) + 2e^- \longrightarrow 2Ag(s) + H_2S(g)$	−0.0366
$AgSCN / Ag$	$AgSCN(s) + e^- \longrightarrow Ag(s) + SCN^-(aq)$	0.08951
Al^{3+} / Al	$Al^{3+}(aq) + 3e^- \longrightarrow Al(s)$	−1.662
As / AsH_3	$As(s) + 3H^+(aq) + 3e^- \longrightarrow AsH_3(g)$	−0.2381
Au^+ / Au	$Au^+(aq) + e^- \longrightarrow Au(s)$	1.68
Au^{3+} / Au	$Au^{3+}(aq) + 3e^- \longrightarrow Au(s)$	1.50
$AuCl_4^- / Au$	$AuCl_4^-(aq) + 3e^- \longrightarrow Au(s) + 4Cl^-(aq)$	1.002
Ba^{2+} / Ba	$Ba^{2+}(aq) + 2e^- \longrightarrow Ba(s)$	−2.906
Be^{2+} / Be	$Be^{2+}(aq) + 2e^- \longrightarrow Be(s)$	−1.968
Bi^+ / Bi	$Bi^+(aq) + e^- \longrightarrow Bi(s)$	0.5
Bi^{3+} / Bi	$Bi^{3+}(aq) + 3e^- \longrightarrow Bi(s)$	0.308
Br_2 / Br^-	$Br_2(aq) + 2e^- \longrightarrow 2Br^-(aq)$	1.0873
Br_2 / Br^-	$Br_2(l) + 2e^- \longrightarrow 2Br^-(aq)$	1.0774
BrO_3^- / Br^-	$BrO_3^-(aq) + 6H^+(aq) + 6e^- \longrightarrow Br^-(aq) + 3H_2O(l)$	1.842
BrO_3^- / Br_2	$2BrO_3^-(aq) + 12H^+(aq) + 10e^- \longrightarrow Br_2(l) + 6H_2O(l)$	1.513
Ca^{2+} / Ca	$Ca^{2+}(aq) + 2e^- \longrightarrow Ca(s)$	−2.869
Cd^{2+} / Cd	$Cd^{2+}(aq) + 2e^- \longrightarrow Cd(s)$	−0.4022
Cl_2 / Cl^-	$Cl_2(g) + 2e^- \longrightarrow 2Cl^-(aq)$	1.360
$ClO_2 / HClO_2$	$ClO_2(aq) + H^+(aq) + e^- \longrightarrow HClO_2(aq)$	1.184
ClO_2 / ClO_2^-	$ClO_2(aq) + e^- \longrightarrow ClO_2^-(aq)$	1.066
ClO_4^- / ClO_3^-	$ClO_4^-(aq) + 2H^+(aq) + 2e^- \longrightarrow ClO_3^-(aq) + H_2O(l)$	1.226
$ClO_3^- / HClO_2$	$ClO_3^-(aq) + 3H^+(aq) + 2e^- \longrightarrow HClO_2(aq) + H_2O(l)$	1.157
ClO_3^- / ClO_2	$ClO_3^-(aq) + 2H^+(aq) + e^- \longrightarrow ClO_2(aq) + H_2O(l)$	1.152
ClO_3^- / Cl_2	$ClO_3^-(aq) + 6H^+(aq) + 5e^- \longrightarrow 1/2Cl_2(aq) + 3H_2O(l)$	1.47
ClO_3^- / Cl^-	$ClO_3^-(aq) + 6H^+(aq) + 6e^- \longrightarrow Cl^-(aq) + 3H_2O(l)$	1.451
ClO_4^- / Cl_2	$ClO_4^-(aq) + 8H^+(aq) + 7e^- \longrightarrow 1/2Cl_2(aq) + 4H_2O(l)$	1.39
ClO_4^- / Cl^-	$ClO_3^-(aq) + 8H^+(aq) + 8e^- \longrightarrow Cl^-(aq) + 4H_2O(l)$	1.389
Co^{2+} / Co	$Co^{2+}(aq) + 2e^- \longrightarrow Co(s)$	−0.282

续表

电对	电极反应	$\varphi_A^\ominus$ / V
Co^{3+}/Co^{2+}	$Co^{3+}(aq)+e^- \longrightarrow Co^{2+}(aq)$	1.95
Cr^{3+}/Cr	$Cr^{3+}(aq)+3e^- \longrightarrow Cr(s)$	–0.74
Cr^{3+}/Cr^{2+}	$Cr^{3+}(aq)+e^- \longrightarrow Cr^{2+}(aq)$	–0.41
Cr^{2+}/Cr	$Cr^{2+}(aq)+2e^- \longrightarrow Cr(s)$	0.913
$Cr_2O_7^{2-}/Cr^{3+}$	$Cr_2O_7^{2-}(aq)+14H^+(aq)+6e^- \longrightarrow 2Cr^{3+}(aq)+7H_2O(l)$	1.33
Cs^+/Cs	$Cs^+(aq)+e^- \longrightarrow Cs(s)$	–3.027
Cu^{2+}/Cu^+	$Cu^{2+}(aq)+e^- \longrightarrow Cu^+(aq)$	0.1607
Cu^{2+}/Cu	$Cu^{2+}(aq)+2e^- \longrightarrow Cu(s)$	0.3394
Cu^+/Cu	$Cu^+(aq)+e^- \longrightarrow Cu(s)$	0.5180
CuI/Cu	$CuI(s)+e^- \longrightarrow Cu(s)+I^-(aq)$	–0.1858
F_2/F^-	$F_2(g)+2e^- \longrightarrow 2F^-(aq)$	2.889
F_2/HF	$F_2(g)+2H^+(aq)+2e^- \longrightarrow 2HF(aq)$	3.076
Fe^{3+}/Fe^{2+}	$Fe^{3+}(aq)+e^- \longrightarrow Fe^{2+}(aq)$	0.769
Fe^{2+}/Fe	$Fe^{2+}(aq)+2e^- \longrightarrow Fe(s)$	–0.4089
H^+/H_2	$2H^+(aq)+2e^- \longrightarrow H_2(g)$	0.0000
$H_3AsO_4/HAsO_2$	$H_3AsO_4(aq)+2H^+(aq)+2e^- \longrightarrow HAsO_2(aq)+2H_2O(l)$	0.5748
$HAsO_2/As$	$HAsO_2(aq)+3H^+(aq)+3e^- \longrightarrow As(s)+2H_2O(l)$	0.2473
H_3BO_3/B	$H_3BO_3(aq)+3H^+(aq)+3e^- \longrightarrow B(s)+3H_2O(l)$	–0.8894
$HBrO/Br_2$	$2HBrO(aq)+2H^+(aq)+2e^- \longrightarrow Br_2(l)+2H_2O(l)$	1.604
$HBrO/Br_2$	$2HBrO(aq)+2H^+(aq)+2e^- \longrightarrow Br_2(aq)+2H_2O(l)$	1.574
$HClO/Cl^-$	$HClO(aq)+H^+(aq)+2e^- \longrightarrow Cl^-(aq)+H_2O(l)$	1.482
$HClO_2/Cl_2$	$HClO_2(aq)+3H^+(aq)+3e^- \longrightarrow 1/2Cl_2(g)+2H_2O(l)$	1.628
$HClO/Cl_2$	$2HClO(aq)+2H^+(aq)+2e^- \longrightarrow Cl_2(g)+2H_2O(l)$	1.630
$HClO_2/HClO$	$HClO_2(aq)+2H^+(aq)+2e^- \longrightarrow HClO(aq)+H_2O(l)$	1.673
$HCrO_4^-/Cr^{3+}$	$HCrO_4^-(aq)+7H^+(aq)+3e^- \longrightarrow Cr^{3+}(aq)+4H_2O(l)$	1.350
$HFeO_4^-/Fe_2O_3$	$2HFeO_4^-(aq)+8H^+(aq)+6e^- \longrightarrow Fe_2O_3(s)+5H_2O(l)$	2.09
Hg^{2+}/Hg_2^{2+}	$2Hg^{2+}(aq)+2e^- \longrightarrow Hg_2^{2+}(aq)$	0.9083
Hg^{2+}/Hg	$Hg^{2+}(aq)+2e^- \longrightarrow Hg(l)$	0.8519

续表

电对	电极反应	$\varphi_A^\ominus$ / V
Hg_2^{2+} / Hg	$Hg_2^{2+}(aq)+2e^- \longrightarrow 2Hg(l)$	0.7956
$HgCl_2$ / Hg_2Cl_2	$2HgCl_2(aq)+2e^- \longrightarrow Hg_2Cl_2(s)+2Cl^-(aq)$	0.6571
Hg_2Cl_2 / Hg	$Hg_2Cl_2(s)+2e^- \longrightarrow 2Hg(l)+2Cl^-(aq)$	0.2680
HIO / I_2	$2HIO(aq)+2H^+(aq)+2e^- \longrightarrow I_2(s)+2H_2O(l)$	1.431
H_5IO_6 / IO_3^-	$H_5IO_6(aq)+H^+(aq)+2e^- \longrightarrow IO_3^-(aq)+3H_2O(l)$	1.60
HNO_2 / N_2O	$2HNO_2(aq)+4H^+(aq)+4e^- \longrightarrow N_2O(g)+3H_2O(l)$	1.311
HNO_2 / NO	$HNO_2(aq)+H^+(aq)+e^- \longrightarrow NO(g)+H_2O(l)$	1.04
H_2O_2 / H_2O	$H_2O_2(aq)+2H^+(aq)+2e^- \longrightarrow 2H_2O(l)$	1.763
H_3PO_2 / P	$H_3PO_2(aq)+H^+(aq)+e^- \longrightarrow P(s)+2H_2O(l)$	–0.508
H_3PO_3 / H_3PO_2	$H_3PO_3(aq)+2H^+(aq)+2e^- \longrightarrow H_3PO_2(aq)+H_2O(l)$	–0.499
H_3PO_3 / P	$H_3PO_3(aq)+3H^+(aq)+3e^- \longrightarrow P(s)+3H_2O(l)$	–0.454
H_3PO_4 / H_3PO_3	$H_3PO_4(aq)+2H^+(aq)+2e^- \longrightarrow H_3PO_3(aq)+H_2O(l)$	–0.276
H_2SO_3 / S	$H_2SO_3(aq)+4H^+(aq)+4e^- \longrightarrow S(s)+3H_2O(l)$	0.4497
H_2SeO_3 / Se	$H_2SeO_3(aq)+4H^+(aq)+4e^- \longrightarrow Se(s)+3H_2O(l)$	0.74
H_2SO_3 / $S_2O_3^{2-}$	$2H_2SO_3(aq)+2H^+(aq)+4e^- \longrightarrow S_2O_3^{2-}(aq)+3H_2O(l)$	0.4104
I_2 / I^-	$I_2(s)+2e^- \longrightarrow 2I^-(aq)$	0.5345
I_3^- / I^-	$I_3^-(s)+2e^- \longrightarrow 3I^-(aq)$	0.536
IO_3^- / I_2	$2IO_3^-(aq)+12H^+(aq)+10e^- \longrightarrow I_2(s)+6H_2O(l)$	1.209
K^+/K	$K^+(aq)+e^- \longrightarrow K(s)$	–2.936
Li^+/Li	$Li^+(aq)+e^- \longrightarrow Li(s)$	–3.040
Mg^+/Mg	$Mg^+(aq)+e^- \longrightarrow Mg(s)$	–2.70
Mg^{2+}/Mg	$Mg^{2+}(aq)+2e^- \longrightarrow Mg(s)$	–2.357
Mn^{2+}/Mn	$Mn^{2+}(aq)+2e^- \longrightarrow Mn(s)$	–1.182
MnO_4^- / MnO_4^{2-}	$MnO_4^-(aq)+e^- \longrightarrow MnO_4^{2-}(aq)$	0.5545
MnO_2 / Mn^{2+}	$MnO_2(s)+4H^+(aq)+2e^- \longrightarrow Mn^{2+}(aq)+2H_2O(l)$	1.2293
Mn^{3+} / Mn^{2+}	$Mn^{3+}(aq)+e^- \longrightarrow Mn^{2+}(aq)$	1.51
MnO_4^- / Mn^{2+}	$MnO_4^-(aq)+8H^+(aq)+5e^- \longrightarrow Mn^{2+}(aq)+4H_2O(l)$	1.512
MnO_4^- / MnO_2	$MnO_4^-(aq)+4H^+(aq)+3e^- \longrightarrow MnO_2(s)+2H_2O(l)$	1.700

续表

电对	电极反应	$\varphi_A^\ominus$ / V
Na^+ / Na	$Na^+(aq) + e^- \longrightarrow Na(s)$	–2.714
Ni^{2+} / Ni	$Ni^{2+}(aq) + 2e^- \longrightarrow Ni(s)$	–0.2363
NO_2 / HNO_2	$NO_2(g) + H^+(aq) + e^- \longrightarrow HNO_2(aq)$	1.056
NO_3^- / NO_2	$NO_3^-(aq) + 2H^+(aq) + e^- \longrightarrow NO_2(g) + H_2O(l)$	0.7989
NO_3^- / HNO_2	$NO_3^-(aq) + 3H^+(aq) + 2e^- \longrightarrow HNO_2(aq) + H_2O(l)$	0.9275
NO_3^- / NO	$NO_3^-(aq) + 4H^+(aq) + 3e^- \longrightarrow NO(g) + 2H_2O(l)$	0.9637
N_2O / N_2	$N_2O(g) + 2H^+(aq) + 2e^- \longrightarrow N_2(g) + H_2O(l)$	1.766
O / H_2O	$O(g) + 2H^+(aq) + 2e^- \longrightarrow H_2O(l)$	2.421
O_2 / H_2O	$O_2(g) + 4H^+(aq) + 4e^- \longrightarrow 2H_2O(l)$	1.229
O_2 / H_2O_2	$O_2(g) + 2H^+(aq) + 2e^- \longrightarrow H_2O_2(aq)$	0.6945
O_3 / O_2	$O_3(g) + 2H^+(aq) + 2e^- \longrightarrow O_2(g) + H_2O(l)$	2.075
P/PH_3	$P(s,\text{红}) + 3H^+(aq) + 3e^- \longrightarrow PH_3(g)$	–0.111
P/PH_3	$P(s,\text{白}) + 3H^+(aq) + 3e^- \longrightarrow PH_3(g)$	–0.063
Pb^{2+} / Pb	$Pb^{2+}(aq) + 2e^- \longrightarrow Pb(s)$	–0.1266
$PbCl_2 / Pb$	$PbCl_2(s) + 2e^- \longrightarrow Pb(s) + 2Cl^-(aq)$	–0.2676
PbI_2 / Pb	$PbI_2(s) + 2e^- \longrightarrow Pb(s) + 2I^-(aq)$	–0.3653
PbO_2 / Pb^{2+}	$PbO_2(s) + 4H^+(aq) + 2e^- \longrightarrow Pb^{2+}(aq) + 2H_2O(l)$	1.458
$PbO_2 / PbSO_4$	$PbO_2(s) + SO_4^{2-}(aq) + 4H^+(aq) + 2e^- \longrightarrow PbSO_4(s) + 2H_2O(l)$	1.6913
$PbSO_4 / Pb$	$PbSO_4(s) + 2e^- \longrightarrow Pb(s) + SO_4^{2-}(aq)$	–0.3555
Pd^{2+} / Pd	$Pd^{2+}(aq) + 2e^- \longrightarrow Pd(s)$	0.951
Pt^{2+} / Pt	$Pt^{2+}(aq) + 2e^- \longrightarrow Pt(s)$	1.18
Rb^+ / Rb	$Rb^+(aq) + e^- \longrightarrow Rb(s)$	–2.943
Re^{3+} / Re	$Re^{3+}(aq) + 3e^- \longrightarrow Re(s)$	0.300
Rh^{3+} / Rh	$Rh^{3+}(aq) + 3e^- \longrightarrow Rh(s)$	0.758
S / S^{2-}	$S(s) + 2e^- \longrightarrow S^{2-}(aq)$	–0.445
S / H_2S	$S(s) + 2H^+(aq) + 2e^- \longrightarrow H_2S(aq)$	0.1442
Sb / SbH_3	$Sb(s) + 3H^+(aq) + 3e^- \longrightarrow SbH_3(aq)$	–0.5104
Sc^{3+} / Sc	$Sc^{3+}(aq) + 3e^- \longrightarrow Sc(s)$	–2.027

续表

电对	电极反应	$\varphi_A^\ominus$ / V
Se^{2+}/Se	$Se^{2+}(aq)+2e^- \longrightarrow Se(s)$	–0.924
Sn^{2+}/Sn	$Sn^{2+}(aq)+2e^- \longrightarrow Sn(s)$	–0.1410
Sn^{4+}/Sn^{2+}	$Sn^{4+}(aq)+2e^- \longrightarrow Sn^{2+}(aq)$	0.1539
SO_4^{2-}/H_2SO_3	$SO_4^{2-}(aq)+4H^+(aq)+2e^- \longrightarrow H_2SO_3(aq)+H_2O(l)$	0.1576
$S_2O_8^{2-}/HSO_4^-$	$S_2O_8^{2-}(aq)+2H^+(aq)+2e^- \longrightarrow 2HSO_4^-(aq)$	2.123
$S_2O_8^{2-}/SO_4^{2-}$	$S_2O_8^{2-}(aq)+2e^- \longrightarrow 2SO_4^{2-}(aq)$	1.939
Sr^{2+}/Sr	$Sr^{2+}(aq)+2e^- \longrightarrow Sr(s)$	–2.899
TiO_2/Ti^{2+}	$TiO_2(s)+4H^+(aq)+2e^- \longrightarrow Ti^{2+}(aq)+2H_2O(l)$	–0.502
Tl^{3+}/Tl^+	$Tl^{3+}(aq)+2e^- \longrightarrow Tl^+(aq)$	1.280
VO_2^+/V	$VO_2^+(aq)+4H^+(aq)+5e^- \longrightarrow V(s)+2H_2O(l)$	–0.2337
V_2O_5/VO^{2+}	$V_2O_5(s)+6H^+(aq)+2e^- \longrightarrow 2VO^{2+}(aq)+3H_2O(l)$	0.957
W^{3+}/W	$W^{3+}(aq)+3e^- \longrightarrow W(s)$	0.1
Zn^{2+}/Zn	$Zn^{2+}(aq)+2e^- \longrightarrow Zn(s)$	–0.7621

(二) 在碱性溶液中

电对	电极反应	$\varphi_B^\ominus$ / V
Ag_2CO_3/Ag	$Ag_2CO_3(s)+2e^- \longrightarrow 2Ag(s)+CO_3^{2-}(aq)$	0.47
$Ag(NH_3)_2^+/Ag$	$Ag(NH_3)_2^+(aq)+e^- \longrightarrow Ag(s)+2NH_3(aq)$	0.3719
Ag_2O/Ag	$Ag_2O(s)+H_2O(l)+2e^- \longrightarrow 2Ag(s)+2OH^-(aq)$	0.3428
$Al(OH)_3/Al$	$Al(OH)_3(s)+3e^- \longrightarrow Al(s)+3OH^-(aq)$	–2.31
$Al(OH)_4^-/Al$	$Al(OH)_4^-(aq)+3e^- \longrightarrow Al(s)+4OH^-(aq)$	–2.328
AsO_2^-/As	$AsO_2^-(aq)+2H_2O(l)+3e^- \longrightarrow As(s)+4OH^-(aq)$	–0.68
$Ba(OH)_2/Ba$	$Ba(OH)_2(s)+2e^- \longrightarrow Ba(s)+2OH^-(aq)$	–2.99
Bi_2O_3/Bi	$Bi_2O_3(s)+3H_2O(l)+6e^- \longrightarrow 2Bi(s)+6OH^-(aq)$	–0.46
BrO^-/Br^-	$BrO^-(aq)+H_2O(l)+2e^- \longrightarrow Br^-(aq)+2OH^-(aq)$	0.761
BrO_3^-/Br^-	$BrO_3^-(aq)+3H_2O(l)+6e^- \longrightarrow Br^-(aq)+6OH^-(aq)$	0.6126

续表

电对	电极反应	$\varphi_B^\ominus$ / V
BrO^- / Br_2	$2BrO^-(aq) + 2H_2O(l) + 2e^- \longrightarrow Br_2(l) + 4OH^-(aq)$	0.4556
$Ca(OH)_2 / Ca$	$Ca(OH)_2(s) + 2e^- \longrightarrow Ca(s) + 2OH^-(aq)$	−3.02
$Cd(OH)_2 / Cd(Hg)$	$Cd(OH)_2(s) + 2e^- \longrightarrow Cd(Hg) + 2OH^-(aq)$	−0.809
ClO^- / Cl^-	$ClO^-(aq) + H_2O(l) + 2e^- \longrightarrow Cl^-(aq) + 2OH^-(aq)$	0.8902
ClO_2^- / ClO^-	$ClO_2^-(aq) + H_2O(l) + 2e^- \longrightarrow ClO^-(aq) + 2OH^-(aq)$	0.6807
ClO_4^- / ClO_3^-	$ClO_4^-(aq) + H_2O(l) + 2e^- \longrightarrow ClO_3^-(aq) + 2OH^-(aq)$	0.3979
ClO_2^- / Cl^-	$ClO_2^-(aq) + 2H_2O(l) + 4e^- \longrightarrow Cl^-(aq) + 4OH^-(aq)$	0.76
ClO_3^- / Cl_2	$ClO_3^-(aq) + H_2O(l) + 2e^- \longrightarrow ClO_2^-(aq) + 2OH^-(aq)$	0.33
$Co(OH)_2 / Co$	$Co(OH)_2(s) + 2e^- \longrightarrow Co(s) + 2OH^-(aq)$	−0.73
$Co(OH)_3 / Co(OH)_2$	$Co(OH)_3(s) + e^- \longrightarrow Co(OH)_2(s) + OH^-(aq)$	0.17
$Co(NH_3)_6^{3+} / Co(NH_3)_6^{2+}$	$Co(NH_3)_6^{3+}(aq) + e^- \longrightarrow Co(NH_3)_6^{2+}(aq)$	0.108
CrO_2^- / Cr	$CrO_2^-(aq) + 2H_2O(l) + 3e^- \longrightarrow Cr(s) + 4OH^-(aq)$	−1.2
$CrO_4^{2-} / Cr(OH)_3$	$CrO_4^{2-}(aq) + 4H_2O(l) + 3e^- \longrightarrow Cr(OH)_3(s) + 5OH^-(aq)$	−0.13
Cu_2O / Cu	$Cu_2O(s) + H_2O(l) + 2e^- \longrightarrow 2Cu(s) + 2OH^-(aq)$	−0.3557
$Cu(OH)_2 / Cu_2O$	$2Cu(OH)_2(s) + 2e^- \longrightarrow Cu_2O(s) + 2OH^-(aq) + H_2O(l)$	−0.08
$Fe(OH)_2 / Fe$	$Fe(OH)_2(s) + 2e^- \longrightarrow Fe(s) + 2OH^-(aq)$	−0.8914
$Fe(OH)_3 / Fe(OH)_2$	$Fe(OH)_3(s) + 2e^- \longrightarrow Fe(OH)_2(s) + 2OH^-(aq)$	−0.5468
$H_2AlO_3^- / Al$	$H_2AlO_3^-(aq) + H_2O(l) + 3e^- \longrightarrow Al(s) + 4OH^-(aq)$	−2.33
$H_2BO_3^- / BH_4^-$	$H_2BO_3^-(aq) + 5H_2O(l) + 8e^- \longrightarrow BH_4^-(aq) + 8OH^-(aq)$	−1.24
Hg_2O / Hg	$Hg_2O(s) + H_2O(l) + 2e^- \longrightarrow 2Hg(l) + 2OH^-(aq)$	0.123
H_2O / H_2	$2H_2O(l) + 2e^- \longrightarrow H_2(g) + 2OH^-(aq)$	1.776
HO_2^- / OH^-	$HO_2^-(aq) + H_2O(l) + 2e^- \longrightarrow 3OH^-(aq)$	0.8670
$HPO_3^{2-} / H_2PO_2^-$	$HPO_3^{2-}(aq) + 2H_2O(l) + 2e^- \longrightarrow H_2PO_2^-(aq) + 3OH^-(aq)$	−1.65
$Mg(OH)_2 / Mg$	$Mg(OH)_2(s) + 2e^- \longrightarrow Mg(s) + 2OH^-(aq)$	−2.690
MnO_4^- / MnO_2	$MnO_4^-(aq) + 2H_2O(l) + 3e^- \longrightarrow MnO_2(s) + 4OH^-(aq)$	0.5965
MnO_4^{2-} / MnO_2	$MnO_4^{2-}(aq) + 2H_2O(l) + 2e^- \longrightarrow MnO_2(s) + 4OH^-(aq)$	0.6175
$Mn(OH)_2 / Mn$	$Mn(OH)_2(s) + 2e^- \longrightarrow Mn(s) + 2OH^-(aq)$	−1.56
$MnO_2 / Mn(OH)_2$	$MnO_2 + 2H_2O(l) + 2e^- \longrightarrow Mn(OH)_2(s) + 2OH^-(aq)$	−0.0514

续表

电对	电极反应	$\varphi_B^\ominus$ / V
$Ni(OH)_2$ / Ni	$Ni(OH)_2(s)+2e^- \longrightarrow Ni(s)+2OH^-(aq)$	–0.72
NO_3^- / N_2O_4	$2NO_3^-(aq)+2H_2O(l)+2e^- \longrightarrow N_2O_4(g)+4OH^-(aq)$	–0.85
NO_2^- / NO	$NO_2^-(aq)+H_2O(l)+e^- \longrightarrow NO(g)+2OH^-(aq)$	–0.46
NO_3^- / NO_2^-	$NO_3^-(aq)+H_2O(l)+2e^- \longrightarrow NO_2^-(aq)+2OH^-(aq)$	0.00849
O_3 / O_2	$O_3(g)+H_2O(l)+2e^- \longrightarrow O_2(g)+2OH^-(aq)$	1.247
O_2 / OH^-	$O_2(g)+2H_2O(l)+4e^- \longrightarrow 4OH^-(aq)$	0.4009
O_2 / H_2O_2	$O_2(g)+2H_2O(l)+2e^- \longrightarrow H_2O_2(aq)+2OH^-(aq)$	–0.146
P / PH_3	$P(s)+3H_2O(l)+3e^- \longrightarrow PH_3(g)+3OH^-(aq)$	–0.87
PbO_2 / PbO	$PbO_2(s)+H_2O(l)+2e^- \longrightarrow PbO(s,黄色)+2OH^-(aq)$	0.2483
PO_4^{3-} / HPO_3^{2-}	$PO_4^{3-}(aq)+2H_2O(l)+2e^- \longrightarrow HPO_3^{2-}(aq)+3OH^-(aq)$	–1.05
S / SH^-	$S(s)+H_2O(l)+2e^- \longrightarrow HS^-(aq)+OH^-(aq)$	–0.478
SiO_3^{2-} / Si	$SiO_3^{2-}(aq)+3H_2O(l)+4e^- \longrightarrow Si(s)+6OH^-(aq)$	–1.697
SO_4^{2-} / SO_3^{2-}	$SO_4^{2-}(aq)+H_2O(l)+2e^- \longrightarrow SO_3^{2-}(aq)+2OH^-(aq)$	–0.9362
SO_3^{2-} / $S_2O_3^{2-}$	$2SO_3^{2-}(aq)+3H_2O(l)+4e^- \longrightarrow S_2O_3^{2-}(aq)+6OH^-(aq)$	–0.5659
ZnO / Zn	$ZnO(s)+H_2O(l)+2e^- \longrightarrow Zn(s)+2OH^-(aq)$	–1.260
ZnO_2^{2-} /Zn	$ZnO_2^{2-}(aq)+2H_2O(l)+2e^- \longrightarrow Zn(s)+4OH^-(aq)$	–1.215
$Zn(OH)_2$ / Zn	$Zn(OH)_2(s)+2e^- \longrightarrow Zn(s)+2OH^-(aq)$	–1.249

附表 7　配合物的稳定常数(18～25℃)

金属离子	I / (mol·L^{-1})	n	lgβ_n
氨配合物			
Ag^+	0.5	1,2	3.24, 7.05
Cd^{2+}	2	1,…,6	2.65, 4.75, 6.19, 7.12, 6.80, 5.14
Co^{2+}	2	1,…,6	2.11, 3.74, 4.79, 5.55, 5.73, 5.11
Co^{3+}	2	1,…,6	6.7, 14.0, 20.1, 25.7, 30.8, 35.2
Cu^+	2	1,2	5.93, 10.86
Cu^{2+}	2	1,…,5	4.31, 7.98, 11.02, 13.32, 12.86

续表

金属离子	$I/(mol \cdot L^{-1})$	n	$\lg\beta_n$
Ni^{2+}	2	1,…,6	2.80, 5.04, 6.77, 7.96, 8.71, 8.74
Zn^{2+}	2	1,…,4	2.37, 4.81, 7.31, 9.46
溴配合物			
Ag^{+}	0	1,…,4	4.38, 7.33, 8.00, 8.73
Bi^{3+}	2.3	1,…,6	4.30, 5.55, 5.89, 7.82, —, 9.70
Cd^{2+}	3	1,…,4	1.75, 2.34, 3.32, 3.70
Cu^{+}	0	2	5.89
Hg^{2+}	0.5	1,…,4	9.05, 17.32, 19.74, 21.00
氯配合物			
Ag^{+}	0	1,…,4	3.04, 5.04, 5.04; 5.30
Hg^{2+}	0.5	1,…,4	6.74, 13.22, 14.07, 15.07
Sb^{3+}	4	1,…,6	2.26, 3.49, 4.18, 4.72, 4.72, 4.11
Sn^{2+}	0	1,…,4	1.51, 2.24, 2.03, 1.48
氰配合物			
Ag^{+}	0	1,…,4	—, 21.1, 21.7, 20.6
Cd^{2+}	3	1,…,4	5.48, 10.60, 15.23, 18.78
Co^{2+}		6	19.09
Cu^{+}	0	1,…,4	—, 24.0, 28.59, 30.3
Fe^{2+}	0	6	35
Fe^{3+}	0	6	42
Hg^{2+}	0	4	41.4
Ni^{2+}	0.1	4	31.3
Zn^{2+}	0.1	4	16.7
氟配合物			
Al^{3+}	0.5	1,…,6	6.13, 11.15, 15.00, 17.75 19.37, 19.84
Fe^{3+}	0.5	1,…,6	5.28, 9.30, 12.06, —, 15.77, —
Th^{4+}	0.5	1,…,3	7.65, 13.46, 17.97
TiO_2^{2+}	3	1,…,4	5.4, 9.8, 13.7, 18.0
ZrO_2^{2+}	2	1,…,3	8.80, 16.12, 21.94
碘配合物			
Ag^{+}	0	1,…,3	6.58, 11.74, 13.68
Bi^{3+}	2	1,…,6	3.63, —, —, 14.95, 16.80, 18.80
Cd^{2+}	0	1,…,4	2.10, 3.43, 4.49, 5.41

续表

金属离子	$I/(mol \cdot L^{-1})$	n	$\lg \beta_n$
Hg^{2+}	0.5	1,…,4	12.87, 23.82, 27.60, 29.83
Pb^{2+}	0	1,…,4	2.00, 3.15, 3.92, 4.47
磷酸配合物			
Ca^{2+}	0.2	CaHL	1.7
Fe^{3+}	0.66	FeL	9.35
Mg^{2+}	0.2	MgHL	1.9
Mn^{2+}	0.2	MnHL	2.6
硫氰酸配合物			
Ag^{+}	2.2	1,…,4	—, 7.57, 9.08, 10.08
Au^{+}	0	1,…,4	—, 23, —, 42
Co^{2+}	1	1	1.0
Cu^{+}	5	1,…,4	—, 11.00, 10.90, 10.48
Fe^{3+}	0.5	1,2	2.95, 3.36
Hg^{2+}	1	1,…,4	—, 17.47, —, 21.23
硫代硫酸配合物			
Ag^{+}	0	1,…,3	8.82, 13.46, 14.15
Cu^{+}	0.8	1,2,3	10.35, 12.27, 13.71
Hg^{2+}	0	1,…,4	—, 29.86, 32.26, 33.61
Pb^{2+}	0	1,3	5.1, 6.4
草酸配合物			
Al^{3+}	0	1,2,3	7.26, 13.0, 16.3
Cd^{2+}	0.5	1,2	2.9, 4.7
Co^{2+}	0.5	CoHL	5.5
		CoH_2L	10.6
		1,2,3	4.79, 6.7, 9.7
Co^{3+}	0	3	~20
Cu^{2+}	0.5	CuHL	6.25
		1,2	4.5, 8.9
Fe^{2+}	0.5 ~ 1	1,2,3	2.9, 4.52, 5.22
Fe^{3+}	0	1,2,3	9.4, 16.2, 20.2
Mg^{2+}	0.1	1,2	2.76, 4.38
Mn(Ⅲ)	2	1,2,3	9.98, 16.57, 19.42
Ni^{2+}	0.1	1,2,3	5.3, 7.64, 8.5
Th(Ⅳ)	0.1	4	24.5
TiO^{2+}	2	1,2	6.6, 9.9
Zn^{2+}	0.5	ZnH_2L	5.6
		1,2,3	4.89, 7.60, 8.15

续表

金属离子	$I/(mol \cdot L^{-1})$	n	$\lg \beta_n$
乙二胺配合物			
Ag^{+}	0.1	1,2	4.70, 7.70
Cd^{2+}	0.5	1,2,3	5.47, 10.09, 12.09
Co^{2+}	1	1,2,3	5.91, 10.64, 13.94
Co^{3+}	1	1,2,3	18.70, 34.90, 48.69
Cu^{+}		2	10.8
Cu^{2+}	1	1,2,3	10.67, 20.00, 21.0
Fe^{2+}	1.4	1,2,3	4.34, 7.65, 9.70
Hg^{2+}	0.1	1,2	14.30, 23.3
Mn^{2+}	1	1,2,3	2.73, 4.79, 5.67
Ni^{2+}	1	1,2,3	7.52, 13.80, 18.06
Zn^{2+}	1	1,2,3	5.77, 10.83, 14.11
硫脲配合物			
Ag^{+}	0.03	1,2	7.4, 13.1
Bi^{3+}		6	11.9
Cu^{+}	0.1	3,4	13, 15.4
Hg^{2+}		2,3,4	22.1, 24.7, 26.8
羟氧基配合物			
Al^{3+}	2	4	33.3
		$Al_6(OH)_{15}^{3+}$	163
Bi^{3+}	3	1	12.4
		$Bi_6(OH)_{12}^{6+}$	168.3
Cd^{2+}	3	1,…,4	4.3, 7.7, 10.3, 12.0
Co^{2+}	0.1	1,3	5.1, —, 10.2
Cr^{3+}	0.1	1,2	10.2, 18.3
Fe^{2+}	1	1	4.5
Fe^{3+}	3	1,2	11.0, 21.7
		$Fe_2(OH)_2^{4+}$	25.1
Hg^{2+}	0.5	2	21.7
Mg^{2+}	0	1	2.6
Mn^{2+}	0.1	1	3.4
Ni^{2+}	0.1	1	4.6
Pb^{2+}	0.3	1,2,3	6.2, 10.3, 13.3
		$Pb_2(OH)^{3+}$	7.6
Sn^{2+}	3	1	10.1
Th^{4+}	1	1	9.7

续表

金属离子	$I/(\text{mol}\cdot\text{L}^{-1})$	n	$\lg\beta_n$
Ti^{3+}	0.5	1	11.8
TiO^{2+}	1	1	13.7
VO^{2+}	3	1	8.0
Zn^{2+}	0	1,…,4	4.4,10.1,14.2,15.5

注：(1) β_n 为配合物的累积稳定常数，即

$$\beta_n = K_1^{\ominus} \times K_2^{\ominus} \times K_3^{\ominus} \times \cdots \times K_n^{\ominus}$$

$$\lg\beta_n = \lg K_1^{\ominus} + \lg K_2^{\ominus} + \lg K_3^{\ominus} + \cdots + \lg K_n^{\ominus}$$

例如，Ag^+ 与 NH_3 的配合物：

$$\lg\beta_1 = 3.24 \qquad \lg K_1^{\ominus} = 3.24$$

$$\lg\beta_2 = 7.05 \qquad \lg K_1^{\ominus} = 3.24 \qquad \lg K_2^{\ominus} = 3.81$$

(2) 酸式、碱式配合物及多核羟基配合物的化学式标明于 n 栏中。